북메이커

THE BOOK-MAKERS

Copyright © 2024 by Adam Smyth
All rights reserved

Korean translation copyright © 2025 by CUM LIBRO
Korean translation rights arranged with PEW Literary Agency Ltd.
through EYA Co.,Ltd

이 책의 한국어판 저작권은 EYA Co.,Ltd를 통해
PEW Literary Agency Ltd.와 독점계약한 도서출판 책과함께에 있습니다.
저작권법으로 보호를 받는 저작물이므로 무단전재와 무단복제를 금합니다.

The Book-Makers
북메이커

책 제작자 18인의 생애로 읽는
책의 500년 변천사

애덤 스미스 지음 | 이종인 옮김

책과함께

일러두기

- 이 책은 Adam Smyth의 THE BOOK-MAKERS(2024)를 우리말로 옮긴 것이다.
- 옮긴이가 덧붙인 설명은 〔 〕로 표시했고, 인용문에서 지은이가 덧붙인 설명은 [ ]로 표시했다.
- 책 제목 등 작품의 원어명은 찾아보기에 병기했다.

엘리앤에게 이 책을 바친다.

한편, 가윗날은 싹둑거리지 않고 미끄러지듯 나아간다.
― 톰 필립스(1937~2022), 〈앙리 마티스: 잘라내기〉

차례

머리말 11

1장 **인쇄** 윈킨 드워드 19
2장 **제본** 윌리엄 와일드구스 67
3장 **오려 붙이기** 메리 콜레트, 애나 콜레트 109
4장 **활자** 존 배스커빌, 세라 이브스 149
5장 **비도서 인쇄물** 벤저민 프랭클린 183
6장 **종이** 니콜라-루이 로베르 231
7장 **별쇄** 샬럿 서덜랜드, 알렉산더 서덜랜드 259
8장 **대여** 찰스 에드워드 무디 295
9장 **시대를 거스른 책들** 토머스 코브던-샌더슨 335
10장 **소규모 독립 출판** 낸시 커나드 381
11장 **진, DIY, 상자책, 예술가 책** 로라 그레이스 포드, 419
　　 크레이그 앳킨슨, 필리스 존슨, 조지 머추너스, 유수프 하산

맺음말 459

감사의 말 469
옮긴이의 말 471
참고문헌 477
도판·인용 출처 487
찾아보기 493

머리말

이 책은 책과 그 책을 만드는 사람들에 대한 이야기다. 16세기의 두 권짜리 커다란 폴리오판 성경에서 시작해 재빨리 복사하여 만드는 21세기의 소규모 독립 간행물인 진zine에 이르기까지, 그 사이의 많은 책에 대해 서술한다. 또한 이런 경이롭고 기이하고 익숙하고 새로운 형태의 다양한 책을 만들어낸 사람들의 생애에 대해 묘사한다. 15세기 초창기에 만들어져 극히 일부만 살아남은 책의 편린, 그리고 활자가 아름답고 시원한 18세기의 책에 대해서도 알아본다. 이 책들은 어떤 역사가가 말한 것처럼 해외로 퍼져나가 "유럽의 모든 사서를 놀라게 했다." 아주 근사하게 만들어져 독자들로부터 감탄을 자아내는 책(저 사용된 잉크를 좀 봐! 저 제본을 좀 봐! 이 종이의 감촉을 느껴봐!), 그리고 오래전에 살았던 독자들이 여백에 남긴 메모로 뒤덮인 책도 살펴본다.

여기, 책의 역사가 생생하게 살아나는 순간을 보라. 나는 옥스퍼드대학의 보들리도서관에 와서, 위대한 인물로 평가받는 뉴캐슬 대공비인 마거릿 캐번디시(1623~1673)가 집필한 거대한 폴리오판 책들을 조심스럽게 헤쳐보고 있다. 캐번디시는 팔방미인이었는데, 런던 왕립학회 모임에 참석한 최초의 여성 과학자이자 SF소설의 창시자로서도 명성이 높다. 그녀의 소설 《불타는 세계》(1666)에는 말을 할 줄 아는 동물들과, '물고기 인간'들이 끌고 가는 잠수함을 동원해 세상을 침략하는 한 젊은 여성 주인공이 나온다. 캐번디시는 근대 초기의 소위 셀러브리티이기도 했다. "이 숙녀의 온 생애가 하나의 로맨스다." 작가 새뮤얼 피프스는 그녀가 탄 마차를 한 번이라도 흘깃 쳐다볼 수 있을까 싶어서 하루종일 기다리다가 허탕을 친 1667년의 어느 날 이렇게 썼다. 발표 당시 이 글의 표지에서 캐번디시는 "세 배는 고귀하고 걸출하며 탁월한 공주"로 묘사되었다. 피프스는 "벨벳코트 차림의 시종을 곁에 둔 그녀가 고풍스러운 드레스를 입고 있는 모습"을 상상했으며, 그녀의 희곡 〈유머러스한 연인들〉의 첫 상연 직후에 특별석에서 고개를 내밀어 관객들에게 인사하는 캐번디시의 이미지를 황홀하게 회상했다.

나는 캐번디시의 《시, 그리고 상상》(1664)을 중간 부분까지 뒤적거리다가 어느 페이지의 여백에서 검은 얼룩을 본다. 유심히 살펴보니 잉크 자국이다. 더 자세히 들여다보니 물결치는 듯한 가느다란 선들이다.

이것은 바로 1664년에 이 책을 인쇄한 사람의 지문이다. 우연히 뒤에 남겨진 지장指章인 셈이다. 마치 번갯불에 비춘 듯이, 이 책의 제작 과정이 일순간 환히 밝혀진다. 시끄럽고 특유의 냄새가 지독한 윌리엄 윌슨의 인쇄소, 인쇄기에서 종이들을 떼어내며 말리는 어느 인쇄공, 잉크가 채 마르지 않은 종이, 실수로 그 잉크를 만진 뒤 종이 여백에 누르는 손가락, 건조되고 접히고 실로 엮이고 제본된 뒤, 보들리도서관으로 옮겨져 보관되고, 이제 359년의 시차를 두고서 내가 보고 있는 책. 그 지문은

> (183)
>
> As if they kept wife Counfels for their Lives ;
> For when they Fly away they feek new Hives :
> So Men, when they have any great Defign,
> Their Thoughts do gather, and in heaps Combine ,
> But when they are Refolv'd, each one takes Flight,
> And ftriveth which firft on *Defire* fhall Light ;
> And thus Thoughts meet and fly about, till they
> For their Subfiftence can find out a way :
> But Doubting Thoughts, like Droans, live on the reft
> Of Hoping Thoughts, which Honey bring to Neft ;
> For like as Bees, by their Stings induftry
> Get Honey, which the ftinglefs Drones live by ;
> So Men without Ambition's Stings do live
> Upon th' Induftrious Stock their Fathers give ;
> And fome do Steal another Poets VVit,
> And Drefs it up in their own Language fit :
> But Fancy into every Garden flies,
> And fucks the Flowers fweet from Lips and Eyes ;
> Sometimes it Lights on thofe that are not Fair,
> Like Bees on Herbs, that Dry and VVither'd are ;
> As pureft Honey on fweet Flowers lies,
> So fineft Fancies from young Beauties rife.
>
> ### The Prey of Thoughts.
>
> IF Thoughts be the Mind's Creatures, as fome fay,
> Then, like the reft, they on each other Prey :
> Ambitious Thoughts, like to a Hawk, fly high,
> In Circles of Defires mount to the Sky,
> And when a Covy of young *Hopes* up Springs,
> They ftrive to Catch them with their fwifteft Wings :
> Thus, as the Hawk on Patridges doth Eat,
> So Hopefull Thoughts are for Ambition's Meat :
> Thoughts

마거릿 캐번디시의 《시, 그리고 상상》 183쪽에 있는 인쇄공의 지문.

내가 지금 보고 있는 페이지를 손으로 들었던 인쇄공의 존재를 다시 소환하지는 못하지만, 이 캐번디시 책의 진면모를 드러낸다. 그것은 어떤 특정한 시기에 소수의 사람이 만들어낸 구체적인 사물이다. 책은 온갖 종류의 이야기―로맨스, 비극, 희극 등등―를 우리에게 들려주지만, 우리가 책의 물질적인 표식을 정확하게 분별할 줄 안다면 그 책이 어떻게 제작되었는지에 관한 이야기도 들려준다.

《북메이커》는 지난 500여 년 동안 책이 제작자들에 의해 어떤 과정을 거쳐 만들어졌는지에 관한 이야기다. 그러니까 1490년대에 런던에서 활동했던 네덜란드 이민자 윈킨 드워드가 만들어낸 아주 초창기의 책들에서 시작해, 2024년에 뉴욕의 블랙매스 출판사가 만들어낸 소규모 독립 간행물에 이르는 장구한 제책의 과정을 살펴보는 것이다. 그 사이의 기간에 우리는 종이 제작과 제본, 활판 인쇄와 오려 붙인 성경, 대여 도서관과 소규모 독립 출판사, 거대한 책과 저렴한 낱장 시집, 열정적인 수집가와 매주 새 책을 펴내는 출판사 등을 탐구할 것이다. 이 이야기는 영국, 프랑스, 북아메리카를 주 무대로 삼지만 책의 역사는 필연적으로 세계적인 것이 될 수밖에 없다. 그래서 우리는 2세기 중국과 8세기 이슬람 세계의 이야기도 하게 될 것이다.

《북메이커》는 18인의 전기적 초상화를 통해 책의 역사를 돌아본다. 이들은 책이 지금과 같은 형태가 되는 데 중대한 기여를 했거나 하고 있다. 어떤 이름은 친숙할지 모르나 그렇지 않은 경우가 많을 것이다. 이 책은 유명인사들의 명단이 아니다. 그들 중 일부는 관련 문서가 풍부하게 남아 있어서 그 생애를 입체적으로 보여준다. 가령 1920년대에서 1930년대 사이에 프랑스 농촌에서 인쇄공으로 일한 낸시 커나드, 또 18세기 버밍엄에서 인쇄업과 제지업 등에 종사한 존 베스커빌의 동업자이자 아내였던 세라 이브스 같은 사람들에 대한 기록이 그렇다. 이런 자료는 문서고에 줄곧 있었지만, 역사가들은 이런 사람들의 존재를 무시하거나 관심을 보이지 않았다. 이들보다 훨씬 더 앞서 살았던 윌리엄 와일드구스는 1620년대에 옥스퍼드에서 책의 제본 작업을 맡았는데 그의 존재는 파악하기가 훨씬 더 어렵다. 우리는 그의 편린과 산발적인 면모만을 볼 수 있을 뿐이다. 우리는 그들이 떠나고 난 뒤에 그 방에 도착했지만, 그들이 만든 책은 책상 위에 산더미처럼 쌓여 있다.

《북메이커》는 관여자들을 바탕으로 한 책의 역사다. 기계적인 힘이 변화를 촉진한다는 기술결정론적 서술이나 발명의 연대기가 아니라 삶을 이야기하는 역사다. 18인이 겪은 우연한 일과 기묘한 일, 성공과 실패, 그리고 그들이 선택하거나 하지 않은 방식으로 가득한 역사다. 사람들이 시행착오를 겪으며 터득한 제책 방식의 역사다.《북메이커》는 헌사이기도 하다. 문명의 핵심인 기술로서의 책, 그리고 그것을 문명 한가운데로 가져온 사람들의 좌충우돌하고 특색 있는 삶에 대한 헌사다.

'책과 사람'만큼이나 중요한 연결 고리는 '책과 시간'이다.《북메이커》를 관통하는 중요한 주제 중 하나는 책이 시간에 대해 복잡하고 심층적이며 때로는 회귀적인 관계를 맺고 있다는 것이다. 내가 지금 보들리도서관을 방문해 손에 들고 있는 이 책은 1664년부터 지금 이 순간까지 계속 존재해왔으며, 내가 지상에서 사라진 이후에도 계속 존재할 것이다. 독자가 덧붙여 쓴 주석, 밑줄, 별표, 의문을 표시하는 논평, 손상과 마모의 흔적 등 책에 남겨진 표시들이 이런 시간 여행을 수놓는다.

《북메이커》는 윈킨 드워드에서 유수프 하산에 이르기까지 연대적으로 구성되어 있으나, 제책술의 발달을 단선적으로 서술하지는 않는다. 책은 시간이 지날수록 품질이 더 향상되는 성격의 물건이 아니다. 시간이 향상의 과정 혹은 세련화의 과정이라는 휘그당의 역사인식은 통하지 않는다. 최초로 인쇄된 성경에 구텐베르크가 사용한 종이—수려한 포도송이 워터마크가 박힌—의 그 시간을 물리치는 품질은 후대의 현대적 산업 공정도 따라가지 못한다. 구텐베르크 성경의 종이는 1455년의 어느 여름날 아침에 반짝거렸던 그 모습 그대로 오늘날에도 반짝거리고 있다. 1890년대에 윌리엄 모리스가 운영했던 켈름스콧 출판사에서, 책은 이미 지나가버린 지 오래인 중세의 수고본手稿本 사양에 맞추어 제작되었다. 모리스가 만들어낸 책들은 어느 한 시대에 속하는 것이 아니라 여러 역사적 시대 사이를 왕복한다. 20세기 초의 토머스 코브던-샌더슨의 도브스 출판사에서, 그들이 사용한 활자는 1470년대 베네치아 사람인 니콜라스 젠슨의 활자 꼴을 그대로 모방한 것이었다. 도브스 출판사의 책들은 의도적으로 시대를 거스른 작품이었고 시대적 흐름에 영합하기를 거부했다. 당시 급속히 발전하고 있던 도서 출판의 산업 기술을 일부러 채택하지 않은 것이다. 그러므로 연대적 인접성(어떤 사물을 다음 시대의 해당 사물과 비교하여 설명하는 것)이 언제나 비교의 가장 좋은 기준이 되는 건 아니다. 로라 그레이스 포드가 런던의 재개발 사업에 맞서 2000년대 초에 집필한《야만적 메시아》는 오려 붙이기 방식으로 제작되었는데, 이는 1630년대에 자매 메리 콜레트와 애나 콜레트가 오려 붙이기 방식으로 편찬한 성경에서 자연스럽게 영감을 얻은 것이다.

《북메이커》는 점점 더 디지털·온라인 중심으로 바뀌는 작금의 문화적 시대에 쓴, 손으로 원고를 써서 출판한 책들의 역사다. 전자책이나 온라인 간행물에 대해 온전히 한 장을 할애하지는 않았지만 그래도 마지막 장에서 그런 성격의 책들을 부분적으로 다룬다. 2020년대에 디지털과 인쇄의 관계를 이해하는 한 가지 방식은 매체의 형태가 변모했던 다른 시대를 되돌아보는 것이다. 가령 15~16세기에 수고본과 인쇄물이 어떤 관계를 맺었는지 살펴보는 것이다. 인쇄술은 손으로 텍스트를 썼던 문화를 대체하지 않았다. 그 관계는 상호성이 있었다. 최초로 인쇄된 책인 구텐베르크의 라틴어 성경(1455)을 비롯해 초창기에 제작된 책들은 손으로 쓴 것처럼 보이려고 애를 썼다. 신인도를 얻기 위해 노력하는 다른 새로운 매체와 마찬가지로, 인쇄본은 그 생소함을 애써 감추려 했는데, 당시 유일한 비교 모델인 손으로 쓴 텍스트의 일종으로 보이려는 것 말고 달리 무슨 방도가 있었겠는가? 즉 새로운 매체 형태가 오래된 형태를 대체했다는 생각은 옳지 않으며, 마찬가지로 오늘날 디지털이 인쇄를 대체한다는 생각도 가당치 않다. 초창기에 인쇄된 텍스트 중 가장 인기가 높은 것은 해마다 나오는 연감年鑑, almanac이었는데, 이 텍스트는 오히려 손으로 써넣는 것을 권장했다. 1566년에 발간된 연감은 사용자를 위한 기록의 공간이 되겠다고 스스로 밝혔다. "누구나 기억해둘 가치가 있는, 때때로 발생하는 행동, 사건, 사물 등을 적으려고 할 때 이 공간을 사용하십시오." 초창기 인쇄는 필사 행위를 완전히 죽이려들기는커녕, 책 역사가 피터 스톨리브래스의 말을 빌리자면 "손으로 쓰기를 강력하게 권고했다." 디지털 문화와 인쇄의 관계를 이해하는 한 가지 방식은 유사한 상호성을 살펴보는 것이다. 적자생존을 말하는 다윈주의적 투쟁이나 '죽음'이 아니라, 책을 새롭게 발전시키는 촉매제로서 디지털 문화를 보는 것이다. 단행본 인쇄 산업 규모가 증대하고 단행본과 인쇄의 역사에 대한 학문적 연구가 늘면서, 우리는 점점 더 길어지는 온라인 생활과, 물성을 갖춘 단행본이 주는 경이로운 감각 사이의 상관관계를 뚜렷이 볼 수 있게 되었다.

디지털 문화는 단순하면서도 심오한 방식으로 인쇄에 영향을 미치고 있다. 인쇄가 또다른 매체의 가능성에 의해 변화하고 있는 것이다. 그것은 온라인 출판 이전에는 존재하지 않았던 방식으로 책을 출판할 수 있다는 선택지를 제공한다. 그리하여 인쇄된 책은 일종의 그림자, 짝, 혹은 다른 어떤 것으로 존재하는 디지털 문화라는 새로운 함의를 획득했다. 이러한 책의 함의는 변수에 따라 달라지는데, 그런 것으로는 지속성, 속도, 품질, 비용, 역사, 시간, 깊이 등을 들 수 있다. 오래된 매체는 새로운 매체에 의해 변화한다. 1970년대에 펑크진punk zine(저렴한 소잡지)을 발간하는 것과, 온라인 블로그가 점점 더 인기를 얻고 작성도 더욱 편리해진 2009년에 펑크진을 출간하는 것은 전혀 다른 문제다. 〈전통과 개인의 재능〉(1919)이라는 글에서 T. S. 엘리엇은 이런 주장을 펼쳤다. 문학의 정전正典은 전통을 수정하여 그 자신이 비집고 들어갈 공간을 마련하는 새로운 작품에 의해 바뀌게 된다. 이와 비슷하게, 인쇄된 책은 디지털의 뒤늦은 도착으로 인해 상당히 다른 물건이 되었다. 크레이그 앳킨슨이나 유수프 하산 같은 오늘날의 소규모 독립 출판물 제작자들은 디지털 시대에 걸맞은 방식으로 책을 생산하지만, 스테이플러와 종이만 가지고도 책을 만들어내는 그들은 디지털 이전 시대를 상기시키는, 20세기를 관통하는 로파이low-fi(저품질) 출판을 의도적으로 지향한다. 영어 단어 래디컬radical(급진적, 근본적)은 '뿌리'를 가리키는 라틴어 라딕스radix에서 온 것이다. 그것은 과거에 뿌리를 둔 것에 대한 관심을 드러내는 한편, 현대적 의미에서 보자면 새로운 것에 대한 점증하는 관심을 가리킨다. 인쇄된 책들—이 책에서 다루는—은 이런 이중적 의미에서 래디컬하다.

그러면 이제 인쇄로 눈을 돌려보자. 그러니까 소란스럽고 북적거리고, 여러 언어가 사용되는 1492년의 런던 말이다. 저기, 윈킨 드워드라는 네덜란드 사람이 선술집으로 걸어 들어온다.

1장

인쇄

윈킨 드 워드 Wynkyn de Worde (?~1534/5)

나 윈킨 드 워드는 런던의 시민이면서 인쇄업자로서…

그는 오래전에 죽었다. 그의 유골은 플리트 거리의 교회에 매장되어 있다. 거의 500년이 흘러갔다. 하지만 그의 일부 책들은 여전히 살아 있다.

지금 내 책상 위에 있는 책은 지금으로부터 531년 전인 1492년에 웨스트민스터의 레드페일Red Pale이라는 가게에서 인쇄된 것이다. 1492년은 콜럼버스가 아메리카로 항해한 해, 유대인들이 에스파냐에서 추방당한 해, 에스파냐의 두 군주인 페르난도와 이사벨이 무슬림을 상대로 레콩키스타('재정복')를 완료한 해다. 사실 책이라기보다는 그 파편이다. 한쪽에만 인쇄가 되어 있는 두 장의 페이지인데, 얼룩이 묻었고 구겨지고 찢어지고 불완전하게 봉합되고, 무엇보다도 아주 취약한 종이다. 이 책은 많은 변화를 겪었다. 이 종이를 집어든다는 것은 위험스러운 모험이다. 이 파편은 《예의서라고 불리는 소논문》이라는 책자에서 나온 것이다. '존'이라는 흔한 이름을 가진 독자를 상대로 하는, 운문으로 쓰인 아동용 안내서인데 독자에게 덕성스러운 행동을 하도록 권유하는 내용이다. 위험한 놀이와 폭력적인 스포츠는 피하라. 적게 먹어라. 기도하라. 상대방의 눈을 정면으로 바라보라. 루트를 연주하라. 그리고 무엇보다도 읽고, 읽고, 또 읽어라. 존 가워, 제프리 초서, 토머스 호클리브, 존 리디게

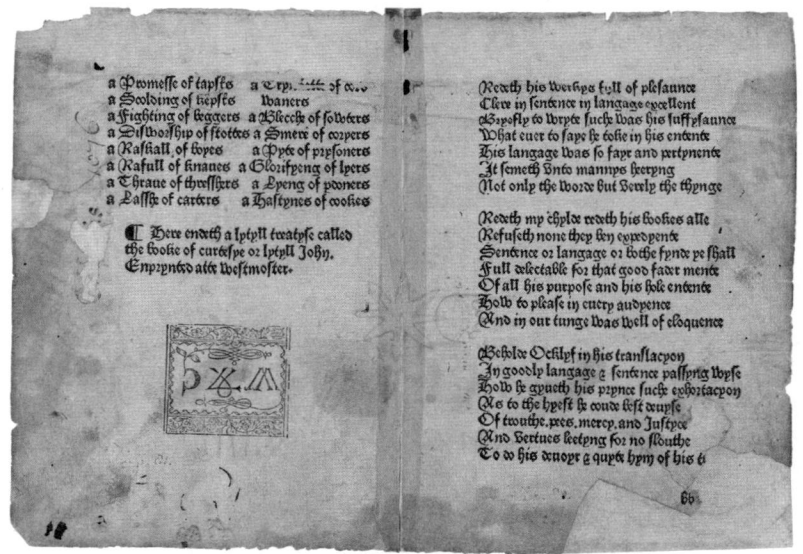

《예의서라고 불리는 소논문》(1492).
접착제의 흔적은 이 페이지들이 제본의 지지물로서 다른 책에 접착되었다는 것을 암시한다.
역설적으로 그 덕분에 후대까지 살아남았다.

이트를 읽어라. 이들은 영어로 글을 쓴 14세기와 15세기의 작가인데, 우리의 독자 '존'이 귀족의 아이라기보다는 평범한 아이라는 걸 보여준다. 또 라틴어나 프랑스어가 아니라 영어로 썼기 때문에 영국의 문학 전통에 대한 인식이 막 생겨나고 있음도 말해준다.

이 파편 중 한 면은 독서에 대한 장에 속한 세 편의 시를 소개하면서 호클리브를 칭송한다(그의 애칭 '오클리프Ocklyf'라고 표기했다). 이 페이지는 이어 이런 주문도 하고 있다. "내 아이야 이 시를 읽어라, 그리고 그의 시를 모두 읽어라." 책의 맨 끝부분에 속하는 것으로 보이는 다른 페이지에는 간기刊記, colophon(오늘날의 판권면에 해당)가 들어 있고, "여기서 '예의서라고 불리는 소논문' 혹은 '리틀 존'은 끝난다. 웨스트민스터에서 인쇄됨"이라는 문장이 나온다. 콜로폰colophon은 '정상頂上' 혹은 '마무리 손질'을 뜻하는 그리스어에서 온 것인데 16세기 초에 책의 맨 뒤 페이지에서 맨 앞의 표제지 쪽으로 옮겨왔다. 또 인쇄공의 로고인 우아한 'W'와 'C'도 찍혀 있는데, 이 상징 혹은 '표시'는 거꾸로 되어 있다. 이건 뭔가 잘못된 것이다. 아마 이 지면은 오류를 잡아내기 위해 인쇄한 교정지였을 것이다. 터무니없는 오류가 발견되자('어떻게 그의 로고를 거꾸로 찍을 수 있담!') 이 페이지들은 폐지로 버려졌을 것이다. 바로 그 덕분에 오늘날까지 살아남았다. 다른 책을 작업하던 제본공이 이 못 쓰는 페이지를 가지고 표제지 뒤쪽을 받쳐주는 지지물로 사용했던 것이다. 찢기거나 버려진 많은 인쇄지가 이런 식으로 재활용되었고, 그래서 이런 인쇄지의 뒷면은 지금은 사라진 책에 딱 달라붙도록 접착제를 사용한 흔적이 여전히 남아 있다. 대중적 인기의 역설 때문에 이 아동용 안내서의 다른 판본들은 읽고 또 읽는 바람에 산산조각이 나버렸고, 무명의 제본공이 저지른 실수로 인해 버려진 이 파편만이 오래전 베스트셀러의 흔적을 증언하고 있다.

간기의 로고인 W와 C는 윌리엄 캑스턴William Caxton의 두문자인데, 1492년은 이미 그가 사망한 시점이었다. 이 책은 캑스턴 밑에서 인쇄 기술을 배웠던 옛 제자가 인쇄한 것으로, 그는 스승에 대한 애정과 존경, 그리고 노련한 마케팅의 일환으로 스승의 로고를 고집스럽게 계속 사용했다. 우리는 그 제자를 윈킨 드 워드로 기억한다. 그러나 문서 기록에는 위난둠 판 워르덴, 위난드 판 워르덴, 윈켄 드 보르데, 요하네스, 얀, 혹은 존 윈킨으로 기재되어 있다. '드 워드'는 그의 출신지를 시사한다. 그 이름이 의미하는 것은 네덜란드의 워르덴이라는 지명이고, 그래서 그가 네덜란드인이라는 걸 알 수 있다. 그러나 오랜 세월 학자들은 그것이 알자스의 베르트쉬르소어, 혹은 독일-프랑스 국경에 가까운 보르트 암 라인을 가리키는 것이어서, 그가 독일 사람이라고 생각해왔다. 이처럼 먼 선대로 거슬러 올라가면 정체성의 가장 근본적인 측면들이 흐릿해진다. 너의 이름은 무엇인가? 너는 어디 출신인가?

드워드는 유럽 인쇄업의 초창기에 인쇄공, 출판업자, 책판매상이었다. 그는 40년 동안 지칠 줄 모르는 정력으로 책을 만들었다. 그의 중요한 업적은 영국에서 출판 인쇄의 잠재력을 한껏 끌어올렸다는 것이다.

그는 통신과 세상을 바꾸어놓을 기술이 유럽 땅에서 막 영아기를 맞던 시기에 태어났다. 1450년경에 라인강의 번성하는 도시 마인츠의 요하네스 구텐베르크는 금속 세공업과, 포도주와 종이를 만들어내는 압착기에 관한 지식을 활용해 가동활자 인쇄기를 발명했다. 가동활자에 의한 인쇄술은 다음과 같은 과정을 거친다. 먼저 납 합금으로 만든 개별 활자들을 판면 형태에다 옮겨놓고 순서대로 조합한다. 그 식자판 위에 잉크를 바르고, 압착기로 종이에다 찍는다. 그렇게 필요한 만큼 인쇄하고 나면 활자들을 해체해 보관한다. 동아시아의 가동활자 인쇄술이 구텐베르크보다 몇 세기 앞선 것은 틀림없는 사실이다. 목판 인쇄는 글자와 그림이 새겨진 목판에다 먹물을 바르고 그 위에 종이를 올려놓고 찍어 눌러 인쇄하는 방식이다. 이러한 목판 인쇄술은 《금강경》이라는 5미터 길이의 종이 두루마리를 만들어내는 데 사용되었는데, 중국에서 868년에 출간되었다. 처음에는 점토로 만들었으나 나무와 금속 가동활자도 11세기부터 개발되었다. 그러나 한자와 한글의 경우 필요한 활자의 수가 너무 많았으므로, 주도적인 인쇄 형태인 목각 인쇄술을 밀어낼 정도는 아니었다. 현재로서는 증명할 수 없지만, 구텐베르크가 중국과 한국(고려)에서 온 가동활자 기술을 배웠을 수도 있고, 인쇄의 역사는 관련 지식이 동방에서 서방으로 이동하면서 만들어진 교류의 역사일 가능성도 상당히 높다. 아시아의 종이를 만드는 기술은 8세기부터 아랍 세계를 거쳐서 북아프리카에 퍼졌고 마침내 12세기에 에스파냐에 전파되었다(6장에서 다룬다). 이러한 경로는 온 세상으로 이동하는 지식의 매혹적인 모델인데, 인쇄술도 그와 유사한 경로를 따라갔을 것이라고 짐작할 수 있다.

구텐베르크가 기존의 금속 세공업과 압착 기술을 완전히 새로운 용도에 적용한 발명은 유럽 전역에 지식을 널리 유포하는 힘을 갖고 있었다. 1471~1472년 쾰른에 거주하던 켄트 출신의 윌리엄 캑스턴은 인쇄술을 습득했고, 1476년 영국에 돌아갈 때 윈킨 드워드를 조수로 데리고 갔다. 드워드는 신흥 인쇄업에 필요한 새로운 역량을 가진 개척자였다. 바로 그가 직접 만나보지 못한 독자들의 욕망과 열망을 포착하는 능력이었다. 그는 인쇄술의 잠재력을 알아보았다. 인쇄는 소수의 필사본(영어의 manuscript는 '손으로 쓴 것'이라는 뜻의 라틴어에서 유래한 단어다) 애호가를 훌쩍 뛰어넘어 많은 독자에게 다가갈 수 있는 힘을 가지고 있었다.

드워드는 귀족과 왕족의 연줄을 갖고 있는 게 아주 유리하다는 것을 잘 알고 있었고, 그런 물에서 얼마든지 헤엄칠 수 있었다. 그러나 그는 영어로 된 베스트셀러 책을 만들어 더 많은 대중에게 다가갔다. 그는 평생 800종의 단행본을 발간했는데, 한 학자의 추산에 따르면 그러한 종수는 1550년 이전에 영국에서 출판된 모든 책의 약 15퍼센트에 해당한다. 언제나 인기 높았던 문법 안내서(현재 전하는 드워드의 책 중 약 3분의 1), 영어 종교 서적, 예배 기도서, 《성 어슐라의 생애》(1510) 같은 모범적 성인 전기, 라틴어 텍스트의 영역본 등이었다. 가령 키케로의《의무론》같은 책은 한쪽 페이지에 라틴어, 그 옆 페이지에 영역본을 실었는데, 인생을 잘 영위하도록 돕는 책이었다. 내가 읽은 그 1534년판은 열심히 공부한 독자들의 메모로 가득 뒤덮여 있었다. 또한 드워드는 농업과 가축을 다룬 《부동산과 말을 위한 치료약》(1497), 역사 개요서, 농담 모음집, 간단한 시집 등도 펴냈다. 하지만 이 모든 것은 다 인멸되고 후대에 다른 책 제본 작업에 사용된 재활용 폐지로만 살아남았다. 시, 상상력을 발휘한 작품, 중세 로맨스 등도 발간했는데 오늘날이라면 '문학' 작품이라고 하겠으나 당시에는 이런 용어가 없었다. 맨드빌의《여행》(1499) 같은 작품도 나왔는데, 이 책은 한 기사가 세인트올번스를 출발해 콘스탄티노플, 예루살렘, 중국을 여행하는 이야기로, 이야기, 판타지, 안락의자의 몽상 등이 뒤범벅된 일종의 여행 소설이다.

맨드빌의 책은 드워드의 두 가지 성공 비결을 잘 보여준다. 첫째, 드워드는 구텐베르크 시절 이전에 이미 인기가 아주 높았던 작품들을 출간하기로 마음먹었다. 맨드빌의 환상적 여행기는 영국과 프랑스 북부에서 14세기 후반에 큰 인기를 끈 작품이다. 드워드의 주된 역할은 이런 필사본을 인쇄본으로 펴낸 것이었다. 이런 의미에서 그는 혁명가라기보다는 탁월한 개혁가였다. 정보가 흘러갈 새로운 수로를 개발해 활짝 열어젖힌 것이다. 둘째, 드워드는 그림을 많이 사용했다. 그는 그림을 좋아했고, 그래서 그가 출간한 책에는 그림이 많이 들어가 있다. 그는 본능적으로 언어적이라기보다 시각적이었고, 유럽 대륙의 인쇄업자들이 세련되게 시각적 자료를 많이 사용한다는 것을 경험으로 알고 있었다. 드워드가 펴낸 책의 절반 이상이 삽화를 싣고 있는데, 이런 그림들은 1100개 이상의 독립적인 판화에서 가져온 것이었다. 상당수가 매끄럽게 다듬어지지 않은 상태의 판화였는데(드워드는 신속하게 작업을 진행했다), 이는 책에 삽화를 넣는 영국의 인쇄본 시대가 도래했음을 보여준다. 드워드는 1499년 맨드빌의 책을 위해 판화가를 고용했다. 이 판화가의 이름은 후대에 전하지 않으나 그가 작업한 삽화는 드워드의 책에서 널리 발견된다. 이 판화가는 1482년 맨드빌의 독일어 번역본에 들어간 목판 삽화를 그대로 모방했다. 드워드가 펴낸 판본은 딱 두 부만 후대에 전한다. 각 책에는 그림이 72장 들어 있다. 그중에는 내가 특히 좋아하는, 가자에서 눈알이 뽑혀 눈이 멀어버린 장사 삼손도 있는데, 이런 캡션이 달려 있다. "삼손은 궁정에 앉아 있던 팔레스타인의 왕을 죽였고, 그 왕과 함께 수천 명이 죽었다." 목판화는 창문에 달라붙어 왕궁 건물이 흔들리는 것을 구경하는 자그마한 얼굴들을 보여준다. 삽화의 배경 또한 궁전이 무너지는 난폭한 힘 때문에 흔들리고 있다.

영국 출판업 초창기의 중심에 자리잡은 드워드는 외국인이었다. 오늘날 국제주의는 영국 문화에서 쉽게 발견할 수 있는 특징이 아니다. 그럼에도 역사가들은 그동안 줄기차게 '영국적 예외'라는 다양한 허구를 만들어내서 우리에게 주입해왔다. 그러나 영국의 인쇄 문화는 다른 땅에서 온 사람들에게 많은 빚을 졌고, 지금도 그러하다. 우리는 더 유명한 인물 몇몇을 호명해볼 수 있을 것이다. 그러나 이들은 훨씬 넓은 들판에 점점이 박힌 좀더 밝은 빛일 따름이다. 테오도릭 루드는 1481년경에 옥스퍼드에 나타난 최초의 혹은 두 번째 인쇄공이었다. 그는 가동활자와 인쇄기를 쾰른에서 가지고 왔다. 존 시버크(요한 라이어 폰 지크부르크)도 쾰른을 떠나 1520년경에 케임브리지에 정착했다. 그의 인쇄소는 오늘날의 곤빌앤드키스 칼리지 자리에 있었다. 그리고 노르망디 출신의 리처드 핀슨은 1506년에 영국 왕실의 인쇄공이 되어 헨리 7세와 8세 때 활동했다. 영국 최초의 인쇄업자인 켄트 출신의 윌리엄 캑스턴도 해외 상인으로 여행을 다니면서 프랑스어와 네덜란드어를 구사했다. 후대에 전하는 문서들은 캑스턴이 주기적으로 브뤼주와 겐트를 방문했다는 것을 보여주는데, 이는 캑스턴이 구텐베르크가 개발한 "이 특별한 튜턴적 발명품"(서지학자 데이비드 런들의 멋진 표현)이 서서히 그 영향력을 발휘하던 시기에 북유럽에 있었음을 보여준다. 캑스턴은 1471~1472년 쾰른에 머물 때 인쇄술을 배웠는데, 아마도 플랑드르 출신의 활자 제작자이자 인쇄업자인 요한 벨드너와 협업했을 것이다. 이 도시에서 캑스턴은 인쇄기를 사들여 1472년에 브뤼주로 옮겨갔고, 이어 1476년에 영국으로 돌아왔다. 이때 유럽인 인쇄 작업팀을 동반한 것으로 보이는데 여기에 드워드가 끼어 있었다. 영국에 도착한 드워드는 문선공, 인쇄공, 교정공, 제본공으로 동시 다역을 수행했다.

캑스턴은 레드페일이라는 간판을 내걸고서 웨스트민스터 사원의 한 건물을 임차했다. 그곳은 법원 근처였고, 부유한 잠재 구매자들이 많이 오가는 중심지였다. 캑스턴이 영국에서 처음 인쇄한 책《캔터베리 이야기》(1476)를 손에 든다는 것은 무슨 의미인가? 프랑스에서 수입된 종이로, 루뱅에서 공급된 활자를 사용해 인쇄하고, 장식을 입힌 갈색 송아지 가죽으로 제본한 물건을 들고 다닌다는 것이다. 책의 제본은 이민자 제본공이 주로 담당했는데 그들의 이름은 후대에 전하지 않는다. 책을 만드는 모든 과정은 쾰른에서 배운 기술, 인내심, 집중력을 요구했다. 지금은 조용한 도서관의 서가, 유리 진열장 안, 책상 위의 책받침대 등에 모셔져 있는 초창기의 인쇄본들은 여러 지역으로의 이동, 대륙 전역에서 온 자재·노동·지식 등이 종합된 범유럽적인 결과물이었다.

정부 입법은 책을 만드는 과정에 이런 외국의 기술이 필요하다는 것을 인정했다. 1484년에 외국의 상인을 제한하는 법이 통과되었을 때, 영국 내에서 거주하며 일하는 출판업계 외국인 노동자에 대해서는 예외를 인정한 것이다. 드워드는 이런 융통성 덕분에 1496년까지 거류민(영국에서 사는 것이 허용된 외국인) 확인증을 발급받지 않아도 되었다. 그러나 이러한 법적 개방성에도 불구하고 출판·인쇄 현장에서는 갈등이 빈번하게 발생했다. 본토인 노동자들은 외국인 노동자를 못마땅하게 여겼고, 때때로 폭력을 가했다. 장차 국왕의 인쇄공이 되는 노르망디 출신의 핀슨은 1500년 4월 21일 그의 하인들과 함께 폭행을 당했다. 정부의 외국인 옥죄기는 1523년에 이르러 더욱 강화되어 외국인은 비非영국인 도제를 두는 것이 금지되었다. 나아가 1529년에는 외국인 소유의 인쇄소 설립이 금지되었다. 남은 관용적 조치들도 1534년에 이르면 완전히 폐지되었다. 이에 따라 '이방인'이 인쇄한 책을 사는 것은 불법 행위가 되었다. 이 법은, 인쇄술이 왕국 내에 널리 퍼져 있어서 더이상 수입 기술에 의존할 필요가 없다는 과장된 논리로 이러한 조치를 정당화했다.

태생적으로 왕의 신하인 이 왕국의 많은 이들에게 인쇄술을 배워서 활용하라는 지원이 이루어졌다. 따라서 왕국 내에는 그런 방면 혹은 인쇄술에 관한 유능한 전문가가 많이 있으며 그들은 다른 나라의 외국인 인쇄공 못지않게 그 능력을 발휘할 수 있다.

오늘날 런던의 플리트 거리 130~131번지에는 패스트푸드 체인점인 잇쑤itsu가 들어서서 '건강과 행복'을 팔고 있지만, 1500년 후반기에 이곳은 윈킨 드워드의 집이자 인쇄소였다. 그는 1534년(또는 1535년)에 죽을 때까지 여기에서 지내며 일했는데, 전에 여관이었던 곳을 버킹엄셔 수도원장으로부터 연간 3파운드 6실링 8펜스에 빌린 집이었다. 슈레인의 바로 서쪽에 있던 이 건물은 3층 혹은 4층짜리였고 꼭대기에 다락방이 있었다. 드워드가 이 무렵에 출간한 책에는 다양한 버전의 간기가 달려 있다. "태양의 간판을 내건 플리트 거리에서 윈킨 드워드가 인쇄함." 여관이었던 당시에는 '팰컨Falcon'이라는 옥호를 내걸었던 이 건물은 아마 태양이 그려진 간판을 내걸었을 것이다. 드워드 책의 간기에 나오는 로고의 맨 위에 있는 태양 말이다. 이 로고에서 드워드의 정체는 스승 캑스턴의 그것과 겹쳐 있다. 드워드는 인쇄업 경력 초기에는 캑스턴의 로고를 그대로 사용했고, 자신만의 로고를 사용했을 때조차 여전히 캑스턴 로고의 수정된 버전에 지나지 않았다. 어떤 비유가 여기에는 작동했을 것이다. 글을 다루는 다산多産의 인쇄업자 드워드는, 가게 로고로 태양을 내건 캑스턴의 직업적 아들이라 볼 수 있는 것이다.

자, 이제 1501년의 햇살 환한 아침을 상상해보자. 드워드는 자신의 집에서 번잡한 플리트 거리를 내다보고 있다. 거리에는 슈레인에 들어서

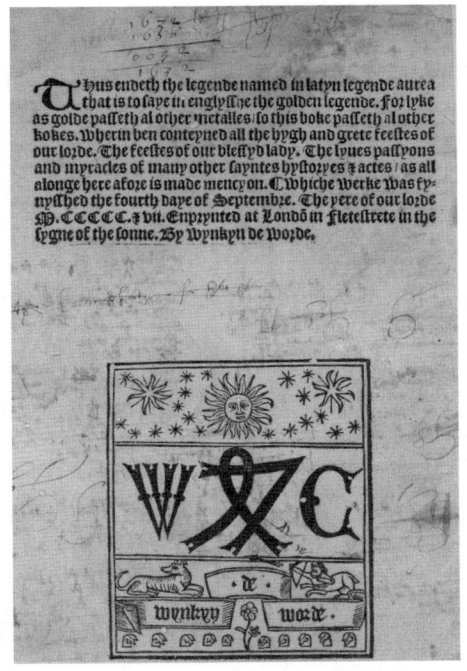

《황금 전설》(1507)에 실린 드워드의 로고.
"태양의 간판을 내건 플리트 거리에서 윈킨 드워드가 인쇄함."

있는 다양한 소규모 가게 주인들의 작은 집이 다닥다닥 붙어 있다. 정원이 딸린 커다란 저택들은 대개 수도원장이나 주교 같은 교회 고위직 인사의 집인데, 이들의 근무지는 영국 내 먼 지방에 있다. 한 하인이 드워드의 가게 바로 옆에 있는 수도관에서 물을 긷고 있다. 그 왼쪽에 다른 건물들 위로 세인트폴 성당이 우뚝 솟아 있는데, 그 교회 마당이 책 판매의 중심지다. 무두질 하는 가게에서 흘러나오는 냄새는 고약하다. 굴과 청어를 파는 노 젓는 작은 배들이 플리트강 위아래를 항행한다. 거리 어디에서나 북적거린다. 언성이 높아지고 고함을 지른다.

드워드가 인파를 헤치며 플리트 거리 위쪽으로 걸어가자 3분 만에 세인트던스턴인더웨스트 교회에 도착한다. 이 500년 된 낡은 교회 앞에 서 있자니 거리의 장사꾼들이 자기 물건을 사라고 계속 소리친다. 드워드는 지금 이 순간 살아 있음을 생생하게 느끼면서, 수백 년 전에 이 거리를 걸어다녔을 사람들을 생각한다. 드워드가 기도를 드리고 또 죽어서 묻힐 곳이라고 알고 있던 세인트브라이드 교회는 그의 인쇄소에서 채 1분 거리도 되지 않는다. 플리트 거리에서 이면 도로 쪽으로 있는 이 교회는 예전에 그 자리에 있던 일곱 개의 교회 자리에 지어졌고, 그보다 훨씬 더 오래전에는 로마인의 저택이 있던 자리다. 이후 그 교회는 두 번 허물어졌다. 한 번은 1666년의 런던 대화재 때 불타버려서 건축가 렌이 재건축했고, 다른 한 번은 1940년 12월에 폭격을 받아 파괴된 후에 복구되었다. 1501년 9월의 어느 청명한 아침, 그 교회의 종이 막 울리기 시작했다.

드워드는 인쇄업의 새로운 중심지 한가운데에서 일했다. 이것은 인쇄본의 국제적 중심지로 플리트 거리가 자리매김하는 시작이었다. 플리트 거리에서 조금 더 올라가면 188번지가 나오는데, 이곳에는 드워드의 주요 경쟁자인 노르망디 태생의 인쇄업자 리처드 핀슨이 운영하는 인쇄소가 있었다. 드워드는 웨스트민스터에서 동쪽으로 약 3킬로미터 떨어진 지점으로 이사를 왔고, 스승 캑스턴이 사망한 1492년 이후에도 웨스트민스터 사원의 그늘에 있는 캑스턴의 인쇄소에서 사업을 운영했다. 《우리의 축복받은 성처녀의 기적》(1496) 간기에는 이런 문구가 달려 있다. "웨스트민스터, 캑스턴의 집에서 나 윈킨 드워드가 인쇄함." 이 집은 아마 캑스턴이 교회의 자선품 분배소에서 임차한 집들 중 하나였을 것이다. 드워드는 사원의 참사회 회의소 바로 옆에 있던 작은 인쇄소도 인수했다. 그는 스승을 추모하고 존경했으므로, 다른 문화의 상징지인 플리트 거리로 이전하기까지 고민이 많았을 것이다. 그 거리로 이사하는 것은 법원의 인접성에서 벗어나 사람들이 더 많이 찾고, 더 본바닥이고, 더 시장 지향적인 곳으로의 진입을 의미했다. 어쩌면 드워드는 자신이 캑스턴을 내려놓는 게 아닐까 우려하면서도, 자신이 어떤 거대한 사업의 출발점에 서 있다고 느꼈을 것이다. 우리는 오늘날 그것이 인쇄 시장으로의 진입이라는 걸 분명하게 알아볼 수 있다.

작업 중인 인쇄소를 담은 가장 초창기의 그림은, 현대인의 눈으로 볼 때, 실재와 우화가 기이하게 뒤섞인 작품이다. 다음 쪽에 있는 이 그림은 1499년 리옹에서 출간된, 죽음의 임박을 다룬 저서에 들어 있다. 1499년이면 드워드가 캑스턴 사망 이후에 자신의 명성을 쌓아가던 시기였다. 이 프랑스 책은 이렇게 선언한다. 죽음은 누구에게나 찾아온다. 그것도 아주 빠르게. 지위나 재산, 직업, 장수의 노력과 미덕의 축적 등 그 어떤 것도 그의 방문을 물리치지 못한다.

죽음의 춤이 발생하는 여러 장면 중 하나는 인쇄소다. 여기서 '죽음'은 싱긋이 웃고 있다. 필연적이면서도 부드러운 손길로 문선공의 팔을 건드리는가 하면(왼쪽), 잉크볼을 쥐고 식자판에 잉크를 먹이는 노동자와 종이를 식자판에 집어넣는 노동자에게 장차 다가올 저승을 가리킨다(가운데). 죽음은 인쇄공을 데려갈 수 있지만 인쇄된 책은 건드리지 못한다. 이것은 인간의 죽음에 대한 우화이지만, 동시에 인쇄물의 불멸을 선언하는 것이다. 인쇄된 책은 역사 속으로 사라져갈 사람들의 손으로 만들어진 것, 일종의 잔여물, 여러 세대를 초월하여 존재하는 사물임을 상기하게 해준다.

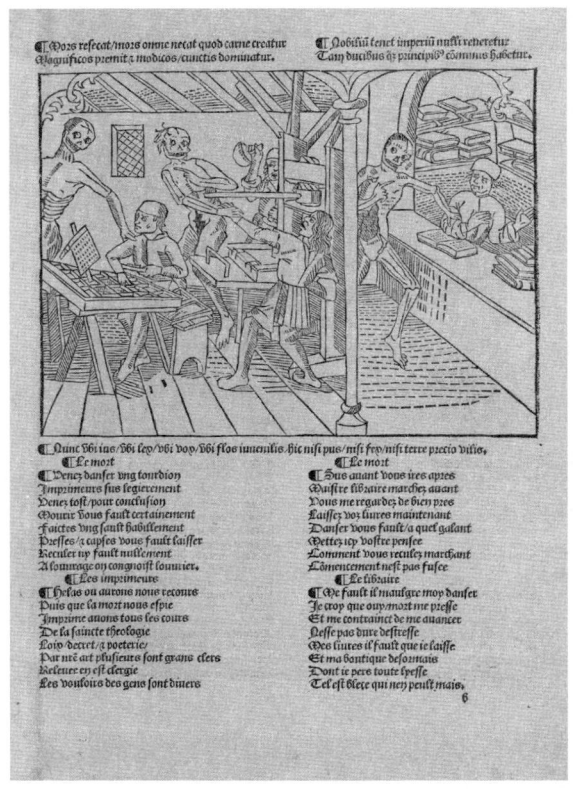

인쇄소에 대한 가장 이른 묘사 장면.
1499년 마티아스 후스가 인쇄한 《남자들과 여자들의 음울한 춤》.

 드워드의 인쇄소는 어떻게 생겼을까? 여관에서 인쇄소로 개조된 건물의 문을 열고 안으로 들어서는 것은 어떤 느낌이었을까? 우리는 현장을 직접 목격한 사람의 이야기는 들을 수 없다. 그러나 전형적인 사례를 통해 많은 정보를 얻어낼 수 있다. 16세기와 17세기의 많은 소규모 인쇄소는 유사한 형태를 취했다. 인쇄소는 일터인가 하면 가정집이었다. 방 하나에 인쇄기가 서너 대 놓여 있고, 덩치 큰 작업자가 레버를 잡아당겨서 종이를 활자 조판에 접착시키고 그 압착이 최고조에 달할 때까지 1~2분 누른다. 또다른 작업자는 동물 가죽으로 만든 잉크볼을 가지고 활자에 잉크를 먹이고, 압착기가 위로 들어올려졌을 때 종이가 제대로 인쇄되었는지 살핀다. '태양' 인쇄소는 건물을 지을 때부터 공간 배치를 염두에 둔 게 아니었으므로, 기계와 사람이 함께 들어가기에는 좀 비좁았을 테고, 그래서 주어진 공간에 맞게 대처했을 것이다. 인쇄하는 방은 아주 비좁고 어두웠으며 여름에는 너무 더웠다. 방금 인쇄된 종이들은 건조를 위해 빨래처럼 높은 밧줄 위에 걸었다. 창문은 유리가 아니라 종이였는데, 인쇄물에 빛이 직접 닿지 않게 하기 위한 값싼 조치였다. 그런 만큼 겨울에는 너무 추웠다. 종이 파편이 주위에 널려 있었다. 주로 오래된 교정지나 폐지인데, 즉석 가리개, 포장지, 활자 사이의 빈 공간을 채우는 충전재 등으로 재활용했다. 모든 일에 인쇄용 물자를 최대한 활용하려는 절약 정신이 작용했다. 인쇄소에서는 고약한 냄새가 났다. 하루 12시간에 시간당 250매를 찍어야 하는 인쇄공의 체취, 인쇄 후 납 활자를 씻어낼 때 사용하는 통 속에서 부글거리는 알칼리 잿물, 젊은 도제가 두 시간마다 가져오는 맥주를 마시고 바닥에 뿌려버린 맥주 찌꺼기, 통나무 위의 화덕에서 끓고 있는 아마 기름(탄소와 호박 수지를 이 기름과 섞어서 잉크를 만든다), 잉크볼의 가죽 덮개를 밤새 집어넣어 그 가죽을 부드럽게 만드는 오줌통 등이 그런 악취의 원인이었다.

인쇄실을 지나면 조판실이 나온다. 금속 활자를 가져와서 평평하고 커다란 돌 위에다 조판할 활자들을 배열한다. 만약 인쇄소의 규모가 크다면 종이를 보관해두는 세 번째 방도 있었을 것이다. 아마도 드워드의 옛 여관 건물은 이런 공간이 있었을 것으로 짐작된다. 그 창고에는 압착기 바로 옆에 종이를 쌓아두는 자리가 있었을 것이다.

　우리는 윌리엄 파월이 소유했던 '조지'라는 인쇄소의 재고 목록으로부터 좀더 자세한 세부사항을 알아볼 수 있다. 파월은 1553년에 대출에 대한 담보로 이런 재고 목록을 제공했던 것으로 보인다. 이 인쇄소는 '태양' 인쇄소에서 가까운 곳에 있었다. 재고 목록은 라틴어, 영어, 프랑스어가 뒤범벅되어 있어서 오늘날에는 읽어내기가 좀 까다롭지만, 16세기 런던의 다언어적 특징을 잘 보여준다. 이 문서는 아마도 외국인 노동자들이 편찬했을 것이고, 나중에 변호사의 서기가 필사했을 것이다. 그 목록은 인쇄소의 방별로 작성되어 있다. 처음 보면 아주 혼란스럽지만 직접 눈으로 보면서 확인한 듯한 나름의 논리를 갖추고 있다. 그래서 보다 보면 16세기 중반의 어느 날 분주한 인쇄소에서 시간이 잠시 정지한 듯한 느낌을 받는다.

　이 재고 목록은 아주 자세해서 각 제책 공정을 잘 보여준다. 먼저 양피지 위에 손으로 쓴 텍스트를 비소룸visorum이라는 나무판에 딱 고정시키고, 식자공은 이것을 보면서 활자를 하나하나 집어들어 조판한다. 단락이나 문단의 맨 앞에 들어가는 장식용 활자는 따로 모아둔다. 단어나 문장 단위를 구분하기 위해, 즉 띄어쓰기나 행 나누기 등에 쓰는 스틱styke이 가득 든 상자도 있다. 판면 단위를 구분해주는 납 활자도 있는데, 금속 체이스chase(조판을 죄는 틀)에 넣어 단단히 고정시킨다. 빈 공간은 나무 조각 따위를 집어넣고 쐐기를 박아 움직이지 못하게 처리한다. 완성된 식자판forme은 대기했다가 인쇄기 쪽으로 이동한다. 인쇄기는 넉 대 있고 선반에는 그림, 장면, 이야기를 인쇄하는 데 필요한 목판화 원판들이 놓여 있다. 인쇄용 잉크가 세 통 있는데 두 통은 검은색이고 한 통은 붉은색이다. 다양한 제본 도구Tolis도 있고, 인쇄소 내에서 금속 활자의 주조가 이루어졌음을 시사하는 품목도 있다. 큰 통 두 개, 국자 하나, 낡은 컵, 약간의 납 등등. 인쇄공은 납을 녹인 뒤 작은 주조 틀에 부어 활자를 만든다. 드디어 완성된 책이 쌓여 배포 혹은 판매를 기다린다. 그중 상당수가 드워드가 인쇄한 것들이다. 가령《매를 길들이고 사냥하고 천렵하는 책》(1518) 4부, 존 스탠브리지의 문법 안내서인《어형론》(초판 1495) 50부, 초서의《캔터베리 이야기》(1498) 12부. 이 책들의 가치는 약 280파운드로 추산되는데, 오늘날의 가치로 대략 16만 파운드(약 3억 원)에 해당한다.

드워드의 도서 출판은 서로 겹치는 두 문화의 한가운데에 존재했다. 한 문화는 대중적 인쇄의 신흥 시장으로, 이 시장에서 무명의 독자들이 책을 구매했다. 드워드는 대중의 취향을 잘 알았고 거기에 민감하게 반응하면서 책을 만들었다. 다른 문화는 귀족과 왕족이 후원하는 중세 후기의 문화였다. 이 시장에서는 단 한 명의 힘센 권력자의 취향이 출판의 방향성을 결정했다. 무명의 독자들이 진열대에 놓인 책의 갈피를 넘겨보면서 그 안에 어떤 내용이 들어 있을까 짐작하는 출판 시장은 오늘날의 책 세계와 별반 다를 바가 없다. 드워드는 이런 출판 시장에서 사업하면서 어느 정도는 근대성의 한 버전을 창조했다. 그는 사람들이 무엇을 원하는지 잘 알았기에 라틴어 문법책을 출간했다. 출판 역사가 로테 헬링가는 라틴어 문법책을 가리켜 "돈을 벌어주는 작품"이라고 말했다. 로버트 휘팅턴의 문법책은 150쇄 이상을 찍었고, 존 스탠브리지의 책은 75쇄 이상을 인쇄했다. 그가 출판한 여러 종의 영어 시집에서도 동일한 현상을 볼 수 있다. 만약 당대의 독자가 기사 그랜드 어무어의 우화풍 순례 여행을 멋지게 노래한 스티븐 호스 같은, 잘 알려진 최근의 영시를 읽고 싶다면 드워드가 출판한 시집을 읽으면 되었다. (보들리도서관에 소장된 호스 시집의 파손된 파편은 구멍이 좀 나 있고 니컬러스라는 주인 이름이 적혀 있다. 니컬러스는 두 번째 페이지와 세 번째 페이지 사이의 홈에다 붉은색 연필로 메모를 했다). 드워드의 경쟁자인 핀슨도 가끔 영어 시집에 투자했는데, 그의 신중한 성격은 드워드의 과감함과 대비된다. 드워드는 동시대 시인의 시집을 발간한다는 획기적인 구상을 실천했다고 할 수 있다. 드워드는 궁정 생활을 풍자한 존 스켈턴의 《궁중 음식》(1499)이라는 시집을 발간했는데 이것은 살아 있는 영국 시인의 장시를 출판한 최초의 사례로, 현역 시인의 시집을 발간할 수 있다는 새로운 틀을 정립한 것이었다. 우화와 풍자가 좀 읽기 까다롭다면 문학의 사다리에서 한두 단계 아래로 내려올 수 있는데, 이 경우에도 드워드가 독자를 위한 출판사가 되어줄 수 있다. 그는 독자를 평가하는 사람이 아니라 책을 판매하는 사람이니까 말이다. 그가 출판한 중세 영국 로맨스 작품인 《햄프턴의 베비스 경》(1500)이나 초서의 '장원 관리인 이야기'를 번안한 《애빙던의 장원 관리인의 웃긴 농담》(1532~1534) 같은 재미있는 이야기가 그런 예다.

  드워드는 이런 베스트셀러를 시장에 내놓는 한편, 왕실의 주문을 받는 좀더 수준 높은 문화 속에서도 영업을 했다. 그는 서로 다른 두 세계 사이를 쉽게 오갔다. 그는 궁정 계단을 걸어 올라가면서 손가락에 묻은 잉크를 닦아냈다. 여기서 중요한 인물은 마거릿 보퍼트인데, 그녀는 리치몬드와 더비의 백작 부인이면서 헨리 7세의 어머니였다. 리처드 3세를 전복하여 헨리를 왕위에 오르도록 배후 조종한 인물로 알려져 있는 보퍼트는 출판업에서도 강력한 실세였다. 그녀는 당대의 저명한 3대 인쇄공인 캑스턴, 핀슨, 드워드와 밀접한 친분관계가 있었다. 보퍼트는 자신이 의뢰한 종교 서적을 잘 알았고 설교집, 기도집, 성인 전기, 예배서, 훌륭한 영적 안내서 같은 책자를 만드는 데 자금을 댔다. 그녀는 이러한 책을 발간하는 것이 내적 경건심의 표현이라고 생각했다. 드워드는 종교서 출판이라는 수익 높은 시장을 창출하는 데 있어서 이런 지체 높은 인물과 협력하는 것을 기쁘게 생각했다. 고관대작에게서 나오는 후원금이 책을 제작하는 데 큰 도움이 되었던 것이다. 보퍼트의 거래 장부에서 이런 상부상조의 관계가 꽃피어났던 것을 볼 수 있다. 그 기록에는 책을 배달해준 수고로 드워드나 그의 부하에게 팁을 자주 준 사실이 드러나 있다. 1508년 7월 6일, "이달 6일에 인쇄공 윈킨 드워드가 백작 부인께 책을 가져다준 수고를 치하하며 1실링 지불." 보퍼트가 사망했을 때, 거래 기록을 결산해보니 드워드에게 20파운드가 사전 지급되어 있었다. 우리는 이런 협력관계를 드워드의 간기에서도 볼 수 있다. 그가 사건 기록을 너무나 꼼꼼하게 일자별로 기록해놓아서, 건조 줄에 매달린 젖은 종이를 검사하는 그의 모습을 상상할 수 있을 정도다. "이렇게 하여 니코데무스 복음이 끝났다. 태양을 간판으로 내건 런던 플리트 거리의 인쇄소에서 인쇄공 윈킨 드워드가 인쇄. 왕의 어머니이신 고귀한 모후를 위하여 1509년 3월 13일에 제작."

드워드의 협력관계에 대해서는 그가 1494년에 펴낸 《완덕의 계단》에서 더욱 분명하게 알아볼 수 있다. 노팅엄셔주의 서가튼이라는 작은 마을에 있는 아우구스티누스파 수도회의 소속이었던 월터 힐턴(1340?~1396)이 써낸 이 책은 바람직한 영적 생활을 위한 안내서다. 완덕의 계단은 영적 예루살렘으로 올라가는 영혼 정화를 위한 종교적 계단을 가리킨다. 힐턴의 안내서는 수고본 상태로 널리 유통되었는데, 드워드는 이 물건의 가치를 금방 알아보았다. 드워드의 에디티오 프린켑스editio princeps(서지학자들이 초판본을 가리키는 용어)는 비교적 수수한 제품이었지만 그보다 뒤에 나온 판본들은 드워드의 기지가 발휘되어 핵심 독자층을 자극했다. 이를테면, 문단의 시작이나 판면의 가장자리에 근사하게 장식된 대문자를 썼다. 이 책은 널리 읽혔고 연구되었으며, 나아가 실천되었다. 이 책의 많은 부수가 '태양 간판을 내건 플리트 거리의 인쇄소'에서 출발해 더 넓은 세계의 독자들을 만났고, 시간을 통해 여행을 계속했다. 이 책들은 독서와 사용의 흔적을 계속 축적했다. 영국도서관에 소장된 1533년 판본은 16세기 이래 손으로 쓴 메모로 뒤덮여 있다. 그리고 그중 상당수가 의견이 다른 더 후대의 독자들에 의해 박박 지워져 있는데, 이것은 이 책이 온 세상을 돌아다녔음을 보여준다.

독자들의 메모를 통해서나 또는 그 책의 인쇄 과정을 보여주는 간기를 통해서나, 책이 그 자신의 역사를 지니고 있다는 점은 드워드 출판물의 독특한 점이다. 후대의 도서 역사가인 D. F. 매켄지는 이 점을 아주 멋지게 지적했다. "모든 책은 텍스트가 전하는 것과는 완전히 별개의 이야기도 말해준다." 그러니까 책은 우리가 손쉽고 빠르게 읽을 수 있는 텍스트와 함께, 그 물성을 통해 도서 출판의 역사를 말해준다는 것이다. 《사물의 성질에 대하여》(1495)라는 책의 한 구절은 이와 관련하여 좋은 사례가 된다. 이 책은 사물들의 성질을 폭넓게 설명하는 참고서다. 이 책은 원래 영향력 있는 13세기의 과학서였는데 필사본 상태로 큰 인기를 끌었다. 드워드는 이 책을 영어로 번역해 최초의 인쇄본으로 펴냈다. 평소의 방식대로 중세 후기의 수고본 문화에서 이미 큰 인기를 누렸던 책을 재출간한 것이다. 인쇄본의 에필로그에서는 이 책의 역사에 대한 윤곽이 제시되어 있다.

또 이 책을 쾰른에서 라틴어로 처음 발간했던 윌리엄 캑스턴의 영혼을 추모해주기를 독자들에게 바란다. 선의를 가진 분이라면 모두 그렇게 해주리라 믿는다. 그가 가르쳤던 젊은 존 테이트는 나중에 영국에서 이 얇은 종이를 만들었다. 그리고 그 책은 이제 영어로 번역되어 출간되기에 이르렀다.

이 책은 쾰른에서 라틴어 판본을 인쇄했던 윌리엄 캑스턴의 영혼을 추모하고 있다. 또한 젊은 존 테이트가 영국에서 만든 종이에 인쇄했다는 사실도 기록하고 있다. 테이트는 예전에 고급 옷감을 거래하던 상인이었는데 하트퍼드셔에 있던 물방앗간을 영국 최초의 제지소로 개조한 인물이다. 이전까지는 종이를 주로 네덜란드, 프랑스, 이탈리아에서 수입해다 쓰던 상황이었다. 테이트의 제지소는 1480년경부터 대략 20년 동안 운영되었다. 드워드의 책은 영국에서 제조된 종이에 인쇄된 초창기 책들 중 하나였다. 종이를 불빛에 비추면 테이트의 워터마크를 볼 수 있는데, 두 동그라미 안에 우아한 팔각형 별 혹은 잎사귀 무늬가 있다.

마거릿 보퍼트는 《그리스도를 본받기》 영역본을 비롯해 중요한 책을 여럿 주문했다. 그중에서도 가장 중요한 것은 《바보들의 배The Ship of Fools》다. 이 책은 오늘날에도 널리 알려져 있는데 그 이유를 파악하기는

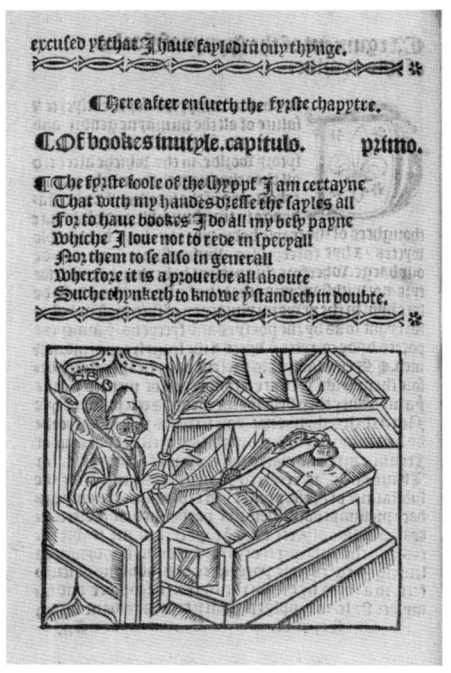

《바보들의 배》(1517).

쉽다. 1494년 이후 나온 책은 대개 근엄한 내용인 데 비해 이 책은 아주 쾌활하다. 인문주의적 학문과 뒤통수를 치는 폭소가 적절히 결합된 책인데, 독자는 친구들에게 이 책을 읽어주면서 "이건 다른 책하고는 정말 달라" 하고 말하게 된다. 이 책의 원서는 제바스티안 브란트가 독일어로 써서 바젤에서 출판한 《바보들의 배Narrenschiff》(1494)다. 이 책은 미농지에 쏟은 잉크처럼 유럽 전역으로 번져나갔고 1500년 이전에 라틴어, 프랑스어, 플라망어, 영어 등 다양한 언어로 번역되었다. 라틴어판은 1497년에 야콥 로허가 《스툴티페라 나비스Stultifera Navis》라는 제목으로 번역했다. 이처럼 번역서의 인기가 높다 보니 후대에 전하는 초창기 판본들은 종종 너덜너덜한 상태가 되어 있다. 보들리도서관에 소장되어 있는 1517년 판본에는 이런 메모가 있다. "윌리엄 크립스가 이 책의 주인임." 이 판본에 빠져 있는 A1과 A8 면을 다른 판본에서 찍은 사진을 살펴보면, 윌리엄 크립스가 지나치게 열정적으로 책장을 넘겼던 게 아닌가 싶다.

이 책은 15세기 말의 우행을 풍자 대상으로 삼는다. 저자 브란트는 말한다. 나라고니아라는 바보들의 천국으로 가고 있는 이 광대들의 배를 보라. 각각의 인물은 저마다 다른 방식으로 우스꽝스럽고 허세를 부린다. 브란트는 이런 여러 부류를 구분하여, 생생하고 인상적으로, 또 다소 우스꽝스럽게 묘사한다. 당신은 그들 중에서 자신의 모습을 볼 수 있는가? 술꾼, 수다쟁이, 위선자. 당신은 돌팔이 의사인가? 부패한 판관? 거짓말쟁이? 아첨꾼? 당신은 정말로 죽음을 부정하는가? 당신은 성스러운 축일을 무시하는가? 당신은 고마워할 줄 모르는 배은망덕한 자인가? 불안하고 초조한가? 잘 속는가? 남을 잘 비판하는가? 게으른가? 거만한가? 성공에 너무 집착하지 않는가? 너무 과식하지 않는가? 선량한 사람을 타락시키지는 않았는가? 당신은 (여기서 어리석음의 범주가 다소 놀랍게 된다) 밤에 악기를 연주하지 않았는가? 건축물을 완성하지 못하지는 않았는가? 당신은 새 책을 사서 '내용은 읽지 않은 채 근사한 겉표지만 보면서 시간을 보낸 것은 아닌가?'

그리고 이것이 브란트의 가장 좋은 질문이다. 당신은 바보가 되지 않기로 결심했는가?

마거릿의 환심을 사려고 애쓰던 드워드는 브란트의 책을 좋아하는 그녀의 기호에 맞추기 위해 헨리 왓슨을 시켜서 이 책의 프랑스어 번역본을 영어로 번역하게 했다. 그리하여 영역본이 1509년 7월에 콰르토 판본(오늘날의 페이퍼백 책과 비슷한 크기와 체재)으로 발간되었으나, 마거릿은 이미 한 달 전에 사망한 상태였다. 드워드의 경쟁자인 핀슨도 똑같은 책을 준비했는데, 12월에 알렉산더 바클리의 영역본이 나왔다. 드워드는 경쟁이 붙었다는 것을 감지하면서 더욱 신속하게 일을 진행했다. 그가 핀슨을 앞질러 발간한 판본에는 더러 잉크가 덜 먹힌 삽화가 있는 등 황급함의 흔적이 남아 있다.

핀슨의 판본은 여러 면에서 서지학적으로 훨씬 우수한 책이다. 인쇄 상태도 더 좋고 삽화도 더 선명하며 영역 텍스트에 병치한 라틴어 텍스트의 대문자 장식도 훨씬 더 우아하다. 핀슨의 세련되고 견고한 폴리오 판에는 풍자의 재빠르면서도 세속적인 유머가 결여되어 있다. 핀슨의 책은 책상용이지 손에 들고 다니는 휴대용은 아니다. 보들리도서관은 법률학자였던 존 셀던(1584~1654)이 소유했던 핀슨 판본을 한 부 소장하고 있다. 셀던의 소장본은 책배fore-edge(책등의 맞은편 면)에 잉크로 16이라는 숫자가 새겨져 있다. 이 책이 셀던의 장서 8천 권 중 하나로 그의 서가에 꽂힌 채, 책등이 아니라 책배가 책장에서 얼굴을 내밀고 있던 그 시절을 회상시킨다.

드워드의 판본은 약간 다른 모습이다. 우리는 그의 소형 콰르토 판본에서 그의 판매 전략을 엿볼 수 있다. 대문자에서 밖으로 내밀고 있는 찡그린 얼굴들, 약간 어색한 가장자리 장식, 본문을 뒤덮은 목판 삽화들.

다음 쪽의 오른쪽에 있는 페이지는 바보의 한 유형인 '악기 연주자'를 보여주는 흥미로운 목판화다. 서투른 연주자들은 정체를 드러내는 모자를 쓰고 있으며 귀는 비쭉 내밀고 있다. 그들의 노래는 칭찬을 자아내는 것이 아니라 요강에서 쏟아 버리는 오물 소리를 유발할 뿐이다.

《바보들의 배》의 장식 대문자와
초창기 책 주인의 소유권 표시.

《바보들의 배》중 음악 바보들.

　　드워드의 책을 유심히 검토하다 보면 한 가지 기이한 사실을 발견하게 된다. 같은 목판화가 책의 여러 군데에서 반복적으로 등장한다는 것이다. 같은 그림으로 여러 종류의 바보를 묘사하고 있다. '바보 같은 의사'(52장)의 삽화는 이미 '병중의 초조함'(37장)에서 사용되었다. 이처럼 동일한 삽화가 같은 책에서, 또는 이 책에서 저 책으로 건너뛰면서 사용되었다. 이것은 드워드의 절약 정신의 소치였다. 목판화 원판은 값이 비쌌기 때문에 새로운 원판을 주문하거나 사들이지 않고 이미 확보한 것을 재사용한 것이다. 드워드는 이 전략을 많은 책에서 써먹었다. 리드게이트의 짧은 시들을 재판한 《신들의 의회》(1500)에서 드워드는 예전에

1장 인쇄　45

《캔터베리 이야기》에 수록한, 신을 닮지 않은 순례자들의 삽화를 신들의 모임을 보여주는 삽화로 다시 써먹었다. 문헌학자 세스 레러가 지적했듯이, 드워드는 남자에게 반지를 바치는 여자가 묘사된 목판 삽화를, 호스의 《쾌락의 오락》(1509년과 1517년)과 초서의 《트로일러스와 크리세이드》(1517) 등 무려 다섯 권의 시집에 재활용했다. 초서의 이야기에 삽화를 넣을 때 드워드는 텍스트와 함께 '밴더롤banderole'을 채워 넣었으나, 호스의 시집에서는 그렇게 하지 않았다. 밴더롤은 '깃발'을 의미하는 이탈리아어 반디에라bandiera에서 온 것으로, 오늘날 만화책의 말풍선에 해당한다.

오늘날 이런 삽화의 재활용은 바람직하지 않은 편법으로 취급되지만, 16~17세기 인쇄업계에서는 흔한 일이었다. 브로드사이드 발라드broadside ballad(한쪽 면에만 인쇄한 한 장짜리 값싼 시집)에서는 전혀 상관없는 맥락에서도 같은 그림을 사용하고 있다. 서로 구애하며 노천에서 포옹하는 남녀의 목판화가 《거지의 기쁨》이나 《키 작고 뚱뚱한 햄프셔 방앗간 주인》 등 1670~1680년대의 싸구려 시집들에 등장하는 식이다. 독자들은 이런 반복적 사용에 익숙했으며, 뭔가 잘못되었다고 생각하기보다는 동일한 그림의 시각적 반복에서 어떤 연결성을 이끌어냈다. 이것은 16세기 내내 성경과 고전의 인물 및 사건을 동일한 삽화로 보여주는 출판문화의 한 단면이었다. 목판화의 재탕은 독자들에게 어떤 일정한 감상을 불러일으켰을 것이다. 가령 드워드가 출판한 《쾌락의 오락》과 《트로일러스와 크리세이드》에 동일한 그림이 들어간 것을 보고서, 독자는 호스의 우화풍 인생 순례길이, 트로이 전쟁을 배경으로 하는 초서의 비극적 연애시와 어떻게 연결되는지 곰곰이 생각해보게 되는 것이다. 드워드 출판의 중요성이 "그가 중세 영문학의 모든 정전을 출간했다는 것"(세스 레러의 말)이라면, 이러한 시각적 연결은 그 중세 문학 텍스트들 사이에 연결고리를 구축했고, 그리하여 상상적 세계를 창출했다.

드워드의 시각적 접근에서 중요한 점은 표제지title page(제목과 저자명 등이 표기되는 본문 맨 앞의 지면. 속표지라고도 한다. 영미권에서는 대개 이 표제지 뒷면에 판권과 간기가 인쇄되는데, 이 책에서는 이 앞뒷면 모두를 일컫는다)의 성격과 기능을 새롭게 상상한 것이다. 오늘날 표제지는 너무나 당연한 책의 한 부분이라 그런 형태가 하나의 혁신이었다는 것을 상상하기 어렵다. 드워드의 활동 기간에 이 표제지의 변천이 일어났는데, 그전의 중세 필사본은 표제지 자체가 없었다. 그러다가 15세기 후반에 책 제목 정도가 표기된 간단한 표제지가 인큐내뷸러incunabula('요람'을 뜻하는 라틴어로, 1501년 이전의 인쇄 초창기에 발간된 책을 일컫는다)에 실린다. 그후에 비로소 우리에게 익숙한 표제지가 책 앞쪽에 인쇄되기 시작했다.

중세의 필사본은 텍스트의 시작을 알리는 짧은 인키피트incipit('여기서 시작하다'라는 뜻의 라틴어)로 시작하는데, 이것이 텍스트와 별도로 떨어져 있는 것은 아니었다. 인키피트 다음에 주제와 저자명(생략되는 경우도 많았다)이 나오고 종종 주서朱書(붉은색 잉크로 텍스트를 장식하는 것)되었다. 필사본 상태의 중세 텍스트는 하나의 코덱스 내에 포함된 여러 텍스트 무리나 선집 가운데 1개 텍스트로 존재했다. 그래서 인키피트는 이어지는 여러 텍스트 사이에서 구분 표시가 되었다. 따라서 각 텍스트의 제목은 주로 이 첫 문장이 되는 경우가 많았다. 오늘날의 표제지는 말하자면 이 인키피트를 따로 떼어내 텍스트의 앞 혹은 바깥 공간에다 배치하는 것이다. 제라르 주네트는 1987년에 이것을 가리켜 의사텍스트paratext, 주 텍스트 바깥의 공간, 글쓰기를 세상에 전달하는 일종의 배경 등으로 지칭하면서 표제지가 그런 환경을 조성한다고 말했다. 이 필사본을 실제로 누가 만들었는가 하는 정보는 으레 간기의 형태로 책의 뒤 혹은 앞에 배치되었다. 필사본의 간기는 때로는 감상적이고 때로는 엄청난 노고의 인간적인 모습을 슬쩍 보여준다. 가령 현재 레이던에 보관되어 있는 14세기 필사본의 라틴어 간기는 이렇게 번역된다. "스승님, 필사가 다 끝났으니 제게 술을 한 잔 주십시오. 필경사의 오른손을 고통의 압박에서 벗어나게 해주십시오."

더 큰 덩어리의 한 부분이 아니라 독립된 형태로 텍스트를 인쇄·제책하기 시작하면서, 책 제목을 장식 없이 간단하게 인쇄한 지면을 내지의 맨 앞에다 배치하기 시작했다. 이 지면은 이동 중에 책을 보호하는 속표지 역할을 하도록 넣은 것이다. 인쇄공은 이 새로운 공간에 좀더 온전하게 제목을 집어넣을 가능성을 보았고, 16세기 초에 이르러 간기는 책의 뒤에서 앞으로 이동해, 표제지에 합병되었다. 표제지에는 오늘날 우리가 알아볼 수 있는 논리를 개발해 제목, 저자, 인쇄인-발행인, 출판 장소를 기재하게 되었다. 표제지는 책이 스스로를 합법적이며 믿을 만한 존재임을 주장하는 공간이 되었다. 가령 이런 표제지를 보라. "런던에서 커스버트 버비를 위하여 사이먼 스태퍼드가 인쇄. 로열 엑스체인지 1599에 있는 그의 가게에서 판매함." 이 지면은 책을 선전하고 판매하고 권유하고 설득하는 공간이기도 하다. "웨이크필드의 조지 그린이라는 주인공을

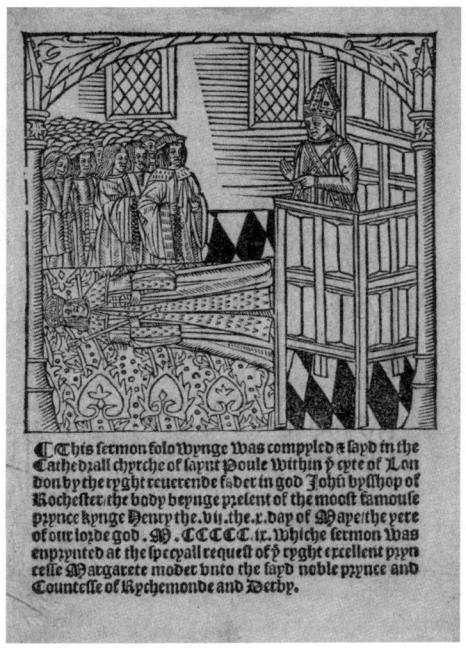

존 피셔, 〈이어진 그의 설교〉(1509/1510).

묘사한 즐거우면서도 고상한 희극. 고명한 서식스 백작의 하인들이 여러 차례 공연한 바 있음."

드워드는 필사본의 전통이 아직 강하게 남아 있던 시대에 초창기 인쇄 문화를 개척한 선구자였다. 그의 표제지는 일종의 전환점으로서 옛 것과 새것의 여러 특징을 보여준다. 1509년 로체스터 주교가 집전한 헨리 7세의 장례식에서 낭독된 설교문의 판본을 살펴보자. 이 책의 표제지는 드워드의 명성을 한껏 높여준 목판화를 포함하고 있다. 나는 왕의 죽음을 암시하기 위해 살아 있는 헨리의 그림을 수평으로 눕혀놓은 이 그림을 좋아한다. 그런데 드워드는 이 목판화를 1521년, '마르틴 루터의 유해한 교리'에 대항하는 로체스터 주교 존 피셔의 설교문에 재사용하면서 더이상 필요 없게 된 헨리 왕의 그림은 덜어내고 그 자리를 텍스트로 채웠다. 1509년의 책은 필사본 전통을 상기시키는 인키피트 양식으로 시작하는데, 이는 초창기 인쇄본의 위상을 높이려는 조치였다. 또 인쇄본이 구전문화를 회상하고 보존하는 매체가 될 수 있다고 주장하려는 의도도 있었다. 이것은 공중에 흩어져 사라져버릴 구어口語를 동결하거나 보존하려는 방식이었다(드워드의 말이다). 드워드의 책은 돈 몇 푼이면 누구나 살 수 있는 상업용이면서, 동시에 왕실의 주문을 받고 제작된 것이기도 했다("왕의 어머니이신 고귀한 마거릿 백작 부인의 특별한 요청에 의해 인쇄되었음"). 플리트 거리의 태양 간판을 내건 인쇄소에서 드워드가 인쇄했다는 제작 표시는 여전히 책 뒤에 배치되어 있다. 간기는 아직 표제지에 병합되지 않은 것이다. 1509년의 이 책은 오늘날 우리가 알아볼 수 있는 책인가 하면, 알아볼 수 없는 책이기도 하다.

드워드는 간기에다 자신을 가리켜 "왕의 어머니이신 고귀한 모후를 위한 인쇄공"이라고 선언했는데, 이것은 드워드가 여성에 의한, 여성을 위한, 여성에 관한 책을 만들었다는 더 큰 패턴의 한 부분을 이룬다. 드워드가 여성 독자를 위한 출판 시장을 창출했다고 해도 과언이 아니다. 우리는 이것을 여성 독자에게 말을 거는 드워드의 서언에서 알아볼 수 있다. 그는 여성 구매자를 겨냥해 자국어로 번역된 많은 종교 서적을 펴냈다. 《사랑의 이미지》(1525) 같은 책은 여성 독자들에게 보내졌는데, 특히 사이언syon수도원의 수녀 60명에게 발송되었다. 우리는 다른 중요한 발간물 2종에서도 여성에 대한 드워드의 관심을 파악할 수 있다. 첫 번째 책은 드워드가 웨스트민스터를 떠나 플리트 거리로 이사한 직후인 1501년에 발간된《명상의 소논문》이다. 이 책의 서언은 이렇게 말한다. "이 텍스트는 리옹의 마저리 켐프의 책에서 취사선택한 것이다." 이 책에 따르면 켐프는 14세기 노퍽에 살았던 신비주의자이고, 열네 명의 자녀를 둔 어머니이고, 로마·산티아고·예루살렘을 두루 여행한 순례자이며, 《마저리 켐프의 책》 저자다. 이 책은 종종 영어로 된 최초의 자서전으로 평가된다. 자서전이라는 주장은 조금 문제가 있긴 하다. 왜냐하면 켐프의 영적 비전을 구술 필기자 혹은 필경사가 구술했다고 하는데, 그 내용은 19세기 용어인 '자서전'이 뜻하는 것보다 한결 기이하기 때문이다. 그러나 이 책은 여성의 글쓰기에 하나의 이정표를 세웠고, 자아에 대한 문헌 중에서도 우뚝 솟은 텍스트다.

드워드의 《명상의 소논문》은 무명의 편집자가 줄여놓은 축약본으로 손안에 쏙 들어오는 7쪽짜리 쾌르토판이다. 그보다 앞서 나온 캑스턴 책의 십자가형 목판화를 재활용했다. 이 책은 필사본에서 가져온 28개의 짧은 발췌문으로 구성되는데, 질문을 하는 일인칭 여성과, 자신의 '딸'에게 답하는 일인칭 그리스도 사이의 대화로 진행되고, 화자가 중간에서 설명을 제공한다. 이 대화의 전반적인 주제는 경건한 신앙생활을 위한 안내다. 가장 놀라운 점은 이 여인(그녀가 하나의 예시이므로 개인주의는 배격한다는 것이 책의 요점이지만, 편의상 그녀를 켐프라고 부르자)이 순교자의 죽음이라는 소망으로부터 벗어나려는 욕구를 가지고 있다는 것이다. 책은 이런 놀라운 문장으로 시작한다. "그녀는 주 예수 그리스도를 위해 자신의 목이 단두대에 놓여 도끼로 잘려나가기를 여러 차례 바랐다." 그러나 그 여인은 순교보다는 그리스도를 계속 생각했고, 기도를 올리면서 침묵 중에 그와 의사소통을 했다. 그에게 공감을 느끼며 눈물을 흘리는 것은 그리스도에 대한 그녀의 사랑의 표시이고, 끈질기게 고통을 참아내는 것은 '천국으로 가는 올바른 길'이다. 《명상의 소논문》은 참을성 있게 세상의 경멸을 견뎌내기 위한 안내서인데, 텍스트가 암시하는바, 그런 경멸은 독특하게도 여성적 체험이라는 것이다. 이 책을 페미니즘 텍스트의 원조라고 주장하기도 좀 애매한 것은, 이 책이 조언하는 인내심이라는 것이 오늘날의 관점에서 보자면 심각할 정도로 수동적이고 역경을 수용하는 태도를 암시하기 때문이다. 하지만 여성적 체험과 고통을 중심 내용으로 삼는 텍스트임은 분명하다. 《마저리 켐프의 책》을 이런 간결한 안내서로 변모시키다 보니, 켐프 필사본의 풍성한 내용이 많이 희생되었다. 그래도 이 요약본은 실용적 응용의 정신이 풍부하고, 여성 독자들에게 손을 내밀고, 그 여성들의 삶을 형성하고, 더 나아가 개선하는(드워드라면 틀림없이 이렇게 말했을 것이다) 인쇄본의 과감한 능력을 잘 보여준다.

두 번째 사례는 더 간명하지만 더욱 장대하며, 이어지는 여러 장을 관통하는 주제를 상기시킨다. 인쇄소는 책만 찍어내는 것이 아니라, 전단이나 포스터 같은 잡다한 인쇄물도 취급한다는 것이다. (책의 역사를 살펴볼 때 오로지 단행본만 보아서는 안 된다.) 과거의 인쇄 문화는 오늘날의 그것과는 상당히 다르다. 이를테면 영국의 출산 허리띠 birth girdle 중 남아 있는 것은 텍스트뿐이다. 출산의 위험으로부터 마법적으로 임산부를 보호하기 위한 이 인쇄된 종잇조각은 진통이 시작되면 임산부의 자궁 바로 위에 놓였는데, 기도와 기원을 큰 목소리로 낭송하는 동안 하느님의 도움을 요청하는 하나의 방편으로 고안된 것이다. 이 허리띠 인쇄물은 드워드의 생애 만년인 1533년경에 인쇄되었는데 최근에 조지프 그와라와 메리 모스라는 두 학자에 의해 깊이 논의되었다. 이 텍스트는 파손된 채로 딱 한 장 전하는데 세로 24센티미터에 가로 9센티미터이며, 한쪽에만 인쇄되어 있다. 16세기 혹은 17세기에 들어와 이 종이는 쓸모없는 것으로 판단되어 현재는 알 수 없는 책의 제본용 밑종이로 사용되었다(우리가 이 장의 시작 부분에서 보았듯이, 폐지의 부활은 또다른 주제다). 17세기 후반의 어느 때에 존 배그퍼드가 제본 받침판에서 이것을 발견했다. 배그퍼드는 페터레인의 신기료장수의 아들로 태어나 중고책 시장에서 핵심적 인물이 되었는데 출판의 역사를 추적하는 과정에서 많은 문서 파편을 수집했으나 출판의 역사를 집필하지는 못했다. 이 출산 허리띠 종이는 배그퍼드가 여러 책에서 수집한 잡동사니를 모아둔 엄청난 앨범에서 나온 것인데, 그 앨범은 현재 영국도서관에 소장되어 있다. 이처럼 돌고 도는 우회적인 텍스트 유전流轉의 우화들(손에서 손으로 전해지고, 폐기되고, 잘리고, 재활용되고, 인멸되고, 발견되고, 훼손된 인쇄지들)에 의거하여 초창기 인쇄에 대한 우리의 지식이 형성되었다.

필사본 출산 허리띠는 다수 후대에 전한다. 그것은 종종 귀족 여인들과 왕실 여인들에게 전해졌고, 때로는 채색 삽화와 중세 영어로 된 기도문이 들어 있었으며, 성유물 같은 역할을 했다. 이런 의미에서 필사본에 대해서 잘 아는 것은 도움이 되었다. 드워드가 생산한 제품은 이런 고급 필사본 전통의 인쇄 버전인 셈인데 1펜스 이하의 값싼 가격이었고 아주 인기가 높았다. 이렇게 함으로써 그는 인쇄본이 신성에 개입하는, 일종의 새로운 통로를 창출했다. 드워드의 인쇄된 텍스트는 영어와 라틴어로 된 것이었는데 성 퀴리쿠스와 성 율리타의 중보中保를 요청하는 기도문, 그리스도의 도움을 요청하는 호소문, 여섯 개의 못 자국이 난 텅 빈 십자가 목판화, 독자에게 주기도문과 성모 마리아 기도문을 암송하도록 도움을 주는 힌트도 함께 들어 있었다. 퀴리쿠스와 율리타의 이야기는 아주 공포스럽지만 중세 후기의 유럽에 잘 알려져 있었고 영웅적 순교담으로 널리 이해되었다. 타르수스로 가는 길에서, 과부 율리타는 기독교 배교를 거부했고 그 결과 화형을 당하고 머리는 참수되었다. 그녀의 세 살배기 아들 퀴리쿠스는 계단 아래로 내던져졌다. 어린아이의 두개골은 박살이 났는데 율리타는 아들의 순교에 대해 하느님에게 감사의 기도를 올렸다. 퀴리쿠스와 율리타가 드워드의 텍스트에 소개된 것은 영아 치사율이 높은 사회에서 사람들을 위로하려는 뜻도 있었겠지만 오늘날의 독자들이 보기에는 너무나 경악스럽다. 이 인쇄된 텍스트는 여성 신자가 생애의 아주 결정적인 순간에 자기 가슴에 꼭 끌어안을 아주 개인적인 텍스트이지만, 공적인 기능도 했다. 그해는 1533년이었는데, 헨리 8세의 후사가 없었기 때문에 사회적 불안이 팽배하던 시기였다. 앤 불린은 1533년 1월 25일 헨리 8세와 결혼하면서 이미 임신한 상태였고, 그와라와 모스는 새 왕비의 기도를 유도하기 위해 이런 출산 허리띠가 사용되었을지 모른다고 말했다. 두 학자는 드워드의 수많은 출판물 중에서 이것이 가장 수수께끼 같은 제품이라고 지적했다. 그것은 드워드의 종합적 출판 정신을 잘 보여주는 제품이었다. 그는 시장의 흐름을 파악해 필사본 전통을 현대적으로 수정했고, 종교 서적 출판에도 심혈을 기울였으며, 독자·후원자·저작의 주체로서 여성의 중요성을 인식한 사람이었다.

수익성 높은 비非귀족 시장과 왕실의 주문 모두에 재빨리 반응했던 드워드는 외국어 학습 교재를 출판함으로써 또다른 독자의 필요에 부응했다. 1499년 에라스뮈스는 영국을 방문했는데 토머스 모어와 존 콜 같은 학자들로부터 환대를 받았다. 성 바오로 교회의 사제장이었던 존 콜은 그 후에 성 바오로 학교를 설립하기도 했다. 이러한 학자들의 교류는 과거의 텍스트를 재발견, 연구, 번역하려고 했던 초창기 인문주의적 문화를 잘 보여주는 것이었다. 드워드는 여기서 한 가지 문제에 봉착했다. 그는 캑스턴으로부터 적어도 4~5벌의 온전한 활자를 물려받았다. 또 대형 목판 두문자 21개, 여러 세트의 목판화, 캑스턴의 인쇄소 로고 등도 함께 인수했다. 그외에도 프랑스와 저지 국가들로부터 추가 활자 혹은 매트릭스matrix(활자를 주조하는 음각의 틀로, '자궁'이라는 뜻의 라틴어에서 유래했다)를 사들여 자신만의 활자를 만들어냈다. 그러나 그는 외국어 문자를 표현할 수 있는 활자는 갖고 있지 않았다. 1528년 드워드는 케임브리지대학의 히브리어 교수인 로버트 웨이크필드의 책을 출판했다. 웨이크필드는 교수 취임 때 했던 연설을 바탕으로 아주 박식한 학술서인《아랍어, 칼데아어, 히브리어의 장점과 유용성에 대한 논문》을 펴냈다. 활자의 측면에서 볼 때 이 책에는 드워드의 상당한 노력이 들어갔다. 영국에서 이탤릭체를 처음 사용했고, 히브리어를 인쇄한 초창기 책들 중 하나였으며, 아랍어 글자가 들어간 영국 최초의 책이었다. 그런데 아랍어 가동 금속 활자가 없는데 어떻게 인쇄할 수 있었을까? 한 가지 방안은 아랍어가 들어갈 자리를 공란으로 남긴 채 인쇄하고 나서, 빈 부분을 일일이 손으로 써넣게 하는 것이다. 1597년에 조지프 반스가 옥스퍼드에서 인쇄한, 리처드 브렛의 언어론 책이 그런 과정을 거쳤다. 먼저 시리아어, 아랍어, 에티오피아어가 들어갈 자리를 공란으로 남기고 인쇄한 다음에 그 부분을 손으로 일일이 써넣었다. 혹은, 히브리어 활자를 활용하는 방안도 생각해봄직하다. 비록 수요가 많지 않아 공급이 달렸겠지만 구할 수 있었을지도 모른다. 그러나 드워드의 실제 해결 방안은 아주 원초적인 것이었다. 그는 나무를 깎아서 아랍어 글자와 문구를 만든 다음, 조판된 금속 활자들 사이에 끼워 넣었다. 어떤 학자는 그 글자들이 '모양이 흉하다', '투박하다', '부자연스럽다'면서 맹비난했지만, 그래도 이 일은 인쇄의 확장 가능성을 보여주기에 충분했다. 드워드가 아랍어 글자를 처음 사용한 이래 영국에서 나온 아랍어 관련 책자는 1592년까지 나오지 않았다. 드워드는 1517년에 그리스어 글자가 들어간 최초의 영어책을 인쇄했는데, 이때의 그리스어 글자도 나무로 깎아서 만든 것이었다. 이처럼 새로운 글자를 실험한 드워드는 성경의 언어들을 깊이 연구하는 신흥 인문주의적 연구 흐름을 부분적으로 반영한 것이었다. 또한 그가 언어를 다루는 넓은 범위는 1500년경 영국 인쇄술의 코즈모폴리턴 기질을 보여주는 것이었다.

두뇌 회전이 빠른 사업가였던 드워드는 팔릴 만한 것을 잘 알아보았고, 새로운 시장을 창출하면서도 전례를 참고하는 것을 잊지 않았다. 지칠 줄 모르는 정력의 소유자였던 드워드는 인쇄본이라는 새로운 세계에 전적으로 헌신했다. 캑스턴은 상인에서 나중에 인쇄업자가 되었지만, 드워드는 오로지 인쇄라는 한 길만 걸었다. 세파를 능숙하게 헤쳐나가고, 민주적·엘리트적 정신을 동시에 소유했으며, 런던의 플리트 거리 한가운데서 활동한 외국인이었고, 많은 종교 서적을 출판한 점으로 미루어볼 때 종교적 확신을 가졌던 팔방미인이었다.

드워드는—추측일 뿐이지만 아마 맞을 것이다—함께 있으면 즐거운 사람이었고, 모두들 그를 좋아했다. 법원 기록에 주기적으로 이름이 등장하는 리처드 핀슨과는 다르게, 드워드는 범죄나 체포의 기록을 남기지 않았다. 이단으로 판명된《사랑의 이미지》를 출판해 사이언수도원의 수녀들에게 60부를 보낸 일로 잠시 비난을 받기는 했으나 공개적 비난은 그뿐이었다. 그는 누구하고나 잘 협력하는 사람이었다. 1507년에 앤서니 피츠허버트 경의 영향력 있는 세 권짜리 법률서인《법학 대축약본》을 펴내기 위해 리처드 핀슨 및 존 라스텔과 협력하기도 했다. 그는 의뢰받은 일 중 일부를 지명도가 떨어지는 다른 인쇄공이 맡을 수 있도록 주선했는데, 그의 매력적이고 관대한 심성을 엿볼 수 있는 대목이다. 그런 인쇄공들은 존 버틀러, 존 고프, 존 비델 등 한때 드워드의 도제였던 이들이다. 이런 끈끈한 유대관계는 플리트 거리를 중심으로 구축된 것이었으나, 드워드는 전국적인 네트워크도 갖고 있었다. 당시는 그런 관계를 지속적으로 유지하기 상당히 어려웠는데도 말이다. 그는 요크 인쇄공 휴고 고스에게 자신의 활자 한 세트를 넘겨주기도 했고, 브리스틀과 옥스퍼드에도 연줄이 닿았다. 이처럼 영국 내에 탄탄한 네트워크를 갖고 있었다는 점에서 캑스턴과 뚜렷이 구분된다. 캑스턴은 유럽 대륙 쪽에는 유대관계가 있었지만 영국의 인쇄업자들과는 그렇지 않았다.

드워드는 우물쭈물하지 않고 빠르고 단호하게 일했다. 그는 문득문득 머릿속에 떠오르는 캑스턴의 목소리를 억제하면서 책을 빨리 시장에 내놓기 위해 완벽주의를 기꺼이 포기하려는 자신의 편의주의에 스스로 깜짝깜짝 놀라기도 했다. 드워드의 책들은 이 세상에 속한 사물이지 이상이 아니었으므로 종종 오류가 발견된다. '진실한 마음을 갖고 기도할 수 있게 하기 위한'《여러 성직자들의 다양한 글에서 (…) 가려 뽑은 올바르고 유익한 논문》(1500)이라는 책의 어떤 기도문이 그러하다. Lerne to kepe your bokes clene(너희의 책[성경]을 깨끗이 보관하라)이라는 문장에서 clene(깨끗한)의 n이 인간적이게도 뒤집혀서 cleue로 인쇄되어 있다.

우리는 드워드가 사망하기 여섯 달 전인 1534년 6월 5일에 서명한 그의 유언장을 살펴봄으로써 그의 사람됨을 좀더 깊이 살펴볼 수 있다. 유언장의 원본은 전하지 않으나 당시 만들어진 사본이 여러 장 전한다. 당시의 유언장은 개인이라는 느낌을 소거시키는 수사학적 관습에 따라 작성되었는데, 드워드의 유언장도 형식적인 인사말로 시작한다. "런던 시민이면서 인쇄업자인 나 윈킨 드워드는 신체와 정신이 건전하며…" 드워드는 "런던 플리트 거리에 있는 세인트브라이드 교회의 성 캐서린 제단 앞에 묻히기를 바란다"는 뜻을 밝히고 이어 자신의 부채를 이렇게 저렇게 해결하라고 지시한다. 이런 표준적인 경건한 마음가짐에 이어서 그보다 좀더 표현적인 문구가 뒤따른다. 드워드는 현금과 재산을 처분하는 뜻을 밝히는 과정에서 자연스럽게 지역 공동체의 사람들, 거기에 살다가 작고한 사람들을 언급한다. 그는 이렇게 시작한다. "나는 과부인 애그니스 티더에게 3파운드를 물려준다. 나의 하녀인 앨리스에게는 3파운드의 가치를 지닌 책들을 남긴다." 앨리스에게 남겨준 3파운드 가치의 책들.

당시 책은 가구처럼 팔 수 있는 가치 있는 물품이었다. 좀 나쁘게 말하면 드워드는 이런 유증을 통해 남아 있는 잡동사니를 처분하려는 것이었을 수도 있다. 그러나 좋게 보면 앨리스는 책을 열심히 읽는 독자였을 것이다. 인쇄지를 제본공에게 넘겨 접고 꿰매고 표지를 달기 전에, 인쇄기 앞에 가득 쌓인 잉크 냄새 물씬 나는 종이 더미를 유심히 쳐다보는 하인이기도 했을 것이다. 로버트 다비, 존 바반슨, 존 위숀, 헥터, 사이먼 같은 남성 하인들도 책을 얻었다. 이런 구체적인 이름이 나오기 때문에 드워드의 유언장은 소유와 상실의 문서, 이제는 사라져버린 역사적 존재의 표시가 된다. 가령 "20실링어치의 책을 손가방 제작업자의 아들 허큘리스 디릭에게 남긴다"라고 되어 있는데, 디릭은 저지대 국가 사람의 성이고, 가죽업계에는 외국인 노동자가 많았다.

  드워드의 공동체는 긴밀한 유대관계를 유지했고, 그 점은 그에게 중요했다. 유언장에 언급된 수혜자 일곱 명은 플리트 거리에 사는 이웃이었다. 그는 또한 전국적인 직업적 유대관계를 폭넓게 유지했다. 그는 1532년에서 1552년 사이에 브리스틀의 유일한 인쇄업자로 활약한 로버트 우드워드에게 빌려준 4파운드를 탕감해주었다. 우드워드는 드워드에게서 인쇄기나 활자를 사들였거나, 또는 드워드의 책들을 소매로 판매했을 것이다. 그러나 유언장에 나타난 직업적 연줄은 전반적으로 한정된 지역에 집중되었고, 수십 미터 이내에 사는 사람을 많이 언급했다. "바로 근처인 슈레인에 사는 제본공에게 20실링어치의 책을." 그가 가르쳐서 인쇄업계로 내보낸 젊은이들 또한 중요했다. "나의 도제를 지냈던 청년들에게는 모두 3파운드어치의 책을 물려준다." 드워드는 세인트브라이드 교회에서 자신의 이름이 기억되기를 바랐다. 그는 교회 집사이며 공동체의 유지인 로버트 워터(말안장 제작자)와 제임스 페기(양조업자)에게 이런 부탁을 남겼다. 적어도 1년에 20실링의 소출을 가져다주는 토지와 집을 사서, 그 돈을 교회 사제에게 바쳐 해마다 기일의 추도 미사를 올리게 해달라. 또 "나의 영혼, 내 친구들의 영혼, 모든 기독교인의 영혼을 위해" 세인트브라이드 교회에서 진혼 미사를 올려달라. 하지만 당시는 고인의 영혼을 위해 해마다 추모 기도를 올릴 수 있을 정도로 평온한 시절이 아니었다. 영국은 국교가 프로테스탄트교로 옮겨가고 있었으므로 이런 관습들은 위협을 받고 있었다. 따라서 드워드의 소원은 아마도 이행되지 않았을 것이다. 이어 드워드는 그렇게 물려주고도 남은 돈은 교회 집사들과 그들의 후손, 그리고 "세인트브라이드 교구의 가난한 사람들"에게 공평하게 나눠줄 것을 요청했다. "나의 나머지 재물이 남아 있는 한 그렇게 해주기 바란다."

인쇄업자의 유언장은 보통 아내, 자식, 친척에 대한 유증도 포함한다. 인쇄공 존 라스텔은 드워드 사후 1∼2년 뒤인 1536년에 사망했을 때 "세인트마틴에 있는 나의 집, 나의 인쇄기, 그 집에 있는 노트와 편지를 아내 엘리자베스에게" 유증했다. 그의 아내는 토머스 모어의 여동생이었다. 많은 인쇄업자의 유언장에 아내의 이름이 언급된다는 것은 그 여성들이 초창기 인쇄 문화에서 주요한 역할을 했음을 암시한다. 많은 역사가들이 최근까지만 해도 이러한 기여를 간과해왔다. 그녀들은 남편의 인쇄업을 그대로 물려받았을 뿐만 아니라, 남편이 살아 있을 때 적극적인 파트너였다. 1630년대에 앤 그리핀은 최근 한 학자가 말한 '함께 인쇄하고 출판하는 미망인들의 느슨한 네트워크'를 형성해, 메리 도슨과 엘리자베스 퍼슬로 같은 인쇄업자, 그리고 조이스 노턴이나 조앤 맨 같은 책판매상을 참여시켰다.

그러나 드워드의 유언장에는 가족의 이름이 나오지 않는다. 그의 아내 엘리자베스는 그들이 아직 웨스트민스터에 살던 시절인 1498년에 사망했기 때문이다. 웨스트민스터에 있는 세인트마거릿 교회의 집사는 드워드가 교회의 큰 종으로 엘리자베스 드워드의 조종弔鐘을 울리는데 6펜스의 헌금을 냈다고 기록했다. 교회 기록은 1500년에 '줄리앤 드워드'가 사망하여 교회에 묻혔다고 밝히고 있다. 우리는 윈킨이 재혼했다는 것을 알고 있는데, 그가 엘리자베스 사망 후에 새 아내를 위한 교회 좌석을 임차했기 때문이다("윈킨 아내의 교회 좌석 임차를 위해 8펜스"). '줄리앤' 혹은 줄리아나는 그의 두 번째 아내이거나 아니면 젊어서 죽은 그의 딸일 가능성도 있다. 1500년 런던에서 전염병이 크게 돌았으니 그때 사망했을지도 모르지만 명확하게 알 수는 없다. 아무튼 드워드의 직업 공동체가 일종의 가족이나 다름없다고 확실하게 말할 수 있다. 도제는 아들이나 다름없었고, 동료 인쇄업자는 형제이면서 사촌이었고, 제본공·인쇄공·하인 등도 대가족의 일원이었다. 유언장의 증인은 드워드가 미리 신경써서 골라둔 부유한 인물들이었다. 그들은 세인트브라이드 교구의 부자인 존 스터드, 성공한 인쇄업자인 존 터너, 세인트브라이드 교회의 목사보인 험프리타운, 그리고 이름만 나오는 네 번째 인물 토머스 쿠크였다. 토머스 쿠크는 이 유언장을 통해 과거에서 잠깐 등장했다가 그후에는 잉크처럼 검은 영원으로 되돌아갔다.

후대에 전하는 드워드의 책들에는 초기 독자의 메모가 많이 적혀 있는데, 이것은 그리 놀라운 일이 아니다. 드워드는 들고 다니면서 읽을 수 있는 가이드북, 안내서, 포켓북을 많이 제작했다. 그런데 독자들이 책에 남긴 메모는 그 책의 역사를 전해주는 또다른 방식이기도 하다. 그 메모는 아주 생생한가 하면 그들의 온전한 이야기를 감추기도 한다. 두 가지 사례를 보자. 《왕이며 예언자인 다윗의 유익한 말씀》은 구약성경 〈시편〉 중 7편의 참회시에 대한 설교를 모은 책이다. 편찬은 로체스터 주교인 존 피셔가, 인쇄는 드워드가 맡았다. 드워드는 정확한 간기를 남기기 위해 "1508년 6월 16일"이라고 날짜까지 적었다. 같은 책이라도 어떤 책은 아주 조심스럽게 다루었다는 것을 금방 알 수 있다. 현재 영국도서관에 소장되어 있는 책은 종이가 아니라 양피지에 인쇄되어 있고, 책배는 금으로 채색되어 있다.

이 책의 시작 부분에 손으로 써넣은 메모가 아주 분명하게 보인다. "이 책은 수녀 ○○○이 소유한 것이다." 수녀의 이름이 박박 지워져 있어서 누군가가 아예 그 존재를 인정하지 않으려는 듯한 태도를 취했음을 보여준다. 그렇지만 이 책이 사이언수도원에 거주하던 수녀가 소유하고 읽은 것임을 알 수 있다. 사이언수도원은 남녀 수도사가 거주하는 큰 수도원이었고 일찍이 헨리 5세가 아이즐워스의 템스강 북쪽 둑에 설립했다. 사이언수도원은 부속 도서관으로 유명했으나 헨리 8세의 수도원 철폐 운동 때 파괴되었다. 이 책은 마거릿 보퍼트의 주문에 의해 제작되었다. 표제지에 이렇게 적혀 있다. "리치몬드·더비의 백작 부인이며 우리의 군주 헨리 7세의 모후이신 마거릿 대왕대비의 주문을 받고." 드워드는 보퍼트의 주선으로 사이언수도원과 연계를 맺게 되었고 이 기관을 염두에 두고서 여러 권을 발간했다. 강제로 무명이 된 수녀가 이 책에 자신의 이름을 써서 소유권을 밝히던 그 시점에는, 이러한 사회적 배경이 작동하고 있었다.

사이언수도원을 파괴한 프로테스탄트교의 폭력 때문에 이 수녀의 이름이 박박 지워졌을 것이다. 이러한 사회적 분위기는 1502년에 출간된 《영국에 대한 서술》에 있는 메모에서도 엿볼 수 있다. 이 영국사 책은 12세기 사람인 몬머스의 제프리에게서 나온 자료와, 14세기 베네딕트회 수도사인 라눌프 히그덴이 저술한 《폴리크로니콘》에 서술된 지리적 정보를 종합해 만든 책이다. 한 나라의 통사를 다루는 책이므로 판형은 대형 폴리오판이다. 이것은 하나의 전통을 발명하고, 반복을 통해 그 전통을 고착시키려는 지속적인 시도였다. 이 연대기는 아담과 이브 시절에서 시작해 에드워드 4세 치하(~1483)까지의 역사를 다루고 있다. 이 책의 핵심적인 이데올로기는 아이네이아스의 증손인 트로이의 브루투스가 서기전 1115년경에 알비온이라는 섬에 도착해 그곳의 첫 번째 왕이 되었고, 그 섬을 자신의 이름을 따서 '브리튼'이라고 바꿨다는 것이다(그러나 트로이에서 먼 길을 항해해온 브루투스가 첫 번째 기항한 곳이 다소 황당하게 토트네스라는 사실은 좀 기이하다).

런던의 골동품협회 도서실에 소장되어 있는 《영국에 대한 서술》은 16세기의 생활에서 이 책이 어떤 현상을 기록하고 있는지 잘 보여준다. 지면마다 굵고 검은 잉크 자국으로 뒤덮여 있는데, 누군가가 아주 세심하고 일관되게 그런 처리를 했음을 알 수 있다(다음 쪽의 이미지를 보라). 흡사 수정된 법률 문서 같다.

무슨 일이 일어난 걸까? 검은 잉크 자국은 초대 교황인 베드로 1세

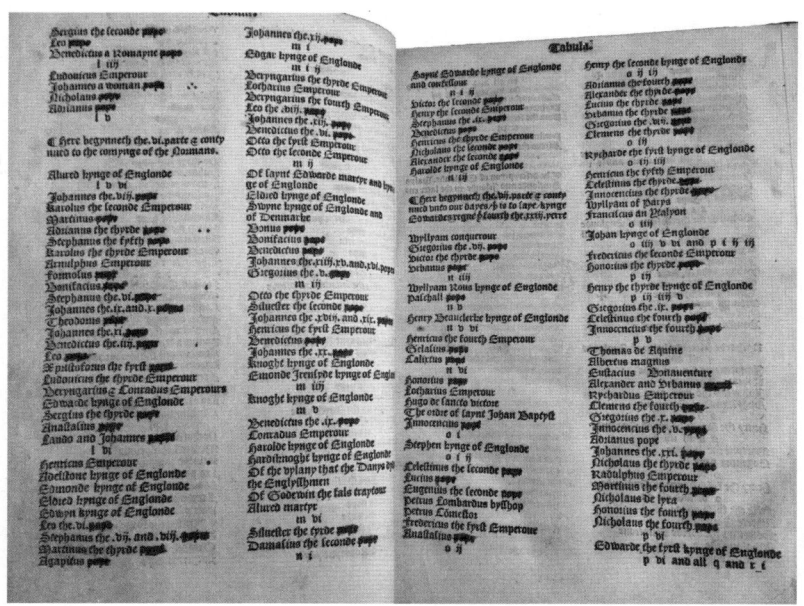

검은색 잉크 자국이 선명한 《영국에 대한 서술》(1502).

이후에 '교황'이라는 단어가 나오면 잉크로 북북 지워버리는 바람에 생겨난 것이다. 이러한 삭제에서 아주 철저하며 잘 통제된 분노를 엿볼 수 있다. 이것은 기억을 말살하려는 세심하면서도 확고한 시도다. 이 잉크 자국은 프로테스탄트교 종교개혁의 초창기 시절에 대한 증언이다. 1535년 6월 9일, 헨리 8세는 영국 국민들에게 그들의 기도서에서 교황이라는 단어를 모두 삭제하라는 명령을 내렸다. 특정한 책의 훼손이 위법 사항이기는커녕 법적 의무사항이라고 규정한 것이다. 헨리 8세 방식의 합법과 폭력을 적절히 뒤섞으면서 칙령은 이렇게 교시했다. "교회에서 사용되는 모든 책에서, 로마 주교의 이름이 오만하게 권위적으로 언급된 부분은 완전히 제거해야 한다. 그리하여 그의 이름과 기억은 (경멸과 비난의 경우가 아니라면) 더이상 회상되지 말아야 하고 그리하여 영원히 말소되어야 한다." 이런 공식적인 삭제 정책이 끼친 효과는 문서보관소와 희귀서 전시실이라면 어디에서나 볼 수 있다. 역사가 에이먼 더피에 따르면, 후대에 전하는 성무일도 인쇄본은 이런 특징을 갖고 있다. "튜더 왕조 시대의 독실한 기독교 신자들은 교황이라는 단어를 철저히 삭제, 소거, 절단해나갔다. (…) 오로지 종교적 헌신의 마음에서 비롯된 것이다." 그러나 흥미로운 점은 이런 삭제 노력이 아주 불완전했다는 것이다. 골동품협회에 소장된 판본을 펴보면 우리는 잉크 덩어리를 통해 교황이라는 단어를 쉽게 알아볼 수 있다. 역설적으로 잉크 자국이 영국사에서 교황이라는 존재를 오히려 더 주목하게 만드는 것이다. 그리하여 "태양 간판을 내건 플리트 거리의 인쇄소에서 나 윈킨 드워드에 의해 인쇄됨"이라는 간기가 들어 있는 이 책은 망각이 아니라 기억의 장이 되었다.

드워드는 유언장에서 자신의 시신을 세인트브라이드 교회의 성 캐서린 제단 바로 앞에 매장해달라고 요청했다. 그 교회는 그의 집이자 인쇄소였던 곳 바로 맞은편에 있었다. 성 캐서린은 당시 영국에서 인기가 높았고 드워드에게는 특별한 의미가 있는 성인이었다. 인근에 있는 오스틴수도회 교회의 네덜란드 형제회를 보살피는 수호성인이었기 때문이다. 드워드는 성 캐서린에 관한 책을 여러 권 출간했는데, 그중에는 인쇄공 경력 초기에 펴낸《축복받은 성녀인 세니스의 성 캐서린의 생애》(1492)도 있다. 1940년 12월 29일 세인트브라이드 교회는 독일 폭격기에 의해 검은 연기가 피어오르는 폐허가 되고 말았다. 그후 교회 터 발굴 작업 도중 제단 가까운 곳에서 인간의 유골이 발견되었다. 두개골 일부, 몇몇 뼈들, 관에서 나온 납 등이었다. 이것이 윈킨 드워드의 유골인지 여부는 확실하지 않지만, 그의 유골일 가능성도 얼마든지 있다.

2장

제본

윌리엄 와일드구스
William Wildgoose (활동 기간 1617-1626)

1905년 1월 23일 오전, 글래드윈 모리스 레벨 터벗이라는 21세의 자신감 넘치는 대학 졸업생이 폴코너 매던의 사무실을 노크했다. 매던은 옥스퍼드대학 보들리도서관의 사서이자 부관장이었다. 터벗은 커다란 폴리오판 가죽 장정의 책을 겨드랑이에 끼고 있었다. 그 모습은 무언가 상당히 중요한 듯한 분위기를 풍기고 있었다. 터벗은 그 책의 장정 복원과 관련해 매던에게 조언을 구하고 싶었다. 기다리는 데 익숙하지 않은 그는 충동적으로 문을 열고서 방 안으로 불쑥 들어갔다.

터벗이 1905년에 보들리도서관을 방문한 사건을 제대로 이해하기 위해서는 거의 3세기를 거슬러 올라가 1623년의 윌리엄 와일드구스라는 사람을 만나보아야 한다. 와일드구스는 17세기 초에 옥스퍼드대학에서 일한 제본공인데, 그에 관한 이야기는 유령 같은 느낌이 있다. 그 제본공의 이름이 보들리도서관이 보관하고 있는 사소한 행정 문서에 몇 번 지나가듯이 등장하기 때문에 우리는 그의 존재를 명확하게 안다. 우리는 이 기록들을 통해 그의 직업 생활에 관해 뭔가 알아낼 수 있고, 그가 작업한 책들도 알 수 있다. 그러나 그의 개인사는 대체로 공백으로 남아 있다. 이런 점에서 와일드구스는 18세기 이전에 제본업계에 종사했던 대다수 제본공의 역사적 운명을 대변하는 인물이다. 그러나 다른 면에서 보면 와일드구스는 예외적인 존재인데, 그의 이름이 제본 작업을 통해 가장 유명한 책과 연결되어 있기 때문이다. 이 부재와 현존의 결합—와일드구스의 무존재감과 영향력이 유령처럼 뒤섞인—이 이 장에서 탐구해보려는 주제다. 와일드구스의 이야기는 흔적의 역설이다. 무언가 부재하는 것으로 느껴지려면 무언가 남아야 한다는 역설. 와일드구스라는 인물은 역사의 뒤안길로 사라졌지만, 그의 손을 거쳐간 책들의 일부는 아직 남아 있다.

와일드구스라는 이름은 보들리도서관의 두 번째 업무일지에 등장한다. 이것은 손으로 쓴 책 제목의 목록, 아직 제본되지 않은 인쇄지들, 도서관에서 1621년과 1625년 사이에 소수의 현지 제본공들에게 보낸 전지 목록, 제본공들의 서명이 들어 있는 문서다. 이런 업무일지의 전편에 걸쳐서 우리는 1620년대 초기에 활동했던 옥스퍼드 제본공의 간단한 명단을 파악할 수 있다. 이런 인물들에게 역사의 햇볕이 깃들 날이 별로 없었으므로, 이 기회를 빌려 그들의 작업에 대한 경의의 표시로 그들의 온전한 이름을 거명하고자 한다.

에드워드 마일스, 존 애덤스, 존 앨럼, 도미니크 피나트, 로저 반스, 엘리아스 피어스, 존 웨스톨, 헨리 블루엣, 프랜시스 피어스, 로버트 웨이, 리처드 빌링즐리, 윌리엄 존슨, 윌리엄 데이비스, 윌리엄 스파이어, 윌리엄 웨브, 윌리엄 와일드구스, 크리스토퍼 크라우치.

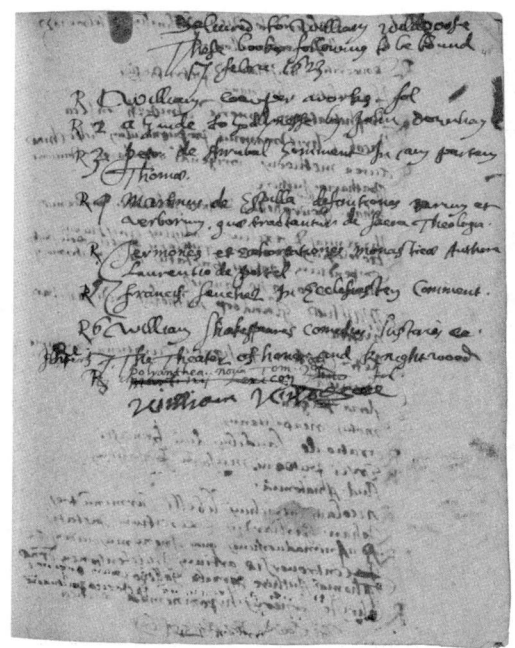

보들리도서관 1623년 2월 17일자 업무일지.
"윌리엄 와일드구스에게 전달 / 다음의 책들을 제본할 것."

1623년 2월 17일자 업무일지는 다음과 같은 지시 사항 아래 10개의 책 제목을 기록하고 있다. "윌리엄 와일드구스에게 전달 / 다음의 책들을 제본할 것." 도서 목록은 장 베르누이가 작성했다. 베르누이는 도서관의 하급 직원이었는데 때때로 기록에서 다소 냉소적인 어투로 '무슈'라고 언급되어 있다. 해당 업무일지의 맨 밑에는 수령을 확인하는 와일드구스의 서명이 적혀 있다. 짙은 잉크로 비스듬하게 기울여 휘갈겨 쓴 서명이다.

우리는 행정 기록을 통해 와일드구스가 1617년 6월 10일에 비블리오폴라bibliopola로 인정받았다는 것을 알 수 있다. 비블리오폴라는 책판매상이나 제본공, 혹은 그 둘 다를 의미했다. 기록을 보면 그가 비블리오폴라로 인정받기 전에 책을 거래해서 비난을 받았다는 내용이 나온다. 업무일지에서는 윌리엄 스파이어, 리처드 빌링즐리, 헨리 블루엣, 존 앨럼이 훨씬 자주 언급된다. 따라서 와일드구스는 그들이 바쁠 때에만 보들리도서관으로부터 고용된 듯하다. 보들리도서관 목록에서 그는 믿을 만한 2급 인사였다. 아주 뛰어나지는 않지만 그런대로 훌륭한 제본공이었다는 얘기다.

보들리도서관 회계장부에는 와일드구스에게 보수를 지불했다는 두 건의 기록이 남아 있다. 그 액수가 너무 적어서 와일드구스가 다른 곳에서 일한 수입에 주로 의존했음을 알 수 있다. "윌리엄 와일드구스에게 도서관 책을 제본한 비용으로 15실링 6펜스 지불."(1621~1622) "와일드구스 씨에게 책 제본 비용으로 2파운드 7실링 4펜스."(1625~1626) 이것들은 도서관의 방대한 정기적 지출 비용("도서관과 열람실의 유리 수리 비용으로 유리공에게 21실링 6펜스 지불", "책들을 교체하는 데 6실링 9펜스" 등등) 중에서 단 두 건에 불과하다. 우리는 이런 기록을 통해 와일드구스가 도서관을 위해 일하는 육체노동자 공동체 소속이었고, 열람실의 서가를 고치거나 책장을 설치하면서 도서관을 오가다가 어느 순간 사라져버리는 사람들과 비슷한 존재였음을 알 수 있다. 현지 교구의 기록도 간단하지만 뭔가를 암시해준다. 옥스퍼드 근처에서 활동하는 윌리엄 와일드구스라는 이름을 가진 사람이 수십 명이 될 것 같지는 않은데, 다만 관련 기록은 17세기에 옥스퍼드셔 근처에서 그런 이름의 대가족이 살았다는 것을 보여준다. 먼저 그레이트밀턴 마을에 윌리엄 와일드구스라는 농부가 있었는데 1614년에 사망했다(따라서 이 장의 주인공은 아니다). 그의 유언장에는 앰브로스, 제임스, 앨리스 같은 자녀의 이름이 나온다. 역시 그레이트밀턴의 농부인 토머스 와일드구스가 있는데 1633년에 사망했고 제임스라는 아들과 폴이라는 남동생이 있었고 니컬러스 와일드구스가 그의 유언장 증인이었다. 덴턴과 커데스던의 자작농인 헨리 와일드구스가 있었는데 1617년에 사망했고 유언장에 제임스, 윌리엄, 프랜시스, 새뮤얼, 리처드 등의 형제를 언급했다. 1633년에 사망한 윌리엄 와일드구스(혹시 우리의 제본공?)의 유언 문서가 옥스퍼드 주교구 법원에 등재되어 있으나 그의 아내가 세라였다는 사실만 말해주고 있다. 올소울스칼리지의 문서보관소에는 찰스 1세 치세 1년차의 3월 11일자 간단한 기록이 있다. "토스 와일드구스와 윌리엄 와일드구스가, 올소울스칼리지 소유의 옥슨 훼이틀리(혹은 휘틀리)의 가옥과 100에이커 땅에 대한 임차권을 포레스트힐의 리처드 파월에게 판매하다." 만약 이 사람이 우리의 와일드구스라면, 이것은 그가 살고 있는 집이 아니라 그가 소득을 올리기 위해 1625년에 판매한 농장의 임차권을 말하는 것이리라. 윌리엄이 훼이틀리에 살지 않고 옥스퍼드에서 일했다는 건 확실하다. 훼이틀리에서 출퇴근(보들리도 서관에서 동쪽으로 걸어서 두 시간)하는 것은 현대에 와서나 가능한 일이다.

그래서 연기는 많이 나는데 결정적인 굴뚝은 없다. 그래도 와일드구스가 활동한 세계에 대해 얘기할 것이 아주 없지는 않다. 옥스퍼드의 초창기 도서 문화는 윈킨 드워드의 런던처럼 대체로 외국인, 특히 북유럽 이민자들이 만들어낸 것이었다. 때로는 그 외국인의 인생을 스케치할 수 있을 정도로 충분한 문서의 파편이 남아 있다. 옥스퍼드 최초의 인쇄공은 쾰른 출신의 테오도릭 루드였다. 루드의 이름은 1481년 옥스퍼드대학에서 출판한 아리스토텔레스의 저서 《영혼에 관하여》에도 기재되어 있다. 인쇄공 발타자르 처치야드는 그 멋진 이름만으로도 언급해볼 만하다. 그는 네덜란드 사람으로 1520년대 옥스퍼드에서 제본공으로 일했다(하지만 그 이상의 정보는 없다). 플랑드르 출신의 제본공 가브랜드 하크스는 1530년대에 대학의 도서 공급자로 대학 회계장부에 비교적 빈번하게 등장한다. 하크스는 가외 수입을 필요로 하는 다른 많은 제본공과 마찬가지로 포도주 거래상을 겸업했다. 그는 파란만장한 삶을 보낸 듯하다. 소란 부리기가 그의 주특기였다. 하크스는 1577년에 저당잡힌 침대의 반환을 두고서 법적 분쟁을 겪었다(세부 사항은 불분명하다). 1550년에 그는 과부인 엘리자베스 클레어가 자기 아내의 명예를 훼손했다고 고소했다(클레어는 자신이 "이단적인 창녀"라는 말은 한 적이 없고 단지 "말만 번드레한 플랑드르 여자"라고만 했다고 시인했다). 1539년에 하크스는 "그의 가족과 함께 사순절에 양다리 스무 개, 소의 허벅지 살 다섯 개, 닭고기 여섯 개를 먹었다"라고 하여 옥스퍼드 시장과 법적 시비가 붙었다. 그런 와중인 1542년에도 모들린칼리지의 제본 일을 꽤 했고 그후에도 오랫동안 그 일에 종사했다. 가톨릭 신자인 메리 1세 여왕 통치 시기(1553~1558)에, 하크스는 버클리홀에 있는 자기 집 지하실을 동료 프로테스탄트들을 위한 불법 모임 장소로 제공했다.

옥스퍼드 제책업자들의 초창기 국제주의를 보여주는 사례를 하나 더 살펴보자. 존 돈은 1483년에 독일의 알트슈타트에서 태어났는데 본명은 요하네스 (한스) 도르네였다. 돈은 1507년경에 브룬즈윅에서 인쇄 일을 하기 시작했고, 1520년 직전에 옥스퍼드로 이사해 그곳의 하이스트리트에 책을 제본하고 파는 조그마한 가게를 냈다. (그는 더치Dutch(네덜란드인)라고 묘사되는데, 이 시기에 더치는 저지 국가 혹은 독일 출신을 가리키는 말이었고 특히 저지 독일어, 혹은 저지 네덜란드어를 쓰는 사람을 통칭했다.) 돈의 가게는 일요일만 빼고 날마다 문을 열었는데 옥스퍼드 지역에 있었다. 이 지역은 13세기(인쇄기가 도입되기 전에 제본공은 필사본을 가지고 작업했다)부터 시작해 18세기에 이르기까지 제본공들이 모여드는 곳이었다. 옥스퍼드 대학의 성처녀 메리 교회 주변 지역, 그러니까 모들린 다리에서 카팩스에 이르는 하이스트리트에 몰려 있었는데, 런던의 세인트폴 대성당 주변 지역과 유사한 곳으로서 제본공과 책판매상이 북적거렸다. 그러다가 16세기 중반에 이르러 거의 모든 제본공이 하이스트리트에서 남쪽으로 약 50미터 떨어진 지점으로 옮겨갔다. 그로브레인과 오늘날의 킹에드워드 거리 사이에 있는 오리엘칼리지 근처였는데, 이 비좁은 지역에 여관 주인, 의사, 약종상, 양복장이, 구두장이 등이 북적거리며 살고 있었다. 바로 이곳에 돈의 가게가 있었다. 일터와 살림집이 함께 있는 공간이었다.

그 거리에서는 모두가 서로를 알고 있었다. 이러쿵저러쿵 뒷공론이 많았고 적개심과 욕정도 따라서 피어났다. 1529년 돈의 아내 조앤이 중상모략을 했다는 혐의로 고소를 당했다. 조앤이 한 말은 이랬다. 앨리스 헌터의 딸 바버라의 진짜 아버지는 바이드 선생이지, 앨리스의 남편인 이발사 존이 아니다. 이 사건의 증인들 중에는 돈의 바로 옆집에 사는 이웃인 앤 바트램도 있었는데 그녀는 구두장이 리처드의 아내였다. 조앤은 소송에서 패소해 벌금 19실링 6펜스를 부과받았고 앨리스에게 공식적으로 사과해야 했다.

기적적으로 존 돈이 1520년에 작성한 32쪽짜리 장부 혹은 업무일지가 온전하게 전한다. 낡은 송아지 피지로 제본되었는데, 세로 18센티미터에 가로 13센티미터이고 코퍼스크리스티칼리지의 문서보관소에 보관되어 있다. 이 장부에 기록된 1851건의 도서 판매는 돈의 판매업이 어떻게 진행되었는지 짐작하게 해준다. 우리는 손님이 가게 안으로 들어올 때마다 울리는 종소리를 직접 듣지는 못하지만, 돈이 서툰 손글씨와 역시 서툰 셈법으로 그날그날 책의 판매에 대해 성실하게 쓴 기록은 읽을 수 있다. 돈의 자료를 편집한 19세기 편집자 폴코너 매던은 우리가 앞에서 잠깐 만났던 보들리도서관의 부관장인데 "돈은 0.5펜스는 아예 무시했는데 이는 사업가답지 못한 태도"라고 지적했다. 돈의 가게에서 팔던 책은 윈킨 드워드가 펴낸 책과 성격이 아주 비슷하다. 존 스탠브리지와 로버트 휘팅턴 같은 베스트셀러 작가가 써낸 라틴어 문법책, 신학 선집, 예배서, 설교집, 루터의 교황 비판 연설로 채워진 책,《격언》과《대화》를 포함한 비롯한 에라스뮈스의 책 270권, 산더미 같은 대중 시집, 습자책이나 각종 입문서, 요리책, 크리스마스 캐럴 책, 미사집, 연감 등등. 존 돈은 또한 1520년대에 생겨난 인문주의적 관심에 부응하는 책도 많이 판매했다. 인문주의는 힘찬 웅변과 멋진 문장의 원천으로서 고전 텍스트로 돌아가려는 운동을 말한다. 그리하여 돈의 가게에 들르는 손님들은 키케로의 서한집과《의무론》, 대★플리니우스의《박물지》, 베르길리우스의《농경시》, 로마의 문법학자 아울루스 겔리우스의 책을 구매해 가게 문을 나섰다.

　그 가게는 고급과 저급이 뒤섞여 있는 곳이었다. 로빈 후드의 모험을 다룬 로맨스물이 있는가 하면 초창기 프로테스탄트 지도자들의 논쟁서가 있었고, 값싼 오락물이 있는가 하면 키케로의 서한집이 있었다. 송아지 피지나 양피지로 만든 책과 낱장으로 판매되는 인쇄물이 공존했다.

어떤 것은 새 책이었고 어떤 것은 헌책이었다. 값비싼 책도 있었지만 거의 절반이 6펜스 이하에 팔려나갔고, 1펜스 혹은 2펜스짜리 책도 많았다. 이런 책은 오늘날 거의 전하지 않는다. 제본이 엉성한 데다 굵은 바늘과 굵은 실로 꿰매 묶곤 했기 때문이다. 대개 라틴어로 쓰인 책이었고 영어로 된 책은 소수였다. 다른 나라에서 인쇄한 고전도 많았다. 존 돈은 정기적으로 유럽을 여행하면서 그런 책들을 사들였을 것이다. 옥스퍼드의 협소한 동네에 자리잡은 1520년대의 소규모 서점에서 나온 덩굴손이 유럽 전역으로 뻗어나간 것이다. 영국 정부는 외국인 노동자의 유입을 억제하고 있었지만(1장에서 살펴본 바와 같이, 1534년에 통과된 법은 제본이 완료된 책의 수입을 제한했고 외국인이 도서 소매업에 종사하는 것을 금지했다) 외국에서 숙련된 제책업자들이 계속 도착했는데 특히 위기의 시기에 도서 관련 종사자가 많이 들어왔다. 가령 1560년대에 프랑스에서 종교전쟁이 벌어지는 동안 위그노 제본공이 프랑스에서 많이 유입되었다. 폴코너 매던은 존 돈의 생애를 잘 요약했지만 그가 유럽 쪽으로 내뻗는 덩굴손에 대해서는 언급하지 않았다.

우리는 가게에 앉아 있는 그의 모습을 어렴풋이 살펴본다. 그는 모든 계급의 손님을 맞이할 준비가 되어 있다. 마음이 가볍고 주머니도 가벼운 사람에게는 대중 시집과 연감을, 수도사에게는 성무일도서, 기도서, 미사전서를 (…) 그리고 들고 갈 힘이 있는 독자에게는 묵직한 논평집을 권한다.

1623년 2월의 그날에 와일드구스의 제본소에 도착한 인쇄지 더미는 이러한 종류의 국제주의를 반영하는 것이었고, 영어가 당시 문학 언어로서는 변방의 위치에 있었음을 보여준다. 그 열 권의 책 중 여덟 권이 아직도 보들리도서관에 소장되어 있으므로 와일드구스가 실제로 작업했던 책을 보는 것이 가능하다. 그중 네 권은 런던에서 인쇄되었고, 세 권은 에스파냐에서, 나머지 세 권은 각각 스트라스부르, 파리, 리스본에서 인쇄되었다. 여섯 권이 라틴어 책이고, 네 권은 영어 책이다. 이 목록은 19세기 초의 도서 출판이 기계화되기 이전에 종종 인쇄와 제본이 서로 다른 나라에서 이루어졌다는 것을 보여준다. 즉 이 책들은 인쇄지 뭉텅이 상태로 유럽 각지를 돌아다니다가 영국에서 제본되었다.

 와일드구스가 제본해야 할 도서 목록은 오늘날의 관점에서 보자면 너무나 박식하고 또 문화적으로 멀리 떨어져 있는 것이다. 가령 갤러웨이 주교인 윌리엄 쿠퍼의 종교적 논문 모음집, 존 다우네임의 《선량함에 대한 안내서 혹은 기독교적 생활론》, 아리스토텔레스 철학에 대한 두 권의 라틴어 저작 등이 포함되어 있다. 이런 생소한 도서 목록에서 눈에 띄는 책이 하나 있다. 셰익스피어의 희곡 36편이 수록된 《윌리엄 셰익스피어씨의 희극, 사극, 비극》이다. 오늘날 '퍼스트 폴리오First Folio'라고 부르는 책이다. 그러나 와일드구스 목록에서 셰익스피어 책은 그저 열 권 중 한 권인 문학 작품에 불과하고, 그것이 장차 이룩하게 될 아이콘 같은 지위는 없다. 셰익스피어 책도 리스본에서 인쇄된 히브리어 성경과 라틴어 성경에 입각한 여러 주석서, 그리고 귀족의 계보를 다룬 책과 동일하게 취급되고 있다. 우리의 우선사항을 강조하기 전에 그 도서 목록을 모두 살펴보자.

- 윌리엄 쿠퍼, 《작고한 갤러웨이 주교 윌리엄 쿠퍼의 저작》(런던, 1623)
- 존 다우네임, 《선량함에 대한 안내서 혹은 기독교적 생활론》(런던, 1622)
- 에메 메그레, 《아리스토텔레스의 생성과 부패에 관한 소논문, 리옹의 수도사 에메 메그레 저작》(파리, 1519)
- 프란치스코 데 아라우호, 《아리스토텔레스의 형이상학에 나타난 보편성에 관한 논평》(부르고스와 살라망카, 1617)
- 마르티누스 데 에스피야, 《신학과 도덕적 차원에서 사물과 언어의 차이점》(부르고스, 1612)
- 프란시스코 산체스 데 라스 브론사, 《불가타판과 히브리어 텍스트의 상호 일치에 대한 교회의 논평》(바르셀로나, 1619)
- 라우렌트 데 포르텔, 《수도원의 설교와 권고: 종교적 인간과 세속의 이익》(리스본, 1617)
- 윌리엄 셰익스피어, 《윌리엄 셰익스피어 씨의 희극, 사극, 비극》(런던, 1623)
- 앙드레 파빈, 《명예와 기사도의 극장》(런던, 1623)
- 야누스 그루테루스, 《대법전 혹은 폴리아테나이 제2권, 야누스 그루테루스》(스트라스부르, 1624)

와일드구스가 이 책들을 다 읽었을까? 안 읽었을 것이 거의 틀림없다. 라틴어 실력이 부족해서도 아니고 보들리도서관의 촉박한 시간 마감에 쫓기거나 옥스퍼드대학 맞은편의 다른 주문처에서 들어온 일을 급히 처리해야 하기 때문도 아니다. 그가 이 책들을 읽지 않은 것은 그와 이 책들의 관계가 물리적인 것이기 때문이다. 그러니까 얇은 인쇄지 뭉텅이를 단단하게 제본해 책 꼴로 만드는 게 그의 임무였다. 의미의 집합체로서 책을 보는 게 아니라 꾹꾹 누른 종이와 광을 낸 가죽, 단단하게 여민 굵은 실 등의 합성물로 파악하는 것이다. 와일드구스의 머릿속은 다양한 사양과 요구 사항으로 복잡했을 것이다. 일찍이 골동품 애호가 로버트 코튼 경(1571~1631)은 필사본의 제본을 맡길 때 제본공에게 이렇게 요구했다. "이 책을 아주 단단하게 제본하시오. 가장자리를 부드럽게 깎아내시오. 종이를 잘 두드려서 평평하게 펴지게 하시오. (…) 잘 꼰 왁스 먹인 실로 꿰매시오." 와일드구스는 제본 작업을 할 때 책의 지적인 혹은 문학적인 내용을 구체적인 형태로 드러내려 하지 않았으며, 주제나 서사를 시각화하려고 하지도 않았다. 표지 가죽에 압착해 집어넣는 꽃이나 잎사귀(보들리도서관 납품용 책에 넣는)나 표지의 가장자리에 장식용으로 친 4행의 줄은 책 내용과는 아무런 상관이 없다. 그것은 외부의 규약을 바라보면서, 옥스퍼드, 런던, 그리고 (시차를 두고서) 유럽 전역의 제본업계에서 통용되는 디자인 규약에 부응하고, 나아가 가구 디자인, 금속 세공, 건축 등의 관련 기술을 참조해 장식한 것이다.

당시에 제본공이 되기로 한 것이 그리 현명한 진로 선택이라 할 수 없을지 모르지만, 그래도 와일드구스는 비교적 좋은 시간과 장소를 선택했다. 런던은 의심할 나위 없이 영국 책 문화의 중심지였지만 옥스퍼드와 케임브리지도 생동하는 서지적 네트워크를 갖고 있었다. 17세기에 이르러 입스위치, 노리치, 헤리퍼드, 더럼, 요크, 우스터, 에든버러(스코틀랜드) 등 여러 주요 대도시와 교역 도시에는 제본공들이 활약하고 있었다. 1602년 보들리도서관이 개관하면서 와일드구스가 도제 때 습득한 기술에 대한 수요가 크게 늘었다. 그렇지만 그도 제본업이 그리 알아주는 직업은 아니라고 인정했을 것이다. 우리는 옥스퍼드 학장이 1574년에 작성한 호소문에서 이 직업의 불안정성을 감지할 수 있다. 학장은 가브랜드 하크스의 도제로 일했던 제본공 크리스토퍼 캐비를 도와야 한다고 호소한다.

> 제본공 크리스토퍼 캐비는 (…) 현재 고령, 질병, 일감 부족, 다른 제본공들의 활동 등으로 인해 어려운 처지에 처하고 빚을 지고 있어서 자신과 아내, 가족을 부양하지 못하고 있습니다. (…) 나는 여러분에게 (…) 이 불쌍한 사람을 위해 헌책을 판매할 수 있는 허가를 내려주기를 바라 마지않습니다. 그리고 대학 내의 다른 제본공들이 이 헌책 사업에 끼어들지 못하게 특별 제한 조치를 취해주시기 바랍니다.

심지어 이름이 난 제본공도 어려움을 겪을 수 있었다. 로저 반스는 1590년에서 1631년 사이에 옥스퍼드 내에서 높은 위치에 있는 제본공이었고, 그의 근무 기간은 와일드구스의 활동 시기와 겹친다. 그의 이름이 보들리도서관 업무일지에도 나오므로 두 사람은 틀림없이 만났고, 대화를 나누었으며, 작업 내용도 의논했을 것이다. 반스는 다른 제본공들보다 대학 내 연줄이 좋았다. 그의 형 조지프는 대학의 최초 공식 인쇄공이었고 로저는 형의 제본공으로 일을 시작했다. 그러나 로저가 사망할 당시 그의 총 재산은 제본 장비와 도구를 포함해 겨우 11파운드 14실링 8펜스밖에 되지 않았다(오늘날의 가치로 약 1400파운드〔약 250만 원〕). 그러나 대학 인쇄공인 형 조지프는 그에 비해 상당히 많은 금액인 1128파운드 2실링 9펜스를 남겼다. 역사가 데이비드 피어슨은 이렇게 말한다. "제본업계에서 성공하는 길은 그 업계를 탈출하는 것이었다." 그런 다음에 좀더 수익성 높은 책의 흐름 속으로 갈아타는 것이다.

그래서 제본공은 헌책과 새 책을 동시에 파는 책판매상, 또는 인쇄공, 문구상 등을 겸하는 경우가 많았다. 문서 기록에는 제본공, 책판매상, 문구상이 사실상 동의어로 사용되었다. 다른 업종에 진출하는 경우도 많았다. 여관업을 겸하기도 했고 또는 가브랜드 하크스처럼 포도주 가게를 운영하기도 했는데 하크스의 소란스러운 싸움과 법정 소송을 보건대 그가 과음을 했으리라 짐작할 수 있다. 1679년에 발간된 전문직 경력 편람에서, 리처드 헤드는 제본공의 이러한 특징을 지적한다. 충분한 성공을 거둔 뒤에는 다른 직종으로 갈아타고 제본 도구는 유아기의 장난감처럼 내팽개치는 경향이 있다는 것이다.

제본공의 꿰매는 압착기는 다락방에 녹슨 채 방치되어 있고, 판지 절단기는 내팽개쳐져 있으며, 칼은 녹이 슬었다. 절단 압착기의 나사는 하던 일을 하지 않은 지 오래되었고 이제는 움직이려 해도 전혀 미동도 하지 않는다. 인쇄지 묶음을 누르는 돌은 그 종이를 때려 평평하게 펴는 묵직한 망치가 구석에서 방치된 채 녹스는 것을 보고서 흐느낀다. (…) 제본공 아버지가 사망한 뒤에 그 아들은 제본공이라는 호칭을 경멸하며 다른 사람을 고용해 그 일을 시키고, 그 자신은 책판매상이라는 직함을 얻었다. 나머지 형제도 형의 전철을 따랐다. 예전의 제본업은 게으른 책판매상을 만들어냈다.

와일드구스가 문서에서 어느 순간에 느닷없이 사라지는 것은 초창기 제본공의 전형적인 사례였다. 우리가 그 결과물을 손으로 느낄 수 있는 숙련된 노동자 계급으로서의 제본공은 거의 모두 역사 기록에서 사라져버렸다. 그레이엄 폴러드의 1970년 논문 〈15세기 영국 제본공들의 이름〉은 제본공의 익명성이라는 문제에 봉착한 예전 학자들이 어쩔 수 없이 사용했던, 제본 도구에서 비롯한 별명에 주목함으로써 그 전쟁 같은 직업 현장의 분위기를 전달한다. "악마 제본공, 괴룡 제본공, 괴물 제본공. 그레이하운드와 사냥꾼. 압인기押印器와 물고기 꼬리. 박쥐 제본공과 일각수 제본공." 이러한 불가시성不可視性의 문화는 왕정복고 시기까지 계속되었다. 작가 새뮤얼 피프스의 1660년대 일기에는 왕정복고 시기 출판업계의 소란스러움을 전하는 내용이 많다. 그는 세인트폴 성당의 마당에 설치된 서점에서 책을 구경하고, 커피하우스에서 최근에 나온 문학계의 소문을 듣고, 1700편 이상의 최신 민요를 수집하고, 마거릿 캐번디시 같은 문학계의 저명인사를 넋 놓고 쳐다본다. 성행위 관련 얘기가 노골적으로 나오는 《처녀들의 학교》 같은 책을 구매해 호주머니에 감춘다("진지한 남자가 세상의 악행에 대해서 어느 정도 아는 것은 그리 나쁘지 않다"). 그리고 피프스는 가끔 오후에 제본소를 찾아가 제본공이 작업하는 모습을 지켜보았는데, 너무 열심히 구경하다 보니 어느덧 밤이 되는 경우도 있었다.

1668년 1월 31일 금요일
(…) 집으로 돌아가서 아내를 터너 부인의 집에 데려다 주고 나는 제본소로 갔다. 그곳에서 밤늦게까지 나의 탕헤르 회계 보고서를 제본하는 모습을 지켜보았다. 나는 즐거운 마음으로 제본 작업과 책에다 황금 무늬를 입히는 것을 관찰했다. 그곳에 오래까지 있다가 잠자리에 들었다.

제본공은 인쇄지뿐만 아니라 회계장부와 기타 손으로 쓴 텍스트도 제본해주었다. 개인 문서의 경우 인쇄본을 다루는 방식으로 제본할 수도 있고, 소위 '문서용 제본'이라는 방식으로 할 수도 있었다. 앞의 사례에서 피프스는 1662년부터 탕헤르 위원회에 근무하면서 자신이 작성한 회계 서류를 가지고 왔다('탕헤르'는 봄베이와 함께 찰스 2세의 포르투갈 출신 왕비 브라간사의 카타리나가 가지고 온 지참금의 일부였다). 피프스는 오랜 시간 제본소에서 작업 과정을 지켜보기는 했으나 제본공의 이름은 일기에 쓰지 않았고, 당시 가장 유명했던 제본공의 이름조차도 언급하지 않았다(피프스가 숙련된 기술을 구경하는 것과 유명인사를 쳐다보는 것을 다 좋아했음에도 말이다). 1669년 3월 12일 금요일의 일기에서는 제본공의 존재만 간략히 언급할 뿐 개인적인 특징은 묘사하지 않았다.

나는 그를 W. 후어 씨와 함께 내 마차에 태워서 웨스트민스터로 갔다. 그곳에서 그는 나를 저명한 제본공인 노트Nott의 가게로 데려갔다. 이 제본소는 총리의 서재에 들어가는 책을 제본하는 곳이다. 노트가 제본한 책을 갖고 싶어서 내 책을 한 권 제본해달라고 주문했다.

이 무렵이면 제본까지 끝난 책을 구매할 수도 있었지만, 아직 절반 이상의 책이 접힌 인쇄지 상태로 혹은 임시 표지에 싸인 채로 판매되었다. 그러면 구매자는 그것을 받아들고서 제본소로 가야 했다. 피프스처럼 이 일이 즐거웠던 사람도 있고, 귀찮게 여긴 사람도 있었다. 이런 상황을 염두에 둔다면, 당시의 제본 작업은 제책의 마지막 공정이라기보다는 책 수용의 초기 과정이라고 보는 게 더 적절할 것이다.

'저명한 제본공'은 아마 윌리엄 노트를 가리키는 것일 텐데, 제본을 연구하는 역사가들 사이에서는 '여왕의 제본공 A'로 알려져 있다. 그가 브라간사의 카타리나와 모데나의 메리의 책을 제본했기 때문에 붙은 별명이다. 그러나 이것이 진실인지 여부는 확실하지 않다.

와일드구스의 제본소는 어떻게 생겼을까? 작업 공간으로서 어떤 모습이었을까? 당시 제본소는 대개 독립 사업체였고 도제 시절을 거치며 관련 기술을 습득한 자유민이 운영했다. 제본소 주인은 임금을 받아가는 여러 명의 직인(도제 기간을 끝낸 직공)과 한두 명의 도제를 고용했다. 그런데 와일드구스의 책들에서 일관된 제본 양식이 발견되기 때문에 그가 혼자서 작업했으리라고 짐작할 수 있다. 만약 그의 제본소에서 일하는 사람들이 있었다면 와일드구스는 작업을 감독했을 것이다. 그러나 와일드구스가 유령 같은 존재라서 우리는 그의 작업 현황을 정확하게 알 수가 없다. 다만 로저 반스의 유언장으로 되돌아감으로써 와일드구스의 작업 환경을 어느 정도 감잡을 수 있다. 1630년 10월 15일에 작성된 반스의 유언장은 직계가족과 친지에게 재산을 어떻게 분배하라고 자세하게 지시하면서 하나의 네트워크를 스케치한다.

아들 로버트 반스에게 55실링을 남긴다. (…) 손녀 그리셀 반스에게 20실링. 앤 반스, 일명 레크필드인 내 집의 어린 소녀에게 40실링. 그리고 장손에게 나머지 모든 재산을 물려준다. 단 앤을 5년간 잘 돌봐서 일자리를 알아봐주는 조건을 지켜야 한다. 유언의 집행인들(문서에는 구두장이 니컬러스 바턴과 여관 주인 헨리 카터로 거명되어 있다)에게 장갑을 살 수 있도록 각각 12펜스를 남긴다.

반스가 사망하자 그가 운영하던 제본소의 물품 목록이 작성되어 가격이 매겨졌다. 그래서 우리는 그 제본소가 사라지는 순간에, 와일드구스의 작업장과 상당히 유사했을 제본소를 흘깃 엿볼 수 있다.

대형 압착기 2대, 절단기 2대, 책의 판지를 잘라내는 표지 절단기 1대, 타원형 압인기 3대, 롤(표지에 무늬를 찍는 원형 도구) 1쌍, 필렛(무늬 압인기) 3대, 작은 꽃무늬 압인기 4대, 종이 누르는 돌 1개, 종이 펴는 망치 2개, 민무늬 판지 여러 개, 받침 판지 여러 개, 각종 무늬 판지 여러 개, 마감 도구 여러 개, 판지 제작용 통 5개.

우리는 곧 이런 도구들을 살펴볼 것이다. 목록에는 또한 '헌책 3권', '꿰매기용 압착기 2대', '판지 제작용 반죽통'도 있다. 이런 것들이 제본공의 재산이며, 총 가치는 1파운드 15실링(오늘날의 가치로 약 215파운드[약 40만 원])이다. 와일드구스가 이런 도구를 어떻게 사용했을지 상상해보자. 크게 두 단계로 나뉘는데 첫 단계가 제본이고 두 번째가 장식이다. 뒤로 갈수록 일이 많아지는 과정인데 역사가들의 추산에 따르면 한 권의 책이 완성되기까지 제본공의 손을 약 80회 거친다. 제본은 서둘러서 되는 일이 아니다. 미묘한 정밀성, 인내, 노고가 적절히 투입되어야 하는 일이고 예술적 아름다움이 꽃피어날 공간을 허용하는 수작업이다. 오늘날 피프스의 소장본만 전하는《책 제본공의 작업 상황》을 보자. 이 책은 '접기'부터 '책 최종 압착'에 이르기까지 총 66가지의 독립된 제본 과정을 열거한다. '접기' 이후 첫 열 가지는 다음과 같다. 묶을 종이 모으기, 두드리기, 누르기, 페이지 순서 맞추기, 면지 넣기, 부속물을 추가해 꿰매기, 풀칠하기, 건조하기, 노끈 풀기, 노끈 자국 제거하기. 이후 55가지 작업이 더 남아 있다.

와일드구스의 제본소에 전달된 것은 갓 인쇄된 종이 뭉텅이였다. 이 뭉텅이는 차곡차곡 쌓아올린 것일 수도 있고 둘둘 말아놓은 것일 수도 있다. 찬찬히 진행되는 와일드구스의 작업 과정은 15세기에서 18세기에 이르기까지 모든 제본공이 거치는 것이었다. 와일드구스의 첫 번째 작업은 인쇄지 뭉텅이에서 낙장이나 잘못 인쇄된 게 없는지 살피는 것이다. 이것은 나중에 책이 잘못되었다는 비난의 원인이 되므로 특히 신경써야 했다. 그렇게 하는데도 책이 나오고 나면 자주 그런 비난이 나왔다. 예컨대 베르누이는 와일드구스의 목록에서 일곱 번째 책인 앙드레 파빈의《명예와 기사도의 극장》의 기록 옆에다 '불완전'이라고 써넣었다. 이 책은 현재 보들리도서관에 소장되어 있지 않다. 도서관은 아마 이 책을 팔아넘겼을 것이다. 1659년에 위대한 법률학자인 존 셀던이 소장한 똑같은 책이 도서관에 기증되었기 때문이다. 그 '불완전'의 상태가 어떤 것인지 확신할 수 없으나 제본이 잘못되었다기보다는 페이지가 빠졌을 가능성이 크다.

이처럼 페이지의 결락을 확인한 후에 와일드구스는 조정·교체해야 할 페이지가 있는 인쇄지에 표시를 하고, 이어 지도나 도판을 넣어야 할 페이지가 있는지도 확인했다. 인쇄지를 접어 묶음을 만들고, 캐치워드

catch word(다음 페이지의 첫 단어를 앞 페이지의 맨 밑에 적어둔 것)를 보며 페이지 순서를 확인해 묶음들을 정확한 순서로 배열한다. 와일드구스는 이 묶음들을 약 5킬로그램 나가는 망치로 두드려, 평평하게 폄과 동시에 페이지들이 서로 착 달라붙게 한다. 이때가 책과 와일드구스의 관계가 가장 물리적이고 소란스러워지는 단계다. 이 시대에 나온 책 제본 공정을 묘사한 삽화들은 소음 때문에 다른 방에서 망치질을 하는 제2의 작업자를 보여준다. 이렇게 망치로 두드린 접지들은 대형 압착기에 들어가 좀 더 가지런해진다. 이어 페이지 순서를 확인하면서 도판과 지도를 삽입한다. 그런 뒤에 판지와 접촉할 때 인쇄지가 훼손되지 않도록 앞뒤에 면지를 넣는다. 옥스퍼드대학의 제본공들은 못 쓰게 된 인쇄지를 면지로 사용했다. 1장 초반에서 보았던 윈킨 드워드의 폐지 사용과 비슷한 방식이다. 때로는 수도원이 해체될 때 흩어져버린 필사본이나 유행이 지나가서 못 쓰게 된 텍스트를 사용하기도 했다. 그래서 중세의 아리스토텔레스 논평서가 복음을 다룬 1631년 인쇄본의 면지로 사용되기도 했다. 와일드구스는 이런 보강재로 사용하려고 1480년대에 나온 낡은 라틴어 책을 저렴하게 사들이기도 했다. 그는 이런 책들을 낱장으로 분해해 가지고 있다가 앞 판지와 뒤 판지의 내부에다 보강재로 집어넣어 접합했다. (대리석 무늬 면지는 와일드구스의 시절로부터 10년 정도 뒤부터 쓰기 시작했는데, 주로 프랑스에서 수입해 썼다. 그렇지만 그때도 그런 면지는 고급 시장에 나가는 책에만 사용되었다. 보들리도서관에서 제본을 의뢰한 책에는 1680년이 되어서도 그런 면지가 쓰이지 않았다.)

다음에는 벽돌 모양의 인쇄지 묶음들을 재봉틀로 꿰맨다. 텍스트 덩어리를 단단히 묶은 뒤 책등 부분을 따라 듬성듬성 덧댄 대여섯 장의 가

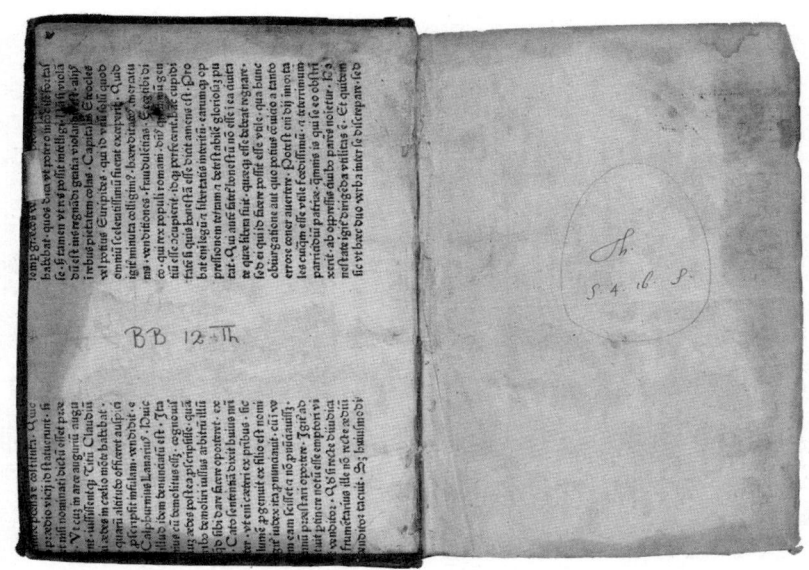

와일드구스가 제본 작업 시 보강재로 사용한 라틴어 인쇄본의 폐기된 페이지.

죽도 함께 꿰매어 연결한다. 와일드구스는 책등을 더욱 견고하게 만들기 위해 이 편철編綴 부분에 골고루 동물성 접착제를 붙인다. 접착제가 마르기를 기다리면서, 그는 목록에 있는 또다른 책을 작업하기 시작한다. 다른 많은 제본공과 마찬가지로 그는 다수의 책을 동시에 작업한다. 접착제가 마르면 '책등 둥글게 하기rounding'와 '중추 잡기backing' 작업에 들어간다. 책등 둥글게 하기는 평평한 책등의 바깥쪽을 가볍게 비껴 망치질함으로써 책등을 둥근 형태로 만드는 작업이다. 이는 책을 펼 때 압박을 흡수해 원래의 오목한 상태로 돌아가지 않게 하려는 것이다. 중추 잡기는 인쇄지 묶음들 압착기에 고정하고 책등 가장자리를 두드림으로써, 책등을 활짝 핀 꽃처럼 더욱 넓고 둥글게 만드는 작업이다. 이로써 텍스

제본공이 발밑에 풀통을 두고서 네 줄로 책을 꿰매고 있다. 뒤편에서 동료가 망치로 인쇄지를 두드려 평평하게 펴고 있다.
크리스토프 바이겔스, 《제책소》(1698).

16세기 후반의 독일 제본소 광경. 책이 세워진 압착기 속에 들어가 있고(왼쪽), 페이지들이 꿰매기 틀에 들어가 편철되고 있다. 한스 작스의 《세상의 모든 직업에 관한 특징적 묘사》(1568).

트 덩어리가 책의 앞뒤에 붙을 판지 쪽으로 퍼져나가게 된다.

이 두 과정은 책등에 좀더 유기적인 형체를 부여한다. 즉 네모진 가장자리의 덩어리를 둥그런 중추로 변모시킨다. 이는 독자가 책을 여닫을 때 가해지는 하중을 제본의 가장 단단한 부분이 견딜 수 있도록 하려는 것이다. 이처럼 책등이 튼튼해야만 책의 수명이 길어진다. 접고, 정렬하고, 평평하게 두드리고, 누르고, 잡아당기고, 조이고, 꿰매는 이 모든 작업을 통해 와일드구스는 다루기 어려운 물질에 책이라는 일정한 질서를 부여한다. 와일드구스는 사물의 속성, 즉 원래대로 되돌아가려고 하거나 흩어지려는 물질의 경향에 대항한다.

다음은 앞표지와 뒤표지를 형성하는 판이다. 16세기에 널리 사용되었던 목재 합판이 아니라 8밀리미터 두께의 판지다. 여러 겹의 펄프지와 합판 조각을 반죽해 풀로 단단하게 이어붙여 만드는 이 기술은 중동에서 여러 세기 동안 해오던 것이었다. 와일드구스는 판지를 직접 제작했을 것이고, 망치로 두드려서 최대한 조밀하고 단단하게 만들었을 것이다. 판지는 필요한 크기로 절단된 뒤 끈으로 내지 묶음에 부착된다. 와일드구스의 양손에 들려 있는 형체는 이제 독자들이 기대하는 물건을 닮아간다. 이제 그걸 가리켜 책이라고 말해도 거의 무방하다. 와일드구스는 이어 그 책을 압착기에 여러 시간, 혹은 밤새 넣어둔다. 책 전체의 꼴을 평평하게 펴서 일정한 형체로 만들기 위함이다. 이어 그는 판지의 가장자리를 절단plough한다. 반스의 물품 목록에는 "절단기 2대, 책의 판지를 잘라내는 표지 절단기plowe 1대"가 있는데, 와일드구스도 이와 비슷한 장비를 갖고 있었을 것이다.

와일드구스는 이어 내지의 가장자리(책등과 앞뒤 표지 외의 3면, 즉 책배, 책머리, 책꼬리)에다 골고루 붉은색 잉크를 뿌렸다. 아마 망치에다 술을 톡톡 치면서 잉크를 뿌리거나, 손가락을 이용해 (한 제본 역사가의 말을 빌리면) "자그마한 잉크 방울이 단단하게 닫힌 내지 가장자리에 점점이 떨어지게" 했을 것이다. 그러면서 와일드구스는 옥스퍼드에서 일하는 동료 제본공들의 서로 다른 취향을 생각했을지도 모른다. 에드워드 마일스는 선명한 푸른색 가장자리를 선호했다. 1년여 전인 1622년에 사망한 프랜시스 피어스는 올리브그린을 좋아했다. 요란한 망치질에 이은 이 섬세한 잉크 뿌리기는 미학적(예술적인 선택)이면서 실용적인 것(먼지 감추기)이었다. 또한 여러 권의 책이 들어간 합본일 경우 일종의 인덱스 기능을 발휘했다. 보들리도서관의 주문에 따라 와일드구스는 아리스토텔레스 책 두 권을 단권으로 제본했다. 독일어로 자멜반트Sammelband라고 하는데 여러 권의 책이 한 권에 들어 있다는 뜻으로 17세기에 흔히 볼 수 있던 책의 구조다. 이 경우 각 텍스트를 구분하기 위해 책배에 각각 다른 색깔(이를테면 붉은색과 노란색)을 사용했다. 그는 또다른 자멜반트를 꺼내들었다. 프란치스코 산체스 데 라스 브로사의 성경 주석서와 로랑 드 포르텔의 설교집이었는데 이 경우에는 책배를 한 가지 색깔로만 채색하는 바람에 구분의 기회를 놓쳐버렸다. 또다른 책들은 다른 대우를 요구했다. 장례식을 위한 책(설교와 매뉴얼 등이 담긴)의 책배는 종종 안티몬과 흑연을 사용해 검게 채색되었다. 와일드구스는 유족을 위해 황급히 그런 책을 만들어야 하는 경우에 대비해 아예 가장자리가 검게 칠해진 종이 묶음을 가지고 있었다. 좀더 정교한 장식의 가능성도 있었다. 황금 잎사귀를 이용한 도금 책배, 주름 잡힌 책배 등이 그런 것인데 특히 후자는 가열한 원통이나 마감 도구를 사용해 책배에다 정교한 작은 무늬를 반복해 새겨넣었다. 17세기 후반이 되면 내지 가장자리에 대리석 무늬를 새겨넣는 것이 유행했다. 그러나 보들리도서관에서 제본을 의뢰한 책은 무늬가 없는 평범한 모습이었다.

 이어 와일드구스는 머리띠headband를 꿰매어넣음으로써 다시 한번 제본공의 특별한 능력을 보여주었다. 머리띠는 분홍색이나 푸른색 등의 실을 엮어 만든 띠로, 가죽 조각에다 꿰맨 후 책등 안쪽의 맨 위나 아래에 붙이는 장식이다. 우선 판지의 안쪽 모서리를 직각으로 절단한다. 그다음 무두질한 갈색 송아지 가죽으로 책을 덮고 단단히 펴서 책에 꼭 달라붙게 한다. 당시 무두질한 송아지 가죽은 가장 일반적인 제본용 가죽이었고 특히 영국에서는 흔한 재료였다. 우선 살과 털을 제거한 뒤에 가죽을 참나무 껍질과 물을 섞어 만든 타닌산에다 한참 담가둔다. 그런 다음 가죽을 건조해 자르고 기름칠하고 염료를 바르고 광택을 낸 뒤에 와일드구스에게 전달한다. 송아지 가죽은 제본공의 도구가 가하는 압력을 잘 견뎌냈다. 보들리도서관은 쇠사슬에 묶어 보관해야 하는 대형 책에 그 재료를 사용할 것을 요구했다. 와일드구스는 다른 재료로도 제본을 했을 것이다. 그 무렵 옥스퍼드에서는 송아지 가죽 다음으로 양피지가 가장 흔했다. 양피지는 부드러운 표지 장정을 위해 자주 사용되었다. 와일드구스는 양 가죽(쉽게 마모되기 때문에 품질이 떨어져도 되는 제본에 사용되었다)은 물론이고 염소 가죽(고급 제품에 사용되는 질긴 가죽인데 주로 튀르키예에서 수입했고, 18세기에는 모로코에서 수입했다)으로 작업한 경험도 있었을 것이다. 그러나 이 두 가죽은 당시에 옥스퍼드에서 그리 자주 사용되지는 않았다. 와일드구스는 소위 고급 제본에 몰두하지 않았다. 그것은 부유한 후원자나 (조금 뒤의 시대가 되면) 수집 전문가를 위한 것이었다. 고급 제본은 예전부터 많은 학자들의 관심을 끌었으나, 데이비드 피어슨이 분명히 밝힌 바와 같이, 근대 초기에 나온 책들의 주된 형태를 상당히 오독한 것이다. 와일드구스는 도서관 서가에 잘 어울리는 책을 제본했다. 비단과 공단은 그의 작업에 어울리지 않았다.

 와일드구스는 이어 책을 두 판지 사이에 샌드위치처럼 끼워넣고 책 허리에 노끈을 둘러서 접착제가 잘 달라붙도록 했다. 그리고 표지 위에 그는 한때 생기 넘치던 물질이던 가죽 재료를 덮었다. 그의 두 손에는 송아지 가죽, 즉 한때 송아지였던 것이 들려 있었다. 헨리 본의 오싹한 시 〈책〉(1655)은 이런 예전의 형태, 예전의 삶을 되돌아보는 의미로서 책의 의미를 파악한다. 하느님에게 말을 걸면서 본은 책의 물질적 요소들의 전사前史를 상상한다. 종이는 한때 고유의 생활과 생각을 가진 사람들이 입던 옷이었고, 책의 가죽 표지는 한때 들판에서 풀을 뜯던 생명체였다.

> 당신은 이 종이가 씨앗이었을 때를
> 알고 계십니다. 그다음에는 풀이었지요.
> 그러다가 그것은 가공되어 짜이고
> 리넨 천이 되고 누군가 그것을 입었습니다.
> 그들의 생활, 생각, 행동이 어떠했는지,
> 좋은 왕겨였는지 쓸모없는 가라지였는지도 아십니다.
> (…)
> 당신은 당신의 율법에 의해 초록의 것을 먹고 사는
> 이 무해한 짐승을 알고 계십니다.
> 그렇게 잘 먹고 잘 자서 윤택한 피부를 가졌지요.
> 그것이 지금 이 오래된 책의 표지를 덮고 있어요.
> 그것이 나를 눈물짓게 합니다. 그리고 나 자신의
> 먼지를 보지요. 단지 먼지에 불과한 그것은 (…)

와일드구스는 양손에 책을 들고 있을 때 그 근원이 동식물이었다는 생각은 거의 하지 않았으리라. 그의 긴장한 눈은 그저 장부의 차변과 대변을 유심히 살펴보았을 것이다. 그러나 본의 상상력은 우리에게 책의 오르페우스 같은 능력에 대해 말해준다. 그의 시는 책의 전생을 말해주고 책 이전의 훨씬 오래된 역사를 가진 물질들의 배열을 잠시 생각하게 한다.

와일드구스의 책 장식은 절제되고 일관되어 있다. 19세기에 들어와 출판 산업이 똑같은 책을 다량으로 찍어내기 이전에, 제본은 언제나 손으로 해야 하는 작업이었고 자잘한 선택의 결과물이었다.

와일드구스는 그 나름의 제본 양식을 갖고 있었고 우리는 그가 보들리도서관을 위해 제본한 책들에서 그런 양식이 반복적으로 구현된 것을 발견한다. 하지만 그것은 어떤 뚜렷한 서지학적 특징은 아니다. 어쩌면 그런 양식을 일종의 유보留保 정도로 볼 수도 있을 것이다. 와일드구스는 주목받길 원하지 않았고 심지어 자기 작업 뒤에 숨은 배후의 존재가 되기를 원하지도 않았다. 책 제본은 19세기의 고급 제본이 나오기 이전에는 개인적 표현의 수단으로 여겨지지 않았다. 때때로 어떤 제본공이 과도한 심지어 난폭한 생생함을 통해 사람들의 가시권 안으로 들어오는 일도 있었다. 리처드 빌링즐리(1564?~1606)는 '부적절한 디자인'을 설계해놓고서 거기에 서명하고 날짜까지 기입했다. '부적절한 디자인'이라는 표현은 보들리도서관의 보조 사서인 스트리클런드 깁슨이 1914년에 한 말이다. 그러나 이것은 일탈적 사례이고 제본공이 앞표지 안쪽에 자신의 이름과 주소가 적힌 간기를 집어넣는 것은 18세기 후반까지는 없었던 일이다. 그 이전에 양식이라 함은 '17세기 초 옥스퍼드 제본' 같은 공동체적 개념이었다. 그러니까 한 시대, 한 도시, 나아가 한 국가를 구분해주는, 일련의 공유된 미학적·실용적 약속 같은 것이었다.

와일드구스는 책에다 장식하는 데 쓰는 놋쇠 도구를 갖고 있었을 것이다. 서로 맞물리는 잎사귀가 디자인된 타원형 도구, 책의 가장자리에다 연속적으로 이어지는 띠를 찍어넣는 바퀴 모양 롤, 가죽 표지에다 선線을 찍어넣는 필렛, 꽃무늬 장식 등. 와일드구스는 제본공 경력 초기에 옥스퍼드의 금속 세공업자로부터 이런 도구를 구매했거나 아니면 다른 나라에서 온 제본공으로부터 얻었을 것이다. 제본공이 책 표지에 박아넣는 디자인으로부터 우리는 세계적 규모의 영향력을 살펴볼 수 있다. 1550년대부터 유행한 책 표지 정중앙에 박아넣은 타원형 혹은 마름모꼴 무늬는 서로 얽힌 잎사귀 모양을 쓰거나 아니면 기하학적 균형을 이루는 추상적 디자인을 사용했다. 특히 후자는 아라베스크 혹은 모레스크 디자인이라고 하는데, 14세기의 이슬람 책 제본에서 유래한 것이다. 이 아름다운 이슬람 무늬는, 부富와 물자의 이동으로 생겨난 교역로와 이탈리아의 항구들을 통해 15세기부터 유럽 전역으로 퍼져나갔다. 그 과정에서 영국의 해안에는 다소 늦은 엘리자베스 1세 치세 시기에 도착했다. 먼저 도서 출판업의 중심지인 런던의 고급 작업장에서 선보였고 이어 옥스퍼드와 케임브리지로 퍼져나갔고 마침내 다른 지역들에까지 파급되었다. 도금 잎사귀 무늬 장식도 유사한 경로를 통해 전파되었다. 13세기 초에(혹은 그 이전에) 아랍 세계에서 출발해 유럽을 경유했고 16세기에 영국에 도착했다.

와일드구스는 필렛(널찍한 피자 절단기처럼 생긴 회전하는 바퀴로, 책에 네 줄의 선을 찍어넣는 도구)을 들고서 책의 양옆과 앞뒤로 세게 찍어줌으로써 네 개의 평행한 줄무늬를 새긴다. 가죽은 이 무늬를 잘 받아들인다. 이처럼 무늬가 없고 선만 찍는 도구를 블라인드 툴blind tool이라고 한다. 블라인드라고 한 것은 채색을 하지 않고 도금 잎사귀 무늬를 쓰지 않았기 때문이다. 와일드구스는 필렛을 책등에다 수평으로 여러 번 눌러서 일련의 패널을 만들어낸다. 이어 그는 옥스퍼드에서 이 책을 쉽게 찾아낼 수 있게 작은 표시를 추가한다. 책등 가까운 쪽 판지 가장자리에 두 방향으로 일련의 사선 무늬hatch를 새기고(가장자리 해칭edge hatching), 책등의 위와 아래에도 작은 사선 무늬를 새긴다(책등 해칭spine hatching). 17세기 초 옥스퍼드에서 제본된 책, 특히 보들리도서관에 납품된 책은 대개 이와 비슷하게 디자인되어 있다.

와일드구스는 단단하게 닫힌 책의 상태를 유지하기 위해 판지에다 구멍들을 뚫고서 채색된 줄을 집어넣었다. 놋쇠 자물쇠로 책의 닫힌 상태를 유지하던 방식은 이미 한 세기 전에 사라졌고 고급 제본, 종교 서적, 그리고 늘 닫혀 있어야 하는 연감 같은 개인용 휴대 서적 등에서만 겨우 명맥을 이어가고 있었다. 그리고 마무리 작업으로서 혹은 연극적 제스처로서 와일드구스는 달걀 흰자를 풀어 거품을 만들고 이 반들거리는 효과가 부식하는 것을 막기 위해 식초를 한 방울 떨어뜨린 다음, 그 거품을 표지 가죽 위에 세 번 바르고 이어 광택을 냈을 것이다.

다음날, 와일드구스는 완성한 책들을 직접 가져다 전달한다.

장 베르누이는 책이 보들리도서관에 도착하면, 업무일지에 책 제목과 함께 '받다receipt'라는 뜻의 R자를 표시했다. 당시 도서관에서는 책의 판형(폴리오(2절)판, 콰르토(4절)판, 옥타보(8절)판)이나 주제(신학, 법학, 의학, 예술

등)에 따라 책을 분류해 서가에 꽂았다. 우리는 셰익스피어의 퍼스트 폴리오(이것을 와일드구스의 퍼스트 폴리오라고 하자)가 도서관에 도착해 이동과 정지의 흥미로운 생애를 거쳐가게 되는 것을 곧 살펴보게 된다.

퍼스트 폴리오는 듀크 험프리 도서관의 예술 서가에 S 2.17이라는 서가 표시와 함께 배치되었다. 앞표지에 걸쇠가 설치되었고 (1760년대까지 다른 모든 폴리오 판본이 그러했듯이) 쇠사슬로 도서관에 단단히 안치되어 있었다. 쇠사슬 때문에 책은 채색 책배가 바깥을 향하는 상태로 서가에 놓여 있었다(책등이 바깥쪽을 보도록 꽂고, 책등에 책 제목을 새기는 방식은 17세기 동안에 점점 더 보편화되었다). 그 쇠사슬은 독자를 잠재적 절도범으로 상정하는 것이었다. 그리하여 여러 해 뒤에 그 책을 쇠사슬로부터 해방시키면 책 표지에는 마치 뚜렷한 총알 자국 같은 구멍이 두 개 남았다.

절반은 포로요 절반은 왕인 와일드구스의 퍼스트 폴리오는 17세기 중반까지 쇠사슬에 묶인 채 이 서가에 머물렀다. 내전 기간 동안, 그러니까 찰스 1세가 런던에서 달아나 1644~1645년 사이에 크라이스트처치 홀에 의회를 설치하는 동안에도 거기에 머물렀다. 보들리도서관은 이 홀에서 걸어서 10분 거리였다. 우리는 이 책에 남겨진 표시들을 검토함으로써 독자가 이 책에 어떻게 반응했는지를 살펴볼 수 있다. 그것은 우리가 근대 초기의 여러 책에서 볼 수 있는 메모라든가, 윈킨 드워드의 책에서 볼 수 있는 그런 표시는 아니다. 그보다는 자연스러운 마모의 흔적이 뭔가를 말해준다. 보들리도서관에 들어오는 독자는 "바꾸거나, 찢거나, 훼손하거나, 오리거나, 표시를 하거나, 밑줄을 치거나, 의도적으로 뭉개거나, 지우거나, 흐릿하게 하거나, 거칠게 다루거나, 오용하지 않겠다"라고 맹세하지만 많은 사람이 책을 펼쳐보았기에 그런 자연적인 마모는 어쩔 수

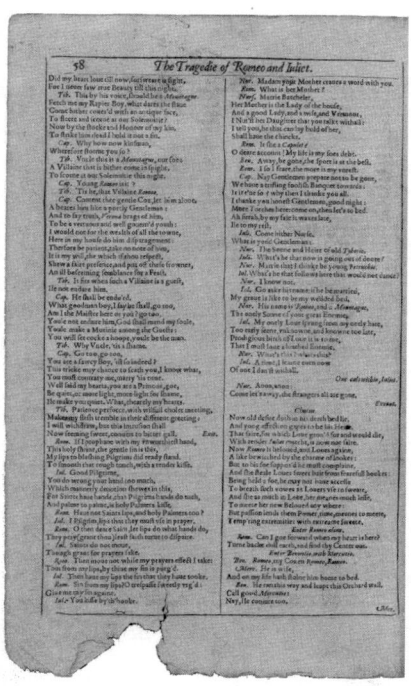

와일드구스의 퍼스트 폴리오에 가해진 팔꿈치 손상,
《로미오와 줄리엣》의 발코니 장면.

없는 노릇이다. 나쁜 독자가 되는 길은 아주 많은 것이다! 양질의 크라운 종이를 썼지만 와일드구스의 책은 첫 40년 동안 많은 타격을 받았는데, 그 타격은 골고루 분포되지 않았다. 《로미오와 줄리엣》의 책장이 가장 많이 마모되었다. 한 셰익스피어 연구자는 "독자의 손과 팔꿈치를 많이 탔기 때문에" 에로틱한 분위기를 풍긴다고 말했다. 이러한 책의 손상도는 독자들의 관심도를 드러내는 훌륭한 지표다. 발코니 장면은 특히 심해서 해당 지면이 너덜너덜하다. 암살된 통치자에 관한 이야기인 《줄리어스 시저》 또한 인기가 높았는데, 찰스 1세가 처형된 1649년의 분위기를 반영하는 것이리라. 그다음으로 《템페스트》, 《헨리 4세 1부》, 《맥베스》, 《심벨린》 순으로 인기 있었다. 비극은 일반적으로 인기가 높았지만 역사극은 상당 부분 손도 대지 않았다. 특히 《존 왕》이 제일 인기가 없었다.

그런데 쇠사슬이 부착되어 있었음에도 불구하고 와일드구스의 퍼스트 폴리오는 곧 옮겨가게 되었다. 보들리도서관은 1632년에 나온 세컨드 폴리오는 구입하지 않은 듯한데, 그 이유는 분명하지 않다. 그러나 제3판 폴리오(1663/1664)가 나오자 와일드구스의 퍼스트 폴리오는 곧 불필요한 책으로 취급되었다. 토머스 로키는 1664년에 옥스퍼드 책판매상인 리처드 데이비스에게 24파운드를 받고서 팔아버린 듯하다. 그해의 보들리도서관 회계장부는 이 책을 이렇게 묘사했다. "불필요한 도서관 장서." 로키는 세계에서 가장 비싼 책(하지만 당시로서는 그렇지 않은 책)이 될 그 책을 헐값에 팔아버렸다고 엄청나게 비난을 받았다. 그의 판매 결정은 후대의 유사한 사례를 연상시킨다. 가령 계관시인 로버트 사우디는 샬럿 브론테에게 1837년에 보낸 편지에서 이런 말을 했다. "문학은 여자의 평생 사업이 될 수 없습니다. 또 그렇게 되어서도 안 됩니다." 1962년에 딕 로는 '비틀스를 평가절하한 남자'로 유명해졌다. 로키와 동시대의 옥스퍼드 골동품 전문가인 앤서니 우드는 로키를 가리켜 "사서직에 전혀 어울리지 않는 인물"이라고 서술했다. 그러나 우드는 야비한 험담꾼이었고 로키의 퍼스트 폴리오 판매는 낡은 판본을 새 판본으로 교체하는 보들리도서관의 기본 방침에 따른 것이었다. 도서관은 그런 도서 관리 방침을 20세기 중반까지 계속 유지해왔다. 17세기의 다른 사람들도 비슷한 생각을 했다. 피프스는 1664년 7월 7일, 스트랜드의 증권거래소에서 귀가하던 중에, 법률 책과 그리스-라틴어 사전, 그리고 제3판 폴리오를 사들였다. 그는 평소처럼 그날 아침에도 자신의 건강을 염려했다. "날씨가 서늘해서 감기에 걸릴까봐 걱정되었다. 나의 나쁜 건강을 염려하는 게 세상에서 제일 큰 고통이다." 그는 자신을 위로하는 심정으로 그 책들을 사들였을 것이다. 1685년 제4판 폴리오가 나왔을 때, 피프스는 로키와 마찬가지로 4판을 구입하고 3판은 팔아버렸다. 제4판 폴리오는 케임브리지대학 모들린칼리지의 피프스 서재에 그대로 보관되어 있다. 피프스가 쓰던 서가, 책, 가구 등이 마치 시간의 한 조각을 마법처럼 잘라낸 것처럼 피프스의 과거 서재 그대로 유지되어 있다.

퍼스트 폴리오 매각 사건보다 더 중요한, 멋진 이야기가 있다. 보들리 도서관은 셰익스피어를 연구할 만한 가치가 있는 작가로 제도화한 초창기 기관들 중 하나였다. 와일드구스가 제본한 열 권의 책에 반응하는 한 가지 방식은 도서관이 셰익스피어를 대우하는 태도를 살펴보는 것이다. 대학도 다니지 않은 셰익스피어가 쓴 문학 책(더욱이 영어로 쓴)이 박식한 종교 서적이나 라틴어로 쓰인 아리스토텔레스 철학서와 어깨를 나란히 하고 있다는 점이 상징하는 중요한 문학적 변화에 주목하라. 영어로 희곡을 쓰는 것이 정통성 없는 일이라고 여겨지던 시절이었으니, 그 희곡들을 출판한다는 것은 더욱 격이 떨어지는 행위였다. 벤 존슨은 1616년에 《저작》을 발표했을 때 크게 조롱을 당했다. 당대의 한 평론가는 냉소적으로 이렇게 말했다. "벤, 이게 대체 무슨 소리인지 내게 말해주시오. 다른 사람들이 희곡이라고 하는 걸 당신은 저작이라고 했군요." 1602년 보들리 도서관을 창립한 토머스 보들리 경은 1612년 1월에 도서관 수석 사서에게 편지를 보내 왜 희곡과 다른 관련 서적들을 도서관에서 배제해야 하는지를 밝혔다.

연감, 희곡, 그리고 날마다 발간되는 그다지 가치 없는 무수한 책을 배제해야 한다는 내 의견을 바꾸어야 할 타당한 이유를 모르겠습니다. (…) 희곡 한 편 정도는 보관할 가치가 있을지 몰라도 40편이라니 (…) 이런 희곡 책으로 설사 우리가 수익을 좀 낼 수 있다 하더라도(그래 봐야 큰 수익은 아닐 겁니다), 그 혜택보다 우리가 입을 손실이 훨씬 클 것입니다. 우리가 그런 격 떨어지는 책을 잔뜩 보관하고 있다는 사실이 알려질 때 돌아올 타격을 한번 생각해보십시오.

그러나 태도는 바뀌는 법이다. 보들리의 처방은 영어로 쓰인 작품의 문학적 위상이 변화하던 시기에 나온 것이었다. 그의 까다로운 배제는 그리 오래가지 않았다. 그가 사망하기 직전인 1613년에 이르러, 희곡 책이 도서관에 처음 들어왔다. 와일드구스의 퍼스트 폴리오가 보들리도서관에 도착한 일은 셰익스피어의 초창기 정전성canonicity을 알려주는 중요한 순간이 되었고, 영어로 쓰는 허구적 글쓰기(오늘날 소위 '문학'이라고 하는 것)의 힘과 의미를 제도적인 기관에서 인정해주는 쪽으로 나아가는 중요한 첫걸음이 되었다. 이런 의미에서 볼 때, 퍼스트 폴리오의 도착은 1642~1660년 사이에 폐관되었던 극장들이 재개관할 때 셰익스피어의 희곡들이 되살아난 것과 견줄 만한 중요한 사건이다. 18세기에는 셰익스피어 작품들이 새로운 판본으로 발간되었고(1709년 니컬러스 로, 1733년 루이스 시어벌드 등), 1769년에는 데이비드 개릭이 스트랫퍼드에서 셰익스피어 축제를 개최했다. 이 축제는 2일차에 비가 쏟아졌음에도 불구하고(대행렬 행사는 취소되었다), 관광 상품으로서의 셰익스피어, 그리고 셰익스피어의 열렬한 팬들이 찾는 관광지로서의 스트랫퍼드를 정립했다.

퍼스트 폴리오에 들어가는 축시 〈사랑하는 작가 윌리엄 셰익스피어 씨의 영전에〉에서 벤 존슨은 오늘날까지도 울려퍼지는 언사로 셰익스피어를 칭송함으로써 이런 문화적 투자를 예견했다. "온유한 에이번의 백조! 그는 한 시대를 넘어 모든 시대의 작가이어라!" 존슨의 시에서 셰익스피어는 동료 극작가인 릴리, 키드, 말로를 능가하는 인물이자 이런 기적의 인물이라고 묘사된다. "그대는 라틴어가 서툴고 그리스어는 그보다 못했지만 천둥을 내리는 아이스킬로스, 에우리피데스와 소포클레스 그리고 오만한 그리스와 거만한 로마의 모든 작가들과 어깨를 나란히 했지. 그들의 잿더미로부터 그대가 태어났다네." 존슨은 다음의 3행을 제시했는데 만약 와일드구스가 자신이 제본한 책을 펼쳤더라면 그 시를 마음에 들어했을 것이다.

그대는 비석 없는 기념물이어라.
그대의 책이 읽히는 한 살아 있으리.
우리는 그대를 읽으며 칭송할 수 있네.

이 말에는 조건적인 암시 혹은 미소 짓는 얼굴에 언뜻 지나가는 그림자가 깃들이 있어서 그 축하의 논리는 복잡하다. 존슨은 셰익스피어의 책이 읽히는 한, 그리고 그것을 읽어줄 독자가 있는 한 그는 살아 있을 거라고 말한다. 이는 한편으로 그 의미 이상으로 존재하지는 않을 거라는 암시가 되기도 한다. 존슨은 셰익스피어를 모든 시대에 통하는 작가라고 자유롭게 풀어놓으면서 동시에 그를 그의 책에다 묶어놓는다. 셰익스피어는 무덤을 필요로 하지 않을 것이다. 그는 스트랫퍼드어폰에이번의 홀리트리니티 교회에 묻혔으나 1741년이 될 때까지 웨스트민스터 수도원에 이장되는 영예를 누리지 못했다. 그래서 셰익스피어는 퍼스트 폴리오를 필요로 한다. 그리고 윌리엄 와일드구스를 필요로 한다.

우리는 3세기를 건너뛴다. 그리하여 시간은 1905년 1월 23일 오전이다. 21세의 청년 글래드윈 모리스 레벨 터벗은 겨드랑이에 폴리오 책을 낀 채로 막 보들리도서관의 부관장인 폴코너 매던의 방문을 두드렸다. 터벗은 모들린칼리지를 막 졸업한 애서가였고 그전에는 해로스쿨을 다녔는데, 한 동기생의 말에 따르면 '오래되고 아름다운 것을 사랑하는 사람'이었다. 진취적이기도 했던 터벗은 당시 런던에서 건축을 연구하기 시작했고 노르만 건물들의 기원을 이해하기 위해 자주 유럽 여행을 다녔다. 그러나 이런 황금의 시간은 곧 지나가버리게 된다. 5년 뒤 터벗은 소위가 되었고 1914년 10월 21일 31세의 나이로 전사했다. 벨기에에서 벌어진 이프르 전투의 초기 단계에서 옥스퍼드셔와 버킹엄셔 출신의 제2경보병 대대 소속의 많은 전우와 함께 전투 중에 목숨을 잃은 것이었다.

그러나 매던 사무실의 문턱에서 꼿꼿한 자세로 서 있던 1905년 1월에 터벗은 이프르로부터 시간적으로 멀리 떨어져 있었다. 그가 겨드랑이에 끼고 있던 책은 셰익스피어의 퍼스트 폴리오였고, 더비셔 올프리턴의 오그스턴홀에 있는 개인 서재에서 가지고 온 것이었다. 그 책은 그 서재에서 지난 200년 동안 잠자고 있었다. 오그스턴홀은 18세기 초부터 터벗 가문의 별장이었다. 시골에 있는 이 대저택은 초창기 튜더풍의 집에다 증축한 빅토리아풍의 건물로서 안뜰, 출입문 별채, 마구간 같은 단어들이 기다란 홀 아래쪽에서 들려오는 저택이었다. 채색 유리창에는 터벗 가문의 문장이 새겨져 있었고, 잘 단장된 공원과 상당한 규모의 정원, 화단, 베란다를 갖춘 중후한 사저였다.

매던은 보조 사서인 스트리클런드 깁슨을 불러들였다. 깁슨은 그 책을 펼치고서 양손으로 뒤집어 책등의 내부를 살폈다. 그는 반짝거리는 눈빛으로 청년을 올려다보고서 그 책을 면밀히 검토했다. 터벗은 의자를 사양하고 서서 기다렸다. 그는 사람들이 주위에서 분주하게 움직이는 상황에 익숙한 듯했다. 깁슨은 과거 어느 때에 구멍을 만들기 위해 판지의 일부분이 뜯겨져나간 것을 발견했다. 17세기에 보들리도서관의 서가에 쇠사슬로 묶어놓았던 책에 나 있던 구멍 말이다. 깁슨은 아연 흥미를 느꼈다.

깁슨은 판지들의 내부가 폐기 인쇄물(보강재)로 뒤덮여 있는 것을 발견했다. 깁슨은 터벗이 가져온 퍼스트 폴리오에 사용된 보강재가 키케로의 라틴어 판본(15세기 후기의 판본)에서 나온 못 쓰는 종이라는 것을 알아보았다. 이 책이 과거 보들리도서관의 책이었을지 모른다는 생각이 강하게 든 깁슨은 옛날 업무일지를 가져와서 도서관이 한때 소유했던 퍼스트 폴리오와 동시에 제본 작업을 내보냈던 열 권의 책(이 장 초반에 나온 도서 목록, 79쪽 참조)을 확인했다. 그는 장 베르누이의 기록을 읽었다. "윌리엄 와일드구스에게 전달 / 다음의 책들을 제본할 것." 그는 그 책들을 가져오라고 지시했다. 거기에 확실한 증거가 있었다. 키케로의 책에서 나온 폐지들이 와일드구스의 목록에 있는 다른 세 권의 책에도 보강재로 들어가 있었다. 그는 1623년 2월 와일드구스가 1485년경 데벤터르에서 인쇄된 키케로 책에서 뜯어낸 종이를 보강재로 사용해 책등 작업을 하는 장면을 상상했다. 와일드구스는 먼저 《불가타판과 히브리어 텍스트의 상호 일치에 대한 교회의 논평》을 먼저 작업하고, 이어 《작고한 갤러웨이 주교 윌리엄 쿠퍼의 저작》, 《선량함에 대한 안내서 혹은 기독교적 생활론》을 작업하고서, 그다음에 《윌리엄 셰익스피어의 희극, 사극, 비극》, 즉 퍼스트 폴리오를 작업했다. 깁슨은 터벗이 가지고 온 퍼스트 폴리오가 과거 한때 보들리도서관의 소유물이었고 더 전에는 제본공 윌리엄 와일드구스의 손을 거쳐갔다는 사실을 증명했다.

경사는 더비셔 서재에 오랫동안 잠자고 있던 퍼스트 폴리오가 발견된 것만이 아니었다. 그 책은 발간 당시의 형체를 그대로 유지하고 있었다. 대부분의 퍼스트 폴리오 판본은 1775년과 1950년 사이에 명예로운 행동의 표시로 대대적으로 다시 제본되었다. 현존하는 퍼스트 폴리오 232개 판본 중에서 터벗의 것을 제외하고 딱 두 판본만이 동일한 보강재가 사용되었다. 오그스턴홀에서 오래 잠자던 기간은 놀라울 정도로 외부의 개입을 막아주었고, 그래서 지금 보들리도서관이 소장하고 있는 이 퍼스트 폴리오는 400년 전 와일드구스 제본소를 떠났을 때의 형체를 가장 온전하게 유지하고 있다. 세월이 흘러서 표지가 약간 검게 변한 것, 그리고 2013년에 가해진 일부 신중한 보존 작업을 제외하고는 와일드구스의 손에서 떠났을 때 그대로다.

이 책이 도서관에 다시 돌아오게 된 것은, 수석 사서인 에드워드 니컬슨이 1906년에 그 책을 터벗 가문에서 되사들이기 위해 벌인 전국적인 모금 운동 덕분이었다. 부동산 가격이 떨어지는 데다 과중한 세금으로 고통을 당하고 있던 터벗 가문은 시골 대저택의 화단이 필요로 하는 자

보들리도서관 업무일지에 있는 와일드구스의 서명.

금이 부족했다. 기부자는 800명을 넘었다. 옥스퍼드 학생이었던 사람들과 더불어 1파운드 이하의 금액을 기부한 다수 일반 대중이 합세해 3천 파운드를 모았는데, 이는 시장 가격보다 세 배나 더 많은 것이었다. 책 한 권에 200파운드 이상을 지출한 적이 없던 보들리도서관이었지만, 이런 애국주의적 대규모 협력 사업을 통해 당시의 수집 광풍을 물리칠 수 있었다. 에드워드 시대(1901~1910)에 부유한 미국인 수집가들이 희귀 도서를 마구잡이로 사들이면서 영국의 공공 도서관들은 일종의 공포 분위기에 휩싸여 있었다.

다만 우리는 개인 와일드구스를 파악하기 위한 무언가를 갖고 있지도, 되사들일 수도 없다. 신중하게 무늬를 새겨넣고, 꿰매고, 책 가장자리를 꾸미고, 키케로 폐지를 풀로 붙이던 이 배후의 인물은 어떤 사람이었을까? 그는 계산적이었을까, 감상적이었을까? 인색하고 성마른 사람이었을까, 너털웃음을 터뜨리는 관대한 사람이었을까? 주위의 무능한 작태를 보고서 매일 성질내는 사람이었을까, 아니면 오로지 혼자서만 작업하던 사람이었을까?

3장

오려 붙이기

메리 콜레트 Mary Collett (1603–1680)
애나 콜레트 Anna Collett (1605–1639)

윌리엄 와일드구스는 인쇄지를 제본해 일관성 있는 물체로 만들었고 말과 생각에 단단한 물질적 형태를 부여했다. 이번 장은 17세기의 거의 같은 시기에 다른 형태의 책을 만든 사람들에 관한 이야기다. 두 여성은 칼과 가위를 가지고 인쇄된 성경을 오려내어 재배열하고 추가해 이 세상에 새로운 형태의 성경 이야기를 선보였는데, 이름하여 '하모니Harmony' 성경이다. 이것은 일종의 콜라주collage식 책 만들기다. 칼날이 지면을 베어 들어가고 처음에는 인쇄물을 파괴하는 것 같지만, 결국에는 책의 역사상 가장 인상적인 책을 만들어낸다. 먼저 영국 왕의 방문 이야기로 시작해보자.

국왕의 참수형으로 이어진 내전이 발발하기 다섯 달 전인 1642년 3월, 영국 왕 찰스 1세는 그의 아들인 왕세자 웨일스 공과 멋들어진 옷을 차려입은 조신 무리와 함께 헌팅턴에서 요크로 가는 길에서 잠시 멈추어 섰다. 그곳에 있는 자그마한 예배당과 영주의 장원을 방문하기 위해서였다. 그 장원의 지명은 리틀기딩Little Gidding으로, 한적한 종교 공동체였으며 동시에 책 만들기의 중심지였다. 케임브리지에서 약 50킬로미터 떨어진 지점으로, 텅 빈 들판에 드넓게 자리잡고 있었다.

"저곳으로 가보십시다." 왕이 말했고 신하들은 뒤따랐다. 현재 런던 박물관에 소장되어 있고 'MS 탱기Tangye 46. 78/675'라는 다소 재미없는 이름이 달린, 손으로 쓴 문서는 이 방문을 묘사한다. 이 문서는 산업가이며 비국교도인 리처드 탱기 경(1833~1906)이 수집한 방대한 크롬웰 유물 중 하나다. 탱기는 단추, 관대, 데스마스크, 손목시계 등 크롬웰의 물건을 엄청나게 모았는데, 이중 손목시계는 1905년 카탈로그에서 "원래의 상태를 유지하고 있음. 다만 시계에 부착된 장선腸線[양의 창자 따위로 만든 실]은 닳아서 없어짐"이라고 설명되어 있다. 아무튼 이 수기 기록은 400년 전 햇살 좋은 날씨와 서늘하게 고요한 분위기를 잘 전달한다. 지평선에서 천둥과 같은 국가적 갈등이 점점 더 가까이 다가오던 무렵, 왕은 그 저택과 부속 예배당을 둘러보았다.

찰스 1세는 조신들을 거느리고 다리 넘어 예배당으로 갔다. 서른 명 정도가 앉을 수 있는 작은 예배당이었다. "성찬대 위에 푸른 벨벳으로 장정된 예배서와 성경이 놓여 있었다. 왕은 그 책들을 두 손에 받아들어 펴면서 성경의 어떤 번역서인가 보았는데, 새로운 번역인 것을 알고서 좋다고 말했다." 이어 그는 성경 문장을 큰 소리로 낭독했다. 천천히, 아주 조심스럽게. 그의 목소리는 그 작은 예배당의 나무 널빤지를 댄 네 벽과 흑백 대리석 타일 위로 울려퍼졌다.

왕은 봉독을 마치자 이것저것 묻기 시작했다.

"이 교회에서는 얼마나 자주 기도를 올리는가?"

"하루에 세 번 올립니다."

"아주 잘하고 있군. 그 기도 중에 설교는 몇 차례 있는가?"

"일요일마다 있습니다. 성축일이면 빠짐없이 합니다."

"그것도 아주 좋군. 교리문답은 하는가?"

"일요일마다 실시합니다."

"성찬식은 얼마나 자주 거행하는가?"

"매달 첫 일요일마다 합니다."

"아주 좋은 전례 절차로군. 그러면 일요일마다 하인도 모두 교회에 나오는가, 오전과 오후에?"

"네, 모두 참석합니다."

왕은 성경을 닫았다. 그리고 두 손을 표지에 얹고 잠시 그대로 있었다. 이어 예배당 주위를 둘러보았다. "확인할 것은 다 했소. 영국 교회의 교리와 실천에 불일치하는 것은 전혀 없구먼."

왕과 신하들은 장원 저택 안의 커다란 거실로 들어갔다. 그 방에는 "자는 것을 좋아하지 마라, 가난하게 될지니" 같은 훈시적이면서 다소 위압적인 문장들이 네 벽을 장식하고 있었다. 왕은 "탁자 위에 놓인, 사람이 간신히 들 정도로 커다란 책"을 보았다. 왕은 보라색 벨벳 커버와 장정을 쳐다보았고 책장을 하나하나 넘기면서 말했다. "아주 진귀하고 놀랍고 정성을 들인 작업이로군. 보기에도 좋고 유익한 책이야."

"처음에는 가위와 칼로 오려낸 작은 조각들이었습니다." 존 페라가 설명했다. "그것이 다시 한데 모여 일정한 형체를 이루고 서로 연결되어 하나의 책이 만들어집니다."

그 책은 아주 컸다. 높이 75센티미터, 너비 50센티미터, 무게는 23.5킬로그램이었다. 조신들은 하나같이 "이렇게 크고 두꺼운 종이 책은 본 적이 없습니다"라고 말했다. 《하느님의 온전한 율법》이라는 제목의 이 책은 구약성경의 첫 다섯 권(모세오경)에 제시된 원칙들이 후대의 기독교 사회에 어떻게 적용되는지를 다룬다. 구약성경과 신약성경의 관계에 대한 연구서로, 구약성경의 율법 중 어떤 것은 지키고(가령 가짜 신을 숭배하지 마

《하느님의 온전한 율법》 표지와 표제지.
왼쪽의 황금 장식은 찰스 1세가 1642년에 이 책을 살펴볼 때에는 아직 완성되지 않았다.

《하느님의 온전한 율법》에서 〈창세기〉 제1장.

라), 어떤 것은 수정하거나 폐기해야 하는지(가령 사제를 위한 특별한 복장)에 대해 설명한다.

성서학자들은 이런 구약과 신약의 비교를 예표론typology이라고 하는데 구약에 나오는 아담, 노아, 아브라함 같은 인물이나 사건이 후대의 인물과 사건을 미리 보여주는 것이라고 해석하는 관점이다. 《하느님의 온전한 율법》은 로열 펜타투크Royal Pentateuch라고도 하는데 펜타투크는 '다섯 책'을 의미하는 그리스어에서 유래했다. 〈창세기〉, 〈탈출기〉, 〈레위기〉, 〈민수기〉, 〈신명기〉 등 다섯 권의 텍스트를 오려낸 다음 다시 배열한 것이다. 그리고 다른 인쇄물이나 책에서 오려낸 천 개 이상의 그림을 풀로 산뜻하게 덧붙여놓았다.

"아주 멋지군요." 신하 하나가 그 콜라주된 그림들을 보고 말했다. "해외에서 가장 뛰어난 화가들의 훌륭한 작품이로군요." (그 판화는 이탈리아 화가들의 영향을 받은 네덜란드와 플랑드르 화가들의 그림이었다.) 그는 더 자세히 보더니 이렇게 말했다. "제가 아는 그림도 많지만, 처음 보는 그림도 많네요." 그리고 이어서 말했다. "여러 국가의 장인정신이 깃들어 있군요."

이것은 손으로 만든 독특한 책이었지만 인쇄물로 이루어져 있었다. 왕은 책장을 넘기면서 선왕의 붕어 이래에 느껴보지 못한 고요함을 느꼈다. 그는 풀로 붙인 그림 하나를 뚫어져라 쳐다보았다. 상복 입은 조문객들이 관 뒤에서 걸어가고 있었다. 그는 한 장을 넘겼다. 이집트와 성지의 지도가 나왔다. 또다른 지면에는 '망각'이라는 제목 아래 마스크, 거울, 보물궤짝의 산뜻한 합성 그림이 있었다. 한 시간 전만 해도 왕의 마음은 요크로 가야 하는 여정과 이제 불가피해진 내전에 대비해 지지자들을 규합하는 문제로 심란한 상태였다. 고독감과 자신이 겁먹고 있다는 느낌이 그를 짓누르기 시작했다. 그러나 여기에 손으로 만든 기묘하고 아름다운 책이 있었다. 그것은 시간 밖에 머무르고 있는 듯했다. 그것을 찬찬히 살피다 보니 모든 것이 다 느리게 움직였다.

"경들이여." 왕이 말했다. "여기 이 일을 한번 보십시오. 여기 이곳에서 벌어지고 있는 일을. 여기서 벌어진 모든 일, 그래요, 이 책의 제본, 그리고 그것에 관련된 모든 일은 대부분 여인들의 손에서 이루어졌군요."

왕은 일어서서 그 책을 닫았다. 평소 습관대로, 자연스럽게 보이는 것보다 좀더 오래 미소를 지었다. 왕의 동작이 무엇을 뜻하는지 불확실했기 때문에 신하들은 평소와 마찬가지로 기다렸다.

이윽고 왕이 말했다. "정원으로 나가서 한번 둘러봅시다."

저택 바깥에서 왕을 따라 가는 군중의 맨 뒤에 메리 콜레트도 있었다. 그녀는 왕이 그 책이 아직 미완성이라는 것을 알아보지 못했을까봐 염려되었다. 지금까지 그 책을 만드는 데 2년이 걸렸으나 앞으로도 해야 할 일이 더 많이 남아 있었다.

그보다 17년 전인 1625년에 니컬러스 페라는 세속적·학문적 성공, 의원 경력, 스튜어트 왕조에서의 궁정 생활, 버지니아 회사의 사업 세계에 등을 돌리고서 리틀기딩이라는 외딴 교구의 황폐한 장원 저택을 사들였다. 그 옆에는 허물어진 세인트존스라는 교회가 있었는데 그 시점에는 돼지우리와 농장 건물로 사용되고 있었다. 주위에 보이는 것이라고는 들판, 풀을 뜯는 양 떼, 비좁은 길 하나뿐인 황량한 풍경이었다.

니컬러스는 이런 한미한 시작으로부터 잘 조직된 종교 공동체를 만들어냈고, 그 공동체는 칭찬과 비난을 똑같은 비율로 받았다. 그 공동체는 가내 대학인가 하면 출판사이고, 순례의 행선지인가 하면 헨리 8세가 수도원을 폭력적으로 싹 쓸어낸 때로부터 1세기가 흘러간 시점에서 준(準)수도원이기도 했다. 니컬러스 페라는 그 집안의 막내였으나 카리스마가 대단하여(1634년에 이 공동체를 방문한 어떤 손님은 그가 "그들 모두의 입"이라고 했다) 이 항구적 은퇴지에 집안 사람들을 합류하게 했다. 그곳에 합류한 사람들은 다음과 같다. 어머니 메리("키가 크고 꼿꼿하며 안색이 밝은 80세가량의 근엄한 부인"), 형 존("복장이나 두발의 모양이 흡사 사제 같다"), 존의 아내 밧세바, 큰누나 수재나와 남편 존 콜레트, 수재나 부부의 자녀 가운데 11명 등. 아이작 월턴은 1670년에 이렇게 썼다. "그들은 서른 명 정도 되는 작은 공동체였다."

장원과 토지는 원상복구되었다. 이곳을 방문한 어느 호기심 많은 방문객은 1634년의 편지에서 이렇게 썼다. "시원한 산책로와 (…) 길 양옆의 정원들." 예배당 또한 복구되었다. "예배당 내부는 태피스트리와 (…) 고급스러운 카펫이 깔려 있고 (…) 성찬식용 술잔이나 왁스 초를 꽂은 촛대 같은 집기도 갖추어져 있었다." 이렇게 되살아난 풍경 속에서 니컬러스는 종교적 공동체의 삶을 확립했다. 그곳에는 엄격한 도덕적 토론, 기도, 노래, 독서, 바느질, 그리고 무엇보다도 유명한 책 만들기가 있었다. 니컬러스는 날마다 아주 빡빡하게 예배를 올리는 시간 계획을 짰다. 새벽 4시면 기상 종이 울렸다(동절기에는 늦잠을 자도 되는 '관대한' 조치가 내려져 새벽 5시에 기상했다). 기도는 6시 30분의 아침 기도, 오전 10시의 호칭 기도, 오후 4시의 저녁 기도로 이루어졌다. 그외에 장원 저택에서는 시간마다 기도를 올렸다. 이 프로그램에서 주로 하는 것은 성경 암송이었다. 니컬러스는 오전 4시에서 7시까지 〈시편〉과 성경 문장 암송을 감독했고, 오려서 풀로 붙이는 수제 책 만들기는 일종의 기억 촉진제로서 한 시간마다 기도를 올린 다음에 하는 작업이었다. 하모니 작업이 성경 암송의 기억을 돕는 보조 도구라는 생각은 니컬러스의 친구인 시인 조지 허버트가 리틀기딩을 방문하고서 강하게 받은 인상이었다. 니컬러스는 "여자들의 가위"를 "성경의 내용을 책 없이, 마음속에, 머릿속에, 기억 속에, 혀에 기억하는" 수단으로서 계속해서 사용하기를 권장했다.

그 공동체는 대체로 친밀했으나, 시간이 지나면서 균열이 나타나기 시작했다. 니컬러스의 큰누나 수재나는 자주 그에게 반항했고 형수 밧세바는 공동체의 체제에 대해 아주 분개했으며, 그 남편의 말을 빌리면 "엄청난 분노와 난폭한 말이 터져 나왔다."

니컬러스가 구축한 종교적 경건함, 교육, 창의성의 작은 공동체에 대한 소문이 퍼져나갔다. 그래서 방문객이 점점 더 자주 찾아왔다. 나이든 어머니 메리는 호기심 많은 케임브리지대학의 학생들이 들판을 가로질러 찾아오자 점점 짜증이 났다. 그래서 장원의 방화벽 위에다 접근 금지라는 경고 표시를 세웠다. 좀더 환영을 받은 이들도 있었다. 시인 조지 허버트와 리처드 크래쇼가 써낸 시들은 리틀기딩과 국왕 찰스 1세로부터 큰 영향을 받았다. 1642년에 처음 리틀기딩을 찾아왔던 왕은 네이즈비 전투에서 패한 직후인 1646년에 이곳을 밤중에 홀로 방문했다. T. S. 엘리엇의 시 〈리틀기딩〉에 나오는 "낙담한 왕"이라는 표현은 바로 이때의 왕을 암시하는 것이다. 존 페라는 인근 코핑퍼드의 어느 집에 왕을 숨겨주었으나 의회군의 병사들이 곧바로 추적해 들어왔다.

그러나 리틀기딩의 이야기는 니컬러스 페라의 이야기가 아니다. 역사가들이 대개 독자에게 그런 식으로 믿기를 바라는 것과 다르게, 니컬러스만의 이야기라고 할 수 없다. 리틀기딩의 명성은 오늘날의 관점으로 볼 때 책의 역사에서 어떤 과격한 개입을 했다는 사실에 의거하는 것이다. 특히 수재나 부부의 장녀와 차녀인 메리 콜레트와 애나 콜레트(물론 이들에게만 공로가 있는 것은 아니다)는 그들의 숙부 니컬러스의 가시적이면서 위압적인 존재감이 너무 우뚝하기 때문에 사람들에게 잘 알려지지 않았다. 이제 초점을 돌려서 리틀기딩의 콘코던스룸의 장면을 상상해보자. 때는 1634년 여름이다. 누가 그 방 안에 있는가? 무슨 일이 벌어지고 있는가? 어떤 종류의 책 만들기가 진행되고 있는가?

메리와 애나, 그리고 친척들이 만들고 있는 책은 하모니 성경이라고 하는 것이다. 오늘날까지 열세 권의 하모니 성경이 전한다. 이 책들의 소재지는 영국도서관, 옥스퍼드·케임브리지·프린스턴·하버드 대학의 도서관, 윈저성, 서퍽의 이크워스 하우스, 하트퍼드셔의 햇필드하우스, 햄프셔 뉴포레스트에 있는 노맨턴 공의 서멀리 영지 등이고, 막연한 의미의 몇몇 개인 소장가들도 갖고 있다. 이 책들은 가위와 풀로 만들어낸 화려한 폴리오 책이고, 제작 과정은 다음과 같다. 메리와 애나는 네 복음서의 인쇄본 텍스트를 마련한다. 보통 케임브리지나 런던에 사는 책방 산책을 좋아하는 친척들이 보내준다. 그러면 두 자매는 가위와 칼을 가지고 텍스트를 잘라내는데 어떤 때는 단어 하나하나를 오려내기도 한다. 인쇄된 책이 절단되어 문장, 구, 절, 단어 단위로 분해되는 것이다. 막냇

동생이 부주의하게 문을 열어놓기라도 하면 한 줄기 바람이 불어와 하느님의 말씀이 방 안의 공중으로 둥둥 떠다닌다. 메리와 애나는 텍스트를 재조직해 다시 배분하고 풀칠해서 150개 장의 복음서를 탄생시킨다. 이 복음서는 그리스도의 생애를 연대기적으로 이야기한다. 이렇게 배열한 텍스트에다 그림을 풀칠해 집어넣는다.

그 그림들은 인쇄물이나 다른 책에서 오려낸 것인데 상당수가 외국에서 수입해온 것이다(영국의 성경은 삽화를 별로 넣지 않는다). 자매는 이 그림들을 다듬고, 다시 작업하고, 때로는 혼합해 뭔가를 만들어내는데, 후대 사람들은 이것을 콜라주라고 부른다.

세심함과 폭력의 이러한 혼합이 의도하는 바는 무엇일까? 경건한 잘라내기로 자매가 추구하는 것은 하모니(조화)다. 네 복음서에 나타난 그리스도 생애에 대한 서로 다른 이야기 사이에 조화를 추구하는 것이다. 메리와 애나는 책 한 권을 짓는다. 글을 쓰지 않았으므로 '짓다'라는 표현이 아주 제격이다. 이들은 복음서 이야기들 사이의 '일치와 차이'(하모니 성경의 한 페이지가 밝혔듯이)를 조화시켜 일관된 이야기, 즉 "새로운 질서에 맞추어 소화된 이야기"를 제공한다.

자매가 1634년부터 만든 어느 하모니 성경의 한 면을 살펴보자. 자매는 이 책을 1635년(즉 찰스 1세가 리틀기딩을 방문하기 7년 전)에 왕에게 헌정한 듯하다. 이 책은 현재 영국도서관에 소장되어 있다. 성인 남자가 간신히 들 정도로 무겁고 두꺼운 이 책은 종교 안내서라기보다 정원의 가구에 가깝다. 이 하모니 성경의 전체 150개 장 가운데 제13장은 '요한의 세례, 설교, 음식, 의복'이라는 제목이 붙어 있다. 오려서 재조립한 텍스트는 세례자 요한의 설교, 요한과 바리새인과의 논쟁, 요한이 이렇게 예언

오려 붙여 만든 《복음서 하모니》(1635)의 한 면.
왼쪽은 세 복음서를 각각 나열한 '비교' 부분이고,
오른쪽은 세 복음서의 텍스트를 하나의 텍스트로 엮은 '구성' 부분이다.

하는 순간(〈누가복음〉에 의거)을 보여준다. "나보다 더 큰 능력을 지닌 분이 오신다. 나는 그분의 신발 끈을 풀어드릴 자격조차 없다."

이 장을 제작하기 위해 메리와 애나는 이 순간을 서술하는 복음서 텍스트인 〈마태복음〉 3장 1~12절, 〈마가복음〉 1장 1~8절, 〈누가복음〉 3장 1~18절을 선택했다. 자매는 가위와 칼을 들고서 이 세 부분을 오려 하나의 지면에 재배치했다. 지면 왼쪽의 '비교The Comparison'에는 세 복음서 텍스트를 나란히 배치해, 차이점과 유사점을 파악할 수 있게 했다. 지

121쪽의 《복음서 하모니》 페이지에서 '구성'의 윗부분을 확대한 것.

면 오른쪽의 '구성The Composition'에는 세례자 요한을 묘사한 세 복음서 텍스트에서 나온 모든 단어를 엮어서 하나의 산문으로 만들어냈다. 이로써 세 가지 다른 버전의 이야기는 조화를 이루어 하나의 이야기가 되었다. '구성' 윗부분을 확대한 그림을 보면, 이 융합 작업의 방식과 수준을 확인할 수 있다. 때때로 개별 단어 하나하나를 오려 붙이기도 한 세밀한 일이었음을 알 수 있다. 집어들기 어려운 단어 조각 하나, 손가락 끝에서 굳어버린 풀, 별안간 어느 단어 조각을 놓쳐서 종이 더미를 뒤져 찾아야 하는 일까지, 얼마나 성가신 일이었겠는가. 그러나 이것은 그리스도의 생애를 다룬 글이었으므로 충분히 그럴 가치가 있었다.

확대한 그림에서 텍스트의 시작 단어인 THE의 왼쪽 위에 아주 작게 첨부된 'Mr.'라는 글자가 있다. 이것은 이어지는 텍스트가 〈마가복음〉에서 왔음을 보여준다. 그리고 몇 행 다음에 이어지는 두 번째 문단의 첫 시작 단어인 Now 바로 왼쪽에 붙어 있는 'L.'은 〈누가복음〉에서 온 것임을 표시한다. 그러나 막상 〈누가복음〉에서 따온 글자는 Now 하나뿐이다. 그다음 텍스트는 〈마태복음〉으로 옮겨가서('M.') "In those dayes" 하고 이어진다. 그런데 바로 또다시 〈누가복음〉으로 전환하여('L.') "in the fifteenth yeare of the reigne of Tiberius Cesar"로 이어진다. 이러한 문장 구성은 무엇을 의미하는가? 그것은 '구성'이 여러 텍스트를 하나로 종합하지만, 모든 텍스트의 출처를 자그마한 글자로나마 명확하게 표시한 것이다. 이것은 옛 질서를 기억하는 새로운 질서다.

메리 콜레트와 애나 콜레트는 수재나와 존 콜레트 부부 사이에 태어난 16남매 중 장녀와 차녀였다. 자매는 순결의 서약을 하고 평생 리틀기딩에서 살았다. 1632년에 나이든 여가장 메리가 너무 허약하여 종교적 토론과 교육 활동을 지도할 수 없게 되자 손녀인 메리 콜레트가 공동체의 '어머니'가 되었다. 리틀기딩을 방문한 사람들은 메리의 조용한 카리스마에 깊은 인상을 받았다. 특히 1637년에 니컬러스 페라가 사망하면서 그녀의 카리스마는 더욱 빛을 발했다. 1630년대에 케임브리지대학에서 공부했던 시인 리처드 크래쇼는 이곳을 자주 방문했다. 그는 리틀기딩의 철야 명상에 합류하기를 좋아했고 메리를 정신적으로 숭배했다. 1620년대에 니컬러스는 메리와 애나가 케임브리지 제본공의 딸에게서 제본 기술을 배우도록 주선했다. 찰스 1세가 직접 책장을 넘기며 살펴보았던, 보라색 벨벳 표지에 정교한 금박 무늬가 들어간 1642년 하모니 성경의 제본은 메리가 관련 기술의 보유자임을 보여준다. 영국도서관이 소장한 《에이콘 바실리케》(1649, 찰스 1세가 처형된 직후에 그의 통치가 정당했음을 주장한 책)도 메리가 제본 작업을 한 책이라고 여겨진다.

애나의 목소리를 들으려면 좀더 예민하게 귀를 기울여야 한다. 케임브리지대학 모들린칼리지(피프스 서재를 소장한 그 대학)의 문서보관소에는 1590년에서 1790년 사이 페라 가문의 역사와 관련된 2280개 수고물과 600개 인쇄물이 보관되어 있다. 19세기까지 거의 검토되지 않았던 이 문서들은 20세기에 들어와 50여 년에 걸쳐 단계별로 목록화되었다. 수고물은 대개 편지인데, 대개 니컬러스 페라가 런던의 버지니아 회사와 주고받은 것이지만 애나 콜레트와 주고받은 편지도 있다. 그 대부분은 애나가 삼촌인 니컬러스에게 보낸 것이다. 그는 그녀를 "나의 가장 소중한 낸"이라고 불렀고, 애나는 그를 "저의 소중하고 명예로운 아버지 숙부 Father Unckle"라고 불렀다. "왜냐하면 당신은 그 이름[아버지]으로 부를 만한 분일 뿐만 아니라 그것이 멋진 호칭이라고 생각하기 때문입니다." 애나의 편지는 의무감, 감사하는 마음, 자기비하의 언어로 가득하다("나는 이 중대한 문제에서 나의 판단을 믿지 못하겠습니다"). 애나는 니컬러스가 기대하는 엄격한 위계질서에 잘 적응하는 경향을 보였다.

당신께 이 무례한[무지하고 교양 없는] 글을 올리는 것을 용서해주세요. 내가 날마다 느끼는 겸손한 감사의 마음을 표시하기 위해 이렇게 쓰게 되었습니다. 당신이 내게 베풀어주신 그 크신 사랑에 대해 큰 빚을 지고 있다고 생각합니다. 그러나 나는 당신이 풍성하게 쏟아내주신 그 엄청난 호의를 받을 자격이 없다고 느낍니다.

이 문장은 1626년 11월 13일 편지에서 나온 것이다. 1629년 11월 9일 편지에는 애나는 이렇게 서명했다. "당신의 명령을 언제든 받아들일 준비가 되어 있는, 지극히 감사하는 딸 애나 콜레트." 우리는 이런 문장을 읽으면서 심리적 장벽이 우리를 조여오는 것을 느끼지 않을 수 없다.

이런 편지를 보다 보면 애나가 압도적인 카리스마 앞에서 어른거리다가 금방 사라져버린 인물이라고 생각하기 쉽다. 그러나 그녀는 사라지지 않았다. 그녀의 반복적이고 노골적으로 수동적인 태도("나의 존경스러운 아버지 (…) 당신의 지혜와 양식이 하느님의 은총에 의해 나의 규칙이며 길잡이가 되게 하소서")에는 뭔가 역설적인 것이 있다. 1590년대 초에 집필된 셰익스피어의 희곡 《말괄량이 길들이기》의 끝부분에서 캐서린은 장차 남편이 될 페트루치오에게 여성의 의무에 관해 장황하게 연설한다. 자신이 전에 고집 세고 맹랑하고 반항적인 말을 많이 했는데 이제는 그런 것을 다 포기하고 철저한 충성을 맹세하는 것이다("그대의 남편은 그대의 영주, 그대의 목숨, 그대의 수호자, 그대의 머리, 그대의 군주"). 정숙과 겸손을 맹세하는 캐서린의 말은 무려 44행에 걸쳐 이어진다. 그녀는 주변부에 머무는 생활을 약속하면서 중앙 무대를 차지하는 동안에, 수동성을 옹호하는 강력한 연설을 한다. 그리하여 아이러니가 사라지기 시작한다. 편지 속의 애나는 아이러니를 말하지 않는다. 그런데도 그녀는 일종의 확실한 자기표현의 방법을 찾아낸다. 철저히 규칙대로 일하면서도 자기 목소리를 발견하는 것이다.

우리는 경건한 겸손과 종교적 헌신이라는 성역할의 규범을 관통하는 강력한 개성을 느낄 수 있다. 그 계기는 니컬러스의 또다른 조카 아서 우드노스가 애나에게 청혼했을 때다. 애나는 분명하게 거절했지만 그 답변에는 정지停止와 복종의 언어가 구사되었다.

내가 지금 누리고 있는 만족한 삶의 조건에 대해 하느님께 공손하게 감사의 말씀을 올립니다. 나는 그것을 바꿀 생각이나 욕구가 없습니다. 그리고 하느님께 온유하게 애원합니다. 만약 하느님께서 그렇게 하는 게 좋은 일이라고 생각하신다면 결혼 생활에 반드시 따르는 엄청난 장애 없이 남아 있는 나날을 여기서 보낼 수 있게 은총과 힘을 내려주시기를 바랍니다.

책 만들기 과정에서 메리와 애나는 가끔 어떤 장을 선택해 그들의 리틀기딩 경험을 상기시키는 요소를 집어넣기도 했다. 그들은 자서전의 관점에서 그런 것이 아니라, 시간을 통해 벌어지는 유사한 경험들의 일정한 리듬에 마음이 끌렸던 것이다. 찰스 1세를 위해 제작한 1635년 하모니 성경의 제148장에서 "그러나 그렇게 쓰여 있고 그래서 너희들은 예수가 하느님의 아들 그리스도라는 걸 믿게 되리라"라는 성경 텍스트 옆에 자매는 글 쓰는 책상, 책, 두루마리 그림을 붙였다. '열 명의 처녀'라는 제목이 붙은 제125장에서, 자매는 바느질하고 글을 쓰는 여자들의 판화를 포함시켰고 그 페이지 한가운데에는 책 그림을 콜라주해서 넣었다. 제42장에서는 옷감을 짜고, 바느질하고, 기도하는 여자들의 그림을 넣었다. 이런 판화들이 메리와 애나를 상징한다고 말하는 건 비약일 수 있다. 우리가 아는바, 그들은 개인적 욕망의 표출로서의 자기표현에 대해 별로 관심이 없었다. 그러나 메리와 애나는 그들이 선택할 수 있는 규약을 활용해 여성적인 일의 오랜 역사를 암시했는데 그것은 자매의 시간을 크게 잡아먹는 일이기도 했다. 메리와 애나가 볼 때, 자기에 대한 인식은 의미 있는 행동과 개성의 패턴에 순응함으로써 발전해나가는 것이지, 오늘날 우리가 상상하는 것처럼 그런 패턴으로부터 벗어날 때 생겨나는 것은 아니었다.

존은 아주 존경하는 분위기가 가득한 동생 니컬러스의 전기를 썼으나 완성하지는 못했다. 그 글은 리틀기딩 공동체의 소중한 초창기 역사를 다루는데, 니컬러스를 너무 부각하다 보니 존 자신을 포함해 나머지 사람들은 주변적인 인물로만 등장한다. 이러한 리틀기딩의 역사 서술 방식은 그후에도 여러 번 반복되었다. 그러나 존이 쓴 전기에서 유익한 것은 메리와 애나가 수행한 콜라주 작업 과정을 상세히 묘사한 부분이다. 하모니 성경은 리틀기딩의 콘코던스룸의 커다란 탁자 위에서 만들어졌고 그 방의 네 벽에는 성경 문구가 핀에 꽂혀 걸려 있었다.

그들은 가위를 가지고서 (…) 복음서의 이런저런 행을 오려내 이리저리 배열함으로써 단락이나 장을 만들어냈다. 배열을 대강 완료하면 그들은 지면에 그대로 배치해 풀로 붙인다. 이 새롭게 발견된 방법을 너무나 예술적으로 수행하기 때문에 마치 새로운 인쇄 방식 같다. 그래서 완성된 하모니를 보는 사람들은 그 책이 일반적인 방식으로 인쇄되었다고 생각한다.

이 인용문은 하모니 성경 제작 과정의 신비함과 기술적 숙련도를 잘 전달한다. 바로 존이 말한 '새롭게 발견된 방법'이다. 그러나 여기에는 어떤 불안감의 흔적도 있다. 이 책을 처음 본 독자들은 불안정함, 혹은 방향 감각의 상실을 느꼈다. "완성된 하모니를 보는 사람들은 그 책이 일반적인 방식으로 인쇄되었다고 생각한다." 그렇다면 이 책의 정체는 정확히 무엇인가?

이 혼종 책에 대해 모두가 강한 인상을 받은 것은 아니었다. 후대에 역사가들은(그들이 남성이었다는 점을 강조하고자 한다) 자주 이 책을 대단치 않은 것으로 치부했다. 비난의 1등상은 제본 역사가인 제프리 홉슨에게 돌아가야 할 것이다. 그는 1929년에 "리틀기딩의 경건하지만 지루한 생활"을 언급하면서 오려 붙여 만든 하모니 성경을 이렇게 평가절하했다. "방향을 잘못 설정한 끔찍한 기념물이다. 아무리 좋게 말해도 여덟 살 지진아를 위한 그럴 듯한 오락 정도에 지나지 않는다." 여덟 살 지진아! 홉슨의 아들 앤서니(홉슨이 이런 맹비난의 글을 쓸 때 여덟 살이었다)는 그후 저명한 경매업자 겸 제본 역사가가 되었고, 동시에 여섯 권의 책을 쓴 저자이면서 서지학에 관해 200편 이상의 논문을 써냈다. 자기 아이를 생각하며 여덟 살 아이라고 말했는지는 모르겠지만, 다소 가혹한 평가인 듯하다. 찰스 1세는 하모니 성경을 보며 "독특한 구성 (…) 뛰어난 장인 정신, 그 누구와 비교해도 전례 없는 작업"이라며 칭찬했다. 하모니 성경을 한 부 송부받았을 때 조지 허버트는 "아주 값나가는 고귀한 보석으로서 모든 기독교인의 가슴에 달고 다닐 가치가 있다"라고 말했다. 그리고 "여인들의 가위가 하느님의 제단에 봉사할 소중한 용도를 보여주었다"라며 기쁨을 표시했다.

우리는 오늘날 문서보관소에 남아 있는, 작업하다가 남긴 자투리 조각들을 살펴봄으로써 하모니의 작업 과정을 어느 정도 짐작할 수 있다. 페라 가문은 리틀기딩을 1760년에 팔아넘겼고 그때 그들의 서재도 사라졌다. 그러나 서류 뭉치는 케임브리지대학의 모들린칼리지에 전해졌는데, 미개봉 상자에 갇힌 채 그 정체가 무엇인지 아무도 모르는 상태로 수십 년 동안 방치되어왔다. 결국 공개된 이 서류의 내용은 편지 수천 통과 사용되지 않은 낱장 판화 800여 장 등이었다. 동전 정도의 메달 형태에서 더블폴리오(폴리오 두 배 크기)에 이르기까지 다양한 크기의 이 판화들은 페라 가문 사람들이 장래의 하모니에 써먹으리라고 기대했으나 그렇게 하지 못한 그림이었거나, 부분적으로 사용된 종이의 나머지 부분이었다. 그러니까 메리와 애나가 하모니 작업을 하고 남은 자투리였다. 오랫동안 이 조각들은 새뮤얼 피프스가 수집한 인쇄 판화들의 내버린 부분이라고 생각되었다. 그래서 리틀기딩에 관심을 갖고 있던 사람들은 그 상자에 전혀 신경쓰지 않았다. 그러나 일단 그 상자 뚜껑이 열리자 그 안에 든 판화들은 시간 속에 동결된, 리틀기딩에서의 책 만들기를 얼핏 엿보게 해주었다.

다음 쪽의 그림은 모들린칼리지에서 나온 판화들 중 하나로 제목은 〈최후의 심판〉인데 안트베르펜의 마르텐 데 보스(1532~1603)의 그림을 판화로 만든 것이다. 메리와 애나를 비롯해 리틀기딩의 책 만드는 사람들은 데 보스의 매너리즘 회화를 좋아했다. 그래서 그 그림이 하모니 성경에 자주 등장한다. 1635년에 쓴 편지에서 니컬러스는 평소의 오만한

안트베르펜의 마르텐 데 보스의 〈최후의 심판〉을 모방한 판화.
아래 양이 있던 부분이 잘려나갔다.

어조로 에이드리언 콜리어츠와 데 보스의 판화를 사들이라고 조카 애나에게 지시한다.

> 이번 주에 내게 판화 숫자 51개에, 에이드리언 콜리어츠와 M. 데 보스의 것으로 구성된 베티[엘리자베스 콜레트의] 콘코던스를 보내줄 것. (…) 타보르 씨가 그들 중 한 사람의 그림을 스타우어브리지 시장[케임브리지의 스타우어브리지 코먼에서 개최되는 연례 정기시]에서 7실링에 사주었음. 나는 그 그림을 구하기 쉬울 거라 생각함.

그 그림들을 실제로 구하기 쉬웠는지는 분명하지 않다. 메리와 애나는 1635년 하모니 성경의 제127장('심판')에 도달했을 때 데 보스의 판화를 꺼내들었다. 자매는 그 판화 중 일부를 다른 곳의 콜라주에 써먹으려고 오렸다. 그래서 모들린칼리지 소장의 데 보스 판화는 아래쪽 일부가 잘려 나간 상태다. 만약 독자가 오늘날 소트리로 가는 간선도로에서 얼마 떨어져 있지 않은 리틀기딩을 방문한다면, 아직도 작은 예배당이 예전처럼 그대로 서 있고 양들의 벌판으로 둘러싸여 있는 모습을 발견할 것이다. 페라 가문 사람들은 동물을 특히 좋아했다. 하모니 성경의 많은 면에 양, 뱀, 살금살금 뒤쫓는 여우 등 동물 콜라주가 들어가 있다. 이런 동물들은 가령 〈마태복음〉 10장에서 떼어낸 텍스트("보라, 내가 너희들을 늑대들의 한가운데로 가는 양들처럼 보내노니")의 삽화 노릇을 한다. 거기에 덧붙은 수기 메모는 이렇게 말한다. "이런 그림들은 늑대의 잔인함과 뱀의 교활함을 표현한다."

이런 판화들은 하모니 성경 제작 과정을 다른 측면에서 상상하게 만든다. 상자를 뒤지다 보면 하모니에 사용될 계획이었으나 중간에 보류된 판화를 볼 수 있다. 예를 들면 장미 무늬 인쇄지는 결코 완성되지 못한 어떤 지면을 장식하기 위한 것이었다. 어떤 생생하고 복잡한 텍스트를 준비하려다가 갑자기 그만두었으나 언젠가는 다시 나올지 모르는 장면을 어렴풋이 상상하게 된다. 암스테르담의 테오도어 베르나르트가 작업한 판화의 뒷면에는 이런 글이 손으로 적혀 있다. "이 소포에는 그림 100장이 들어 있다. 가격은 총 12실링." 두꺼운 종이로 만들어진 그 인쇄물은 두 번 접혀서 그림들을 보관하는 지갑 역할을 했고, 리틀기딩으로 운송되는 중에 제 몫을 다했다. 때때로 유사한 그림들이 줄로 묶여 하나의 작은 책을 이루었다. 줄이 사라진 경우에도 개별 그림에 나 있는 구멍이 이런 임시방편적인 묶기 작업을 암시한다. 일종의 인덱스 역할을 하는 기록 장부가 분명 있었을 텐데 지금은 사라지고 없다. 그런 장부는 아직 확정하지 못한 미래의 작업을 위해 일종의 문서보관소 같은 역할을 했을 것이다.

모들린칼리지에 소장된 판화 상당수에는 니컬러스 페라나 존 페라의 수기 메모가 적혀 있다. 그 글을 읽노라면 1630년대에 판화를 획득, 분류, 선정하는 사람들의 수다스러운 말을 듣고 있는 듯하다. 요하네스 스트라다누스가 작업한 판화인 〈왕들의 경배〉 뒷면에는 존 페라가 손으로 쓴 글이 있다. 그는 이런 요청을 한다.

복음 이야기를 설명하는 스트라다누스의 책을 내게 보내주시오. 자카리아에게 나타난 천사의 사지에 대한 그림 중에 스트라덴스[스트라다누스]의 것을 입수할 수 없다면 신전에서 설교하는 그리스도의 그림이 든 책을 보내주시오. 그 그림은 당신이 저번에 보내준 건축 양식을 보여주는 흑백 판화들 중 하나인데 이미 똑같은 책을 가지고 있어서 돌려보낸 바 있었소. 그런데 이제 그 책을 자세히 살펴보니 이야기의 첫 페이지, 그러니까 천사가 자카리아에게 나타난 뒤 그가 사람들 사이로 나오면서 말을 하지 못하는 장면이 빠져 있는 것을 발견했소. 그 책에서 그 그림만 따로 떼어내기 어렵다면, 책 자체를 보내주시오. 더불어, 여러 가지 다른 형태로 그 이야기를 판화로 제작한 것이 있다면 함께 보내주시오. 종류와 크기가 다양할수록 좋소. 앞으로 내게 다른 그림을 보낼 때도 마찬가지요. 같은 내용이라도 다양하면 더 좋으니까 말이오.

목적의식, 활동, 제작, 의도 등의 다양한 소리가 들려온다. 여기에는 어떤 특정한 장면을 바라는 존의 간절한 욕구가 잘 드러나 있다. 만약 원하는 그림만 따로 얻을 수 없다면, 책 자체를 보내달라고 말한다. 존은 또한 유사한 판화가 들어 있는 다른 책도 원한다. 그는 다양한 자료를 수집하고 있다.

이렇게 해서 편입된 그림들(많은 경우 16세기 안트베르펜 화가와 판화가가 그린 것)은 하모니 성경을 아름답게 했을뿐더러 친가톨릭적인 분위기를 가미했다. 그리하여 책을 더욱 폭발적인 것으로 만들었고, 1630년대의 뜨거운 정치적·종교적 논쟁에 연루되게 했다. 1630년대는 캔터베리 대주교인 윌리엄 로드가 로마 교황청 방식의 전례 형태를 적극 권장하던 시기였다. 리틀기딩이 보여주는 근대 초창기의 여러 면모 중 하나는 공식적으로 프로테스탄트 국가가 된 영국 내에서 아직도 가톨릭 종교생활의 형태가 남아 있다는 것이었다. 한 비평가는 1641년에 리틀기딩을 가리켜 '아르미니우스 수녀원'이라고 묘사했다. 1634년에 에드워드 렌턴이라는 젊은 법률가는 현지 치안 책임자에 의해 리틀기딩으로 파견되어 그 공동체에서 가톨릭 미신이 자행되고 있다는 소문이 사실인지 여부를 조사했다. 조지 허버트는 "세속의 사람들이 리틀기딩을 향해 퍼붓는 미신, 중상모략, 경멸 등"을 개탄했다. 찰스 1세는 1642년에 이곳을 방문했을 때 자신이 던진 질문에 그들이 제대로 답변하는 것을 보고 흡족해했는데, 왕의 방문은 이런 음해성의, 가톨릭을 의심하는 소문이 가득한 상황에서 이루어진 것이었다. 특히 니컬러스 페라는 지속적인 음해성 의심을 견뎌야 했다. 동시대인의 말을 빌리면 "그는 교황청 지지자라느니 혹은 청교도라는 정반대의 맷돌 사이에 끼어서 미친 말처럼 사지가 찢겨

나갈 지경이었고 이루 말도 못할 엄청난 박해를 받았다." 니컬러스는 임종의 자리에서 자신의 신성모독적 책("희극, 비극, 사랑의 찬가, 영웅시, 기타 그와 유사한 것")을 모두 불태워버리라고 지시했다. 한밤중에 리틀기딩의 마당에서 피어오르는 화톳불은 그가 영혼을 악마에게 팔아버린 마법사였다는 소문을 확증하는 듯했다. 일찍이 크리스토퍼 말로의 작품에서 파우스트 박사는 "나를 매혹하는 것은 마법, 마법뿐"이라고 선언했는데, 니컬러스가 그런 마법사라고 의심하는 사람이 많았다.

리틀기딩은 청교도들이 두려워했거나 혹은 상상했던 은밀한 가톨릭 조직이 아니었다. 그곳은 온 사방이 들판으로 둘러싸여 있었으나 활기찬 물류 센터이자 힘차게 돌아가는 텍스트 공장이었다. 인쇄물과 책 만들기 관련 자료를 포함해 온갖 물자가 흘러들었고 또 흘러나갔다. 종종 이름 모를 하인들이 그런 물건을 수송해왔다("케이크와 닭고기에 대해 말씀드리자면, 하인을 통해 보내는 게 가장 좋습니다"). 1627년에 니컬러스는 "친애하는 어머니"에게 토요일 오전까지 배달될 물품 목록을 보냈다. "낡은 시계, 약간의 유리, 무화과, 아몬드, 말린 자두, 캔버스 천에 꿰맨 소포 묶음", "덩어리 설탕", "푸른색 벨벳 표지의 예배서" 등이었다. 종종 책과 관련된 물품이 많이 배달되었다. "붉은색 잉크병과 검은색 잉크병", "여러 통의 편지, 인쇄물, 그림 등이 든 자그마한 상자 (…) 종이 위에 가죽 완충재를 올려놓고 그 위에 얹은 인쇄용 잉크." 1633년 7월에는 '프레스'를 반입한다는 내용도 있다. 이 프레스는 인쇄기일 수도 있고 아니면 윌리엄 와일드구스가 제본소에서 사용했던, 종이를 평평하게 만들기 위한 압착기일 수도 있다. 리틀기딩에서는 판화와 텍스트 조각들을 종이에 풀로 붙이고 이 프레스를 사용해 종이를 평평하게 했을 것이다. 후대에 전하는 편지들에는 페라 가문 사람들이 리틀기딩에서 사용될 성경과 판화를 찾아서 런던 서점과 케임브리지대학 도서관을 뒤지고 다녔다는 얘기가 나온다. 런던에서는 니컬러스의 조카인 아서 우드노스가 리틀기딩의 대리인 역할을 했다. 그는 골드스미스홀 근처인 포스터레인의 번치오브그레이프스에 살면서 금 세공사로 일하고 있었다. 편지마다 우드노스가 삼촌을 위해 자료를 구하려고 동분서주했다는 내용이 나온다. 그는 1632년 편지에서 이렇게 썼다. "어제는 프린팅 하우스Printing Hows에 가서 로마자 성경이 완성되었다는 것을 알아냈습니다." 니컬러스의 친척인 로버트 메이플토프트는 케임브리지대학 펨브로크칼리지의 강사였는데 노리치와 엘리의 반反청교도 주교인 매슈 렌을 섬기는 사제였으며, 리틀기딩을 위해 열심히 자료를 수집해주었다. 그의 편지는 출판계 소식으로 가득하다. "최근에 나온 불가르 판본의 라틴어 성경은 당신이 원하는 크기로, 존슨이 1632년 암스테르담에서 발간한 것입니다." 메이플토프트는 리틀기딩의 작업자들이 더 좋은 하모니 성경을 만드는 데 필요한 자료를 얻기 위해 케임브리지대학 도서관을 샅샅이 뒤졌다. 그는 메리와 애나가 네 복음서 하모니를 작업하는 동안에 자신이 발견한 여러 관련 책에 대해 보고했다. 그중에는 페르피니안의 《네 복음서의 복음 내용 비교》(1631)도 들어 있었는데, "네 복음서를 상호 비교하면서 복음서의 모든 텍스트를 하나씩 하나씩 꺼내들고서 비교하는 책"이었다.

책의 역사를 생각하는 사람들은 대개 인쇄물을 고정된 어떤 것에다 연결하면서 그것이 중세의 유동적인 필사본 문화를 균일하게 인쇄된 책들로 바꾸어놓았다고 생각한다. 존 던의 1590년대와 1600년대 초의 시는 혼란스러운 다양한 필사본의 형태로 존재한다. 이렇게 된 것은 부분적으로 그 시들의 인쇄본이 그의 복잡하고 호색한 배경을 잘 모르는 독자의 손에 들어가는 것을 존 던이 우려했기 때문이다. 특히 그가 세인트 폴 성당의 사제장이 되고 난 이후에, 그의 젊음이 넘치는, '그대를 침대로 초대하는' 시는 사제장의 이력으로는 어울리지 않는 것이었다. 그 결과 그의 시들은 필사본으로 널리 유통되었는데 특히 법학협회의 냉소적인 젊은 법학생들 사이에서 인기가 높았다. 그래서 〈벼룩〉 같은 시는 오늘날 45가지의 근대 초기 필사본 버전에 기록되어 있다(텍스트 연구의 절차적 언어상에서는 이러한 버전을 '증인'이라고 한다). 이 45가지 판본은 서로 약간씩 다르다. 이런 복잡다단함(당신의 취향에 따라 혼란함이거나 풍성함)을 눈앞에 두고서 우리는 존 던의 〈벼룩〉이라는 시에 대해, 혹은 존 던이라는 시인에 대해 무슨 말을 할 수 있을까? 그러나 존슨이 1632년 암스테르담에서 발간한 라틴어 성경은 몇 부가 출판되었든 다 똑같아야 하고, 또 그럴 것이라고 우리는 기대한다. 그리고 이런 믿을 만한 반복으로부터 (우리가 보기에) 동일한 책이라는 상식적이면서도 혁명적인(문자 텍스트의 역사가가 볼 때) 개념이 생겨난다. 셰익스피어 전집은 반드시 서로 똑같아야 한다(나는 '반드시'를 강조하는데 이런 애매모호함을 유념하기 바란다). 그래서 우리는 같은 저자의 같은 텍스트를 읽을 수 있고 동일한 예술 작품에 반응한다. 그리고 이런 단일성으로부터 다수의 일상적이면서도 심오한 관념, 즉 저자, 문학 작품, 문학 정전이라는 개념이 생겨난다. 그러나 오려 붙이기 작업을 수행하는 메리와 애나는 인쇄된 성경을 해체해 재조립하려는 의욕을 보이고 있다. 그것은 이 특정한 왕의 행렬에 양을 한 마리 집어넣는 것과 같다. 하모니 성경은 뛰어난 기량을 가진(그렇지만 아마 추어인) 책 제작자가 기존 인쇄 문화와 기술에 도전한 것이다. 이들은 인쇄된 책을 독특한 텍스트로 변모시켰다. 그들은 인쇄의 고정된 잠재력을 믿지 않는다. 대형 폴리오판 종교 서적이 돌에 새겨진 텍스트처럼 고정된 화석으로 존재한다고 보지도 않는다. 메리와 애나의 작업이 보여주는 넘치는 활력은 정반대의 믿음을 보여준다. 오늘날 하모니 성경을 읽다 보면 두 가지 묘한 느낌을 체감한다. 하모니 책들의 복잡미묘하면서도 높은 완성도를 느끼는 것, 그리고 그 정연한 재조합 뒤에 숨은 잘라내고 해체하는 작업을 의식하는 것이다. 하모니 성경은 파괴와 창조의 중간 지점에 엉거주춤 서 있다. 리틀기딩에서의 창조 작업은 그 이전의 해체 작업에 의존한 것이다.

그렇지만 그것은 '왜?'라는 질문에 시원하게 답하지 못한다. 왜 성공회 종교 공동체의 구성원들은 성경을 해체하기로 했을까? 21세기의 관점에서 보자면 성경을 파괴하는 것은 엄연한 문화적 금기다. 예를 들어 2012년 미국 플로리다주 게인즈빌의 프로테스탄트 목사인 테리 존스가 코란을 불태운 것에 대한 비난이 그것을 잘 보여준다. 그렇다면 파괴가 분명한 이 행위를 어떻게 이해할 것인가? 토머스 하디의 장편소설 《비운의 주드》에는 이런 장면이 나온다. 등장인물 수는 바오로 서간과 복음서를 모두 분해하여, 브로셔brochure(프랑스어에서 나온 단어로 원뜻은 '바늘로 꿰맨 저

3장 오려 붙이기 137

작'이다)로 만들고 이어 집필된 연대 순으로 재구성함으로써 "새로운 신약성경"을 만들겠다고 말한다. "그렇게 해놓은 다음 그 성경을 읽으면 두 배는 더 흥미롭고 이해하기 쉬울 거야." 수의 그런 말에 대한 주드의 반응은 우리가 오늘날의 문화 전반에서 기대할 수 있는 것과 비슷하다. "주드는 그게 신성모독이라는 듯 '흐음' 하고 응답했다." 그렇다면 이와 비슷해 보이는 일을 한 리틀기딩에서는 무슨 일이 벌어지고 있었던 걸까?

이 수수께끼에 대한 답은 부분적으로 17세기 프로테스탄티즘의 성격에서 찾아볼 수 있다. 프로테스탄트교는 신자들에게 성경을 직접 읽으면서 모든 단어와 씨름하고, 책장을 반복적으로 넘기면서 그 의미를 발견하고, 텍스트와 치열한 관계를 맺으라고 권했다. 책 역사가인 줄리엣 플레밍은 이렇게 말했다. "인쇄물은 생각을 '좀더 치밀하게' 표현하는 하나의 방식을 상징한다." 만약 프로테스탄트교가 추상적인 텍스트와의 씨름이 아니라 독자의 손에 들린 물질적인 책과의 씨름을 권장한다면, 신앙적 글쓰기의 이야기는 종종 에로틱한 측면에 접하는 종교적 글쓰기라는 아주 민감한 서술을 제공하게 된다. 윈체스터 주교 랜슬롯 앤드루스의 사후 저작인 《개인적 신앙에 대한 지침서》(1648)의 배후에 가로놓인 어두운 텍스트의 역사를 서술하면서, 리처드 드레이크는 신앙 서적을 물질적인 종이 다루기와 연결했을 뿐만 아니라, 그 종이를 더럽히고 표시하는 일과도 연결했다. 그래서 텍스트와의 종교적 상호작용은 혼란을 남긴다.

당신은 그 영광스러운 변형을 자랑스럽게 여기는 수고 원본을 보았습니까? 그의 경건한 두 손으로 얼룩이 지고 참회의 눈물로 젖은 자국이 남아 있는?

그러면 당신은 그 책이야말로 순수하고 원초적인 신앙에 속한다고 자백할 수밖에 없을 것입니다.

"그의 경건한 두 손으로 얼룩이 지고"는 지저분한 책 다루기가 수반되는 종교의 멋진 묘사이고, 순수한 신앙은 그 표시를 남긴다는 역설적 확신의 표현이다. 바로 이런 문화 속에서 리틀기딩의 잘라내고 재조립하고 풀로 붙이는 행위가 수행되었다. 미술사가인 마이클 가우디오는 그것을 멋지게 표현했다. "인쇄의 시대에 성경을 안다는 것은 그 쪼개진 조각들을 잘 관리하는 것이다."

그러나 오려 붙인 하모니 성경은 17세기의 책에 대해 좀더 일반적으로 중요한 어떤 것을 말해준다. 나는 앞에서 다소 조심스럽게 인쇄가 텍스트를 고정 혹은 안정시킨다는 발상과 결부된다고 말했다. 책의 역사라는 학문 분야를 발명하기 위해 노고가 많았던 학자들의 초창기 저작, 가령 엘리자베스 아이젠슈타인의 《변혁을 주도한 인쇄기》(1979)는 인쇄기가 새로운 종류의 문학적 기념비를 창조해낼 수 있다는 것을 보여주었다. 이러한 주장은 상당히 일리 있다. 그러나 메리와 애나의 장대한 작업은 중요한 점을 일러준다. 인쇄된 책의 새로운 항구성에도 불구하고 근대 초기는 또한 엄청난 서지적 불일관성의 문화였다는 것이다. 그 시대는 책의 유동성을 보여주는 여러 현상 중에서도 인쇄된 책에 가위를 들이대는 것을 자연스럽게 여겼다. 이러한 잘라내기는 종종 독서의 일상적 버전이자 책들이 소비되는 방식의 하나였다. 존 화이트의 《올해를 위한 간결하고 편리한 연감》(1650)은 근대 초창기에 유행한 일종의 탁상용 다이어리였는데 독자에게 1650년의 '달력 전체'를 잘라내어 다른 데에 사용할 것을 권한다. "그렇게 잘라내면 회계장부, 탁상용 수첩, 기타 문서에 적절히 끼워넣을 수 있습니다." 1710년에 나온 일종의 연감인 《파커의 천문력 표》의 경우, 한 독자는 그 연감의 뒤에다, 잘라낸 페이지들로 만든 종이 바퀴를 꿰매어놓았다. 그 바퀴를 돌리면 지금 현재의 천문 상황을 알아볼 수 있었다. "천체의 배열이 좋은지 (…) 그저 그런지 (…) 아주 좋은지 (…) 아주 나쁜지 (…) 가장 최적인지 (…) 아니면 (…) 최악인지." 이처럼 책의 페이지를 잘라내는 것은 일상적 방식이었다. 인쇄의 초창기인 15세기 후반부터 독자들은 인쇄된 판화에서 둥근 무늬, 두문자, 그림 등을 오려내어 그들의 〈시편〉이나 입문서 같은 신앙 텍스트에 붙였다. 런던 시의원 로버트 페이비언의 《런던의 대大연대기》(1504년경)라는 수고본에는 인쇄물에서 오려낸 것들이 붙어 있다. 그야말로 수기와 인쇄가 혼합된 매체다. 로버트 버턴이 《우수의 해부》(1621)에서 "책의 광범한 혼란과 무질서"라고 표현한 인쇄의 홍수 속에서, 필요한 경우 수고스럽게 손으로 쓰지 않고 인쇄물에서 해당 텍스트를 오려 쓰는 것은 자연스러운 일이었다. 그 과정에서 텍스트를 재배치해 확장할 수도 있고, 난외의 논평이 들어갈 수 있도록 넓은 공간을 창출하고, 검열된 자료를 제거할 수도 있었다. 이를테면 헨리 8세와 에드워드 6세의 치하에서 제정된 법률에 따라서 교황, 토머스 베케트, 면벌부, 연도連禱 같은 것을 언급한 기도서를 제거하는 것이다. 논쟁적이고, 잘못되고, 왜곡된 주장을 펼치는 표제지도 제거할 수 있었다. 《격언, 혹은 예수회 교리에서 선별한 주제》(1609)라는 책의 두 판본이 그러한데, 이 책의 간기에는 런던이라는 지명이 제거되었다. 또는 인쇄본에 있는 그림을 수고본의 삽화로 삼을 수도 있었다. 17세기의 독자들은 인쇄-수기 합성본을 자연스럽게 받아

자신의 불운한 운명에 대해 명상하는 존 깁슨의 인쇄-수기 혼합 명언집.
인쇄물에서 오려낸 조각들을 지면에다 붙였다.

들였다. 왕당파 인사였던 존 깁슨 경의 명언집은 이러한 편집의 좋은 사례다. 깁슨은 내전에서 패자 편에 붙은 바람에 1650년대에 더럼 성에 유폐되었다. 그는 자신이 겪는 고난을 깊이 명상하면서 다양한 인용문으로 구성된 필사본을 만들었다. 주로 성경과 고전 문학에서 가져온 문장이었는데, 덕성스러운 자가 견뎌야 하는 고통을 깊이 음미하는 내용이다. 그는 이 명언집이 자신의 인생을 정당화해줄 것을 희망했다. 또 자신의 아들이 "이 눈물의 계곡에서 때때로 살펴볼 수 있는 반려서"가 되기를 바랐다. 깁슨은 손으로 베껴 쓴 인용문에다 인쇄된 책에서 가져온 여러 요소를 첨가하고 자신이 직접 쓴 주석도 추가했다.

깁슨은 절망과 도전이라는 특정한 상황에 부합하는 텍스트를 만들어내기 위해 입수할 수 있는 모든 것을 활용했다. 기꺼이 자료들을 오려내는 그의 태도는 다음과 같은 점을 폭넓게 보여준다. 현대의 도서 문화에서 하나의 고정관념으로 자리잡은 일관되고, 제본되어 있고, 메모가 없고, '온전한' 인쇄본(경매 현장에서 경매업자를 신나게 하는 완벽하고 '깨끗한' 책)은 당시에는 아직 텍스트를 전달하는 주도적 매체가 아니었다. 물론 존슨이나 셰익스피어의 폴리오 같은 상징적 발간물은 17세기 문헌 문화에서 가장 뚜렷하고 가장 중요한 이야기임이 틀림없다. 우리는 그런 변화의 과정에서 윌리엄 와일드구스의 역할을 2장에서 살펴보았다. 나는 어떤 무언가가 기존의 것을 획기적으로 뒤바꿔버렸다라는 진보적 주장을 애써 거부하고 싶지는 않다. 그러나 근대 초창기 내내, "저작은 곧 책과 동의어"(줄리엣 플레밍의 말), 즉 '하나의 문학 작품은 하나의 물건'이라는 근대적 전제조건은 그리 자명한 것이 아니었다. 현대적 개념의 책은 아직 텍스트를 전달하는 독점적 혹은 주도적 수단이 아니었다. 필사본, 편지, 브로드사이드 발라드가 있었고, 텍스트를 적어놓은 벽, 창문, 식기류, 가구 등이 있었다. 그리고 책은 손쉽게 재작업할 수 있는 물질적 형태였다. 책은 으레 제본이 안 된 상태로 판매되었다. 여러 건의 팸플릿은 나중에 한데 묶어서 새로운 합본(자멜반트)이 될 수 있었다. 이런 합본은 그 안에 다수의 짧은 텍스트와 전에 독립된 간행물로 존재했던 것을 포함한다. 그리고 독자들은 인쇄물에다 공면을 추가해 그들이 손으로 쓴 주석을 수용할 공간으로 삼을 수도 있었다. 어떤 책은 이런 주석을 수용하기 위해 애초 여백을 많이 두기도 했다. 예를 들어 현재 폴저 셰익스피어 도서관에 소장되어 있는 토머스 리틀턴의 《토지 보유권》(1591)이라는 책은 널찍한 여백을 두어 인쇄된 텍스트를 바탕으로 독자가 추기할 수 있도록 배려했다. "내게 주석을 달아주세요!" 하고 선언하고 있는 셈이다.

이런 문화에서 인쇄본은 우리의 관념과는 다르게 잠정적인 형태에 지나지 않고 그런 만큼 변경 가능한 대상이었다. 신앙과 관련된 지면을 잘라내는 것은 후대 사람들이 생각하는 것처럼 그리 일탈적인 행동이 아니었다. 랜슬롯 앤드루스의 《개인적 신앙에 대한 지침서》는 이렇게 말한다. "잘 활용하여 더욱 나아지는 것은 신성한 도구의 특별한 기쁨일지니."

근대 초창기의 독자들은 독서·지식·사상에 대한 투자를 책을 물신화하는 것 혹은 책을 상자나 닫힌 문 뒤에다 가두어두는 것으로 이해하지 않았다. 그들이 보기에 책을 읽는다는 것은 표시를 하고, 주석을 달고, 다시 제본하고, 다시 배열하고, 다시 가공하고, 페이지를 잘라내는 것이었다. 메리와 애나를 그저 온순하고 순종적인 조카로 볼 수도 있겠지만, 다른 관점으로 보면 그들은 급진적인 책 제작자였다. 근대 초창기의 인쇄된 책에 내포된 비고정성의 놀라운 잠재력을 알아본 사람들로 인식하는 것이다. 우리는 이처럼 책을 다시 상상하는 진중한 태도를 다음 쪽의 그림에서 엿볼 수 있다. 이것은 찰스 1세를 위해 제작된 1635년 복음 하모니의 마지막 장인데, 각종 영어판 성경에서 오려낸 텍스트와 다양한 안트베르펜의 신앙적 판화로 구성되어 있다.

그림 속 인물은 복음서를 쓰고 있는 성 마태인데, 고개를 돌려 그를 부르는 천사를 쳐다보고 있다. 앞쪽의 책상에는 필기도구가 놓여 있다. 모래시계, 자물쇠가 잠긴 책, 잉크통 속의 깃펜, 그리고 텍스트가 있는 펼쳐진 책. 공중에 떠 있는 듯 이질적인 이 텍스트는 이런 문장이다. "보라, 내가 세상 끝날 때까지 언제나 너희와 함께 있겠다And Loe I am with you alway Euen unto the End of the World Amen." 이것은 〈마태복음〉 28장의 마지막 문장이다. 부활한 예수가 제자들에게 "세상 모든 민족을 가르치고" 말씀

찰스 1세를 위해 제작된 1635년 하모니 성경에 수록된 삽화.
글을 쓰는 성 마태의 손 옆에 오려 붙인 텍스트가 보인다(확대한 아래 그림을 보라).

을 전파하라고 당부하는 순간이다. 마태는 영감을 얻기 위해 천사 쪽으로 고개를 돌리고 있고(그가 글을 쓰고 있다는 것을 암시한다) 동시에 우리에게 완성된 이야기를 제공한다. 즉 텍스트가 완결된 것이다.

이 마태 그림은 페터르 드 조드가 디자인하고, 에그버트 판 판데런이 판화로 만들고 테오도어 갈레가 펴낸 판화를 중심으로 구축되어 있다. 카라바조의 〈성 마태의 영감〉(1602)과 같이, 복음서를 집필하는 성 마태의 그림은 근대 초기에 흔하게 제작되었다. 그런데 메리와 애나는 이 그림을 리틀기딩식 책이 한 권 완성되었음을 자축하는 요소로 변모시켰다. 마태의 깃펜에서 흘러나온 것은 인쇄된 말들이다. 그 말들은 독자를 위해 오려지고, 재배열되고, 풀칠된다. 그 글자들은 책의 표면 위를 떠돌면서 신비스러움을 획득한다. "보라, 내가 (…) 너희와 함께 있겠다"가 물질적 세계 위를 떠돈다. 역설적으로 그 말들은 종이 조각과 종이와 풀로 구성된 것이다. 마태라는 이름은 어원상 마누스manus(손)라는 라틴어와 테오스theos(신)라는 그리스어에서 나왔다. 즉 '하느님의 손'이다. 그리하여 메리와 애나의 마지막 장은 글쓰기의 상징적인 한순간을 재규정한다. 글쓰기는 펜과 잉크로만 하는 게 아니라, 칼과 가위로도 한다고 말이다.

1936년 5월 어느 월요일 오후에 미국 출신의 문학가 T. S. 엘리엇은 존 메이너드 케인스의 요청으로 박사학위 구두시험을 진행해왔던 케임브리지대학을 떠나서 자동차로 약 50킬로미터 떨어진 리틀기딩까지 여행을

3장 오려 붙이기 145

했다. 당시 엘리엇은 47세였고 영국 문학계에서 그의 위상은 문학 평론가 프랭크 커모드에 따르면 "높고 안정적"이었다. 그의 장시 〈황무지〉는 14년 전에 발표되었다. 그가 주간하는 문학잡지 《크라이티리언》은 20세기 초반의 저명한 작가들(에즈라 파운드, 버지니아 울프, W. H. 오든, W. B. 예이츠 등)의 작품을 싣는 등 당대의 높은 취향을 선도하는 잡지였다.

엘리엇의 자동차는 둔탁한 현관의 자그마한 예배당을 향해 꽃망울로 가득한 비좁은 길을 따라 천천히 다가갔다. 엘리엇을 뒤따라오는 리틀기딩 열광자 무리가 있었다. 박식한 성공회교도인 그들은 빽빽이 무리지어 걸어왔다. 그중에는 모들린칼리지의 학장이자 17세기 프랑스 철학자 블레즈 파스칼을 연구한 학자인 휴 프레이저 스튜어트, 트리니티칼리지의 펠로인 버나드 블랙스톤도 있었다. 블랙스톤은 그 무렵 리틀기딩 문서들을 수년째 연구해오고 있었다.

엘리엇이 그 저택과 예배당을 찾은 것은 부분적으로 그가 최근에 새롭게 받아들인 성공회 때문이었다. 그는 9년 전에 영국 국교회인 성공회에서 세례를 받았고 1930년에 영국 시민권을 획득했다. 그는 또한 열렬한 왕당파로서 순교한 국왕 찰스 1세 기념회의 영구 회원이었다. 그래서 찰스 1세가 리틀기딩을 여러 차례 방문했다는 사실에 매혹되었다. 그러나 그곳을 방문한 가장 큰 이유는 엘리엇이 형이상학파 시인 조지 허버트에게 매혹되어 있었기 때문이다. 엘리엇은 허버트가 인간의 정신적 불안정과 고뇌를 노래한 위대한 시인이라고 생각했다. 그의 두 번째 아내 발레리에 따르면, 엘리엇은 생애 후반기에 "자신을 소小 조지 허버트라고 생각하곤 했다."

리틀기딩을 방문하고 나서 6년이 지난 후에 엘리엇은 장시 〈네 사중주〉의 마지막 제4편인 〈리틀기딩〉을 발표했다. 5월 어느 날에 그곳을 방문해 체험한 기억을 시간을 뒤튼 시로 변모시킨 것이다. 조지 허버트, 니컬러스 페라, 찰스 1세에 정신이 팔린 엘리엇은 메리 콜레트와 애나 콜레트에 대해서는 거의 혹은 아예 몰랐던 것 같다. 그러나 그는 리틀기딩 방문자들의 오랜 전통에 속한 사람이었다. 그 전통은 1630년대 조지 허버트와 리처드 크래쇼에서 시작해 오늘날 그곳을 방문하는 사람들에 이르기까지 면면히 전해져 내려온다. 바로 방명록으로, 오늘날 예배당 문 옆에 놓여 있는 이것에는 사람들의 방문 동기가 적혀 있다. 엘리엇의 시 〈리틀기딩〉에 나오는 것처럼 말이다.

순례의 한 부분.
아들의 서른네 번째 생일 전야. 감사를 드린다!
흥미로운 건물.
마음에 든다.
하워드 킹을 추모한다.
여러 해가 흘러가고 많은 시를 쓴 후에 다시 방문하다.
여기서 1971년 7월 31일에 결혼. 40년 전이다.
나는 돌아올 것이다.
나의 어머니 프랜시스 델러는 어릴 적 놋쇠 교회 독수리를 닦았다.
그런 추억이 이 여행을 보람 있게 만든다.
정말로 고즈넉한 곳.
처음 온 곳.
작별의 방문?

그리고 시 서두에 나오는 다음의 시행들은 찰스 1세가 1642년에 처음 리틀기딩을 방문했을 때 느꼈을 법한 그런 울적한 감상을 잘 포착하고 있다. 당시 국왕은 이곳을 아무리 여러 번 방문한다 할지라도 여전히 외진 종착지처럼 느꼈을 것이다.

그대가 이 길로 온다면,
선택할 법한 길을 따라
당신이 떠나오고 싶은 곳으로부터,
그대가 5월에 이 길로 온다면, 그대는 산울타리를 보리라
다시금 하얘진 그곳을, 5월의 풍만한 달콤함과 함께.
여정의 끝에서도 마찬가지이리라,
그대가 한밤에 왔다면 낙담한 왕과 같이,
그대가 한낮에 왔다면 왜 온지도 모르는 채로,
사정은 마찬가지이리라, 그대가 거친 길에서 벗어나
둔중한 예배당을 향해 돼지우리 뒤로 돌아가면
비석이 나타나리라.
그대가 여기를 찾은 목적이라 여기는 것은
그저 껍데기, 의미 없는 껍데기일 뿐,
오로지 목적이 달성될 때에만 목적은 부숴진다.
적어도 그래야 한다.

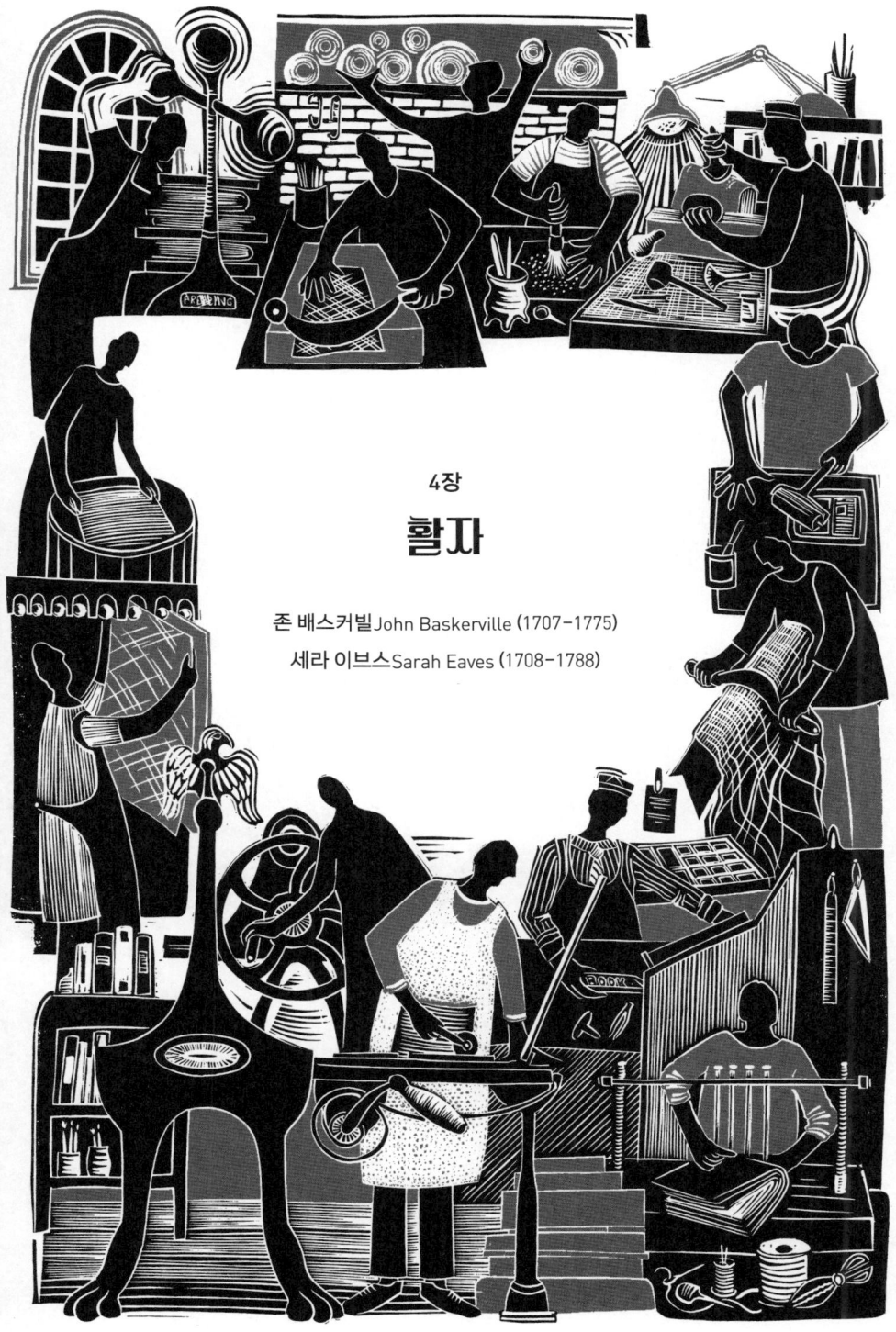

4장

활자

존 배스커빌 John Baskerville (1707–1775)
세라 이브스 Sarah Eaves (1708–1788)

당신은 Y라는 글자가 얼마나 그림 같은지, 그리고 얼마나 많은 의미를 갖고 있는지 주목해보았는가? 나무는 Y이고, 두 길이 모여드는 지점도 Y이고, 합류하는 두 강, 당나귀 머리, 황소 머리, 유리잔과 그 손잡이, 줄기 위의 백합, 동냥하려고 두 팔을 처드는 거지, 이 모두가 Y이다.

— 칼 데어, 《활자 디자인》(1967)

1630년대 리틀기딩의 가위와 풀 그리고 성경 콜라주 작업에서 약 100년 후로 떠나, 18세기 버밍엄에 살았던 저명한 활자공이자 제책업자였던 사람과 그의 아내를 만나보자. 우리는 케임브리지로 가는 여행을 통해 그곳에 갈 수 있다.

만약 당신이 케임브리지대학 도서관의 '인쇄 역사실'을 가기로 결정했다면, 그곳은 기차역에서 내려 빠른 걸음으로 25분 거리에 있다. 그 방에 들어가면 일곱 개의 나무 상자 관람을 신청하길 바란다. 상자를 열면 초록색 펠트 천이 내벽을 감싸고 있고, 상자 안에는 총알처럼 보이는 것이 일렬로 겹겹이 계속 늘어서 있다. 그러나 그것은 총알이 아니다. 존 배스커빌의 활자 펀치인데, 그의 펀치공인 존 핸디가 배스커빌의 도안을 보고서 18세기 중엽에 만든 것이다. 펀치는 각각 길이가 5센티미터 정도 되는데 맨 앞에 글자의 좌우가 바뀐 거울 이미지의 활자 형태가 양각으로 새겨져 있다. 이 강철 펀치의 기능은 부드러운 놋쇠 혹은 구리 막대기에다 때리듯이(펀치) 찍어, 4센티미터 정도 길이의 매트릭스(활자 틀)를 만드는 것이다. 활자공은 이 매트릭스를 잘 다듬어서 활자 거푸집을 만들고, 여기에다 주석, 납, 안티몬 합금인 녹은 상태의 금속을 부어 활자를 주조한다. 1754년에 배스커빌 활자 주조소를 방문한 어떤 스웨덴 사람은 이렇게 썼다. "활자는 주조공이 한 손에 들고 있는 거푸집에서 주조된다. 그것은 아주 재빨리 열었다가 닫을 수 있다." 굳어지면서 확장된 그 금속은 좌우가 바뀐 활자가 된다. 이런 식으로 계속 활자를 만들어낸다. 이 활자들을 다듬고 분류한 뒤에 그 위에다 잉크를 묻히면 종이에 a, t, p, s 같은 글자가 멋지게 찍히게 된다.

활자 펀치를 만드는 기술은 비밀이었고 스승이 제자에게 은밀히 전수했다. 조지프 목슨은 인쇄술을 찬양하는 책인 《인쇄술에 대한 기계적 훈련》(1683~1684)을 썼는데, 그것을 마치 지도 편람인 것처럼 위장했다. 이 책에서 그는 자신의 탐구가 좌절을 겪었다고 털어놓았다. "활자 주조는 수작업으로 이루어지는데 지금껏 주조공들 사이에서 비밀로 지켜져왔다. 그래서 일반적인 기술처럼 아무나 가르치고 배울 수 있는 게 아니다. (…) 이 때문에 다른 직업과 달리 나는 활자 주조공의 일반적인 작업 과정을 서술할 수 없다." 케임브리지대학 도서관의 인쇄 역사실에 소장된 활자 펀치들은 1750년대에 버밍엄에서 손으로 깎아 만든 것이었다. 그 도시에는 숙련된 금속 세공업자, 특히 자물쇠 제조공이 많았다. 펀치는 무겁고 만지면 차갑다. 펀치는 무게와 정밀함(금속을 깎아서 좌우가 바뀐 글자를 만들어야 하기에)의 혼합물이기 때문에 금속을 잘 다룰 줄 알아야 했다. 그래서 15세기 초의 인쇄공, 가령 마인츠의 구텐베르크나 베네치아의 니콜라스 젠슨은 훈련받은 금속 세공업자였다. 그리고 인쇄술은 다른 많은 기술 발전과 마찬가지로 한 무리의 숙련된 일꾼들이 새로운 인접 분야로 옮겨가면서 시작되었다.

펀치는 글자가 아니지만 글자의 원천이다. 그것은 인쇄의 시작 단계이고 이 알파벳을 사용하는 모든 책의 잠재력을 그 안에 간직하고 있다. 시인 윌리엄 셴스턴은 이렇게 썼다. "배스커빌은 그의 글자가 모든 것을 그 안에 포함한다고 상상했다. 그리고 책의 장점은 그것을 밑바탕으로 삼는다."

케임브리지 도서관에 있는 펀치 상자에는 손으로 쓴 레이블이 붙어 있다. '40포인트 이텔릭 36포인트 이텔릭 28포인트 로마 대문자'. '이텔릭 잉글리시 파이카 소문자 파이카 롱프리머 부르주아 브레비어 농파레유'. '60포인트 48포인트 로마자.' 이 레이블은 활자의 언어인데, 이텔릭체, 대·소문자, 각종 글자 크기 등을 표시한 것이다. 6포인트는 농파레유 nonpareil라고 하는데 '필적할 것이 없다'는 뜻의 프랑스어다. 8포인트는 로마 가톨릭교회의 성무일도서breviaries라는 기도서를 인쇄할 때 자주 사용되어 브레비어brevier라고 불렸다(글자가 작아서 유심히 보아야 한다). 9포인트는 부르주아bourgeois라고 하는데 중간 크기의 책 인쇄용이라서, 사회적 중간 계급과 연결되어서, 혹은 1500년경 루앙에서 활약했던 인쇄공 장 드 부르주아의 이름에서 등 그 유래에 대한 여러 설이 있다. 롱프리머long primer라고 하는 10포인트는 일찍부터 기도서나 입문서 인쇄에만 사용되었다. 12포인트는 파이카pica라고 하는데 교회 예배 규칙서를 가리키는 라틴어에서 유래한 것으로 짐작된다. 이외에 28포인트(더블잉글리시), 36포인트(더블그레이트프리머), 48포인트(4라인파이카), 60포인트(5라인파이카) 등등이 있다.

　배스커빌 펀치는 여러 차례 사람들의 손을 거쳐갔다. 1775년에 배스커빌이 사망하자 그의 아내 세라는 그것들을 프랑스 극작가 보마르셰(《세비야의 이발사》,《피가로의 결혼》의 저자)에게 3700파운드(오늘날의 가치로 32만 5천 파운드(약 6억 원))에 팔았다. 보마르셰는 이 활자를 이용해 유명한 168권짜리 볼테르 전집을 찍었다. 이 펀치는 그후 프랑스 전역을 돌아다녔다. 여러 해 동안 그 펀치는 아예 지상에서 사라진 것처럼 보였다. 그것들은 인쇄공, 펀치 주조공, 출판사를 겸한 디도 가문으로 넘어갔다가 드베르니 에 페뇨라는 활자 주조소의 소유가 되었다. 그러다가 1953년에 대사와 부총리가 악수를 하고 축하주를 마시는 등 팡파르를 울린 이후에 사장 샤를 페뇨는 그것들을 케임브리지대학에 넘겨주었다. 배스커빌은 1758~1766년 사이에 이 대학의 인쇄공으로 일하면서 생산적이지만 금전적으로 불우한 시기(그는 '족쇄'라고 표현했다)를 보낸 바 있었다. 페뇨가 해협 건너로 펀치를 양도한 관대한 마음을 보아서라도, 펀치 일부와 매트릭스 전부가 사라지고 없다는 사실은 묵과하기로 하자.

　이 펀치는 한때 배스커빌의 손에 머물렀고 많은 글자의 원천이었으며, 그 글자는 많은 책을 찍어냈다. 역사가 토머스 매콜리는 이렇게 썼다. "배스커빌이 찍어낸 책들은 유럽의 모든 사서를 놀라게 했다." 펀치가 우리를 1750년으로 거슬러 돌아가게 해주지는 않지만, 대신 그들이 수 세기를 건너뛰어 오늘날 우리를 만나러 왔다. 시간의 벽을 헤치고 달려온 그 여행의 노고는 펀치의 서늘하면서 묵직한 감촉에 잘 간직되어 있다.

베스커빌은 인쇄업계에 늦게 뛰어들어 50세 무렵에 첫 책을 출판했다. 그는 여러 가지 창의적이면서도 파란만장한 인생 여정을 거쳐왔다. 동시대 버밍엄 역사가 윌리엄 허턴은 이렇게 썼다. "그는 어떤 직업에 대해서도 훈련을 받은 적이 없었으나 천부적인 습득력을 가졌다." 베스커빌은 처음에는 습자 강사 일을 했고 그다음에는 미들랜즈 지역에서 저패닝 japanning(옻칠) 전문가가 되었다. 저패닝은 금속 물품이나 가구에 래커칠 혹은 바니스칠을 하는 작업을 말한다. 영국의 동인도회사가 수입한 제품은 18세기 소비자를 매혹했는데, 그런 제품을 흉내내어 유럽의 장인들은 단단한 검은색 표면이나 거북 등껍데기 같은 표면을 만들어내는 래커칠을 했다. 허턴은 베스커빌이 "무엇이든 장점이 있다면 반드시 받아들였다"라고 말했다. 베스커빌은 글씨 교정 일과 장식용 금속 세공 일에서 익힌 역량을 인쇄 쪽에다 투입했다. 이처럼 초창기에 익힌 인쇄 관련 기술이 그가 출판한 책에서 잘 발휘되었다.

베스커빌은 책과 관련해 여러 방면에서 탁월한 실력을 발휘했다. 그가 만든 검은색 잉크는 누구도 흉내낼 수 없을 정도로 반짝거렸는데 땜장이나 유리 장인이 쓰는 램프에서 나온 검댕을 사용했기 때문이다. 그 잉크는 재빨리 말랐고 그래서 인쇄지의 이면에 신속하게 인쇄할 수 있었다. 그의 종이는 평평하면서 반짝거리는 광택이 있었는데 '가열 압착' 덕분이었다. 베스커빌은 예전의 저패닝 경험을 바탕으로 개발한 듯한 이 기술을 비밀로 유지했고 그 신비로움을 은근히 즐겼다. 또한 압착기 구조도 향상시켰다. 그러나 그의 가장 큰 업적은 뭐니 뭐니 해도 활자 디자인이었다. 베스커빌이 구상하고 주조한 글자꼴은 깔끔하고 시원한 미감을 창조했고, 그 글자의 매력은 오늘날까지도 도서 제작에 영향을 미치고 있다.

그가 출판한 책은 고전과 정전이었고, 배스커빌 자신도 잘 아는 바와 같이 인류에게 필수불가결한 작품이었다. 베르길리우스, 호라티우스, 유베날리스, 루크레티우스, 테렌티우스, 아리오스토, 성경, 성공회 기도서, 스턴홀드와 홉킨스의 찬송가집 등등. 나중에 합류하여 자리를 더욱 빛내준 17세기와 18세기의 작가로는 조지프 애디슨, 윌리엄 콩그리브, 로버트 도즐리, 3대 섀프츠베리 백작 앤서니 애슐리-쿠퍼 등이 있다.

온 세상으로 내보내져 배스커빌의 활자 디자인을 널리 전한 책들은 국제적인 칭송을 받았다. 18세기의 또다른 인쇄업자이면서 독학자인 벤저민 프랭클린(다음 장의 주인공이다)은 1760년 펜실베이니아에서 영국으로 건너가 배스커빌을 만났고, 인쇄기에서 갓 나온 그의 책들을 사들였으며, 그가 래커칠한 제품을 구입했고, 배스커빌의 제지술과 인쇄술에 대해 문의하는 편지를 보내기도 했다. 볼테르는 배스커빌과 교류하면서 1771년에 자신의 저술 일부를 시범적으로 인쇄하도록 허가하기도 했다. 프랑스 활자공 피에르-시몽 푸르니에는 배스커빌의 이탤릭체가 "유럽의 그 어떤 활자 주조소에서 만든 것보다 낫다"라고 평가했고 저서 《활자 매뉴얼》(1766)에서 배스커빌 서체를 칭찬했다. 잠바티스타 보도니가 경력 초창기인 1768년에 로마를 떠나 영국으로 건너간 것도 배스커빌 때문이었다. 보도니는 나중에 장식 없는 '근대적' 활자를 만든 활자공이다.

윌리엄 허턴은 이렇게 썼다. "존 배스커빌의 손가락을 통과한 것들은 생생한 흔적을 지니게 된다." 배스커빌이 처음 발간한 책은 그가 펴낸 가장 위대한 책이라고 평가된다. 인쇄하는 데만 3년이 걸렸다. 그 책이 제본되지 않은 묶음 형태로 1기니의 가격으로 출시되었을 때 배스커빌은 51세였다(앞서 보았듯이 당시 독자들은 종종 제본되지 않은 인쇄지 묶음을 사들여 제본소에다 제본을 맡겼다). 로마 시인 베르길리우스의 시를 수록한 이 판본은 배스커빌의 출판 영역을 구획 짓는 책이었다. 정전으로 취급되는 고급 라틴어 텍스트가 담긴 약 450쪽의 두꺼운 콰르토판이고, 배스커빌의 디자인 시방서示方書대로 최근에 주조된 그레이트프리머(18포인트) 활자로 인쇄되었으며, 책 전체가 너무나 잘 디자인되고 제작되어 기적적일 정도의 평온감을 만들어내고 있다.

페이지마다 균형미와 간명함이 깃들어 있어서 편안히 숨쉴 수 있는 공간을 창출한다. 장식도 없고 삽화도 없다. 이로 인해 활자를 빈 공간에 설치한 느낌을 준다. 프랑스어로는 미장파주mise-en-page라고 하는데 곧 '페이지 위에 올려놓기'다. 동시에 그 페이지들은 키스 임프레션kiss impression의 결과물이다. 배스커빌의 압착기 기사인 리처드 마틴이 마치 가볍게 입을 맞추듯 종이에 가해지는 활자의 압력을 최소화한 것이다. 이것은 배스커빌이 나무 압착기에 도입한 특별한 압력 조정 장치 덕분에 가능했다. 그는 2센티미터 두께의 기계로 잘라낸 놋쇠를 가지고 특별한 압착판(종이를 활자에 압착하는 판)과 글자판(고정시킨 활자들을 배열하는 판)을 만들었고, 활자가 종이에 너무 깊이 박히는 것을 막기 위해 보통 포장이 아니라 고급 천으로 포장된 부드러운 우피지 팀판tympan(인쇄할 종이를 내려놓는 틀로, 압착판의 힘이 여기에 가해진다)을 사용했다.

그 결과 인쇄된 글자는 더 선명하고, 더 일관성 있고, 더 깨끗해진다. 활자 역사가이자 비평가인 비어트리스 워드의 말을 빌리면 "매력적이 배스커빌이 처음 발간한 《베르길리우스의 전원시, 농경시, 그리고 아이네이스》(1757).

고, 완벽하게 마무리되었고, 그 어떤 상황에도 어울리는 활자"가 된 것이다. 활자의 가장 유명한 정의는 스탠리 모리슨이 1930년에 쓴 다음의 것이다. "어떤 특정한 목적에 맞추어 인쇄 자료를 적절히 배치하고, 글자를 잘 배열하고, 공간을 잘 분배하고, 활자의 크기와 간격을 잘 조절해 텍스트의 의미를 독자가 최대한 수월하게 파악할 수 있게 하는 것." 이 정의는 2세기 전의 사람인 배스커빌의 작업을 아주 완벽하게 묘사하는 듯하다. 베르길리우스의 책이 출판되기 직전에 배스커빌은 어느 편지에서 이 우아한 책 뒤의 원동력과 노고를 이렇게 서술했다. "나는 7년 동안 인쇄술과 활자 주조를 연구해왔습니다. 날마다 현미경을 사용하며 이 작업에 너무나 몰두하느라 눈이 상할 지경이었습니다."

나는 여러 도서관에 소장된 많은 배스커빌의 책을 살펴보았지만 손으로 쓴 주석이나 밑줄이나 촌평(가령 윈킨 드워드의 책에서 자주 발견되는 'No!' 같은 메모들)을 보지 못했다. 배스커빌의 책은 그와는 다른, 경외감 어린 독서의 자세를 기대한다. 여러 세기를 꼿꼿하게 견디어온 이런 책들처럼, 배스커빌은 머리를 꼿꼿이 든 채로 한평생을 살아왔다. 배스커빌의 자세에 대해 허턴은 이렇게 말했다. "비록 프리깃함에 들어가는 가벼운 목재로 만들어졌으나, 그의 움직임은 함대 속의 함정처럼 아주 진중했다."

배스커빌이 만든 베르길리우스 책의 책배는 황금빛이다. 종이는 부드럽고 광택이 난다. 이런 부드러운 표면은 인쇄할 때 고른 압착을 위해 신중하게 힘을 가했다는 뜻이고, 그렇게 해서 더 깨끗하고 더 선명한 글자들을 만들어냈다. 광택이 나는 것은 인쇄가 끝나자마자 잉크가 채 마르지 않은 상태에서 종이를 인쇄기에서 떼어내 뜨거운 구리판 사이에 집어넣은 결과였다. 그러면 종이가 잉크를 흡수해 색깔이 흐릿해지는 것을 막는다. 책의 앞쪽 절반은 워터마크가 없는 직물 무늬 종이에 인쇄되었다. 이 종이는 아주 가는 놋쇠 와이어로 밑판을 깐 제지용 거푸집에서 만들어진 것이다. 이 거푸집은 평행선 무늬가 비치는 종이를 만들어내는 평행 거푸집과 달리, 직물 무늬가 비치는 아주 부드러운 고급 종이를 만들어낸다. 여기에 배스커빌의 압착 기술이 가미되어 종이가 더욱 광택을 내게 되었다. 배스커빌이 이 종이를 발명하진 않았다. 그 영예는 서양 제지의 역사에서 보자면 켄트의 제지공 제임스 화트먼(1702~1759)에게 돌아가야 한다. 배스커빌이 1757년에 발간한 베르길리우스 책은 그 종이를 사용한 초창기의 것이었다. 이 책의 선주문자 목록은 여덟 면에 걸쳐 기재되었는데, 500명이 넘는 유·무명 인사의 총집합이었다. 그 대다수는 배스커빌의 1754년 시범 인쇄 때에도 응답했던 사람들이었고, 체스터필드 백작부터 글로스터셔의 뉴넘에 사는 P. 크럼프에 이르기까지 다양했다. 멋진 책을 사기 위해 열심히 돌아다녔던 벤저민 프랭클린은 같은 책을 여섯 부 사들였다. 런던의 출판사 대표이자 책판매상인 로버트 도즐리도 스무 부를 사들였다. 배스커빌은 볼테르에게도 한 부를 보냈다.

베스커빌 활자의 뛰어난 선명성은 1758년 옥타보판《실낙원》(1500부 발행)과 1759년 콰르토판《복락원》(700부 발행)에서도 그대로 유지되었다. 판매와 제작 부수라는 관점에서 볼 때《실낙원》은 배스커빌의 가장 성공한 책이다. 선주문자 목록은 아주 길다. 아가일 공작, 애덜리 목사, 낸트위치 교장, 에라스뮈스 다윈, 의사 리치필드, 울스턴의 미스 허버트 등등. 이 책에는 배스커빌이 쓴 유일한 서문이 실려 있다. 활자를 통해서 본 자서전인 이 글은 개인적 생애와 활자 만들기가 서로 긴밀하게 얽혀 있다. 그 글은 "종이, 활자, 잉크, 그리고 장인 정신"에 대한 열정이 어떻게 발전해왔는지 서술한다. 배스커빌은 이렇게 썼다. "어려서부터 활자의 아름다움에 매료된 사람으로서 활자를 완벽하게 만드는 일에 혼신의 힘을 다했다." 배스커빌의 한평생은 "내가 보기에 가장 이상적인 비율을 갖춘 한 벌의 활자를 만들어내는 것"으로 묘사되어 있다. 데뷔작 베르길리우스 책과 같이, 배스커빌의 야망은 이미 정전의 지위를 확보한 중요한 텍스트를 그에 걸맞게 인쇄하겠다는 것이었다.

> 많은 책을 찍어내는 건 내가 바라는 일이 아니다. 중요한 책, 본질적 가치가 있는 책, 명성이 확립된 책, 대중이 우아하게 단장하기를 바라는 책만 인쇄하려고 한다. 그리하여 그런 책에 들어간 엄청난 공력 및 비용에 상응한 값을 독자가 기꺼이 지불하도록 하려고 한다.

윈킨 드워드와 달리, 배스커빌은 인쇄를 대중화하기 위해 책을 만들지 않았다. 배스커빌의 책은 값비싼 물건이었고, 공들여 제작되었으며, 높은 완성도를 추구했다. 이런 책을 제작하는 기술이 발달하는 데에는 시간이 걸렸다. 배스커빌은 서문에서 기술적으로 세련되어가는 점진적 과정을 묘사했다. 여러 면에서 그의 경력은 공정 및 기술 역량이 완만하게 두터워져가는 대표적인 사례였다. 그는 1752년에 자신의 인쇄술에 대해 "완벽을 향해 아주 서서히 나아가는 과정"이라고 말했다. 《실낙원》에 실린 그의 자전적 서술은 이렇게 계속된다.

많은 세월과 적지 않은 비용을 들여서야 이러한 기술을 스스로 만족할 만큼 발전시킬 수 있었다. 그제서야 베르길리우스 책을 만들었고, 이 책을 본 독자들은 크게 호평해주었다. 종이와 인쇄의 품질은 크게 향상되었고, 사람들은 그것을 놓치지 않고 알아보았다. 그 모두를 관통하는 장인 정신 역시 평가해주었다.

더 좋은 책을 향한 끝없는 분투는 배스커빌의 개인적 프로젝트였지만("나는 기존과 완전히 다른 정확성을 기해야 한다고 마음먹었다") 그것은 국가적 자부심과도 관련된 문제였고, 당시 막 생겨나기 시작한 활자 주조의 영국적 전통에 대한 깊은 헌신이기도 했다. 배스커빌은 캐슬론 주조소가 그런 전통의 진작에 크게 기여했다는 것을 알았다. 그 주조소는 1720년경에 총포 제작자인 윌리엄 캐슬론이 창업한 것이었다. 배스커빌이 볼 때 캐슬론은 영국 활자가 발전하게 되는 중요하지만 다소 부족한 출발점이었다("그는 발전의 여지를 남겼다"). 배스커빌은 "최고로 우아하고 정확한" 폴리오 성경을 출판하고 싶다는 희망을 밝히면서 그 서문을 마무리 지었다. "나는 이런 성경이 영국의 인쇄술에 상당한 영예를 안겨주리라고 생각한다."

배스커빌은 케임브리지대학의 인쇄공으로서 일은 많고 보수는 형편없어서 아주 불만족스러운 생활을 하던 1763년에 목표한 성경을 출판했다. 배스커빌의 성경은 장엄하면서도 평온한 두 권짜리 폴리오판인데, 이 성경은 부드러운 종이, 반짝거리는 잉크, 정경 텍스트임을 의식한 시원한 공간 처리 등 그만의 독특한 인쇄 스타일을 보여준다. 이 책은 4기니(4파운드 20실링, 오늘날의 가치로 약 400파운드〔약 75만 원〕)에 팔려나갔는데 절반은 계약과 동시에 지불하고 나머지 절반은 책을 배달받으면 내는 방식이었다. 총 1250부가 인쇄되었다. 이 성경의 한 판본이 오늘날 버밍엄대학의 캐드버리 연구센터에 전시되어 있다. 이 최종 안착지를 찾기 전에 이 판본은 버밍엄대학의 B. T. 데이비스 박사 소유였고, 그전에는 라일랜드 가문의 것이었다. 새뮤얼 라일랜드(1764~1843)의 장서표가 대리석 무늬의 표지 안쪽에 첨부되어 있고 "끝은 없다"라는 그의 좌우명이 장서표에 새겨져 있다. 라일랜드 가문 이전에, 이 책은 존 배스커빌의 아내인 세라의 소유였다. 세라 배스커빌의 장서표가 표제지 맞은편에 부착되어 있다.

배스커빌 활자는 어떤 스타일을 가졌는가? 그것을 이해하려면 그 활자를 이전의 것과 대조해보아야 한다. 배스커빌은 갑자기 완전히 새로운 것을 시작한 혁명가가 아니라, 자신의 기술을 점점 더 발전시키며 점진적으로 일한 실용주의자였다. 배스커빌은 활자의 모델로 윌리엄 캐슬론과 그의 동생 새뮤얼이 사용한 활자를 선택했다. 캐슬론 활자는 당시 영국 인쇄업계를 주름잡던 네덜란드 글자꼴을 바탕으로 한 것이었다.

다음 쪽의 이미지는 1757년의 시범 인쇄 시 제시된 배스커빌의 활자 견본으로, 로마자 서체 4종과 이탤릭 서체 2종이다. 이어지는 이미지는 1476년 베네치아에서 나온 인쇄지다. 이 글자는 프랑스 식각사와 인쇄공이자 활자 디자이너인 니콜라스 젠슨이 만든 것인데 젠슨은 최초로 로마자 서체를 만든 인물로 인정받고 있다. 이 텍스트는 1세기의 로마 작가인 대大플리니우스의 《박물지》를 인쇄한 것인데, 그 주위에는 손으로 채색한 삽화가 곁들여져 있다.

배스커빌은 글자의 얇고 두꺼운 획들 사이의 대조를 한결 강화했다. 그가 만들어낸 활자들의 중심 축은 좀더 수직적인 자세를 취하고 있다. 그래서 그의 활자들은 더 날씬하고 꼿꼿한 모습이다. 커브가 진 필획은 좀더 부드럽고 동그란 모양이고 그래서 그의 e의 눈은 그보다 비좁은 s와 대조를 이룬다. 그의 글자들은 좀더 규칙적이고, 세리프serif(글자의 획을 맺는, 글자 끝의 약간 돌출된 선)는 더 수평적이고 더 날카롭고 더 가늘다. 배스커빌 활자의 대표적인 특징을 보여주는 대문자 Q는 글자의 본체보다 더 멀리 나아가는 세리프를 갖고 있다. 펼쳐놓은 리본처럼 그 꼬리의 두께는 넓어지다가 다시 좁아진다.

소문자 g 또한 주목할 만하다. 그 귀는 오른쪽으로 처져 있고 그 아래쪽의 열린 주발은 우아한 글씨를 써내는 펜의 재빠른 원 그리기를 연상시킨다.

배스커빌 활자 견본. 로마자 서체 4종과 이탤릭 2종.

니콜라스 젠슨이 펴낸 대大플리니우스의 《박물지》(베네치아, 1476).

> **Q. HORATII**

배스커빌 견본 왼쪽 아래의 소제목을 확대한 것. 멋진 Q를 주목하라.

파리의 활자 디자이너인 피에르-시몽 푸르니에는 배스커빌의 서체를 "예리함의 진정한 걸작"이라고 말했다. 나는 배스커빌의 선명한 활자가 합리주의 · 신고전주의를 강조한 18세기 후반의 계몽주의 문화와 관계가 있음을 지적하고 싶다. 배스커빌의 활자는 명석함을 만들어냈고 중요한 문학 작품을 꾸준히 후대에 전했다. 나는 또한 활자의 역설을 주목하고 싶다. 아름답고 멋지고 기술적으로 탁월한 인쇄된 활자들은 텍스트의 의미를 분명하게 드러내고 또 그것으로부터 벗어나려고 하지 않으면서도, 동시에 일종의 불가시성을 추구한다. 비어트리스 워드가 1932년에 쓴 글에 따르면, 활자는 우리가 그것을 의식하지 못할 때 비로소 성공한다. 오로지 "못생긴 활자만이 그 자신을 소거시키지 않는다." 이러한 기준을 적용해볼 때, 배스커빌의 인쇄된 활자들은 가시성과 불가시성 사이에서 어른거린다. 그 활자들은 글자꼴로 예술적 미감을 만들어내지만, 의미를 전달하는 데 있어서 투명성을 겨냥한다. 비어트리스 워드의 유명한 비유처럼, 포도주를 담은 수정처럼 투명한 유리잔이 되기를 바란다. 활자 역사가들은 배스커빌의 서체가 '전환기'적 성격을 띠고 있다고 말한다. 배스커빌의 활자는 이전의 무거운 캐슬론 활자들, 그리고 15~16세기의 '오래된 스타일'에서 벗어나 '근대적'인 세련됨으로 이동해가는 활자이기 때문이다. 근대적 활자는 주로 잠바티스타 보도니(1740~1813)와

congratulate

배스커빌 견본 왼쪽 위의 텍스트 일부를 확대한 것. 소문자 g를 주목하라.

프랑스에서 피르맹 디도(1764~1836)가 주조한 활자를 통칭하는 것이다. 자그마한 활자에 대해 이런 거창한 얘기를 하는 것은 그것에게 엄청난 부담을 안겨주는 일일지 모른다. 그렇지만 배스커빌 견본만 보아도 우리는 그의 공간감, 일관성, 자신감 넘치는 평온함을 즉각 느낄 수 있다.

이런 글자꼴은 배스커빌이 손으로 글씨 쓰기를 가르친 경험에서 나온 것이다. 비어트리스 워드는 이렇게 썼다. "펜을 가지고 글씨를 세심하게 써보면, 그리고 어떤 글자는 올바르게 보이는데 다른 글자는 그렇지 않은지에 대해 관심을 기울인다면, 글자꼴은 언제나 당신에게 실제적이고 생생한 것으로 나타날 것이다." 배스커빌은 20세에 버밍엄의 그래머 스쿨에서 습자와 부기를 가르친 듯하다. 허턴의 기록에 따르면 1737년에 그는 투우장에 자신의 학교를 설립했다. 우리는 세로 22센티미터, 가로 27센티미터의 석판에 새겨진 여러 가지 서체의 형태를 통해 그의 초창기 글씨 실력을 살펴볼 수 있다. 이것은 말하자면 일종의 거대한 광고판 혹은 대형 사업용 명함 같은 것이었다. 이 석판은 오늘날 버밍엄대학의 도서관에 소장되어 있다.

석판의 맨 위에다 배스커빌은 프라크투르Fraktur(고풍스러운 장식형 서체)를 보여준다. 이어 두 번째 줄에서는 두 개의 대문자를 포함한 소문자 로마자 서체를 선보인다. 그리고 라운드핸드roundhand(둥글둥글한 장식형 필

버밍엄대학 도서관이 제작한 배스커빌의 석판 사본.

기체)로 By라고 쓴 뒤 자기 이름을 고대 영어 고딕체로 쓰고, 마지막으로 약간 기울어진 이탤릭 대문자로 달필WRITING MASTER이라고 써넣었다. 이 석판은 배스커빌이 연구했을 글씨 교정 교재에 나오는 글씨들을 닮았다. 이런 우아한 손글씨가 인쇄용 서체를 개발하는 데 모델로 사용된 것이다. 가령 배스커빌의 글씨 Stones에서 저 멋지고 화려한 S는 조지 셸리의 책 《자연스러운 손글씨 제2부, (…) 여러 가지 멋진 필기체와 디자인 (…) 온전한 손글씨 길잡이 책》(1714)에 나오는 특정한 글자꼴과 밀접한 관계가 있다.

국제적 명성을 떨친 배스커빌의 인쇄업 성공은 고향인 버밍엄 지역 세계가 만들어낸 것이라고도 할 수 있다. 그는 폭발적인 진취적 에너지를 체험하던 18세기의 버밍엄에서 태어났다. 미들랜즈 계몽주의는 뛰어난 재주를 가진 한 무리의 사람들에 의해 추진되었다. 버밍엄의 최근 역사가의 말에 따르면 "그들은 당시의 낙관주의, 겁 없는 탐구, 물질적 번영을 대표하는 인물이었다." 야심만만한 산업가였던 매슈 볼턴은 핸즈워스 히스의 소호 땅(5헥타르)에다 공장, 작업장, 수백 명 노동자의 숙소를 지었다. 그곳은 훌륭한 조경을 자랑하는 정원, 조류 사육장, 동물원, 끽다실을 갖춘 대귀족의 시골 별장을 연상시켰다. 일단의 사람들은 볼턴의 소호 저택에서 모여 저녁 식사를 하며 다양한 대화를 나누었는데, 달 밝은 밤에 만나 달빛을 받으며 헤어진다고 해서 루나 소사이어티Lunar Society 라는 모임 이름을 갖게 되었다. 그들은 도수 높은 포도주를 마시면서 합리성의 철학과 사업상의 연결 관계를 논했는데, 그런 사상적 발전이 버밍엄을 지방 도시에서 국제적 번영 도시로 변모시키는 데 일조했다. 루나 소사이어티에는 과학자, 산업가, 지식인이 많았다. 의사이며 시인이며 무신론자인 에라스뮈스 다윈, 화학자이자 신학자인 조지프 프리스틀리, 발명가인 제임스 와트, 도예가이자 산업가인 조사이아 웨지우드, 인지 부조화 없이 퀘이커주의와 총포 제작을 결합할 수 있었던 새뮤얼 골턴 주니어 등이 대표적이다. 루나 소사이어티는 애초 우정을 다지고 사업적 관계를 강화하려는 모임이었으나 점차 특정한 문화를 대표하는 집단이 되었다. 그들은 반체제적이고, 도시적이며, 자유로운 사상(무신론)을 갖고 있었고, 과학적이며, 이윤을 추구하고, 정치적으로는 진보적이며, 프랑스를 좋아하고 프랑스 혁명을 여러모로 지지했다(다만 공포정치는 반대했다). 그들은 합리주의를 철저하게 신봉하면서 기존의 통상적 신념이나 실천을 혁파하려 했는데 때로는 기존의 것들을 경멸하는 듯한 태도를 보이기도 했다. 배스커빌은 교회의 전례 행사에서 시작해 신통치 않게 관리되는 사업상의 거래에 이르기까지 모든 비합리적인 것을 경멸했다. 그는 루나 소사이어티의 핵심 구성원은 아니었으나 자연스럽게 동지적 관계를 맺었고 그런 환경 속에서 활동했다.

진취적 발전이라는 이런 폭넓은 계몽 정신 덕분에 버킹엄은 금속 분야에서 숙련된 일꾼이 많았고, 그래서 경금속 제품이 많이 생산되었다. 매슈 볼턴은 1772년에 쓴 글에서 그런 폭발적 생산의 분위기를 다음과 같이 열거했다.

코담배 상자, 도구함, 이쑤시개 상자, 도금·유리·강철 소도구, 은제 세공 상자, 바늘 책 등등. 찻잔, 큰 맥주잔, 컵, 커피포트, 크림 통, 촛대, 각종 도금 제품, 소스 종지, 항아리 등등. 청동 찻잔, 안쪽이 도금된 찻주전자, 냄비, 치즈 토스터 등등등.

이처럼 '등등'이 많이 나오는 가운데, 인쇄와 도서 출판은 버밍엄 발전의 한 양상으로 등장했다. 1662년의 허가법은 인쇄업자의 수와 장소를 제한함으로써 내전 이후의 심리적 상처를 겪은 왕권을 강화하려는 것이었다. 이 법에 따르면 인쇄는 런던에서는 정해진 수의 허가받은 인쇄기로만 해야 했다. 옥스퍼드와 케임브리지에서는 대학 당국의 허가를 받아 인쇄를 해야 하고, 요크에서는 대주교의 감독을 받아야 했다. 이것은 왕실이 인쇄의 에너지를 질식시키고 마음대로 통제하겠다는 뜻이었다. 그러나 이 법은 1695년에 이르러 사문화되었고, 1750년경에는 영국 주요 도시마다 인쇄소를 갖추게 되었다. 버밍엄의 인쇄 역사는 1712년 도시의 최초 인쇄업자인 매슈 언윈으로부터 시작된 것으로 보고 있다.

배스커빌이 인쇄업으로 전향한 것은 1750년경이었는데, 인쇄업이 전국 규모의 사업으로 자리잡던 때였다. 배스커빌의 인쇄업 진출은 습자 강사 및 저패닝 광택 사업이라는 전력에 의해 형성되었고 버밍엄의 진취적 문화도 한몫했지만, 좀더 구체적인 사건들에 의해 촉발되었다.

첫 번째 사건은 1750년 여름에 그가《유니버설 매거진》에 실린 "인쇄 활자의 설계·주조·준비의 기술, 주조소의 현장 그림 수록"이라는 기사를 본 것이었다.《유니버설 매거진》은 그 표지에서 선언한 바와 같이 "신사, 상인, 농민, 자영업자"에게 "진취적이고 유용한 정보를 제공"하는 것을 목적으로 삼은 잡지였다. 이 기사의 상당 부분은 조지프 목슨의 책《인쇄술에 대한 기계적 훈련》을 요약한 것으로, 일반 대중에게 활자를 만드는 기본 요령을 알려주었다. 활자 디자인을 스케치하고, 펀치를 만들고, 매트릭스를 제작하고, 활자 거푸집을 만들고, 끝으로 활자를 주조하는 과정을 서술했다. 도서 출판의 다른 많은 양상이 그러하듯이, 활자 주조 방식은 15세기 중반에서 19세기 중반에 이르는 동안 별로 변화하지 않았다. 무슨 정보든 빨리 읽고 독학자 특유의 갈증으로 빨리 흡수했던 배스커빌은 활자를 깎으려면 시계 제조공이 사용하는 '각종 망치와 끌'이 필요하다는 것을 알았다. 그는 활자 디자인에 필요한 각도를 철저히 익혔다. 납과 주석과 안티몬을 적정 비율로 용광로에 집어넣고 펄펄 끓여서 녹인 다음에 국자로 퍼서 글자가 음각된 쇠 거푸집에다 집어넣으면 활자가 만들어졌다. "이렇게 주조공은 하루에 약 3천 개의 글자를 만들어낼 수 있다." 그렇게 해서 배스커빌은 활자의 신체 구성을 터득했다. 활자의 '얼굴'은 '머리'의 앞부분에 있는데 '수염'과 '목'을 가지고 있고 그 아래로는 '등'과 '배'와 '몸'이 있다.

배스커빌은 《유니버설 매거진》에 실린 윌리엄 캐슬론의 주조소 내부 스케치도 연구했을 것이다. 그림 왼쪽에는 활자 주조공 네 사람이 서서 활자를 만들고 있다. 가운데 탁자에 있는 세 소년은 거푸집에서 막 나온 활자를 털어내고 문질러서 매끈하게 한다. 배스커빌은 이 가운데 탁자 양옆에 있는 커다란 도구함을 유심히 살펴보았을 것이다. 그 복잡성을 강조하기 위해 기술적 진보의 우화인 듯 열 배 크기로 확대해 그려진 이 도구들은 주조소의 분위기를 전한다.

배스커빌이 《유니버설 매거진》의 이 기사를 읽었을 즈음에, 두 번째로 중요한 사건이 발생한다. 세라 이브스라는 여성이 그의 삶에 등장한 것이다. 세라는 배스커빌의 인쇄 경력에서 중요한 변화의 촉매제였다. 그녀가 없었더라면 그의 책 만들기는 그렇게 번창하지 못했을 것이다. 오랫동안 그녀는 아내로서도 사업 파트너로서도 그럴 법한 사람이 아니었다. 버밍엄 근처의 애스턴에서 태어난 세라 러스턴은 16세이던 1724년에 야들리에 사는 리처드 이브스와 결혼했다. 부부 사이에는 3남(로버트, 존, 리처드) 2녀(세라, 메리)가 있었다. 두 사람의 결혼생활은 대체로 남편의 사기와 거짓말 때문에 금이 가기 시작했다. 세라는 범죄자와 결혼했던 것이다. 리처드 이브스는 자기 형의 유서를 위조해 형 로버트가 '사랑

활자 주조소의 작업장. 《유니버설 매거진》 1750년 6월호에서.

하는 동생'에게 모든 재산을 남긴다는 내용으로 조작했다. 이 위조가 들통 날 경우 교수형에 처해질 것을 두려워한 리처드는 1743년에 세라를 버리고 미국으로 달아났다. 졸지에 생과부가 된 세라는 그 무렵에 맏아들의 죽음까지 겹치는 슬픔을 겪어야 했다. 리처드는 그후 19년 동안 역사 기록에서 사라졌다. 그가 미국에서 벌였을 범죄 행각은 알려지지 않았다. 그러다가 1762년에 버밍엄으로 돌아와서 집안 소유의 땅을 가로채려 했으나 실패했다.

1750년에서 1764년 사이에 세라와 그녀 슬하의 살아남은 4남매는 정원이 딸린 배스커빌의 거대한 저택 이지힐에 들어와 살았다. 세라의 직

책은 '가정부'였으나, 모든 사람이 그녀를 사실상의 아내라고 여긴 듯하다. 세라의 남편이 미국 어딘가에 살아 있다 보니 두 사람은 결혼할 수가 없었다. 때때로 사람들의 비방은 야비했다. 시인 윌리엄 셴스턴은 배스커빌의 인색한 돈 씀씀이를 풍자하는 가십성의 시들을 유포했다. 그러나 세라는 이미 많은 고통을 겪었기 때문에 비뚤어진 입을 가진 시인의 헛소리에 타격을 받지 않았다. 세라는 두 사람이 정식으로 결혼하기 몇 년 전부터 이미 배스커빌 부인이라는 호칭으로 불렸다. 그들은 리처드 이브스가 몇 달 전에 사망했다는 소식을 듣고 비로소 1764년 6월에 결혼했다. 이때 배스커빌은 57세, 사라는 56세였다. 배스커빌은 세라의 자녀를 친자식처럼 대했다. 존을 '나의 장남'이며 '후계자'라고 불렀다. 존이 1763년에 죽었을 때 그는 크게 슬퍼했다.

배스커빌의 인쇄 실험이 시작된 것은 세라와 그 자녀가 함께 살기 시작한 1750년 무렵이었다. 배스커빌의 존재는 비판적인 외부 세계에는 불확실하거나 반항적인 것으로 보였으나, 세라와 맏아들 존에게는 투명하고 올바르게 보였다. 이런 가정적 배경 덕분에 그는 새로운 열정으로 일에 전념할 수 있었다. 세라는 그의 상상력을 자유롭게 풀어놓았다. 그는 가정에서 언제나 자유롭게 자기 생각을 말하긴 했지만, 특히 세라가 옆에 있으면 그 배경이 되는 생각까지도 털어놓을 수 있었다. 그는 《실낙원》 서문에서 이렇게 썼다. "나의 주의를 사로잡은 여러 가지 기계적 기술 중에서 활자 주조만큼 지속적인 즐거움을 안겨준 것은 없었다." 지속적 즐거움은 그것을 마련해주는 환경 속에서만 가능한 것이었다.

세라는 정서적 안정 이상의 것을 제공했다. 그녀는 배스커빌과 함께 보낸 세월 덕분에 인쇄술을 어느 정도 익히게 되었다. 1775년에 배스커빌이 사망한 후에 세라는 생전에 남편이 인쇄했던 책들의 새로운 판본을 두 권 출판했다. 이것은 남편을 추모하는 뜻도 있었지만 동시에 그녀 자신의 책 만들기 능력을 드러낸 것이기도 했다. 첫 번째 책은 데이비드 제닝스의 《메달의 지식에 관한 입문서》(1775)였다. 책배에 대리석 무늬 처리를 한 옥타보판인데, 런던의 세인트폴 성당 마당에 자리잡은 유명한 베스트셀러 서적상이면서 급진적인 인물인 조지프 존슨의 가게에서 판매되었다. 두 번째 책은 호라티우스의 《서정시집》 라틴어 판본(1777)으로 두오데키모(12절)판이었다. 이 두 책은 상당한 수준의 자신감과 인쇄 기량을 보여주는데, 세라가 남편의 살아생전에 인쇄기 옆에서 일하며 많은 시간을 보냈다는 것을 알 수 있다. 역사가들은 인쇄소의 미망인들이 대개 남편 사후에 비로소 책 만들기에 뛰어들어 인쇄술을 습득했다고 말하는데, 세라는 이미 남편 생전에 책 만들기에 적극적으로 참여한 것이다. 어떤 저명한 디자인 역사가는 세라가 명성을 얻게 된 것이 배스커빌의 가정사에 얽힌 스캔들 덕분이라고 평가했는데, 이는 실제 상황에서 크게 벗어난 비방이라 하지 않을 수 없다.

 배스커빌의 저패닝 사업 성공에서 세라의 실무적 참여를 좀더 분명하게 확인할 수 있다. 배스커빌은 약 200년 동안 버밍엄과 울버햄프턴에서 주력 산업이었던 저패닝의 초기 사업가였다. 1742년 배스커빌은 차 그릇과 가정용 식기 등 '아주 단단하고 평평한' 금속 제품의 제조 기술에 대해 특허 신청을 했다.

 나는 다음 제품들에 저패닝 혹은 광택을 내는 기술에 대해 특허를 신청합니다. 좋은 광택이 나는 마호가니 제품, 가장 완벽한 인도산 제품에 비해서도 손색이 없는 검은색 제품, 색깔이나 단단함에 있어서 자연을 훨씬 능가하는 인조 별갑 등을 생산하기 위한 기술입니다. 이런 제품의 완벽한 색깔과 광택, 그 아름다움은 난폭한 힘을 가하지 않는 한 오랜 세월 동안 손상되지 않을 것입니다.

배스커빌은 사업에서 성공을 거두어 버밍엄 북동쪽에 있는 3헥타르의 땅 이지힐을 사들일 수 있었다. 그는 그 넓은 땅에 저택을 지었다. 실내의 우아한 마호가니 계단은 위층으로 이어졌고 그 창문에서 방문객은 아래쪽 정원을 내려다볼 수 있었으며 숲 너머의 작업장과 창고도 볼 수 있었다. 배스커빌은 죽을 때까지 이지힐에 살았다. 그는 저패닝 광택을 낸 널빤지를 측면에 붙인 마차를 사들였고, 백마 네 마리가 끄는 마차가 버밍엄 시내를 돌아다녔다. 윌리엄 허턴은 이 마차를 가리켜 "잘나가는 배스커빌 사업의 상징적 명함"이라고 말했다. 배스커빌은 "건강이 쇠퇴하던 시기에도 (…) 잘생긴 남자의 풍모를 간직했고, 마차의 뒷좌석에 앉았으며, 자기 옷을 황금빛 레이스로 장식하기를 좋아했다." 그는 절반은 윈킨 드워드였고 절반은 리버라치〔화려한 옷을 즐겨 입은 20세기 미국의 유명한 피아니스트〕였다.

방문객은 배스커빌의 저패닝 사업이나 출판 사업에서 세라가 중심적 역할을 한다는 것에 주목했다. 1766년에 셸번 부부가 이지힐을 방문했을 때, 셸번 공과 배스커빌이 책에 대해 환담을 나누는 동안 세라는 셸번 부인에게 저패닝 작업장을 보여주었다. 부인은 그날 일기에 이렇게 썼다. "그 사업은 그녀가 대체로 주관했다." 그 사업은 세라의 감독 아래 1754년에서 1767년까지 계속 확장되었고, 도제만 아홉 명을 두었는데 다른 경쟁 업소보다 많은 수였다. 저패닝 사업은 중요했다. 거기서 나오는 수익으로 1750년대에 배스커빌이 열성적으로 개발한 초창기 인쇄술의 연구 비용을 충당했기 때문이다. 오랜 세월에 걸쳐 익힌 배스커빌의 금속과 래커의 혼합 기술은 배스커빌의 활자 주조와 잉크 제작에 크게 기여했다. 이본 존스의 최근 주장에 따르면 배스커빌의 저패닝 광택의 주요 재료는 램프의 검댕, 아마인유, 호박 수지였다. 인쇄공 T. C. 핸사드도 1825년에 배스커빌 잉크의 비결은 이런 요소를 잘 배합한 것이라고 밝힌 바 있다.

한동안 다소 잊힌 상태였던 배스커빌의 18세기 서체는 20세기 들어 런던의 랜스턴 모노타이프라는 회사에 의해 되살아났다. 모노타이프사는 1885년에 특허를 받은 모노타이프 기계를 밑바탕으로 설립되었다. 그 기계는 활자를 새로운 기계적 방식으로 주조하는 것이었는데, 많이 복잡했다. 압축 공기로 구동되는 다루기 까다로운 타자기 스타일의 자판을 사용해 사용자가 글자를 타이핑하면 장치가 종이에 특정한 구멍을 낸다. 이 종이를 오르골 내부의 롤처럼 생긴 주조 기계에 집어넣어 읽히면, 뜨거운 금속 조각으로 활자를 만들어낸다.

경쟁 기계인 라이노타이프가 활자를 한 줄 단위로 만들어낸 반면 모노타이프는 개별 글자로 만들어냈기 때문에 오류를 한결 쉽게 교정할 수 있었다. 두 기계 모두 활자를 재사용하지 않는 방식을 지향했다. 전통적인 인쇄에서 개별 활자들은 나중에 다시 사용하기 위해 일일이 원래 있던 자리에 되돌려놓는 번거로운 과정을 거쳐야 했다. 그러나 모노타이프는 인쇄하고 나면 활자를 다 녹여서 다음번에 새로 만들어 사용할 수 있었다.

모노타이프사의 활자 고문관인 스탠리 모리슨은 자기네 기술을 더욱 널리 알리기 위해 가라몽(가라몬드), 뱀보, 폴리필루스, 벨, 푸르니에 등 역사적 활자를 부활시켰다. 이런 활자들 중에 가장 큰 호응을 얻은 것이 배스커빌이었다. 배스커빌의 펀치는 17개 포인트(크기)의 활자를 만들어 냈는데, 모노타이프사는 배스커빌이 1772년에 펴낸 테렌티우스의 《희극》과 배스커빌 성경에 사용했던 18포인트 그레이트프리머 디자인을 기준으로 삼았다. (배스커빌은 그레이트프리머에 대해 이렇게 썼다. "안경을 쓰기 시작했으나 교회에서 안경 쓰는 것은 부끄러워하는 사람들을 위해 고안한 것.") 오리지널을 바탕으로 좀더 깔끔하고 세련되고 현대적으로 다듬은 서체가 등장한 결과, 배스커빌 서체는 다시금 영향력을 떨치게 되었다. 비어트리스 워드는 1927년에 이렇게 썼다. "배스커빌은 재발견됨으로써 항구적 지위를 얻었다." 케임브리지대학 출판부는 1924년 모노타이프 기계들을 들였다. 모노타이프 배스커빌 서체를 사용한 초창기 책들 중 하나는 《T. J. 코브던-샌더슨의 일기》(1926)인데, 이 인물에 대해서는 9장에서 자세히 다룰 것이다. 스탠리 모리슨은 이 서체에 대해 이렇게 말했다. "나는 자신 있게 예언할 수 있다. (…) 배스커빌의 디자인은 이미 확립된 세계 6대 표준 서체 중 하나로서 그 명성을 계속 보유하게 될 것이다." 다음번에 당신이 워드프로세서로 글을 쓰게 될 때 'Baskerville'을 선택해보라. 그러면 당신은 존과 세라의 어른거리는 얼굴에 퍼져나가는 미소를 상상할 수 있으리라.

세라 또한 현대적 감각이 가미된 채로 계속 살아 있다. 1996년에 슬로 바키아 태생의 미국 활자 디자이너 주자나 리코는 금속이 아니라 디지털 방식으로 활자를 창조하고서 거기에 '미시즈 이브스Mrs Eaves'라는 명칭을 붙였다. 리코는 그 명칭에 대한 저작권을 획득하기 위해 Mrs 다음에 오는 점을 제거했다. 그 활자는 리코와 그 남편이 운영하는 활자 판매 홈페이지 에미그레Emigre에서 배포되고 있다. 미시즈 이브스는 베스커빌 서체에 비해 더 작고 통통하다. 글자는 넓고 세리프는 두껍다. 글자 줄기와 헤어라인 사이 두께의 대조(배스커빌이 비판받았던 부분)는 완화되었다. 그러나 미시즈 이브스는 분명 배스커빌을 연상시킨다. 특히 소문자 g와 저 유명한 대문자 Q가 그렇다. 리코는 2002년 인터뷰에서 이렇게 말했다. "현대적으로 변형했지만 전통을 충분히 유지하려고 했다. 친숙하면서도 흥미를 일으킬 정도로 다르다." 서체 디자인 역사가 폴 쇼는 이렇게 말한다. "미시즈 이브스는 조용한 힘을 가지고 있다. 가독성이 높다. (…) 그리고 요란을 떨지 않는다." 이 활자는 비교적 폭이 넓기 때문에 책의 제목이나 짧은 광고에서 자주 사용된다. 미시즈 이브스는 텍스트에 존재감을 부여한다. 그 존재감은 읽기의 속도를 느리게 하는 효과가 있다. 이 서체는 현재 워드프레스와 펭귄 클래식 시리즈의 제목에 사용되고 있다. 또 라디오헤드와 콜드플레이의 앨범 표지, 피노누아 포도주 병 등 많은 제품에서 애용되고 있다.

한 장면을 상상하는 것으로 이 장을 마무리하자. 때는 1821년이다. 조지 4세가 얼마 전에 왕으로 즉위했고, 《맨체스터 가디언》 창간호가 막 발간

4장 활자 179

된 때다. 우리는 지금 버밍엄의 케임브리지 거리에 있는 철물점에 와 있다. '깁슨과 그 아들들'이라는 간판이 걸린 그 가게에서 키가 크고 허리가 약간 굽고 정중하고 아주 영리한 깁슨 씨는 가게를 통과해 뒷방으로 우리를 데려간다. 방 안의 불빛은 흐릿하다. 촛불이 펄럭거린다. 방 한가운데의 탁자 위에는 납으로 만든 관이 놓여 있다. 깁슨은 우리 각자에게서 6펜스를 받아 호주머니에 집어넣고서 관 뚜껑을 연다. 그 재빠른 동작은 전에도 여러 번 해본 솜씨다. 그는 속삭인다. "더 가까이, 더 가까이." 우리는 처음에는 긴장된 상태로 머뭇거리다가 곧 좀더 용기를 내어 관 속을 들여다본다. 그 안에는 하얀 리넨 수의에 감싸인 시신이 놓여 있다. 그 시신의 가슴에는 월계수 나뭇가지가 놓여 있는데 상태가 좋은 것으로 보아 지난주에 가져다놓은 듯하다. 그렇지만 그 시신은 차가워진 지 이미 46년째다. 두 눈알은 사라졌지만 피부, 눈썹, 치아는 여전히 남자의 얼굴을 증언한다. 매우 고약한 악취가 난다. 깁슨은 15초 후에 관 뚜껑을 닫는다. 그리고 말한다. "유럽의 가장 위대한 인쇄공입니다. 또 보고 싶으면 다음주에 오세요."

배스커빌의 시신은 그의 활자가 그랬듯 사후에도 위엄 넘치는 안식을 얻지 못하고 일종의 방랑하는 여행길에 올라 몇 번의 난관을 겪었다. 1773년의 유언에서 배스커빌은 아내에게 "나의 시신을 지금껏 작업장으로 사용되어온 내 땅의 원뿔형 건물에 매장해달라"고 요청했다. 그 요구는 "모든 미신에 대한 적극적인 반감"과 무엇보다도 "축성된 땅이라는 희극에 대한 경멸"을 표시하기 위한 것이었다.

배스커빌은 선량하고 신성한 생활을 결정하는 것은 합리적 도덕뿐이며, "무지하고 편협한 사람들이 (…) 짐승보다도 개념 없이 주장하는 (…)

터무니없는 교리와 예식"이 아니라고 보았다. 우리는 이것을 배스커빌의 묘비명에서도 볼 수 있다. 그는 비문을 직접 짓고서, 이를 자신의 원뿔형 무덤에다 새겨넣으라고 지시했다.

낯선 이여
이 원뿔형 아래의 축성되지 않은 땅 속에
한평생 인류의 자유를 위해 헌신한 벗이 묻혀 있네.
그 노력이 그대의 정신을 해방하는 데 기여하기를
어리석은 미신의 공포로부터
사제의 사악한 행동으로부터.

배스커빌이 매장되고 몇 년이 지난 어느 때, 존 라일랜드가 그 영지를 사들이면서 원뿔형 건물은 파괴된 듯하다. 그 파괴는 1791년의 폭동 때 일어났을 수 있다. 당시 종교적 이단자들을 공격하던 군중은 배스커빌의 영지를 불태웠고 다른 친프랑스파 반대 세력의 집도 공격했다. 혹은 그후에 그 땅을 가로질러 운하가 건설되면서 없어졌을 수도 있다. 아무튼 1820년에 인부들이 자갈을 파내다가 납관을 발견해 1821년 깁슨 철물점으로 옮겼다. 그러나 이곳은 배스커빌의 마지막 안식처가 아니었다. 1829년 그 관은 몬머스 거리에 있는 배관 및 유리 설치 업체로 옮겨졌는데, 19세의 토머스 언더우드는 현장을 방문해 그 기괴한 얼굴을 스케치했다. 그후 시신의 행방은 묘연했는데 1893년에 버밍엄 크라이스트처치의 교구 위원이 표시 없는 지하 방을 발견하고서 그곳에 있던 관을 꺼내 거기 모인 저명인사들 앞에서 관 뚜껑을 열었다. 관의 측면에는 '배스커빌'이라는 이름이 금속으로 새겨져 있었다. 그로부터 4년 뒤인 1897년에 크라이스트처치가 철거되면서 배스커빌의 시신은 또다시 워스턴레인에 있는 처치오브잉글랜드 공동묘지의 지하실로 옮겨졌다.

교회의 전통적 전례의식을 조롱했던 배스커빌은 결국 아주 엉뚱한 곳에 안착하게 되었다. 그렇지만 배스커빌의 삶의 역동성과 죽음의 불안정성을 감안하면, 그곳 역시 이 제책업자의 마지막 종착지가 아닐 것 같기도 하다.

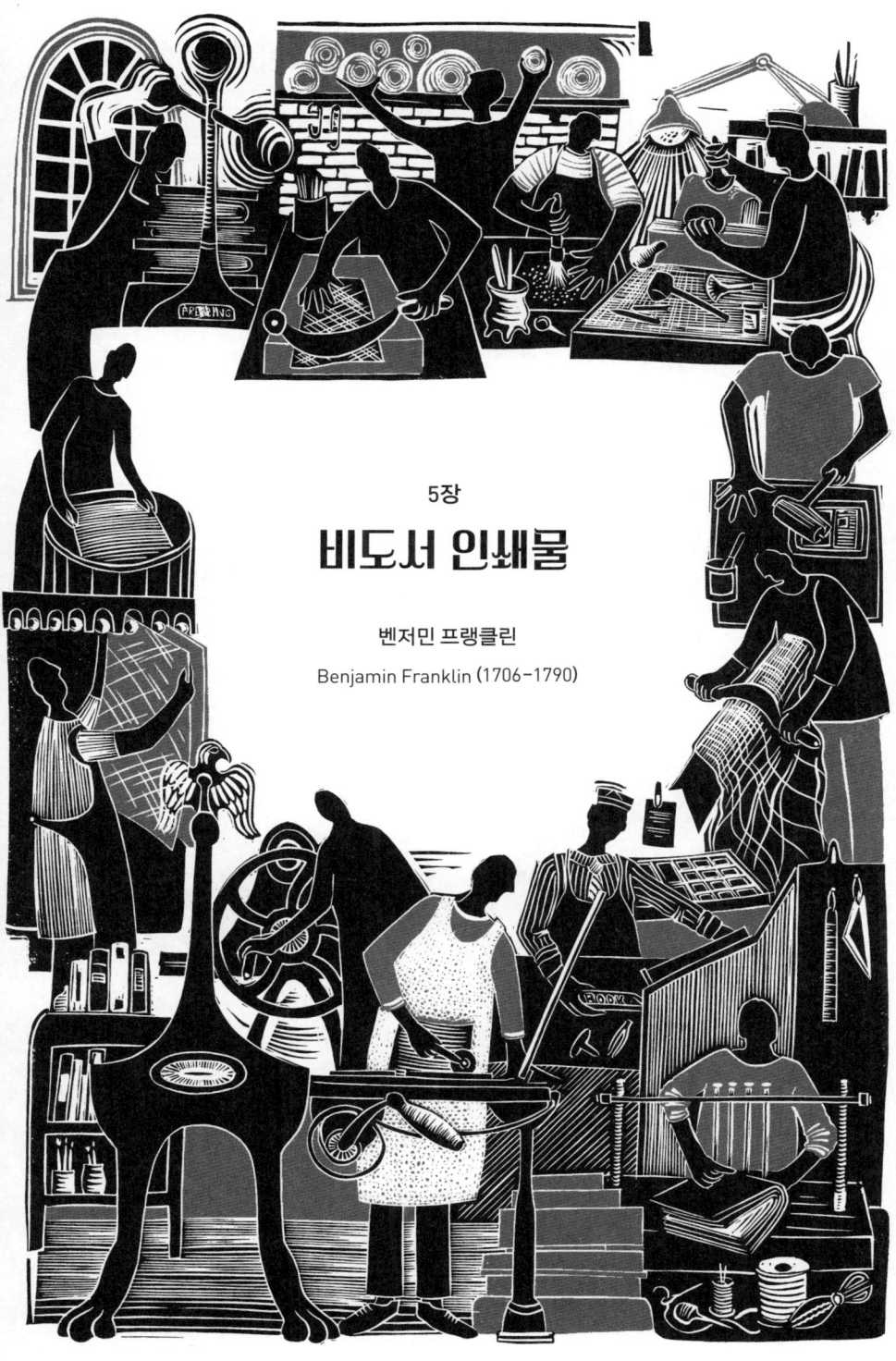

5장
비도서 인쇄물

벤저민 프랭클린
Benjamin Franklin (1706-1790)

벤저민 프랭클린은 역동적인 삶의 한 전형을 보여주는 사례다. 그 일생의 이력을 요약해보자. 그 자신의 말에 따르면 "5세대 동안 막내아들로 내려온 집안의 막내아들". 영국 노샘프턴셔의 액턴에서 북아메리카 보스턴으로 이민 간 촛대 제조공의 아들. 전국적 명성을 얻은 인쇄업자. 당시 지역에서 가장 유명한 신문《펜실베이니아 가제트》의 편집인 겸 발행인(23세). 전기 과학자로 국제적 명성을 얻어 런던 왕립과학원의 추상같은 대합실(식민지의 독학자 신세에!)을 통과한 그 모임의 저명한 펠로. 평범한 말로 풍자를 잘하는 작가(사일런스 두굿, 마거릿 애프터캐스트, 에프라임 센소리어스 등의 필명을 썼다). 나중에 그와 같이 유머러스한 작가로 명성을 얻은 사람으로는 마크 트웨인, 윌 로저스, 개리슨 케일러 등이 있다. 19세기 이전에 나온 유일한 미국인 자서전의 저자. 그 자서전은 오늘날까지도 널리 읽힌다. 지칠 줄 모르는 정력으로 활동한 펜실베이니아의 정치가이자 시민사회 개혁가(준토Junto라는 자기향상 조직, 북아메리카 최초의 정기구독 대여 도서관인 필라델피아 도서관회사, 아메리카 철학협회, 유니온 소방회사, 펜실베이니아대학 등을 창설했다). 표음문자, 인구 통계, 지폐 등을 다룬 논문을 써낸 연구자. 식민지의 법률 문서와 인쇄물에 부과한 인지세(1765)에 저항하고, 나중에는 영국이 아메리카를 식민지로 지배하는 것에 저항한 지도자. 펜실베이니아 석공들의 대大장인. 북아메리카 우정총국 부국장. 프랑스 주재 대사. 유명 런던인. 유명 파리인. 유명 펜실베이니아인. 유명인사라는 개념이 막 생겨나던 시절의 진짜 유명인사(그가 파리에서 주최한 네 번째 독립기념일 행사에 참석한 손님들은 기념으로 식탁용 날붙이를 몰래 챙겨 갔다). 미국 독립선언문(1776)을 기초하고 서명한 건국의 아버지 5인 중 1인. 그리고 발명가(프랭클린 장작 난로, 피뢰침, 이중초점 안경, 사다리 겸용 의자, 유리 하모니카, 연기를 흩어지게 하는 깔때기가 달린 가로등, 선풍기가 달린 안락의자, 다리미 기계, 수영용 물갈퀴, 신축성 좋은 도뇨관, 높은 선반에서 물건을 꺼내는 '긴 팔' 등등).

혹시 자신이 초라하다고 느끼는가? 그럴 필요는 없다. 그는 명성 못지않게 과오도 많다. 그는 아내가 죽어갈 때 임종을 지키지 않은 남편이었다. 또 쓸모가 없으면 친구도 무정하게 차버리는 사람이었다. 그의 친구 존 콜린스는 술꾼이었는데 프랭클린은 그를 가정교사로 일하라며 바베이도스로 쫓아버렸다. "나는 그후에 그의 소식을 듣지 못했다." 공식적으로는 도덕을 강조하는 사회 유지이면서 정작 그의 사생아 아들의 어머니가 누구인지는 밝히지 않았다. 공식적인 명예와 명성에 사로잡혀 많은 논쟁에 휘말렸으나 그것을 잠재울 존경스러운 반응을 보여주지 못했다. 그리고 이 글을 쓰는 현재 시점에서 점점 분명하게 드러나는 바와 같이 그는 노예무역에 적극 공모했다. 미국의 두 번째 대통령인 존 애덤스는 프랭클린이 "국가와 인류에" 많은 기여를 했다고 칭송했으나, 그의 위선과 허영도 지적했다. "그는 명성과 명예에 대한 욕심이 아주 강했고, 그래서 주로 그것을 얻는 데 시간과 생각을 바쳤다." 이마누엘 칸트는 프랭클린을 가리켜 '근대의 프로메테우스'라고 했다. 그리스 신화에서 프로메테우스는 신들로부터 불을 훔쳐서 문명이라는 형태로 그것을 인류에게 주었다. 그 때문에 프로메테우스는 제우스로부터 바위에 묶이는 벌을 받았다. 독수리가 날아와 그의 간을 쪼아 먹는 동안 고통을 견뎌야 했는데, 밤새 그 간이 다시 자라나 똑같은 고통을 반복적으로 받아야 했다. 프로메테우스는 교활, 은혜, 중요성, 위법, 명성 등을 표상하는 인물이다.

프랭클린이 활동의 주요 수단으로 삼은 것은 잉크였다. 그는 목까지 차오르는 잉크의 웅덩이를 걸어서 건너갔다. 인쇄업은 그의 첫 번째 사업이었고 그를 출세시킨 직업이었다. 프랭클린이 식민지 아메리카에서 성장하는 동안에 인쇄업은 아직 제대로 정립되어 있지 않았지만, 그것은 스프링처럼 충분히 감겨 있어서 곧 튀어오를 기세였고 프랭클린은 타이밍이 아주 좋았다. 프랭클린은 그 스프링을 튀어오르게 했다. 당시 최초의 인쇄기는 영국 케임브리지 출신의 자물쇠공 스티븐 데이가 분해된 인쇄기 부품을 매사추세츠에 가지고 오면서 도입되었다. 1722년, 15세이던 프랭클린은 인쇄업자인 형 제임스 밑에서 도제로 일하고 있었다. 북아메리카에 인쇄기가 있는 도시는 네 곳뿐이었고 인쇄소는 통틀어 여덟 곳이었다. 보스턴에 다섯 군데, 필라델피아·뉴욕·뉴런던에 각각 하나가 있었다. 1704년에 아메리카 최초의 신문 《보스턴 뉴스레터》가 생겼는데, 1719년까지 식민지의 유일한 신문이었다(미국 독립혁명이 벌어진 1775년에 이르러 37개 신문이 생겨났다). 1690년 펜실베이니아의 저먼타운에 제지소가 세워졌으나 납 활자를 포함해 인쇄에 필요한 물품은 18세기가 상당히 흘러갈 때까지 영국에서 수입해야 했다.

프랭클린이 인쇄업자로 입신한 1720년대와 1730년대는 인쇄업이 13개 식민지 전역에 퍼져나간 시기였다. 많은 신문이 생겨나 영향력을 행사했다. 인쇄업자·출판업자의 경제적·문화적 지위는 육체노동자에서 프랭클린 같은 지식 사업가의 수준으로 뛰어올랐고, 여론을 형성하고 주도할 수 있었다. 런던이 여전히 인쇄업의 중심지였지만, 1740년에 이르러 영국이 지배하는 북아메리카의 아홉 개 도시에 열다섯 곳의 인쇄소가 영업을 했다. 찰스턴, 사우스캐롤라이나 같은 남쪽 도시에도 인쇄기가 보급되었고 보스턴과 필라델피아는 주요 인쇄 도시로 부상했다.

곧 살펴보겠지만 프랭클린은 그런 문화의 변모에 중요한 역할을 했고, 인쇄 문화에 엄청난 영향을 미쳤다. 자서전에서 그는 자신을 일종의 책이라고 상상했다. 그러나 그의 인쇄 업적은 우리가 기대하는 그런 것이 아니다. 그가 펴낸 것들은 전통적으로 책의 역사를 주도했던 대형 폴리오 판본 같은 근사한 책이 아니라, 값싸고 일회적인 잡다한 인쇄물이었다. 프랭클린은 역설적이게도 이런 덧없는 인쇄물에 의지해 자신의 문화자본을 쌓아올렸고 또 미래의 명성도 담보했다. 그가 성공을 거두었으니 우리는 이 가벼운 성격의 인쇄물을 진지하게 검토해야 한다.

프랭클린은 인쇄업을 통해 부와 명성을 쌓았고, 1748년에 42세의 나이로 인쇄업 현역에서 은퇴했다. 배스커빌이 인쇄업을 시작한 것보다 8년이나 어린 나이였다. 프랭클린은 정치와 과학이라는 인생 2막으로 들어서면서 스코틀랜드 출신의 사업 파트너인 데이비드 홀에게 인쇄소를 맡겼다. 그러나 국제적 명성을 얻은 생애 후반에도 프랭클린은 자기 이름을 '인쇄업자 벤 프랭클린'이라고 표기했다.

1717년 아메리카의 가장 큰 도시인 보스턴에서 그의 경력은 시작되었다. 선원이 되고 싶다고 말해 청교도 아버지를 놀라게 했던 12세 소년 프랭클린은 큰형 제임스 밑에 인쇄공 도제로 들어갔다. 큰형은 런던에서 도제 생활을 마치고, 인쇄기와 활자를 가지고 보스턴으로 돌아와 식민지에서 네 번째로 생긴 신문《뉴잉글랜드 커런트》를 창간하고 편집했다. 벤저민 프랭클린은 허드렛일을 맡았다. "나는 신문을 고객들 앞으로 가져가 판매하는 일을 하게 되었다." 그러나 그는 야심이 있었고 형에게 구속당하는 것에 분개했다. 그는 사일런스 두굿이라는 필명으로 중년 과부인 양 식민지 생활의 여러 측면을 조롱하는 편지를 형이 운영하는 신문에다 투고했다. 프랭클린의 편지는 히트를 쳤다. 사일런스가 과부라고 알려지자 남자들은 청혼의 편지를 신문사에 보내왔다. 형의 친구들은 그 글을 칭찬했고, 형 제임스는 그 글의 저자가 막냇동생인 줄도 모르고 신문에 실어주었다. 10세에 학교를 그만둔 프랭클린은 엄청난 '책 애호가'였다. 그는 아버지의 '자그마한 서재'에서 떨어지는 부스러기를 주워 먹었고 그러다가 손에 넣을 수 있는 책은 모조리 읽었다. "저녁에 책을 빌려오면 나는 밤새 거의 자지 않고 내 방에서 책을 읽었다. 그 책이 없어졌다거나 필요하다는 느낌이 들지 않도록 다음날 새벽이면 그 책을 반납했다." 그의 청년다운 언어와 세계관은 존 버니언의《천로역정》(1678), 대니얼 디포, 코튼 매더, 드라이든이 번역한 플루타르코스의《영웅전》등에 의해 형성되었다. 특히 스물네 쌍의 그리스·로마 영웅을 대비對比한 전기(가령 알렉산드로스 대왕과 율리우스 카이사르)인 플루타르코스의 책은 젊은 프랭클린에게 인생의 잠재력과 넓은 활동 범위를 일깨워주었다.

1723년 큰형의 압제에 신음하던 프랭클린은 보스턴 인쇄소에서 달아났다. 이는 도제 계약을 위반하는 불법행위였다. 그는 계속 추적을 피해 다녔다. 10월 6일 필라델피아에 남루한 옷차림에 무일푼으로 도착한 프랭클린은 그 새로운 도시에 경악하는 한편 그 도시의 상징을 재빨리 포착했다. 필라델피아를 주도로 삼는 펜실베이니아 식민지는 40년 전에 윌리엄 펜이 창설한 지역이었다. "나는 주위를 살피며 길을 걸어가다가 마켓하우스 근처에서 빵을 든 소년을 만났다." 프랭클린의 장래 아내인 데버라는 우연히 그 남루한 17세 소년을 보고 "아주 어색하고 우스꽝스러운 몰골"이라고 생각했다. "보스턴에 대해서는 가능한 한 생각하지 않으려고 하면서" 프랭클린은 전에 런던에서 살았던 새뮤얼 키머의 가게에 인쇄공으로 취직했다. 키머는 신분이 수상한 인쇄공으로, 빚을 못 갚아 플리트 감옥에서 일정 기간 복역한 뒤에 새로운 시작을 위해 필라델피아로 건너온 사람이었다. 키머는 엉터리 시인이기도 했는데 펜과 종이를 이용하지 않고 활자를 가지고 직접 시를 조판하는 버릇이 있었다. 프랭클린은 곧 키머가 "게으르고 아주 지저분하고 괴이한 사람"이라고 생각했다. 금속 활자의 조판은 어느 정도 할 줄 알았으나 "인쇄 일은 전혀 모르는 사람"이라고 보았다. 키머의 사업 밑천은 "낡은 인쇄기 한 대와 역시 낡아빠진 잉글리시 활자 한 벌"이 전부였다(잉글리시는 14포인트 크기를 의미하는데, 여기서 프랭클린은 그보다 폭넓은 의미로 썼을 것이다). 키머는 프랭클린에게 최근에 사망한 젊은 시인이자 키머의 조수였던 사람에 대한 애도시를 인쇄해달라고 했는데, 프랭클린이 신속하게 일을 해내자 장래의 고용이 보장되었다. 이것이 프랭클린이 필라델피아에서 행한 첫 인쇄 작업이었다. 아퀼라 로즈라는 이름을 가진 젊은이의 죽음을 애도하는 시를 찍은 한 면짜리 인쇄물이었다. 여러 장 찍은 이 인쇄물은 19세기 초반에 이르러 거의 사라졌으나, 200년 뒤에 한 서적 거래상이 스크랩북에서 그중 한 장을 발견해 2017년 펜실베이니아대학에 팔았다.

프랭클린의 경력 초기에는 어떤 양상이 반복되었다. 그는 상대적으로 재능이 떨어지는 주변 사람들을 재빠르게 앞질러갔다. 기존에 필라델피아에서 활동하던 두 인쇄업자인 키머와 앤드루 브래드퍼드에 대해 전자는 "한심한 사람", "단순한 식자공"이라고 말했고, 후자는 "아주 무식한 사람"이라고 말했다. 이 똑똑한 청년은 곧 유력인사의 눈에 띄게 되었다. 펜실베이니아 총독인 윌리엄 키스 경은 장래가 촉망되는 이 청년을 알아보고서 런던으로 건너가 인쇄 교육을 받을 것을 권했다. 프랭클린은 1724년 12월 24일에 런던에 도착했으나 키스 총독이 추천서를 보내지 않았다는 것을 발견했다("총독은 모두를 기쁘게 하려고 했지만, 나누어줄 것이 별로 없었으므로 기대감만 잔뜩 심어놓았다").

뭔가 해야 하는 절박한 상황이었지만 술집, 도박장, 유곽으로 놀러 다니자는 친구 제임스 랠프의 말을 전부는 아니더라도 상당 부분 물리쳤다. 그러다가 프랭클린은 런던의 주요 인쇄소 두 군데에서 일자리를 얻었고 인쇄 일을 재빨리 배웠다. 다시 한번 방탕한 친구들이 그의 근면을 방해하려 했으나 개의치 않고 열심히 일해 상급자로부터 인정을 받았다. 리틀브리튼의 바살러뮤에 있는 새뮤얼 파머의 인쇄소에서 프랭클린은 식자공으로 일했다. 그는 윌리엄 울러스턴의 《자연 종교 개요》 제3판(1725)을 식자했다. 이 책은 이신론deism의 초기 저작으로서 윤리는 자연세계로부터 추출될 수 있으므로 계시 종교가 필요 없다는 내용을 담고 있다. 말하자면 존 배스커빌이 좋아할 만한 책이었다. 그러나 프랭클린은 자신이 그보다 더 좋은 내용의 글을 쓸 수 있다고 생각했다. 그래서 《자유와 필연, 쾌락과 고통에 대한 논증》이라는 제목이 붙은 '형이상학 소편'을 집필했다. 이 논고는 전능한 신과 인간의 자유의지는 양립할 수 없다는 내용이었다. 이 팸플릿은 저자나 발행지에 관한 정보를 제공하지 않는다. 그러나 나쁜 글이었다. 파머는 그 글을 혐오스러워했고, 프랭클린은 그 글을 쓴 것을 곧 후회해 자신이 발견할 수 있는 사본은 모두 불태웠다. 그러나 프랭클린의 철저한 근면 정신(그는 퇴근 시간 이후에도 잔업을 해서 100부를 추가로 인쇄하는 경우도 있었다)은 런던의 주요 지식인 그룹의 주목을 받아 그들과 교류하는 계기가 되었다. 그런 인사들 중에는 우상 파괴적 철학자이며 《꿀벌의 우화》의 저자인 버나드 맨더빌, 수집가 한스 슬론 경도 있었다. 아이작 뉴턴과의 만남을 시도하는 과정에서("나는 그를 무척 만나고 싶었다") 그는 난봉꾼 친구인 제임스 랠프를 내쳤고, 결국 랠프는 "버크셔의 한 작은 마을로 내려갔다. 그곳에서 여남은 명의 아이를 앉혀놓고 주급 6펜스에 읽기와 쓰기를 가르친다고 했다." 프랭클린은 랠프가 그에게 보내온 서사시 원고를 무시해버렸다. "나는 그와의 교우 관계를 끊어버림으로써 내 삶에 집중할 수 있었다."

프랭클린이라는 존재는 책에 관련된 것들로 형성되었다. 그는 의학과 종교에 관한 헌책을 빌려 읽었다. 빌려준 사람은 윌콕스라는 책방 주인이 그 책들을 빌려주었는데 그의 가게는 '그린 드래곤'이라는 간판을 내건 집 옆에 있었다. 프랭클린은 파머의 인쇄소를 그만두고 존 와츠의 가게로 갔다. 링컨 법학원 근처인 와일드코트에 자리잡은 유명한 인쇄소였는데, 프랭클린은 처음에는 압착기 담당으로 레버를 잡아당기느라 힘께나 썼지만 이어 보수가 더 좋은 식자공으로 옮겨갔다. 와츠는 유명한 문학 작품들을 호화판으로 발간했다. 와츠의 책은 대개 18세기 런던의 주도적인 출판사와 제휴하여 나온 것들이었다. 스트랜드에 자리잡은 그 출판사는 톤슨 가문에서 운영했는데 알렉산더 포프나 존 게이의 문학 작품, 그리고 더 이전의 스펜서나 셰익스피어 같은 작품을 발간했다. 와츠의 인쇄소는 파머 인쇄소와 달리 한 권의 책을 여러 인쇄공이 나누어 작업하지 않았다. 그래서 프랭클린처럼 탐독하는 독학자는 그 책을 조판하고 인쇄하는 동안에 통독할 수 있었다. 프랭클린이 와츠 인쇄소에서 근무하는 동안에 나온 책으로는 애디슨과 스틸의《스펙테이터》, 테렌티우스의 라틴어 희극, 에드먼드 영의 풍자 책, 플라톤의《국가》 프랑스어 번역본, 다수의 시집 등이 있었다. 만약 프랭클린이 이런 책들을 식자하면서 다 읽었다면(그에 대해 알려진 정보에 따르면 그랬을 가능성이 높다) 엄청나게 풍부하고 다양한 교과 과정이 아닐 수 없었다.

프랭클린은 와츠 밑에서 일하는 스물두 명의 도제와 자신은 다르다는 것을 지나치게 강조해 때로 부작용이 발생했다. 프랭클린은 전통적인 5실링 입회비 납부를 거부했고, 그 일로 각종 사소한 피해를 입곤 했다. "내가 뽑아놓은 활자들을 섞어버리고, 내 인쇄지들을 엇갈리게 배열하고, 활자 배열한 판을 망가뜨렸다." 18세기 런던의 도제들이 맥주에 절어 사는 세계에서, 프랭클린은 금주하는 '물메리카인water-American'이었다.

인쇄를 담당하는 동료는 맥주를 아침 식사 전에 1파인트, 아침 식사 때 빵과 치즈를 곁들여 또 1파인트, 아침과 점심 사이에 1파인트, 점심 때 1파인트, 오후 6시 무렵에 1파인트, 일과가 끝났을 때 1파인트, 이렇게 매일 무려 6파인트를 마셨다.

프랭클린을 이것을 "혐오스러운 습관"이라고 생각했고 "인쇄소의 내부 규정을 대폭 수정할 것"을 제안했다. 다른 도제들에게 그의 이런 합리적 제안이 어떻게 들렸을지는 상상하기 어렵지 않다. 아침 식사로 맥주와 빵과 치즈를 먹지 말고 "후추를 뿌린 뜨거운 유동식 죽을 먹으라"고 권하는 프랭클린에게 그들은 이렇게 말했을 것이다. "아니, 됐소!"

이제 런던에서 배울 수 있는 것을 충분히 배운 프랭클린은 머릿속에서 새로운 계획이 계속 샘솟아 올랐다. 그중 황당무계하게도 수영학교 설립 같은 계획도 있었는데 성사되지는 못했다. 마침내 그는 1728년에 필라델피아로 돌아가서 웨일스 사람인 휴 데러디스와 함께 인쇄소를 설립했다. 마켓스트리트에 있는 비좁은 벽돌집이었다.

런던에서 활자들이 도착했다. 인쇄 주문이 처음에는 찔끔찔끔 들어왔으나 곧 꾸준한 물줄기를 이루었다. 윌리엄 슈얼의 《퀘이커의 역사》(1728)는 4분의 3 정도가 키머의 인쇄소에서 맡았으나, 나머지 178쪽 분량과 각 권의 표제지를 프랭클린이 인쇄했다. "그것은 폴리오 판본이었고, 종이는 프로파트리아Pro Patria 크기였고, 활자는 파이카, 주석은 롱프리머였다." (프로파트리아는 네덜란드식 종이 크기 명칭인데 프로파트리아 워터마크에서 유래한 말이다. 세로 33센티미터에 가로 20센티미터다.)

프랭클린은 경쟁자를 확실히 짓밟고 올라서기 위해 자신이 가진 모든 자원을 《퀘이커의 역사》에 쏟아부었다. 키머는 이 책의 인쇄를 무려 5년 동안 해오고 있었다. 프랭클린은 하루에 전지 한 장(대형 페이지 4쪽 분량)을 조판했고 메러디스는 압착기를 담당했다.

다음날을 위해 활자판을 해체해 활자 상자에 다시 넣고 나면 밤 11시를 넘기기 일쑤였다. 다른 동료들이 때때로 가져다주는 자그마한 일거리도 처리해야 했기 때문이다. 나는 무슨 일이 있어도 하루에 폴리오 전지 한 장은 조판하겠다고 결심했다. 어느 날 밤에는 조판을 모두 끝냈다고 생각했는데, 갑자기 두 페이지의 조판 틀이 무너지면서 활자들이 뒤엉켜 못 쓰게 되었다. 나는 그 페이지를 해체해 다시 제대로 해놓고 난 다음에 잠자리에 들었다.

프랭클린은 사람의 성품과 평판이 중요하다는 것을 깨닫고서 엄청난 힘을 기울여 일을 했고, 이웃들에게 이러한 각고근면을 보여주려 했다. 그는 수수한 평상복을 입었고, 종이를 가득 실은 외바퀴 손수레를 밀고 가면서 거리를 오가는 사람들에게 정직한 노동자라는 인상을 심어주었다. 그는 걸어다니는 근면함의 상징이 되기를 바랬다. 한 이웃은 이렇게 말했다. "내가 클럽에서 집에 돌아왔을 때 그는 아직도 일하고 있었고, 이웃들이 아침에 침대에서 나올 무렵에도 이미 일을 하고 있었다." 프랭클린이 볼 때 미덕은 아주 중요한 것이었고, 미덕에 대한 입소문 또한 그에 못지않게 중요했다.

프랭클린 인쇄업의 초창기에 그에게 주도적인 영향을 미쳤던 사람들은 곧 주변부로 밀려났다가 결국 사라졌다. 프랭클린이 보기에 그의 파트너 휴 메러디스는 "신통치 않은 압착기 기사로 식자공 재목은 전혀 아니고, 술에 취하지 않은 적이 거의 없는" 사람이었다. 실제로 메러디스는 노스캐롤라이나에서 농사를 짓기 위해 인쇄업을 떠났다. 프랭클린은 그에게 30파운드와 새 안장을 주었다.

추진력, 지성, 결단, 그리고 저급한 교활함 등을 통해 프랭클린은 필라델피아에서 주요 인쇄업자로 자리잡았다. 때는 1730년이었고, 그의 나이는 24세였다. 이제 그는 야망을 크게 펼칠 터였다.

엄청난 스케일의 개성을 가진 프랭클린을 이해하기 위해 우리는 값싼 잡물 인쇄의 역사를 돌아볼 필요가 있다. 최근에 나온 어떤 놀라운 설명에 따르면 "프랭클린의 책 인쇄 경력은 주변적인 것에 지나지 않는다." 그는 비도서 인쇄의 바다 위에서 둥둥 떠다녔다. 가장 효과적으로 프랭클린을 주도적 지위로 밀어올린 것은, 미국인들이 생각하기에 덧없고 일시적인 인쇄물인 연감 출판이었다.

학문으로서의 책의 역사는 이정표가 되는 출간물에 주로 집착해왔다. 그 역사는 주로 대형 책을 중심으로 조직되었다. 요하네스 구텐베르크의 1450년대 성경은 가동활자로 인쇄된 최초의 저작이었다. 세로 60센티미터에 가로 42센티미터의 로열 크기 종이를 페이지마다 사용했다. 1568년과 1572년 사이에 안트베르펜의 크리스토퍼 플랜틴의 인쇄소에서 찍은 《다언어 성경》도 중요하다. 이 성경은 폴리오 판본으로 총 여덟 권인데 히브리어, 그리스어, 시리아어, 아람어를 나란히 배치했고 번역과 주석은 라틴어로 되어 있다. 미장파주(페이지 위에 올려놓기)의 놀라운 사례라 할 수 있다. 드니 디드로와 장 롱 달랑베르가 1751~1766년에 발간한 계몽주의 사상의 정화精華라 할 열일곱 권짜리 《백과전서》도 주목할 만하다. 앞에서 살펴본 벤 존슨의 《저작》(1616)과 《윌리엄 셰익스피어 씨의 희극, 사극, 비극》도 있고, 훨씬 후대로 오면 우리가 곧 살펴보게 될 윌리엄 모리스의 켈름스콧 출판사가 펴낸 《새롭게 인쇄된 제프리 초서 작품집》(1896)이 있다. 이것은 서지적 노력을 4년 동안 기울인 끝에 나온 역작으로, 미색의 경이일 뿐만 아니라 화가 에드워드 번-존스의 말을 빌리면 "작은 대성당 같다."

 '기념비적'이라는 말을 쓰지 않고 이 책들을 묘사하기는 어렵다. 그러나 이런 책들은 제본공과 인쇄공의 사무실에서 나와, 서점의 선반을 채우고, 독자들의 주머니에 쏙 들어가는 그런 종류의 텍스트를 대표한다고 볼 수 없다. 셰익스피어와 켈름스콧과 디드로와 달랑베르의 정반대편에 값싸고 일시적이고 곧 사라지는 잡물 인쇄가 있다. 이런 인쇄물이 1450년대 이래 온 세상에 유통되어왔고, 오늘날에도 여전히 유통된다. 주위를 한번 둘러보라. 음식 포장지와 영수증부터 눈에 띈다. 상품 포장은 2024년 현재 가뿐하게 인쇄의 최대 소비자다. 구텐베르크는 그의 성경으로 세상을 바꾸어놓았다. 그러나 교황청 현금 서랍의 종을 울리게 한 것은 그가 인쇄한 수십만 장에 달하는 한 면짜리 면벌부였다. 면벌부는 한쪽만 인쇄된 헌금 영수증인데 공백인 반대쪽 면에는 면벌부를 구입한 사람의 이름을 적게 되어 있었다. 면벌부를 산 사람은 고해소 신부에게 이 증서를 보여주면 죄를 사면받았다. 면벌부는 종종 한 장의 종이에 증서가 여러 면 들어가도록 인쇄해, 점선을 따라 떼어내면 두 장, 넉 장 혹은 그 이상의 면벌부가 될 수 있었다. 교회는 이런 면벌부를 수십만 장 인쇄해달라고 주문했다. 인쇄소는 그것을 기한에 맞춰 찍어내느라고 정신이 없었다. 교황청은 죄악이 허공에 휘발하는 소리와 함께 점점 부자가 되어갔다. 1454년 10월 22일 교황 니콜라오 5세는 오스만의 공격에 맞서 키프로스를 지키려면 돈이 필요했다. 독일 에르푸르트에서 발간된 소위 31행 면벌부는 46장이 오늘날까지 전한다.

 구텐베르크의 성경과 비교해볼 때, 면벌부 한 장은 사소한 물건이다. 양피지의 한쪽 면에 장방형으로 문장이 인쇄되어 있고 날짜, 이름, 고향은 당사자가 직접 쓰게 되어 있다. (이처럼 공백을 남겨둠으로써 이 면벌부는 초창기의 값싼 인쇄물이 했던 기능을 그대로 발휘하고 있다. 그것은 손으로 써서 내용을 추가하는 것을 배제한 것이 아니라 환영했다.) 그것은 1454년의 어느 날 에르푸르트의 진흙 땅 위에 떨어져 펄럭거렸을지도 모른다. 현재 남아 있는 46장의 면벌부 중 상당수는 후대에 책을 제본할 때 보강재로 사용되었기 때문에 오늘날까지 전하게 된 것이다. 면벌부는 가동활자로 인쇄된 가장 초창기의 문서이고 또 인쇄소가 활발하게 돌아가도록 만든 값싼 잡물 인쇄의 효시이기도 하다. 우리가 알기로 현존하는 면벌부 중 최초의 것은 캑스턴이 인쇄한 것인데, 인쇄물의 빈 공간에 손으로 쓴 이름(헨리 랭글리와 그의 아내)이 들어가 있고 날짜(1476년 12월 13일)도 기입되어 있다. 면벌부만이 아니라 온갖 비도서 인쇄물이 구텐베르크 이후 여러 세기에 걸쳐 인쇄되었다. 가령 팸플릿, 증명서, 공백으로 남겨진 비용 계산서, 브로드사이드 발라드(한 장짜리 값싼 시집), 명함, 세례·결혼·매장 증명서 등등. 이런 인쇄물이 엄청나게 발행되었다는 것은 그 손실률도 엄청나게 높다는 뜻이다. 문헌 역사가 테사 와트는 19세기 영국 브로드사이드 발라드의 생존율은 약 1만 부 중 1부라고 추산했고, 면벌부의 생존율은 이보다 더 낮았다. 이것은 우리가 인쇄물 유산과 어떤 관련을 맺고 또 우리가 역사를 어떻게 상상하는가에 중대한 영향을 미친다. 역사가 엘리자베스 아이젠슈타인은 선구적인 저서에서 이렇게 말했다. 인쇄 혁명은 "책의 역사를 중심으로 하지 않았다. 더 넓은 함의를 갖고 있는데 바로 그림과 차트, 광고와 지도, 공식 칙령과 면벌부 등의 바다다."

벤저민 프랭클린은 이런 잡물 인쇄업으로 생계를 유지했다. 이 점에서 그는 식민지의 동료 인쇄업자들과 다를 게 없었다. 대형 책자는 런던에서 수입하는 것이 더 싸게 먹혔기 때문에 대략 1740년 이전의 아메리카 인쇄업은 소책자, 팸플릿, 정부 인쇄물, 설교, 사소한 일용적 양식樣式 등에 의존했다. 프랭클린은 나름 대규모 책자를 펴내기도 했다. 가장 주목할 만한 것은 1744년에 발간한 키케로의 《대大카토》였는데 노화와 죽음을 다룬 서기전 44년의 논문이었고 제임스 로건이 번역한 것이었다. 1천 부가 발행된 이 책은 오늘날 73부가 전하는데 식민지 인쇄업의 가장 훌륭한 사례로 널리 칭송받고 있다. 캐슬론 서체에다 흑백으로 인쇄되었는데 종이는 책에 따라 아메리카 제지소에서 만든 것 혹은 제노바에서 수입한 종이를 사용했다. 로건의 번역본은 그보다 몇 해 전에 필사본으로 유통되었는데, 프랭클린은 그 책의 인쇄를 적극적으로 추진했다. 그 책을 재정적 이윤의 원천으로 본 게 아니라(이윤을 올리지는 못했다), 유력하고 박식한 고위 인사들 사이에서 문화자본을 획득하려는 목적이었다.

그보다 2년 전인 1742년에 프랭클린은 새뮤얼 리처드슨의 편지 소설인 《패멀라, 혹은 보상받은 미덕》을 펴냈다. 전편이 편지로 이루어진 이 소설은 15세의 하녀 패멀라가 '미스터 B.'라고 표기되는 돈 많은 주인의 귀찮은 치근덕거림을 꿋꿋이 물리친다는 내용이다. 《패멀라, 혹은 보상받은 미덕》은 런던에서 큰 히트를 쳤지만 전지가 17장이나 들어가는 큰 책이었고 그래서 두 권짜리 소설을 프랭클린이 제작하는 데에는 2년 이상이 걸렸다. 이번에도 캐슬론 서체에 아메리카 제지소에서 만든 종이를 썼다. 프랭클린은 이 책(제본하지 않은 인쇄지 묶음)을 6실링에 팔았다. 그러나 미제본 상태로 세상에 노출되었기 때문에 오늘날 딱 한 부가 전한다. 제작이 오래 걸리다 보니, 프랭클린의 판본이 발간될 무렵 아메리카 시장에는 이미 런던에서 수입된 값싼 판본이 넘쳐났다. 이로 인해 프랭클린이 1748년에 자신의 서점을 새로운 사업 파트너인 데이비드 홀에게 넘겼을 때《패멀라, 혹은 보상받은 미덕》의 재고는 36부나 있었다. 이때 프랭클린이 얻은 교훈은 단 한 권의 책에 과도한 투자를 해서는 안 된다는 것이었다(그는 교훈을 절대 잊어버리지 않는 사람이었다). 큰 책은 돈을 벌어들이는 좋은 길이 아닌 듯했다.

잡물 인쇄는 들어오는 주문에 따라 많은 수량을 재빨리 찍으면서 후대에 미칠 영향은 전혀 생각할 필요가 없었다. 이런 인쇄물은 간기가 없고, 단지 '프랭클린' 혹은 '프랭클린과 홀' 등으로 간단히 발행인 표기만 했다. 이것은 저명한 프랭클린 서지학자인 C. 윌리엄 밀러가 프랭클린 인쇄소의 회계장부와 기록 대장을 꼼꼼히 검토한 끝에 파악한 사실이다. 잡물 인쇄 주문은 자주 들어왔고 노동 집약적인 일도 아니었다. 그것은 인쇄업자가 장기 프로젝트를 잠시 유보하고 신속하게 해치우는 일이었다. 1742년에 프랭클린은 복권, 행상·술집 허가증, 보안관의 명령서, 해군 증명서, 1천 장의 모자 광고, 필립 싱을 위한 아일랜드 협회의 자격 증명서, 탈영한 수병의 신상 공지, 새뮤얼 로이드의 실종된 암말을 찾는다는 광고 등 수천 건의 광고물과 통지물을 인쇄하기 위해《패멀라, 혹은 보상받은 미덕》작업을 일시 중단했다. 어떤 인쇄물은 발행 당시 현지 주민들의 생생한 목소리를 담고 있다. 이를테면 보스턴에 사는 형 존을 위해 찍은 비누 포장지, 개인 서재용 장서표, 의사 브루스터의 진단서 양식. 우리가 1757년 봄에 필라델피아 거리를 걸어가다가 예전 프랭클린의 경쟁자였던 앤드루 브래드퍼드의 가게 근처를 지나간다면, 순회 공연을 온 런던 극단을 위해 프랭클린과 홀이 인쇄한 연극 전단 광고를 볼 수 있을 것이다. 이 인쇄물은 총 4300장을 찍었는데 현재 딱 두 장만 전한다. 또

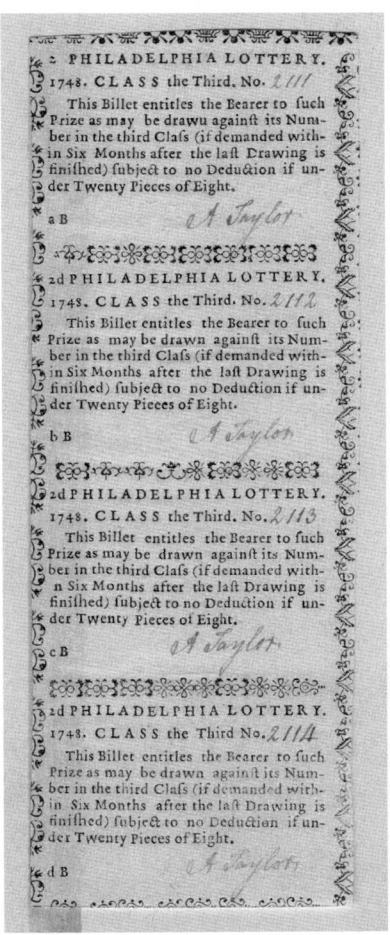

프랭클린 인쇄소에서 찍은 필라델피아 복권 용지(1748).

1761년에 마켓스트리트로 들어서 새뮤얼 키머(이 사람은 바베이도스행 배를 탄 이후 소식이 두절되었다)의 예전 인쇄소를 지나간다면, 프랭클린과 홀이 오언 비들을 위해 인쇄한 괘종시계 사용 설명서가 거리 기둥에 붙여지거나 사람들의 손을 거쳐가는 광경을 볼 수 있을 것이다. 역사적으로 인쇄본의 주된 특징 중 하나로 꼽히는 것은 세월의 마모를 견뎌내는 힘이지만, 잡물 인쇄는 덧없이 사라지는 텍스트의 세계다. 읽히고서 바로 버려지는 운명이지만, 재활용되기도 했다. 담배 파이프에 불을 붙일 때, 소스 통이나 음식물을 밀봉할 때, 혹은 용변을 보고 뒤처리를 할 때.

프랭클린은 도서 역사가들을 매혹하는 대형 판본의 책을 멀리하고 세 종류의 인쇄물에 집중했다.

첫 번째 인쇄물은 지폐였다. 프랭클린은 펜실베이니아(1729~1764), 뉴저지(1728~1746), 델라웨어(1734~1760) 정부를 위해 지폐를 인쇄했다. 총 80만 장을 발행했는데 그중에서 겨우 열 장만 공공 기관에 소장되어 있다(어쩌면 당신의 장롱 구석에 잠자고 있는지도 모른다). 농민과 자영업자가 지폐를 좋아한 반면 부자들은 싫어했다. 프랭클린은 《지폐의 성격과 필요에 대한 탐구》라는 책에서 지폐를 옹호함으로써 정치적 논쟁에 뛰어들었다. 프랭클린은 지폐 인쇄를 위해 몇 가지 영리한 꾀를 생각해냈다. 예컨대 지폐 뒷면에 잎사귀 무늬를 집어넣어 위조를 방지했다. 젖은 천 조각에다 잎사귀를 얹어놓고 부드러운 회반죽에다 찍어서, 녹인 금속 활자를 받아들이는 거푸집으로 사용했다. 프랭클린은 필요한데 없는 것을 찾아내 발명해내는 재주가 있었다. 그는 이런 그림을 새겨넣기 위해 구리-판 압착기("아메리카에서 최초의 것")를 발명했다. 21세기 미국의 100달러 지폐에는 위조 방지 도안으로 3D 보안 리본과 색깔이 바뀌는 잉크, 그리고 프랭클린의 차분하면서도 다부진 얼굴이 들어가 있다. 그는 1914년 이래 100달러 지폐에서 필라델피아의 독립기념관과 함께 밖을 내다보고 있다. 그 지폐는 '벤스', '벤저민스', 혹은 '프랭클린스'로 알려져 있는데, 부자가 된다는 것은 곧 '벤저민들 사이에서 뒹구는 것'이다.

프랭클린의 두 번째 비도서 인쇄물은 그가 발행한 신문인《펜실베이니아 가제트》다. 그는 평소 습관대로 맹렬하게 신문 관련 일을 배웠고, 이미 소년 시절에 형이 발간했던《뉴잉글랜드 커런트》에서 일하면서 경쟁자들을 능가하는 상업적 재주를 보여준 바 있었다. 그리하여 경쟁자 앤드루 브래드퍼드의《아메리칸 위클리 머큐리》를 따돌리는 방법을 고안했다. 경쟁자에 대한 프랭클린의 평가는 아주 박했다. "한심하게 관리되고 시시하고 재미도 없는 것." 새뮤얼 키머의《펜실베이니아 가제트》도 별반 다르지 않았다. 키머는 입이 가벼운 인쇄소 직원 조지 웨브(옥스퍼드대학을 중퇴하고 미국에서 시인으로 성공을 거두려 했다)가 프랭클린의 신문사 창립 계획을 키머에게 누설한 직후에《펜실베이니아 가제트》를 창립했다. 프랭클린은 '비지 보디Busy Body'라는 필명으로 브래드퍼드의《아메리칸 위클리 머큐리》에 키머의 신문을 조롱하고 그의 권위를 깎아내리는 글을 투고했다. 실제로 키머는 그리 대단한 경쟁자가 아니었고, 편집은 신통치 않았다. 키머는 신문에 에프라임 체임버스의《백과사전, 혹은 예술과 과학에 대한 보편 사전》을 순차적으로 발췌해 싣기로 했다. 그리하여 키머의 신문은《모든 예술과 과학의 보편적 교재: 그리고 펜실베이니아 가제트》라는 기다란 이름으로 제호가 바뀌었고 불완전하고 임의적인 기사를 싣게 되었다. 그리고 윌리엄 밀러가 잘 지적한 바와 같이 "백과사전 항목의 엄청난 부담 아래 비틀거렸다." 프랭클린도 이렇게 조롱했다. "그걸 모두 실으려면 앞으로 50년은 걸릴 것이다." 그리하여 프랭클린과 휴 메러디스가 1729년 10월에 그 신문사를 헐값에 사들였을 때,《펜실베이니아 가제트》는 '공기Air' 항목을 아직도 끝맺지 못한 상태였다. (키머는 이후 바베이도스로 이사를 가서 "그곳에서 곤궁하게 몇 년을 살았다." 그는《바베이도스 가제트》라는 신문을 편집하며 몇몇 논쟁을 불러일으키기도 했으나 이후 소식이 끊겼다.)

《펜실베이니아 가제트》는 1731년까지 프랭클린과 메러디스가 발간했고 이후 1748년까지는 프랭클린이 단독으로 운영했으며, 1766년까지는 프랭클린과 홀이 공동 운영했고, 그후에는 홀과 그의 후계자들이 1800년까지 발간했다.《펜실베이니아 가제트》는 아메리카 식민지에서 가장 인기 높은 신문이 되었다. 매주 4면으로 발간되는 이 주간 신문의 1년 정기구독료는 10실링으로, 주당 가격이 약 2펜스인 셈이었다. 키머가 엉성하게 편집할 때의 정기구독자는 겨우 90명이었으나 1748년에는 1500명으로 늘었다.

역사상 그 시점에서 신문이란 무엇이었을까? 프랭클린은 어떤 자질을 가지고 있었기에 그 신문을 성공작으로 만들 수 있었을까? 1729년에 이르러 아메리카 식민지에는 일곱 개 신문이 있었다. 보스턴에 세 개, 뉴욕에 한 개, 아나폴리스에 한 개, 필라델피아에 두 개(프랭클린의《펜실베이니아 가제트》포함)였다(남부 지방의 신문은 미국 독립혁명의 시기까지는 별로 피어나지 못했다). 프랭클린의 필라델피아 경쟁자인 앤드루 브래드퍼드가 발행하는《아메리칸 위클리 머큐리》는 외국 몇 군데의 뉴스를 간략히 요약한 얇은 신문이었는데 임의로 편집한 정보를 싣고, 세계의 나머지 지역은 아예 다루지 않았다. 1722년 1월 1~8일 신문의 내용을 살펴보자. 우선 파리, 베네치아, 런던의 뉴스를 간략히 보고한다. 이어 프랑스 대관식 소식에다 오스만 함대의 이동 상황을 막연하게 보도하고 이어서 도덕을 강조하는 기사를 실었다. 서더크에서 신생아의 시신이 발견되었는데 뼈가 부러진 채 커다란 토기에 마구 쑤셔넣어져 있었고 "이런 야만적인 행위를 저지른 자들"의 이름은 알려지지 않았다. 아메리카 내부 소식으로는 짧막한 필라델피아 뉴스가 나열된다. 델라웨어강이 "풀려서 얼음이 녹았다." "백인에게 10에이커의 땅을 무상으로 불하한다는 소식에 사람들이 세인트빈센트섬과 세인트루시아섬으로 항해하고 있다." 이어 페루에서 최근에 수입해온 "제수이트 목피" 광고("말라리아에 효과가 있는 나무껍질")와 도망친 도제를 추적하는 광고가 나온다. 《아메리칸 위클리 머큐리》 같은 신문들의 세상을 바라보는 시각은 선별적이고 편파적이었다. 《아메리칸 위클리 머큐리》 독자들의 세계는 런던과 파리에 한정되었다. 그 주위에 암스테르담, 아스트라한, 볼로냐, 더블린, 제노바, 헤이그, 마드리드, 밀라노, 모스크바, 로마, 스톡홀름, 빈, 바르샤바 등이 있는데 말이다. 《상상된 공동체》라는 책에서 역사가 베네딕트 앤더슨은 대중적 인쇄 문화의 중요성을 주장했다. 신문 덕분에 독자들은 자신의 거주지를 벗어나는 지역에서의 문화, 투자, 사건 등을 공유된 문화의 일부라고 생각한다는 것이다. 이런 공통성의 느낌을 통해 한 번도 만나본 적이 없는 사람들이 서로 연결된다.

프랭클린이 키머의 《펜실베이니아 가제트》 운영권을 확보했을 때 신문의 제작과 내용은 즉각 크게 향상되었다. 프랭클린 신문의 형태는 여느 식민지 신문과 다르지 않았다. 소형 폴리오 전지 한 장에 양면으로 인쇄하고, 그 전지를 접어 4면을 이루었는데 각 면은 가로세로 20, 30센티미터였다. 달라진 것은 인쇄의 질이었다. 프랭클린은 이렇게 말했다. "우리의 초기 신문은 이전에 이 지역에서 나온 신문들과는 상당히 다른 면모를 보였다. 더 좋은 활자를 썼고[잉글리시, 파이카, 롱프리머 활자를 적절하게 섞어 썼다] 더 인쇄 상태가 좋았다."

무엇보다 《펜실베이니아 가제트》가 다른 신문과 진정으로 차별화되었던 점은 프랭클린의 수준 높은 글이었다. 그것은 "글 쓰는 법을 익힌 데서 나오는 최초의 효과 중 하나"였다. 프랭클린의 《펜실베이니아 가제트》는 다른 나라 신문의 보도를 여전히 전재했지만 현지와 식민지의 내용을 늘렸고 지루한 백과사전 내용의 재탕을 줄였으며 일련의 수필을 추가했다. 《런던 저널》, 《스펙테이터》, 《태틀러》 같은 영국 잡지에 실린 글을 전재하는가 하면 자기 친구들이나 자신이 직접 쓴 글을 싣기도 했다(지폐를 옹호한 그의 글은 고위층 인사들의 찬사를 받았다). 광고도 더 많이 실렸다. 그리고 당시에는 델라웨어강이 얼어붙어 배가 입항하지 못하면 유럽의 소식지를 입수할 수 없어 기삿거리가 부족해지곤 했는데, 이런 돌발 상황에서도 프랭클린은 신문 기사를 만들어내는 데 능숙했다. 기삿거리가 없을 때는 수필, 일화, 혹은 가짜 독자의 편지(문학 장르에서 가장 흥미로운!) 등을 실었다.

그 결과 신문이 다소 난삽해졌다. 유럽과 국내 소식 바로 옆에 고대 그리스 사상가 크세노폰의 글이나 공자의 《논어》 발췌본이 등장했다. 독자의 편지(그중 상당수가 프랭클린이 가명으로 쓴 가짜 편지였다) 바로 옆에 프랭클린이 쓴 혹은 보카치오의 《데카메론》에서 영향을 받은 음란한 에피소드가 소개되었다. 1733년에는 펜실베이니아주 의회의 의장인 앤드루 해밀턴과의 인터뷰 기사 옆에, 당시 아주 인기가 많았던 가짜 뉴스가 실렸다. "지난주 우리는 이런 제보를 받았다. 어떤 바이올린 연주자가 아내와 함께 뉴타운 크리크로 배를 타고 가다가 배가 전복되었다. 그 음악가는 자기 바이올린만 챙기고 아내는 강물에 가라앉도록 내버려두었다고 한다." 1754년에 나온 최초의 정치 만화는 아메리카 원주민, 그리고 프랑스와 맞서 싸우기 위해 13개 식민지는 영국과 단합해야 한다고 주장하면서, 〈분열된 국가〉라는 제목의 사설을 내보냈다. 농담도 게재되었다. "지난 토요일 밤, 마켓스트리트에서 40실링 혹은 50실링을 분실했습니다. 발견자께서 이 신문의 발행소로 가져와서 습득 상황을 말해준다면 보상으로 10실링을 드리겠습니다." 경쟁 신문 발행인에 대한 풍자적 스케치도 있었다. "만약 브래드퍼드 씨가 우리보다 늦게 신문을 발행하고 그래서 《펜실베이니아 가제트》로부터 기사 한두 개를 가져다가 써도 상관하지 않겠다. 다만 그 기사를 실으면서 우리보다 날짜를 하루 앞당겨 쓰지는 않았으면 한다." 사제를 조롱하는 기사, 사람들의 부고 기사도 있었다(프랭클린 자신이 사망한 것으로 가정하고서 쓴 부고 기사는 이 형식을 확립하고 대중화하는 데 큰 기여를 했다). 영국 통치에 점점 분노하면서 프랭클린이 쓴 글도 인기가 높았다(영국 감옥의 끔찍한 상황이나 "탐욕스러운 지주들" 때문에 아일랜드 사람들이 겪어야 하는 고통에 대해 특히 분개했다).

이런 잡다함이 가능했던 것은 이 매체가 신문이었기 때문이다. 이런 의미에서 볼 때, 신문은 관심의 폭이 넓은 프랭클린에게 딱 맞는 매체였다. 그렇지만 프랭클린은 《펜실베이니아 가제트》에 일관된 주제를 편집해 넣었는데, 그것은 다름 아닌 도덕성의 강조였다. 프랭클린은 자서전에서 이렇게 썼다. "나는 신문이 도덕적 훈육을 하는 또다른 수단이라고 생각한다." 이러한 신조는 그의 글에서도 그대로 드러난다. 그 교훈은 독학자 클럽인 준토에서 시작된 것인데 이성, 공손하고 예의 바른 말, 절제 등을 주문한다. "소크라테스의 대화가 보여주듯 개인의 지위나 능력이 어떠하든 간에 사악한 인간은 합리적 인간이라고 할 수 없다." 《펜실베이니아 가제트》의 기사들은 세속적인 경향이 있었고 자영업의 미덕과 기회에 천착했다. 신문 편집인으로서 프랭클린은 점점 더 언론의 중요성을 확신하면서 그것을 "공공선을 위한 열정"을 진작시키는 수단으로 보았다. 이것은 교양 있고 공공 정신이 강한 지도자 양성과 사회 향상에 대한 헌신을 의미하는 것이었다. 이러한 헌신은 결국 프랭클린이 미국의 독립이라는 대의에 성공적으로 기여하는 것으로 이어졌다.

그러나 오늘날의 독자들이 보기에, 《펜실베이니아 가제트》의 잡다한 기사 중에 한 가지 예기치 못한 심란한 화제가 있다. 그 화제는 프랭클린 자신이 확립한 미덕의 기대감과 자유에 대한 헌신에 크게 위배되는 것이다. 바로 그 신문에 노예 거래 광고가 게재되었다는 것이다. 이런 거래에서 프랭클린은 일종의 브로커 역할을 했고 그의 인쇄소는 거래가 체결되는 장소가 되었다. 역사가 조던 E. 테일러가 내놓은 최근의 연구는 18세기 미국 신문들과 대서양 노예무역 사이에 밀접한 관계가 있었음을 밝혀냈다. 특히 도망친 노예를 추적하는 데 신문이 톡톡히 한몫했다. 테일러 연구의 초점은 "노예 주인의 권리를 옹호하고 노예제를 강화하는" 수천 건에 달하는 노예 판매 광고를 분석하는 것이었다. 프랭클린이 《펜실베이니아 가제트》를 발행한 37년 동안에 그의 신문은 적어도 308명의 노예 판매를 알리는, 최소 277건의 광고를 게재했다(보수적으로 잡은 수치다). 특히 1740년대에는 이런 광고를 실어주는 주요 신문이었다.

이런 광고 중 상당수가 잠재적 구매자들에게 이렇게 안내했다. "더 많은 정보는 B. 프랭클린에게 문의할 것." 《펜실베이니아 가제트》 1765년

2월 17일자는 이런 광고를 싣고 있다. "흑인 남자. 22세. 엄청난 힘과 정력." 그리고 자본주의식으로 상품성을 강조하면서 흑인 개인의 주체성은 완전히 박탈해버리는 문장이 이어진다. "이 신문의 발행인에게 연락하면 그 흑인을 직접 볼 수 있다." 이런 광고들은 노예의 개인적 특성은 모두 제거해버리고 나이·건강·성별·기량 등 가장 기본적인 정체성 범주만 밝혔고, 이외의 세부 사항은 전혀 언급하지 않았다.

관심 있는 독자는 발행인에게 연락하라는 마지막 문장은 중요하다. 이것은 이 광고의 게재자가 누구인지 알려주는 문구이고, 따라서 신문 발행인이 노예무역에 적극 참여하고 있다는 뜻이다. 여기서 프랭클린은 구매자와 판매자를 연결하는 중간책으로서 노예 경제의 바퀴에 기름칠을 하고 있다. 이 광고는 노예무역상의 경매 대리자 역할을 하는 것이다. 이처럼 인간 상품을 거래하는 데 구매자가 더 큰 힘을 가지고 있다는 건 분명하다. 1733년 《펜실베이니아 가제트》에 실린 "발행인에게 문의할 것" 광고에서 프랭클린은 이런 거래를 제안한다. "양질의 흑인 여성 30세. 6세 정도의 아들이 있음. 구매자의 의사에 따라 모자를 함께, 또는 아이만 구매 가능함."

이런 일을 하는 사람이 프랭클린만은 아니었다. 노예 광고를 처음 신문에 실은 것은 《보스턴 뉴스레터》였다. 영국령 북아메리카에서 장기간 존속한 최초의 신문으로, 1704년에 존 캠벨이 발행하고 바살러뮤 그린이 인쇄했다. "16세가량의 흑인 여자, 판매자는 우체국장 존 캠벨. 앵커 태번 옆에 있는 그의 집에서 직접 볼 수 있음." 이러한 노예 판매 관습은 18세기 내내 지속되다가 1790년대에 들어와서야 비로소 뉴잉글랜드와 펜실베이니아에서 서서히 쇠퇴했다. 그 무렵 노예제는 점진적으로 금지되었고 대서양 노예무역은 1808년에 법적으로 폐지되었다. 프랭클린의 형 제임스도 그의 《뉴잉글랜드 커런트》에서 노예판매를 광고했다. 1722년 11월 5일자(이 무렵 어린 벤저민은 형의 도제로 일하고 있었다) 신문에서 포도주·럼주·주류 광고 바로 위에 이런 흑인 판매 광고가 실렸다. "양질의 여성 흑인 판매. 이 신문의 발행인에게 문의할 것." 형의 사례에서 배운 프랭클린은 보스턴 이외의 지역에서 자기 신문을 통해 노예 거래를 정기적으로 주선한 첫 인쇄업자가 되었다. 그의 상업적 성공(그러나 도덕적 실패)은 뉴욕, 볼티모어, 프로비던스 등 다른 도시의 신문도 유사한 광고를 게재하도록 하는 촉매제가 되었다. 프랭클린은 생애 만년에 노예제 철폐를 적극 부르짖으면서 큰 영향력을 행사했다. 혁명적 정치, 공화정의 이상, 자유의 언어를 지지하던 프랭클린의 《펜실베이니아 가제트》 같은 영국령 북아메리카의 신문들은 역사가 에드먼드 모건이 말한 "미국의 역설"을 실행하고 있었다. 역사가 조던 테일러는 이렇게 썼다. "18세기 내내 신문 발행인이 된다는 것은 곧 노예 무역업자가 된다는 뜻이었다."

신문업 초창기에 프랭클린은 《펜실베이니아 가제트》를 완전히 통제하려고 했다. 직접 문구를 조판했고, 인쇄기에서 인쇄지를 떼어내거나 부하직원들에게 그렇게 하도록 직접 지시했으며, 뉴스와 광고를 수집하고, 독창적인 글을 쓰고, 분노하는 독자에게서 온 것처럼 가짜 편지를 작성하고, 경쟁자를 비방하고 조롱하고 공격했으며, 전반적으로 신문의 문학적 품질을 한 차원 끌어올렸다. 더 많은 지역에 신문을 배포하기 위해 프랭클린은 전임 국장 브래드퍼드를 대체하여 1737년에 필라델피아 우체국장에 취임했다. 예전 국장은 파발마가 필라델피아 이외의 지역에 《펜실베이니아 가제트》를 배포하는 것을 금지했으나 프랭클린은 허용했다. 그는 곧 인쇄소 네트워크를 확대하기 시작했다. 뉴욕에 제임스 파커를 파트너로 두었고(1742), 조카 제임스 주니어를 뉴포트(1747)에, 토머스 스미스를 안티과(1748)에, 그리고 파커와 홀트를 뉴헤이븐(1754)의 파트너로 삼았다. 사업이 확장되자 프랭클린은 점차 실무에서 손을 떼고 행정·관리 쪽에 집중했다. 이러니저러니 해도 프랭클린이 언론 역사상 독보적으로 발행인의 개성을 잘 반영한 신문을 만들어냈다는 점은 분명하다. 프랭클린에 관한 완벽한 전기를 써낸 J. A. 레오 르메이는 그 상황을 이렇게 멋지게 요약했다. "그 어떤 신문도 프랭클린의 《펜실베이니아 가제트》처럼 대담하고, 흥미롭고, 문학적이고, 유머러스하며, 호색하고, 지적이고, 정치적이고, 재정적이고, 과학적이고, 철학적이면서 동시에 재치 넘치는 그런 신문을 만들어내지 못했다."

프랭클린에게 성공을 가져다준 세 번째 비도서 인쇄물은 《가난한 리처드》라는 제목의 연감 시리즈다. 그는 기존 연감 베스트셀러의 전철을 따라갔다. 당시 연감은 세상을 미니어처로 압축시켜놓은 것이었다. 크리스토퍼 말로의 희곡 《몰타의 유대인》의 주인공 바라바스는 자신의 부에 대해 "작은 방에 들어 있는 무한한 재보"라고 말했는데, 연감이야말로 무한한 정보를 담은 인쇄물이었다. 값싸고 작은 이 인쇄물은 독자들에게 이런 정보를 제공했다. 달력, 천문과 기상 예측, 마을들 사이의 정기 시장과 여행 관련 정보, 역사의 연대기('역사 속의 오늘'), 의료 정보, 별들이 인체에 미치는 영향을 보여주는 '천궁도'. 연감은 17세기 영국에서 가장 인기 있는 인쇄물이었고 엄청나게 팔려나갔다. 1666년에 빈센트 윙의 연감만 4만 3천 부가 인쇄되었고 라이더, 손더스, 갈렌, 앤드루스가 찍은 것은 각각 1만 8천 부, 1만 5천 부, 1만 2천 부, 1만 부였다. 연감 시장은 혼잡하고 북적거리고 이윤이 높았다. 토머스 내시는 1596년에 "연감은 맥주나 케이크를 파는 것보다 더 손쉽게 돈을 벌어준다"라고 말했다. 어느 한 해에만 소용되는 것이기 때문에 그것이 빛을 발하는 순간은 곧 지나가버린다. 대중문화를 수집한다는 개념이 정립되기 이전의 시대에 연감은 해가 바뀌면 버려졌다. 책 역사가인 유스터스 보즌켓은 이렇게 말했다. "이 시기의 영국 연감 작가들이 많이 펴낸 연감은 모두 사라졌다. (…) 우리는 조지 윌리엄스, 닥터 해리콕, (…) 바나비 게인스포스, (…) 토머스 스티븐스, 겐트 등의 작가 이름을 알고 있지만, 그저 그 이름만 알 뿐이다."

프랭클린의 《가난한 리처드 1733》의 초판본(1732)은 한 부에 5펜스이고 12부를 사면 3실링 6펜스였다. 연감의 표제지에 나와 있듯이 삭망월(초승달부터 다음 초승달까지의 기간), 일식, 기상 정보, 음력 초순과 보름 때 일어나는 한사리, 별들의 움직임과 위상, 해와 달이 뜨고 지는 시간, 낮의 길이, 만조 시간, 이동 법원 개설일, 기념일 같은 정보를 제공했다. 연감은 엄청난 상업적 성공을 거두었다. 프랭클린에 따르면 "연간 약 1만 부가 팔렸는데", 1730년대 식민지 인구는 1만 3천 명 이하였으므로 "연감이 없는 가정은 없는 상태"였다. 연감은 프랭클린에게 딱 알맞은 형태였다. 아주 포괄적인 내용(하늘을 가로지르는 별들부터 발밑에서 자라는 곡식에 이르기까지)에다 약간 느슨하게 소개된 기독교적인 실용적 미덕이 소개되었다. 연감은 대규모 매출과 평이하고 겸손한 어법이 결합된 것이었다. 즉 현금을 가져다주고 가정적인 수수한 매너를 가르치는 인쇄물이었다.

《가난한 리처드 1737》(1736)의 5월 부분.
다양한 정보와 더불어 오른쪽 단에 이탤릭체로 적힌 격언이 빽빽이 실려 있다.

    1737년 5월 부분에는 달력과 주력, 천체 위치, 예상 날씨, 교회 관련 날짜, 필라델피아의 만조 시각, 달의 위치, 태양이 뜨고 지는 시각 같은 정보로 빽빽하다. 이런 정보들 사이에 프랭클린은 검약, 교역, 이윤이라는 자신의 이데올로기로 빈칸을 메웠다. "신중하고 신뢰하는 친구보다 더 좋은 인간관계는 없다."

프랭클린은 자신의 미덕 철학을 광범위한 대중에게 교육하기 위해 가장 값싼 책들을 사용했다. 《가난한 리처드 1758》의 마지막 판본인 제26판에는 프랭클린이 영국으로 배를 타고 가면서 작성한 텍스트가 실려 있다. 그는 약 100가지 격언을 수집해 '아버지 아브라함의 말씀'이라는 제목 아래 집어넣었다. 아버지 아브라함은 프랭클린에 따르면 "머리카락이 새하얀 평범하면서도 깨끗한 노인"이다. 프랭클린은 이 격언을 이렇게 설명한다. "경매에 참여하는 사람들에게 주는 현명한 노인의 사자후." '아버지 아브라함의 말씀', '부로 가는 길', '호인 리처드의 지혜' 등으로 널리 알려진 이 글을 모아 프랭클린은 다시 펴냈다. 1800년 이전에 《부로 가는 길》은 미국에서 36쇄를 찍었고 프랑스에서는 28쇄, 이탈리아에서는 11쇄, 독일에서는 3쇄를 찍었다. 특히 런던에서 이 텍스트는 여러 잡지에 전재되었고, 앤 피셔의 인기 높은 아동용 실용서 《기쁨을 주는 선생님》(1795)의 한 장으로도 들어갔다. 프랭클린 자신도 그 책의 영향력을 흡족하게 생각해 자서전에서 이렇게 썼다.

그 글은 널리 인정받았고 대륙의 여러 신문사에서 전재했다. 영국에서는 벽걸이용 브로드사이드판으로 인쇄되었다. 프랑스에서는 번역본이 두 종 나왔고, 사제들과 귀족들이 많이 사서 가난한 교구민과 세입자에게 무상으로 나누어주었다.

우리는 다음의 발췌문에서 그 글의 전반적인 인상을 짐작할 수 있다. 아버지 아브라함이 《가난한 리처드》를 읽고서 얻은 지혜를 나누어주는 것을 프랭클린이 엿듣고 보고하는 형식이다.

게으름은 질병을 가져옴으로써 수명을 단축시킨다. 가난한 리처드가 말한 바와 같이, **게으름은 쇠의 녹과 마찬가지로 노동에 의한 소모보다 훨씬 더 빠르게 사람의 신체를 닳아빠지게 한다.** 가난한 리처드는 이런 말도 했다. **인생을 사랑한다면 시간을 낭비하지 마라. 인생의 원료는 시간뿐이다.** 우리는 필요 이상으로 잠을 많이 자면서 다음과 같은 사실을 잊어버린다. **잠자는 여우는 닭을 잡지 못한다. 무덤에 들어가면 잘 시간은 충분히 있을 것이다.** 이것도 가난한 리처드가 한 말이다.

이런 집단적 지혜는 다음의 당연한 철학으로 이어졌다. 근면, 검약, 절제는 물질적 편안함과 정신적 구제를 가져온다. 이것은 이성과 자본주의를 신봉하는 프랭클린 철학의 표현이었다("사람들은 내 장점을 잘 알아보는 최고의 판관이다. 내 저작을 돈 주고 사가니까"). 독서 경험에 대한 프랭클린의 유머는 적어도 오늘날의 우리에게는 그대로 적용되는 듯하다("사람들은 그 교리를 듣고 받아들이는 즉시 정반대로 행동한다"). 그는 또 자기 자신에 대해서도 잘 알고 있는 사람이었다("그가 내 이름을 자꾸 거명하는 것은 다른 사람들을 피곤하게 했겠지만, 나의 허영심은 몹시 충만해졌다").

프랭클린은 인쇄업의 모든 측면에 깊이 관여했다. 글도 많이 썼지만, 더 원천적으로 그는 인쇄된 텍스트를 만들어내는 활자 및 종이와 긴밀한 관계를 맺었다.

맨주먹이나 다름없는 상태에서 인쇄소를 설립하는 것은 많은 활자를 주문해야 한다는 뜻이었다. 게다가 활자는 대단히 무겁다. 자서전에서 프랭클린은 이런 자랑을 했다. "런던의 와츠 인쇄소에서 도제로 일할 때, 나는 양손에 무거운 활자를 여러 벌씩 들고서 계단을 가뿐히 올라갔다. 다른 동료들은 두 손으로 겨우 활자 한 벌을 들고 올라왔다." 1727년 아메리카 식민지 안에서는 활자를 구입할 수가 없었기 때문에(아메리카의 인쇄업자들은 영국인들이 과거에 그랬던 것처럼 주로 네덜란드 수입품에 의존했다) 프랭클린은 자신의 런던 경험을 살려서 런던의 토머스 제임스와 존 제임스의 주조소에서 첫 주문을 했다. 그곳은 새뮤얼 파머의 사무실 근처인 바살러뮤 클로즈에 있었는데, 당시 영국에서 가장 중요한 주조소였다. 이 무렵 영국에는 옥스퍼드의 앤드루스 주조소와 런던의 그로버, 미첼, 제임스 주조소 등 유력한 활자 주조소가 네 군데 있었다. 프랭클린은 런던 시절에 활자가 만들어지는 과정을 직접 목격했다. 먼저 펀치를 깎아내고 끌로 다듬어서 양각의 글자를 만든다. 이어 펀치를 부드러운 구리판에다 두드려서 음각의 매트릭스를 만든다. 이 매트릭스를 손 거푸집에다 고정시키고 이어서 거푸집의 맨 윗부분에 수직의 빈 공간에다 녹인 활자 금속을 부어넣는다. 그 금속이 단단히 굳으면 개별 활자가 만들어진다. 프랭클린은 활자 주조 과정에 매혹되었고, 키머 밑에서 일할 때 거푸집과 매트릭스를 디자인해 북아메리카에서 최초로 활자를 주조했다. 자신이 새로 설립한 인쇄소를 위해 프랭클린은 제임스 주조소로부터 롱프리머(10포인트 크기, 《가난한 리처드》에 사용), 파이카(12포인트), 잉글리시(14포인트)를 각각 300파운드어치 수입해왔고, 책의 제목에 쓸 더블파이카(22포인트)를 약 100파운드 정도 수입해왔다. 의문부호 약 30파운드와 각종 장식 부호와 기호 등도 추가로 주문했다. 가령 한 단락이 끝났음을 표시하는 기호, 플뢰른fleuron('꽃'을 의미하는 고대 프랑스어 floron에서 유래한 것으로, 꽃이나 나뭇잎 기호), 소량의 행성 기호(1734년에 수입)와 롱프리머 흑자체blackletter(주로 독일어에 쓰이던 선 굵은 글꼴) 등이었다. 행성 기호는 연감에서 성축일을 별도로 표시하기 위해, 흑자체는 《펜실베이니아 가제트》에 독일어 광고를 싣기 위한 것이었다.

활자는 납(80퍼센트), 주석(7퍼센트), 안티몬(13퍼센트)의 합금으로 만들어졌다. 비교적 물렁한 이 합금을 집어서 압착기에다 집어넣고 계속 다지는데, 이런 압착의 강도에 따라 나름의 특성을 갖게 된다. 가령 롱프리머 'A' 활자 가로대에 생기는 약간의 균열이 그런 경우다. 우리는 활자에 생기는 이런 자연적인 마모 상태를 캐슬론 활자에 대한 재고 목록에서 엿볼 수 있다. 이 목록은 1766년 프랭클린과 홀이 협력관계를 종료할 때 제임스 파커가 작성한 것이다.

436파운드 롱프리머, 많이 마모됨.

318파운드 스몰파이카, 너무 마모되어 폐기 직전.

421파운드 올드파이카, 비교적 양호함.

334파운드 올드잉글리시, 고철이나 다름없음.

223파운드 그레이트프리머, 많이 마모됨.

158파운드 더블파이카, 양호함.

91파운드 더블잉글리시, 양호함.

이처럼 마모된 활자 상태로부터 프랭클린이 얼마나 열심히 인쇄기를 돌렸을지 짐작할 수 있다. 특정한 형태의 마모는 특정 글자들(서체뿐만 아니라 개별 활자들)이 어떻게 찍히는지 추적해볼 수 있게 한다. 이런 연구 작업 덕분에 프랭클린의 인쇄라고 표기되어 있지 않은 것도 그의 작품이라고 밝힐 수 있게 되었고 좀더 정확하게 그의 대표작을 식별하게 해준다. 그리고 활자가 여러 인쇄소를 전전하면서 인쇄 작업에 사용되었다는 것도 알 수 있게 해준다. 프랭클린이 런던의 제임스 주조소에서 사들인 파이카와 잉글리시 활자는 프랭클린의 형 제임스의 아내이자 미망인인 앤에게 넘어가서 1740년대까지 잘 활용되었다. (인쇄소의 활자 목록을 작성하는 아주 사소해 보이는 일이 얼마나 매력적인 연구 성과를 도출하는지 알고 싶다면 C. 윌리엄 밀러의 《벤저민 프랭클린의 필라델피아 인쇄 1728~1766》을 한 시간만 읽어보라. 과거를 아주 면밀하게 천착한 연구서다.)

1737년에 이르러 프랭클린은 런던에 새 활자를 주문할 필요가 있었다. 바람의 방향을 봐가며 돛에 바람을 가득 채우듯이, 프랭클린은 1738년에 동시대의 인장공이며 도구 제작자인 캐슬론의 파이카와 스몰파이카(11포인트)를, 1739년에는 롱프리머와 꽃무늬 활자를, 1740년에는 잉글리시와 브레비어(8포인트)를, 1741년에는 그레이트프리머(18포인트)와 파라곤(20포인트) 활자를 주문했다(캐슬론의 스몰파이카는 p와 u 활자가 부족해 프랭클린의 식자공들은 1739년까지 d와 n을 뒤집어서 사용했다). 1730년까지 런던 인쇄업계에서 영향력을 떨치던 캐슬론의 활자는 프랭클린 덕분에 아메리카 식민지에 도입되어 1750년경에는 주도적인 활자가 되었다. 프랭클린은 새로운 파트너들과 제휴해 일련의 인쇄소 네트워크를 형성하면서 그 새로운 인쇄소에도 캐슬론 활자를 사들여 도입했다. 이처럼 하나의 활자를 일관되게 사용했으므로 프랭클린 인쇄소의 스타일을 정립할 수 있었고 인쇄소끼리 일을 공유할 수 있었다. 그래서 프랭클린(필라델피아)과 파커(뉴욕)는 1740년대와 1750년대에 특정 연감의 인쇄를 나누어 맡을 수 있었다. 여러 군데의 인쇄소가 하나의 책을 분담해 인쇄하는 것은 프랭클린이 이미 런던의 파머 인쇄소에서 경험한 바 있었는데 이제 아메리카에서는 정기적인 관행이 되었다. 책 역사가 피터 스탤리브래스에 따르면, 아이작 와트의 《찬송가와 영혼의 노래》 제15판 간기에는 인쇄 정보를 "프랭클린, 필라델피아 1741년"이라고 표기하고 있지만, 실제로는 필라델피아(프랭클린)와 뉴욕(파커)에서 나누어 인쇄한 뒤, 인쇄물을 보스턴의 찰스 해리슨에게 보내 그곳에서 제본했다.

1748년 이후 프랭클린의 관심이 인쇄업에서 과학 탐구와 정치 쪽으로 옮겨간 이후에도, 활자에 대한 깊은 관심을 유지했다. 그는 배스커빌의 《실낙원》(1758) 선구매자 중 한 사람이었고 앞에서 언급했듯이 구매 직후에 버밍엄으로 가 배스커빌을 방문하기까지 했다. 그보다 훨씬 뒤에 프랭클린은 푸르니에 가문이 고안한 활자를 보고서도 기뻐했다. 그는 생애 만년에 프랑스 파시에 설립한 소규모 인쇄소에서 그 활자를 사용했다.

프랭클린은 미국의 제지 역사에도 공헌했다. 우리는 6장에서 종이와 그 세계사를 살펴보게 될 것이다. 여기서는 필라델피아가 유속이 빠른 하천이 많고 인구도 많아서 거기서 나오는 헌옷(넝마)을 종이로 만들었다는 사실에 주목할 필요가 있다. 종이 만드는 과정은 일종의 마법과 비슷하다. 넝마를 잘게 잘라서 충분히 두드린 후에 물에 오래 담갔다가 펄프를 만든다. 곤죽 상태의 펄프를 금속 망틀에다 집어넣고 들어올려 몇

초 동안 좌우 앞뒤로 흔들어 대면 물은 빠지고 잘 짜인 섬유질만 남는다. 그 판을 모포('펠트') 사이에 집어넣고 펄프를 건조시킨다. 이렇게 물에 담그기, 빼내기, 흔들기 과정에 약 20초가 걸린다. 숙련된 작업조는 하루에 종이 4연(전지 2천 장)을 만들어낸다.

그러나 프랭클린이 인쇄업에 뛰어들었던 초창기(대략 1728~1733)에, 식민지에서 생산되는 종이는 저렴하지만 품질이 좋지 못했다. 갈색 종이는 비누 포장지로, 거친 푸른색 종이는 덮개로 사용할 수 있었으나 프랭클린이 정부 관계자의 시선을 끌고자 하는, 정부 포고문 용지로는 부적합했다. 그래서 프랭클린은 주로 영국 도매상을 통해 식민지 상인들이 들여온 네덜란드산 종이를 사용했다. 1730년대에 아메리카의 제지업이 발달하기 시작했는데, 프랭클린의 영향력도 부분적으로 기여했다. 그는 1735년부터 정기적으로 현지 제지업자에게서 종이를 사들였고, 그래서 식민지 내의 상업적 활동을 장려하는 상징적 인물로 떠올랐다. 1734년에 프랭클린은 《펜실베이니아 가제트》에 "낡은 넝마를 삽니다. 이 신문의 발행인 알림"이라는 광고를 실었다. 그리하여 1742년에서 1749년 사이에 제지업자 앤서니 뉴하우스에게 4만 9242파운드 무게의 헌옷을 판매했고, 뉴하우스는 다시 수백 연의 종이를 되팔았는데, 프랭클린은 이 종이를 가지고 현지 지폐를 만들었다. 아메리카의 최고 제지업자는 유럽(독일, 스위스, 저지 국가들)의 기술을 가지고 건너온 이민자들이었다. 미국에 처음 생긴 제지소는 1690년에 위사히콘강의 지류 중 하나인 페이퍼 밀런에 윌리엄 리텐하우스가 건설한 것이었다. 리텐하우스는 독일 루르 지방의 한 작은 마을에서 태어나 도제 생활을 하면서 제지술을 배웠다. 그는 1688년에 펜실베이니아로 이민 왔다. 프랭클린의 경쟁자인 앤드루 브래드퍼드가 리텐하우스의 제지소를 통째로 사들이자 프랭클린은 어쩔 수 없이 더 비싼 수입 종이를 사용해야 했다.

1740년대부터 프랭클린은 독일 팔라티나테의 요한 콘라트 슈츠로부터 종이를 사들였다. 슈츠의 제지소는 백합 무늬 워터마크에다 프랭클린의 두문자인 BF를 찍어서 종이를 납품했다. 스위스의 제지업자인 야코프 하기는 1752년 트라우트른에 있는 뉴하우스의 제지소를 인수해 자신의 이니셜 IH 워터마크가 찍힌 종이를 제작했는데, 프랭클린과 홀은 1754년부터 이 종이를 사용했다.

서지학자 윌리엄 밀러에 따르면 1730년대는 "제지업계의 요람기로서 주로 펜실베이니아의 프랭클린이 많이 지원했다." 그리고 1740년대는 제지업계의 청년기였다. 1750년대와 1760년대에 이르러 제지업계는 완전히 성숙했고, 필라델피아는 제지업의 중심지가 되어 그 지위를 19세기까지 유지했다. 프랭클린의 사업 장부는 그의 인쇄소에서 아메리카산 종이의 사용이 점점 더 늘었음을 보여준다. 프랭클린은 1788년에 프랑스 친구인 브리소 드 바르빌에게 아메리카에 18개 제지소가 설립되는 것을 도왔다고 자랑했다.

프랭클린은 책 문화에 너무나 몰입한 나머지 거듭하여 자신의 생애와 신체적 자아를 하나의 인쇄된 책이라고 상상했다. 1728년 청년이던 프랭클린은 영국의 인쇄업자 존 배스커빌과 마찬가지로 자신의 묘비명을 미리 써놓고(영원한 자기 선전꾼이었던 프랭클린은 죽음을 상상할 때에도 그러했다)

그것을 친구들에게 한 부씩 나눠주는 것을 좋아했다.

> 인쇄업자 B. 프랭클린의 시신.
> 오래된 책의 표지와 같고,
> 그 내용물은 뜯겨져나갔으며,
> 표지의 글자와 금박도 벗겨져나간 채
> 여기 벌레들의 먹이로 누워 있다.
> 하지만 이 책은 완전히 사라지지 않았다.
> 왜냐하면 그것은 저자(하느님)에 의해 교정되고 수정되어
> 새롭고 더 완벽한 판본으로 다시 태어날 것이므로.
> 1706년 1월 6일에 태어나
> 17××년에 사망하다.

이 글의 재치는 스스로 써놓은 묘비명의 완성 불가능함을 가지고 장난을 치는 데 있다. 프랭클린은 그 텍스트를 완성할 수 없으므로 자신의 사망 시점을 공백으로 남겨놓았다(그의 무덤 앞에 실제로 세워진 묘비명에는 단지 "벤저민과 데버라 프랭클린 1790"이라고만 적혀 있다). 그러나 이 자작 묘비명의 중요성은 사람을 하나의 책으로 비유하는 오랜 전통과 깊은 관계가 있다. 우리는 이러한 전통의 초기 사례를 주세페 아르침볼도의 초상화에서 볼 수 있다. 이것은 인문주의자 겸 역사가인 볼프강 라치우스(1514~1565)를 모델로 한 것으로 보이는 이 초상화의 주요 구성 요소는 책이다. 그 효과는 다소 기이하게도 어떤 악몽 같은 신체를 만들어냈다는 데 있다(나는 부채처럼 넘어가는 머리 부분의 페이지들 사이에서 머리카락을

주세페 아르침볼도, 〈사서〉(1566?)

발견하고서 더욱 오싹한 느낌이 들었다). 설사 이것을 책을 가지고 만든 프랑켄슈타인의 괴물 같은 것이라고 치부하지 않더라도, 책을 많이 읽은 사람을 표현하는 아주 극단적인 방식이라고 할 수 있다.

아르침볼도의 효과는 사람을 하나의 책으로 보는 비유를 시각적으로 구체화했다는 것이다. 이것은 그리스도의 처형된 몸을 가리켜, 인류가 그리스도를 사랑하는 반대급부로 영원한 축복을 받게 되는 서면 계약의 헌장이라고 보는 중세의 비유에서 생겨난 것이다. 우리는 이러한 은유가 엘리자베스 시대의 여러 작가들의 글에서 멋지게 발전되고 세속화된 것을 볼 수 있다. 강력한 인쇄 문화의 등장이라는 새로운 사실과 씨름하면서 그 작가들은 책의 의미에 대해 상상력 넘치는 생각을 했다. 내가 좋아하는 시 가운데 하나인 새뮤얼 대니얼의 시집 《델리아》(1592)에 있는 한 소네트에서, 화자는 사랑의 운명을 슬퍼하면서 자신의 얼굴을 비극적인 책으로 변모시켰다.

내 얼굴에서 많은 절망을 읽으라.
내 비극적 탄식의 슬퍼하는 일리아스를 읽으라.
내 피로 그려지고, 내 근심으로 인쇄되고,
그녀의 손으로 제작된 그 책을 나는 소중히 여기노라.

존 던은 이런 기발한 생각을 다른 방식으로 표현했다. 〈잠자리에 드는 그의 연인에게〉라는 시에서 그는 책의 표지와 내용을 생각하면서 여인의 옷을 벗기는 것을 상상한다.

모든 여인은 그림처럼 혹은 일반 대중을 위한
화려한 표지처럼 옷을 입는다.
여자들은 신비한 책이다.
그들을 우아하다고 생각하는 자들에게만
그 내용이 드러난다.

그리고 "누구도 섬이 아니다"로 시작되는 그의 유명한 명상시 17에서 던은 죽음을 책의 파괴(찢어진 페이지)로 보는 게 아니라, 번역의 과정으로 본다. "모든 사람은 한 명의 저자이자 한 권의 책이다. 한 사람이 죽을 때, 그 책에서 한 챕터가 뜯겨져 나가는 것이 아니라 그 챕터가 더 좋은 언어로 번역되는 것이다." 이런 비유를 셰익스피어의 작품에서도 볼 수 있다. 《헨리 4세 2부》에서 노섬벌랜드는 말한다. "사람의 이마는 표제지와 같다. 그것은 비극적인 책의 성격을 미리 말해준다." 맥베스 부인은 남편이 사람을 잘 속이지 못하는 것을 비난하면서 이렇게 말한다. "영주님, 당신의 얼굴은 책과 같아요. / 사람들이 이상한 일들을 금방 읽어낼 수 있는." 맥베스는 추종자들에게 이렇게 말한다. "내 부하들이여, 그대들은 내가 시선을 돌릴 때마다 그대들의 노고를 그대로 읽을 수 있는 페이지 같구려." 셰익스피어는 이런 대사에서 어둠을 보았고 아주 잘못된 인생을 예고하는 인간, 곧 책이라는 비유의 가능성을 발견한 듯하다. 자리에서 쓰러진 국왕 존은 관중을 향해 자신을 책에다 비유하며, 왕은 거창한 인쇄 폴리오가 되어야 하는데 그러지 못했다고 탄식한다. "나는 양피지 위에다 펜으로 마구 휘갈겨 쓴 글자 / 그러나 이 불에 가까이 다가가자 오그라드는구나."

이런 전통과 프랭클린의 관계는, 그가 아주 유능하고 낙관적인 에너지의 소유자였다는 점을 감안하면 덜 고통스러운 것이었다. 책은 프랭클린에게 고통스러운 자아의식을 안겨준 것이 아니라 개선, 교정, 수정, 청중, 영향력의 관점에서 그의 자아를 널리 선전할 수 있는 언어가 되었다. 그는 인쇄업자의 경력이 있었기 때문에(셰익스피어, 던, 대니얼은 갖지 못한 경력) 자신의 묘비명에 멋진 책의 이미지를 동원할 수 있었다.

사실, 프랭클린의 자작 묘비명은 사람과 책 사이를 부드럽게 헤쳐 나가는 그의 글쓰기에서 발견되는 더 큰 경향성의 한 부분이었다. 우리는 프랭클린이 자만하면서 '도덕적 완성'을 추구하는 과정에서 개발한 수첩의 기술에서 그것을 엿볼 수 있다. 프랭클린은 페이지의 양식에 따라 자신의 악덕을 추적해 교정하는 방식을 사용한다.

나는 작은 수첩을 만들어 각 미덕마다 한 페이지씩 할당했다. 페이지에다 붉은색 잉크로 세로 선을 그어 일곱 칸으로 나누고 칸마다 위에 요일을 적어넣었다. 그리고 가로 선을 그어 13행을 만들어서, 항목 칸에 실천해야 할 미덕의 두문자를 적었다. 이 목록을 보고 날마다 반성하면서 해당 요일에 실천이 미진한 미덕이 있었으면 검은 점을 표시했다.

프랭클린의 목록이 언급한 열세 가지 미덕은 절제, 침묵, 질서, 결단, 검소, 근면, 성실, 정의, 중용, 청결, 평정, 순결, 겸손이었다. 겸손의 미덕에 대해서는 아무런 아이러니의 분위기 없이 이런 말을 추가해 넣었다. "예수와 소크라테스를 본받을 것."

그는 수첩을 펼쳐들고 미덕마다 표시를 했다. 결점이 없도록 유의해 악덕을 멀리하고자 했다. 이것은 "어떤 경우든 아무런 잘못을 저지르지 않고 인생을 살기 위한" 프랭클린의 방식이었다. 그는 처음에는 일반 종이 수첩을 쓰다가 나중에는 지우고 수정하는 것을 쉽게 하기 위해 광택나는 고급 종이를 쓴 비망록을 사용했다.

나는 미덕의 실천을 기록한 페이지가 날마다 개선되는 것을 지켜보려고 했다. 그리하여 페이지의 각 칸에 찍힌 결점이 줄어들어 결국에는 페이지에 검은 점이 하나도 없는 깨끗한 상태에 도달해 행복감을 느끼게 되기를 바랐다.

이것은 고상한가? 사소한가? 실용적인가? 아마 그 세 가지 모두일 것이다. 그 자신이 깨끗하지 못하다고 느낄 때 작은 수첩의 양식에다 검은 점을 표시하는 프랭클린의 모습을 상상해보면 조금 우스꽝스럽다는 생각이 든다. 우리는 잠시 D. H. 로렌스의 말에 공감하게 된다. 로렌스는 낭만주의의 반대편에 있는 사실주의에 대한 글을 쓰면서, 깨끗한 책은 곧 선량한 사람(혹은 선량한 사람은 곧 깨끗한 책)이라는 개념을 계몽주의의 도덕적 통제 중 가장 나쁜 형태라고 생각했다. 로렌스는 프랭클린을 참아주지 못했다. 로렌스는 1924년 프랭클린의 열세 가지 미덕 표에 대해 이렇게 논평했다. "이것은 벤저민의 가시 철망 울타리다. 그는 자신을 위해 일련의 미덕 목록을 만들었고 마치 울타리가 쳐진 방목지의 늙은 말처럼 그 안에서 돌아다니고 있다."

검은 점으로 표시하는 프랭클린의 도덕적 기술이 사람과 책의 이미지를 뒤섞었다면, 프랭클린의 자서전은 인쇄업자의 언어로 가득 차 있다. 자신의 생애에 대해 근본적으로 만족한다는 뜻을 표시하면서도 프랭클린은 이렇게 썼다. "나는 똑같은 생애를 처음부터 되풀이한다고 해도 거부하지 않을 것이다. 그러나 제2판을 낼 때, 제1판에서 저지른 오류를 교정할 혜택이 주어지기를 바란다." 프랭클린은 자신이 저지른 오류에 대해 '정오표'라는 인쇄업자의 전문 용어를 사용했다. 자신이 인생에서 저지른 잘못을 인쇄소의 식자 실수와 동일시하는 것이다. lie를 live로, included를 concluded로 고치고 싶어하는 것이다. 프랭클린은 오류에 대해 많은 생각을 했다. 그는 1730년 3월 《펜실베이니아 가제트》에서 실수를 했다. 프랭클린은 이런 문장을 인쇄했다. "After which his Excellency (…) **died** elegantly at Pontack's(그후에 총독 각하는 폰택스 식당에서 우아하게 **죽었다**).” dined(식사했다)에서 n을 빼먹은 것이다. 이때 프랭클린은 J. T.라는 필명을 쓰면서 일련의 활자 실수를 열거하며 식자공의 실수에 대한 일종의 교훈을 제공했다.

성경의 어떤 한 판본에서 David says I am fearfully and wonderfully made(다윗왕은 말한다, 나는 무섭고 놀라운 기질을 가진 사람)라고 식자해야 하는 문장에서, 인쇄업자는 맨 마지막의 e를 빼버렸다. 그래서 I am fearfully and wonderfully mad(나는 무섭고 놀라울 정도로 미친 사람)가 되고 말았다. (…) 1631년의 런던 성경은 Thou shall not commit Adultery(너희는 간음을 하지 마라)라는 문장에서 not을 빼먹는 바람에 Thou shall commit Adultery(너희는 간음을 하라)가 되어버렸다. 공동 기도서에도 이런 실수가 반복되었다. 장례식 부분에서 인쇄업자는 We shall all be changed in a moment…(우리는 곧 모습이 바뀌게 될 것…)라는 문장의 changed 중 c를 빼버려서 We shall all be hanged in a moment…(우리는 곧 모두 교수당할 것…)가 되고 말았다.

프랭클린은 이 언어를 취해 자기 자신을 묘사하는 데 사용했다. 큰형의 인쇄소에서 도제로 일하다가 달아난 사건을 "내 인생의 정오표 중 최초의 사항"이라고 기술했다. 그가 장래의 아내 데버라 리드를 거칠게 대한 것에 대해서는 "내 인생의 커다란 오류 중 하나"라고 지적했다. 그 오류는 1730년에 결혼함으로써 교정되었다. "그리하여 나는 내 최대 오류를 잘 교정했다."

다음은 프랭클린이 17세 때 인쇄공 일을 찾아 뉴욕에서 필라델피아로 가던 항해를 묘사한 것이다. 그는 장차 어떤 일을 성취할 것인지 어렴풋이 느끼고는 있었겠지만 명확하게 알지는 못했다. 항해 도중 엄청난 폭풍우를 맞아 돛이 찢겨나가고 배는 롱아일랜드 쪽으로 표류했다.

그 와중에 술 취한 네덜란드 승객이 바다로 떨어졌다. 그가 가라앉으려는 찰나, 나는 물속으로 손을 넣어 그의 머리채를 잡아당겨 배 위로 끌어올렸다. 몸을 부르르 떨더니 약간 술이 깬 그는 주머니에서 책을 한 권 꺼내더니 내게 말려달라고 부탁하고서 잠이 들었다. 그 책은 내가 예전부터 좋아했던 존 버니언의 《천로역정》 네덜란드어판이었다. 좋은 종이에 멋지게 인쇄된 데다 동판화 삽화가 들어 있었고 장정도 내가 그때까지 본 어떤 언어판보다 세련되었다.

그의 자서전에서 물리적 사물인 책은 그 어떤 것보다 프랭클린의 주의를 사로잡는 물건이었다. 프랭클린 자신의 영웅적 기상을 상당히 의식한 모험적 로맨스의 전통에서 시작된 이 이야기는 갑자기 서지학적 묘사로 옮겨간다(프랭클린의 우선사항은 바로 이런 것이었다). 프랭클린이 그 책의 제본 상태를 면밀히 살펴보는 동안 그 불쌍한 네덜란드인이 갑판에 널브러져 힘들게 숨을 몰아쉬는 장면이 눈에 선하다.

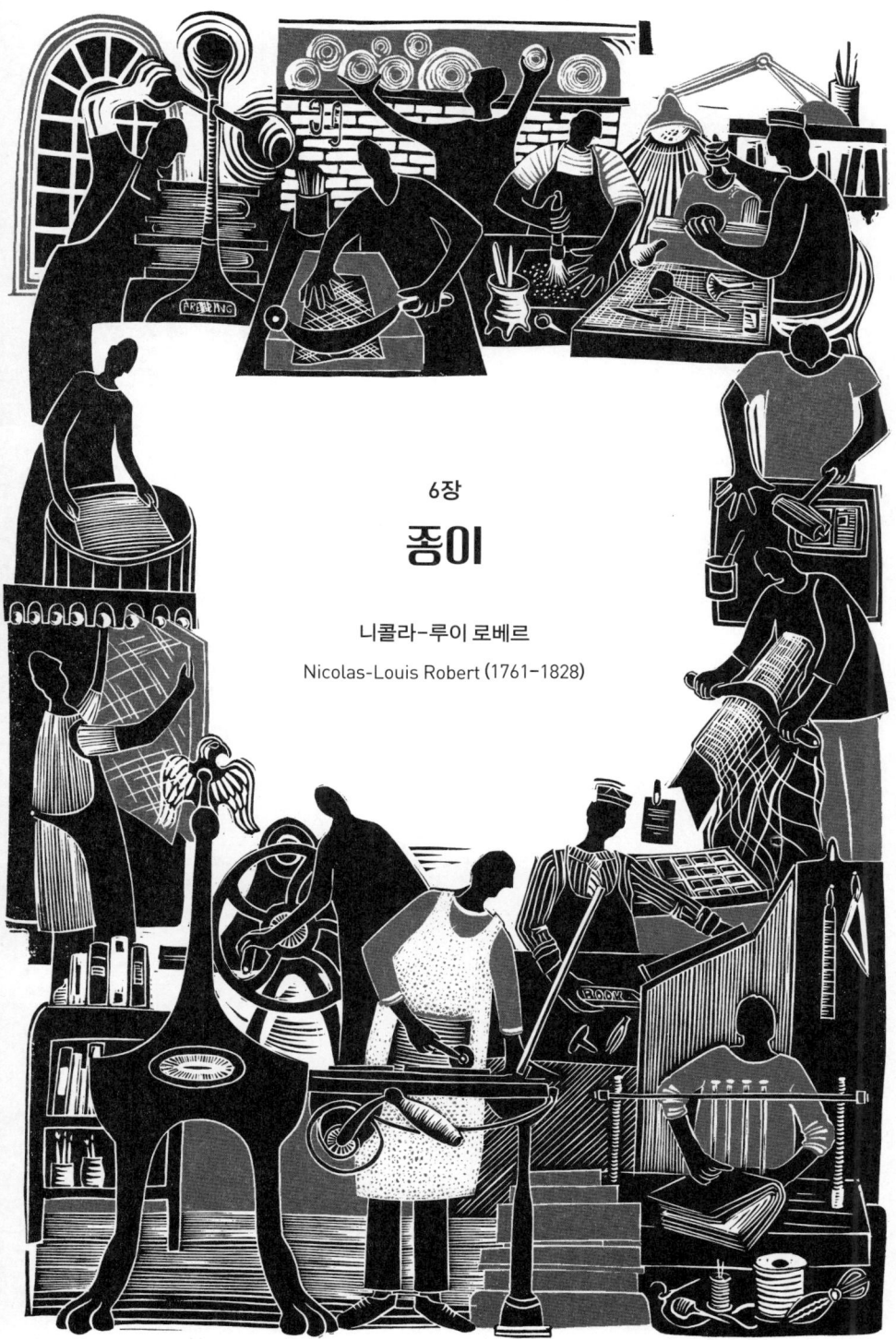

6장
종이

니콜라-루이 로베르

Nicolas-Louis Robert (1761–1828)

제지업계에 혁명을 가져왔다고 해도 과언이 아닌 니콜라-루이 로베르는 1828년 8월 어느 무더운 날, 프랑스 북부의 한 마을에서 가난하게 살다가 사망했다. 당시 66세였고 베르누예에 자신이 설립한 초등학교의 교사로 일하면서 신통치 못한 건강과 싸우고 있었다. 보수는 형편없었지만 그래도 아내, 자식들과 함께 평온한 나날을 보냈다. 그는 지난날의 논쟁과 실책에 대해 명상하며 오랜 시간을 보냈을 것이다. 한 역사가의 말에 따르면 로베르는 "몸이 약하지만 재주가 많았고" 그렇지만 "상심하고 낙담한 사람"이었다.

로베르가 발명했지만 아무런 이득도 얻지 못한 기술은 1799년 특허법의 표현에 따르면 '연속 종이continuous paper'를 만들어내는 기술이었다. 그것은 종이 만들기를 작업자들의 손에서 빼앗아 기계의 회전 벨트 위에 올려놓았다. 포어드리니어Fourdrinier라는 이름이 붙은 그 기계는 곧 유럽과 북아메리카의 제지소에서 윙윙 소리를 내며 작동했고 다량의 종이를 만들어냈다. 예전처럼 전지 형태가 아니라 '무한한 길이'의 두루마리 형태로 제지 작업을 했다. 그 속도는 일찍이 12세기 이래 유럽에서, 8세기 이래 이슬람 세계에서, 그리고 2세기 이래 중국의 제지공들이 상상도 하지 못할 만큼 빨랐다. 로베르의 기계는 (당시 기준으로) 16세기에 걸친 종이의 역사에서 새로운 이정표를 세웠다. 제지사가인 다드 헌터는 논쟁적이면서도 일리가 있는 말을 했다. "그는 문명에 혁명을 가지고 올 운명을 타고났다." 그가 가져온 여러 가지 결과 중 하나로 19세기와 20세기에 신문 사업이 발흥했고 그와 함께 정보에 대해 완전히 새로운 관계가 정립되었다. 그러나 로베르는 찬사나 성공, 공로에 대한 인정과는 천리만리 떨어진 상태로 죽었다. 그의 발명품이 아주 중요한 것임을 감안할 때, 베르누예 교회 앞에 1912년에 세워진 그의 동상은 그의 업적을 추모하는 것이 아니라 그의 쇠락을 떠올리게 한다.

이와 유사한 불공정—보상을 받지 못한 공로와 역사적 기록에서의 실종—이 제지 기계와 관련된 몇몇 사람들의 생애 말년을 규정하고 있다. 흡사 이 기술이 그 원천을 부정하는 듯하다. 생-레제르 디도는 로베르의 초기 실험을 지원했으나 자신의 제지소와 사업을 날리고 무일푼 상태로 죽었다. 존 갬블은 그 기술을 영국으로 수출해 꽃피어나게 했으나, 역사적 기록에서 완전히 사라져서 정확히 언제 죽었는지도 분명하지 않다. 헨리 포어드리니어와 그의 동생 실리도 사정은 그리 좋지 않다. 헨리는 역사적 기록에 남아 있는 포어드리니어 회사의 사장을 지냈고 그의 이름을 딴 기계가 성공을 거두었으나 파산했다. 그는 88세까지 살았고 《타임스》가 배포한 기념행사용 책자에 따르면 스태퍼드셔의 어떤 마을에서 "가난하지만 쾌활한 은퇴 생활을 했다."

재주가 많은 사람들이 이처럼 불행하거나 평범한 말년을 맞이했다는 것은 당시의 특허법이 무법천지의 서부처럼 불안정했기 때문이다. 초창기 발명가들은 자신의 독창적인 아이디어를 지키느라 애를 먹었고 그러는 사이에 복제판 모델이 마구 생겨났다. 또한 약속된 지불을 위반한 불성실한 채무자들도 있었다. 러시아 황제 알렉산드르 1세는 1814년 페테르고프에 제지기를 두 대 설치한 후 열 차례에 걸쳐 700파운드를 지불하기로 되어 있었으나 단 한 차례도 이행하지 않았다. 그런데 어떤 위대한 발명품이 그 최초의 발명가 생애를 뛰어넘고 그리하여 그를 배반하는 방식에는 뭔가 더 큰 진실이 있다.

로베르는 베르누예의 햇빛 어룽거리는 광장 주위를 초저녁에 산책하면서 이 사실을 자주 숙고했을 것이다.

종이 이전에도 글 쓰는 표면이 있었다. 쐐기문자가 적힌 점토판은 오늘날의 이라크에 해당하는 우루크에서 제작되었다. 파피루스는 나일강 둑에서 가져온 파피루스 갈대의 껍질을 벗겨내고 차곡차곡 쌓아서 평평하게 한 뒤에 두루마리 형태로 만들었다. 코덱스는 왁스 판 두 개를 이어붙인 두 폭의 서판을 여러 개 붙여서 만들었다. 우피지와 양피지는 각각 소와 양의 가죽을 가져다가 기름을 빼고, 털을 제거하고, 표면을 잘 긁어서 평평하게 만들었으나 그래도 정맥과 털은 여전히 남았다. 1899년 황하의 홍수로 중국의 고대 글자 3천 점이 발견되었는데 서기전 1300년 전 거북이 등껍데기나 동물 뼈에다 새긴 것이었다. 글을 쓰고자 하는 욕망—표시를 남기고, 자신의 존재를 드러내고, 정보를 간직하고 전달하려는—은 이처럼 다양한 형태로 표출되었다. 이러한 다양성은 손쉽게 구할 수 있는 것을 활용한 기술적 혁신을 잘 보여준다.

종이는 '식물의 섬유를 잘 녹인 뒤 평평한 망틀 위에 얹어두어 탈수하고 건조해 만든 얇은 물질'이다. 이 종이는 서기 105년에 중국에서 개발했다. 불현듯 난데없이 나타난 것은 아니고 이미 사용 중이던 원시적인 종이proto-paper (로타르 뮐러의 표현)에서 유래한 것이었다. 그러나 종이를 발명한 사람이 중국 후한의 무기 담당 관리였던 채륜(50/62~121)인 것은 분명하다(역사가들은 그가 환관이었다는 사실을 강조하는데, 그게 종이 발명과 무슨 상관이 있는지 모르겠다). 채륜이 소개하는 종이 만드는 과정은 이러하다. 뽕나무의 내피를 가져다가 나뭇재(木灰)와 함께 물에 푹 담그고서 섬유질이 풀어질 때까지 짓이긴다(고해叩解). 이 곤죽이 된 섬유를 나무 망틀 위에다 붓고서 물속에 담긴 채로 고르게 편다(초지抄紙). 이어 망틀을 건져올려 건조한 후에 섬유를 떼어내면 종이 한 장을 얻을 수 있다. 느리지만(제지공은 이런 방식으로 하루 수십 장을 얻을 뿐이었다) 이후에도 여러 세기 동안 변함없이 유지되어온 공정이었다.

이 기술은 중국에서 아랍 세계로 전파되었다. 그 계기는 사마르칸트(오늘날의 우즈베키스탄)의 탈라스강 둑에서 751년에 벌어진 한 전투였던 듯하다. 이곳에서 아랍 병사들은 포로로 잡힌 중국 제지 기술자들에게서 종이 만드는 기술을 전수받았다. 이 낭만적인 이야기에서부터 일련의 군사적 충돌과 실크로드를 거쳐서 제지술이 점진적으로 퍼져나갔다는 얘기가 만들어졌다. 아무튼 종이가 이슬람 세계 전역에 재빨리 퍼져나갔다는 것은 확실하다. 아랍 세계는 그 기술을 더욱 발전시켰다. 아랍 제지 기술자들은 그들 나라에 풍부한 천연자원을 활용할 필요가 있었으므로, 뽕나무에서 벗어나 인간이 만든 리넨과 대마 넝마를 사용하기 시작했다. 이렇게 하여 종이 생산을 여러 도시, 인구 조밀 지역, 섬유 생산과 연결했다. 793~794년에 전례 없는 규모의 세련된 제지소가 바그다드에 생겨났다. 정부 관리들은 파피루스와 양피지 대신에 종이를 사용하기 시작했고, 문방구 시장Suq al-Warraqin은 책과 종이를 파는 가게로 넘쳐났다. 7세기에서 13세기에 이르는 이슬람의 위대한 텍스트 문화는 이런 후대의 종이 생산에 의해 촉진되었다. 메디나와 기타 지역에 사는 고도의 달필들이 이 시기에 종이 코란을 만들어냈다. 곧이어 다마스쿠스, 트리폴리, 시칠리아, 튀니지, 이집트에도 제지소가 들어섰다. 특히 다마스쿠스는 가벼우면서도 부드러운 '새 종이bird paper, waraq al-tayr'로 유명했다. 10세기에는 바그다드 근처 티그리스강 위에 배 제지소가 있었는데 흐르는 물로부터 동력을 얻었다. 11세기에 이르러 북아프리카의 페스에서도 종이를 생산했다. 이처럼 제지술의 수용이 늦어진 것은 목축 사회에서는 양피지의 우세가 오랫동안 지속되었기 때문이다.

11세기에 북아프리카를 거쳐 에스파냐에 제지술의 지식이 전파되었을 때, 종이는 글쓰기의 중요한 수단이 되었고 제지술은 아랍 세계가 이룩한 것, 그리고 그 이전에는 중국 문화가 만들어낸 것으로 확고히 인식되었다. 하지만 이처럼 뒤늦게 채택했기 때문에 제지술에 대한 유럽의 초창기 태도는 무지에서 비롯한 오만에 가까운 것이었다. 유럽인은 종이가 유대인과 아랍인이 도입한 수단이라고 여겨 불신했다. 클루니 수도원의 가경자加敬者 피터(1092?~1156)는 저서 《유대인의 고질적인 완고함에 반대하며》에서 넝마 종이에 대해 "헌옷 혹은 뭔지 모르는 수상한 것을 박박 긁어서 만든 것"이라며 비난했다. 그는 노골적으로 제지술을 유대주의와 연결했다. 그러나 유럽인들은 종이의 혁명적 잠재력을 깨닫게 되자 아랍과 중국의 과거는 싹 잊어버리고 종이의 역사를 자신들의 것으로 만들어 유럽의 기술사로 둔갑시켰다. 이렇게 된 것은 근대 초창기에 유럽 제지업계가 북아프리카와 서아시아에 종이를 수출했기 때문이다. 유럽이 제지술의 역사를 새로 쓰기 시작한 18세기에 이르러 이슬람 세계에서 제지업은 대규모로 축소되었다. 그리하여 수백 년 동안 유럽인들은 제지술이 에스파냐에 도착하기 무려 1천 년 전에 중국에서 시작되었다는 것을 전혀 알지 못했다. 17세기에 유럽인들은 일본과 중국에서 종이 만드는 현장을 목격하고서 그런 아시아 기술의 원천이 유럽일 거라고 생각했다. '과학, 예술, 기술의 체계적 사전'이라고 자부하는, 프랑스 계몽주의의 대표적인 저술인 《백과전서》(1751~1766)의 편찬자인 디드로와 달랑베르는 아랍의 과거에 대해서는 전혀 알지 못했다. 만약 유럽인이 종이의 기원에 대해 진정으로 관심이 있었다면, 중국인들이 다양한 풀과 나무껍질을 사용해 종이를 만들어냈다는 사실을 알아냈을 것이다. 그래서 나무 펄프가 넝마의 대안이 될 수 있다는 것을 1840년대 이전에 발견했을 것이다.

13세기에 이르러 제지소는 이탈리아 북부 지방에서 호황을 누렸다. 산간 도시인 파브리아노는 다수의 제지 혁신이 일어난 곳인데, 이는 그 도시의 직조와 금속 세공의 전통에 힘입은 것이었다. 그래서 대장장이를 일 파브로il fabbro(파브리아노 사람)라고 명명하게 되었다. 수력 넝마 고해기는 물에다 부풀린 넝마를 효율적으로 두드렸다. 사슴이나 양의 발굽을 고열로 끓여서 만드는 동물성 풀은 종이에 바르면 잉크가 번지는 것을 막아주었다('사이징sizing'). 또 펄프를 잘 거르기 위해 망틀을 대나무나 갈대가 아닌 철사로 만들었다. 중세의 파브리아노는 워터마크를 발명해낸 고장이기도 하다. 틀에 철사 조각을 추가로 붙여서 제지업자의 두문자, 왕관, 항아리, 광대 모자fool's cap(오늘날에는 종이의 크기를 가리키는 용어로 사용된다) 같은 무늬가 종이 위에 투명하게 비치게 했다. 이 무렵 유럽인은 양모보다는 리넨을 더 많이 입기 시작했다. 넝마 종이를 위한 공급이 늘었고, 제지소가 뉘른베르크(1390), 라벤스부르크(1393), 스트라스부르(1445)에 들어섰다. 이 무렵 모든 면에서 뒤처져 있던 영국에서는 윌리엄 캑스턴이 쾰른에서 인쇄술을 배웠고 저지 국가로부터 종이를 수입해 왔다. 1490년대에 되어서야 존 테이트가 하트퍼드셔에 영국의 첫 제지소를 세웠다. 그곳에서 나온 현재 남아 있는 가장 이른 종이는 1494년 교황의 회칙을 찍은 것이다(1장에서 윈킨 드워드가 우아한 팔각별의 워터마크가 찍힌 테이트의 종이를 사용했다는 것을 언급한 바 있다). 16세기와 17세기 내내 영국의 제지소는 소량의 종이만 생산했고 그것도 포장지로 사용하는 거친 갈색 종이가 대부분이었다. 고급 백지를 생산하는 기술이 발달한 것은 종교를 관용하는 낭트 칙령의 폐지(1685)로 프랑스의 위그노 제지공들이 박해를 피해 영국으로 건너오면서부터였다.

이렇듯 종이의 역사는 수천 킬로미터의 거리와 수천 년의 세월을 가로지르는 방대하고 복잡한 이야기다. 그러나 비교적 안정적인 발전 흐름과, 시간의 경과에 의한 인정認定의 가능성을 보여주는 이야기이기도 하다. 8세기에 이르러 일본에는 제지소가 여럿 들어서서 누렇게 변하지 않는 종이를 만들어냈다. 1200년 전이나 지금이나 종이는 똑같은 물건인 것이다. 구텐베르크 성경(1450년경에 최초로 인쇄)에 사용된 종이는 포도송이 워터마크가 들어간 밝은 종이인데 현대의 그 어떤 산업 공정도 능가하지 못하는, 시간을 거부하는 품질을 갖고 있다. 2세기 사람 채륜도 궁중 관리들이 지켜보는 가운데 나무 망틀 위에다 곤죽이 된 뽕나무 펄프를 손으로 고르게 펴면서, 1568년에 나온 요스트 암만의 목판화 속 종이 만드는 장면을 보았다면 충분히 이해했을 것이다. 그것은 한스 작스

한스 작스의 《세상의 모든 직업에 관한 특징적 묘사》(1568)에 나오는 제지 장면.

의 독일어 책에도 실린 제지 현장의 이미지이고, 또 전 세계를 통틀어서 가장 먼저 나온 목판화이기도 하다.

우리는 16세기 독일의 어느 제지소 안에 들어와 있다. 비록 이 장면은 동결되어 있어서 그 소음을 듣거나 냄새를 맡지는 못하지만 바쁘게 움직이고 있다는 것은 짐작할 수 있다. 우리는 엄청나게 큰 팔뚝을 자랑하는 큰 통 작업자vatman를 볼 수 있다. 그는 여러 제지소를 옮겨 다니면서 이 일을 여러 해 동안 해왔다. 그는 망틀을 큰 통에다 집어넣는다. 종이 제작용으로 개조된 이 포도주 통에는 리넨을 물에 불려 짓이겨 만든 펄프가 가득 들어 있다. 추운 날이면 이 물은 얼음처럼 차갑지만, 별 수 없이 이 일을 하루종일 계속해야 한다. 맨발의 소년이 그의 주위를 맴돌고 있는데, 잔뜩 쌓아올린 종이 더미를 나르는 것이다. 작업자 바로 뒤쪽에 종이를 비틀어서 탈수하는 압착기가 있고, 그 왼쪽에는 넝마 조각을 두드려서 셀룰로이드 섬유를 뽑아내는 망치들이 있다(이 망치들은 1680년대 무렵이 되면 칼날을 사용해 넝마를 저며서 섬유를 뽑는 '홀란더 세절기Hollander beater'로 대체된다). 그 뒤쪽 창문을 통해 두 개의 거대한 수차를 얼핏 엿볼 수 있다.

암만의 그림에서 통 작업자의 머리는 약간 기울어져 있는데 이는 그와 판화가 두 사람의 존중과 배려를 암시한다. 그러면서도 암만은 업계의 비밀을 지키려고 신경을 쓴 것 같다. 이 판화를 좀더 자세히 뜯어보면 인물들이 생생하게 살아난다. 통 작업자는 큰 통에서 망틀을 꺼내어 수평 상태로 잡고서 앞뒤 좌우로 4~5초 흔들어댄다. 신속하고 절제된 동작이다. 물이 틀에서 빠져나가면 철망 위에는 단단히 엉켜 있으면서 골고루 펴진 섬유가 남는다. (이 일을 수십 년 하면 갑자기 흔들거나 쓰다듬는 동작을 하지 못하게 된다. 습기와 어둠 속에서 같은 동작을 수십만 번 반복하다 보니 일종의 팔 마비 현상이 일어나는 것이다.) 판화에 채 담기지 않은 작업장을 확장해서 묘사해보자면, 통 작업자 옆에는 동료인 탈수 작업자coucher가 있다. 이 사람은 망틀을 뒤집어 축축한 모포('펠트')에다 젖은 종이를 내려놓고, 그 위에 또다른 펠트를 얹고 또 종이를 얹는 식으로 층층이 기둥을 만들어 수분을 빼낸다. 종이를 떼어낸 빈 망틀은 통 작업자에게 반환한다.

그다음에는 세 번째로 건조 작업자layer가 두 펠트 사이의 종이를 꺼내 건조하는 작업에 들어가고, 펠트는 탈수 작업자에게 반환한다. 그런 뒤에 마지막으로 사이징(동물성 풀을 발라 잉크가 번지지 않게 하는 작업)과 도침搗砧(부드러운 돌 등으로 전지 표면을 문질러 매끄럽게 하는 작업)이 이어진다. 근대 초기의 유럽에서 망틀을 펄프 통에 담그고, 꺼내고, 펠트 위에 뒤집는 데(즉 전지 한 장이 만들어지는 데) 약 20초가 걸렸다.

능숙한 작업자들은 하루 4연(전지 2천 장)의 종이를 생산했다. 연은 원래 20콰이어quire, 즉 약 480장의 전지를 의미했으나 오늘날에는 전지 500장을 가리킨다. 이 연ream이라는 용어는 제지 역사의 원천을 보여준다. 이 단어는 '덩어리' 혹은 '뭉치'를 의미하는 아랍어 리즈마rizma에서 유래했는데, 아랍어를 쓰는 에스파냐의 코르도바로 제지술이 전파되었다가 이어 에스파냐의 다른 도시들로 확산되면서 에스파냐어의 레스마resma가 되었고, 이어 영어의 림ream이 된 것이다.

종이는 왜 그토록 성공적으로 널리 퍼졌을까? 그것은 경쟁 매체에 비해 뛰어난 이점을 갖고 있었다. 무엇보다 생산 비용이 비교적 저렴했다. 구텐베르크는 35권의 양피지 성경을 발간했을 때, 641쪽인 한 권당 약 300두의 양이 필요했다. 이와 대조적으로 그가 발간한 종이 성경 200부는 헌옷 넝마가 그 원재료였다. 이처럼 값싼 공급처는 종이 사용자에게 경이와 당황의 원천이었다. 시인이며 템스강의 사공이었던 존 테일러는 《대마 씨앗에 대한 찬양》(1620)에서 이렇게 썼다. "두 발에서 벗겨져 나간 더러운 양말이 크라운 전지로 바뀌지 않기를." 파피루스는 나일 계곡의 갈대 잎으로 만드는 것이지만, 종이는 사람과 그들의 옷이 있는 한 어디에서나 원재료를 구할 수 있었다. 무한히 민첩한 경쟁자를 만난 이집트의 파피루스 생산은 11세기에 들어와 갑자기 멈춰 섰다.

우리는 종이가 거의 모든 사회적 상호작용에 침투해 그 자신을 필수적 요소로 만드는 능력을 갖고 있음을 목격한다. 이는 이집트의 오랜 도시인 푸스타트의 벤 에즈라 공회당에 있는 자그마한 창고에서 19세기에 발견된 비상한 문서들에 의해 확인된다. 유대인은 하느님의 말씀을 신성하다고 생각했기 때문에 하느님을 지칭한 텍스트를 내버려서는 안 된다고 믿었다. 그리하여 이 창고의 경우처럼, 그 어떤 히브리어 문서도 내버려서는 안 된다는 아주 포괄적인 문서 폐기 혐오증이 생겨났다. '게니자 Geniza'(히브리어로 감춘다는 뜻)는 이런 서류들을 보관해두는 공회당의 보관실을 가리키는 말이었다. 그것은 수준 높거나 학문적 깊이가 있는 텍스트와는 거리가 먼, 단지 일상생활을 기록한 서류였다. 벤 에즈라 공회당에 보관된 것은 30만 건의 파편적 서류로, 그 시기는 9세기에서 19세기까지 걸쳐 있고, 특히 10~13세기의 것이 많았다. 유언장, 결혼 서약서, 이혼장, 기도, 재고 목록, 영수증, 연애편지, 시, 천문학적 예측, 세금 기록 등이었는데, 아람어, 그리스어, 히브리어, 유대-아랍어, 라디노어(유대-에스파냐어), 라틴어, 페르시아어, 이디시어 등을 망라하는 언어가 히브리어 철자로 기록되어 있다. 이 서류는 집단적으로 중세 카이로에서 혼란스럽게 진행된 유대인의 일상생활을 보여준다. 역사가 슐로모 도브 고이테인은 이렇게 썼다. "거의 모든 인간관계가 서술되어 있으며, 종종 유능한 기자가 전해주는 현지 기사처럼 읽힌다." 카이로 게니자는 이 세상을 형성하고 지탱하는 데 종이가 한 중요한 역할을 보여준다. 종이는 모든 사회적 상호작용에 깊이 뿌리를 내리고 있다. 그것은 현지 공동체를 위한 접착제다. 이 경우의 종이는 아주 국제적이기도 하다. 필사본 파편은 이집트 종이가 튀니지, 예멘, 인도로 수출되었다는 것을 보여주고, 또 에스파냐와 다마스쿠스 그리고 14세기에 들어와서는 이탈리아와 프랑스 등에서 종이가 카이로로 수입되었다는 것을 알려준다.

이처럼 널리 퍼지고 또 보존이 잘되는 능력은 종이의 마법이다. 우리는 종이가 재빨리 현대 정부의 중요한 매체로 번창하는 것을 본다. 그것은 통치자의 말을 국가 전역에 전파하고 또 미묘한 긴장 상태에서 국가 권위를 중앙 집중화한다. 그것은 흩어지는가 하면 동시에 모여든다. 이것이 8세기에 아바스 왕조에서 벌어진 일이다. 그리고 유럽으로 건너가서 13세기부터 그런 역할을 했는데, 특히 1556년에서 1598년 사이에 에스파냐를 통치한 펠리페 2세의 치하에서 더욱 위력을 발휘했다. 왕은 여행을 싫어했다. 그래서 움직이고, 흐르고, 전달하고, 연결하고, 성취하고, 명령하고, 대표하는 종이의 능력에 의존해 왕권을 강화했다. 로타르 뮐러의 말에 따르면 "종이는 보관과 유통에 모두 능한, 역동적 에너지를 가진 매체다." 펠리페는 레이 파펠레로rey papelero, 즉 종이 왕이었다. 종이로 전달되는 명령서는 그가 현장에 없을 때에도 왕의 현존을 표시했다.

니콜라-루이 로베르는 1761년 파리의 중상층 계급의 가정에서 태어난 총명한 아이였다. 그는 학교에서 '철학자'라는 별명을 얻었는데 이처럼 역사적으로 멀리 떨어진 거리에서 볼 때, 그 별명에 담긴 조롱, 애정, 존경의 대차대조표를 정확히 알기가 어렵다. 학교를 졸업한 이후에 그의 세월은 구불구불 이리저리 흘러가는 특징을 보였다. 로베르는 군대에 들어가려 했으나 키가 너무 작아 실패했다. 그래서 서기로 일하면서 우울한 세월을 보냈는데 부모에게 아무 도움도 주지 못하고 짐만 된다는 죄

책감을 떨치기 어려웠다. 그러다가 로베르는 1780년 4월 그르노블 포병 연대에 마침내 입대했고, 15개월 뒤에는 메츠 포병대와 함께 산토도밍고(오늘날의 도미니카공화국)에 파병되었다. 그곳에서 로베르는 포병으로 활약했는데 미국 독립전쟁에서 침착하고 용감하다는 평판을 얻었다. 제대한 후에 그는 저명한 인쇄소 겸 발행소인 피에르-프랑수아 디도 주니어의 회사에 들어가 교정자 일자리를 얻었다. 사장은 곧 그의 능력을 알아보고서 아들 생-레제르 디도에게 그를 추천했다. 아들은 당시 에손에서 집안 사업인 제지소를 운영하고 있었다. 아시냐 지폐(1789~1797)에 사용될 종이를 제작하는 것이 주된 사업이었다. 로베르는 이곳에서 회계를 담당했다. 그는 잘나갔고 결혼을 했으며 딸을 하나 두었다. 행복한 시절이었고 그때까지 잠자고 있던 로베르의 발명 재주가 꽃피어나기 시작했다. 제지소의 통로를 걸어가면서 로베르의 상상력은 물에 부풀린 넝마를 두드리는 망치의 문제에 집중되었다. 그가 눈여겨본 문제점은 300명에 달하는 노동자였다. 로베르가 볼 때, 그들은 자신의 기량을 너무나 첨예하게 의식하는 인력이었다. 그들은 툭하면 시비와 논쟁을 벌였고, 잘 고안해보면 훨씬 더 부드럽게 돌아갈 만한 생산 과정에 장애가 되었다. 로베르는 이런 성가신 인력의 장애가 없는, 기계로 이루어진 작업 환경을 구상하기 시작했다. 기계에 의한 종이 생산의 씨앗은 종이 소비를 민주화하고, 대중의 읽고 쓰는 능력을 높이고, 문화적 풍성함을 가져오려는 발상에서 나온 것이 아니었다. 1789년 직후의 프랑스 혁명이라는 상황에서 일하던 로베르가 제지 기계를 구상하게 된 것은 일종의 사업적 인간 혐오, 즉 노동자를 제거하려는 욕망에 그 뿌리를 두고 있었다.

디드로와 달랑베르의 《백과전서》는 기계화 이전 시대의 제지소를 설

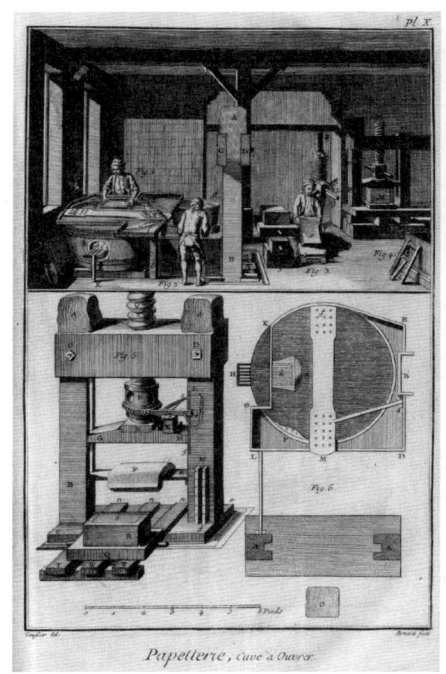 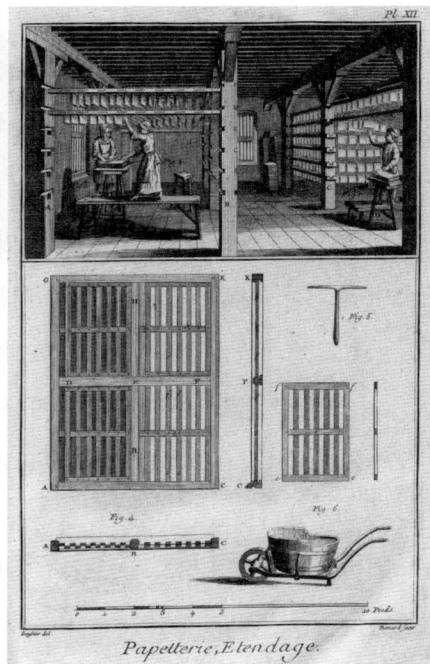

《백과전서》(1751~1766)에 들어 있는 랑글레 제지소 삽화.
왼쪽 위는 큰 통에서 젖은 펄프를 망틀로 건져올려 탈수하는 공정이고,
오른쪽 위는 이렇게 만든 종이를 건조하는 작업이다.

명하고 거기에 멋진 삽화를 곁들였다. 이 삽화에서 눈에 띄는 것은 일하는 사람이 그리 많지 않아서 청결하고 질서정연한 작업 광경이다. 몇 안 되는 일꾼들은 생산 과정에 몰입해 있다. 기껏해야 부드러운 웅웅거리는 소리만 들렸을 것이다. 아래에 제지 도구들을 아주 크게 확대해놓는 바람에 일꾼들은 왜소하게 보인다. 《백과전서》의 삽화는 부품에 정확한 명칭을 부여하고, 아주 정확한 시각적 수사법을 구사해 다큐멘터리의 느낌을 자아내지만, 그것은 실은 기술적 발전의 역설적이고 비현실적인 우화였다. 이런 청결한 광경을 보고 있노라면 소란스러운 노동자를 상대해야

하는 로베르의 좌절감을 십분 이해할 수 있다. 그런 좌절이 기술의 발전을 가져온 원동력이었다.

특허권을 얻기 위해 내무부 장관에게 보낸 1798년의 편지에서 로베르는 제지 기계에 대한 자신의 구상을 이렇게 설명했다.

아주 적은 비용으로 종이를 만들어내고 또 무엇보다도 기계적 수단만을 이용해 인력의 도움이 없이도 아주 기다란 길이의 종이를 만들어내는 제지술의 간소화가 저의 오랜 꿈이었습니다. 근면한 노동, 축적된 경험, 상당한 비용 등이 종합되어 저는 성공을 거둘 수 있었고, 그리하여 저의 기대를 충족시키는 기계를 만들어냈습니다. 이 기계는 시간과 비용을 절약해주고, 12~15미터에 이르는 아주 기다란 종이를 만들어낼 수 있습니다.

로베르의 기계는 롤러 위에 얹힌 철망 판이 계속 순환해 돌아가고, 이 판 위에다 펄프를 쏟아붓는 방식이었다. 함께 퍼올려진 물은 철망을 통해 배출되어 다시 큰 통으로 들어간다. 로베르는 이 과정을 다음과 같이 설명했다.

펄프와 물이 담긴 큰 통까지 뻗친 철망 판의 끝에는 플라이휠(안정적으로 회전하게 하는 바퀴)이나 실린더(엔진의 원통부로, 그 속에서 피스톤이 왕복 운동하여 기계를 움직인다)가 달려 있습니다. 실린더가 빠르게 작동해 통 위에 장착된 작은 양동이가 통 안으로 들어가 곤죽 상태의 펄프를 퍼올린 뒤에 철망 판으로 쏟아붓습니다. 철망 판은 좌우로 움직이면서 펄프의 섬유가 서로 엉겨붙게 합니다. 이때 여분의 물은 철망에서 빠져나와 다시 큰 통 안으로 들어갑니다. 그런 뒤에 크랭크가 기계를 돌려 철망 판이 전진하고, 새로 만들어진 종이는 펠트가 덮인 롤러 밑으로 들어갑니다. 종이가 펠트에서 빠져나오면 탈수된 상태로 기계에서 떼어낼 수 있습니다. 이는 기존의 수작업 방식으로 치면 종이를 압착기로 압착한 뒤 펠트에서 분리하는 것과 같습니다.

로베르 이전 여러 세기 동안 제지소 일꾼들이 한 행동과 로베르 제지기의 동작은 서로 밀접하면서 동시에 배척하는 것이었다. 제지기는 수작업에 대한 오마주로, 그 특징을 상당 부분 간직하면서도 동시에 그 전통을 제거하려고 한다. 통 작업자는 망틀을 큰 통에 담가서 펄프를 퍼올리는 데 비해, 로베르의 기계는 작은 양동이가 큰 통에서 펄프를 퍼내어 순환해 돌아가는 철망 판 위로 쏟아붓는다. 또한 통 작업자는 망틀을 좌우 전후로 흔들어 펄프의 섬유가 단단히 엉기게 만드는 데 비해, 로베르의 기계는 오로지 좌우로 흔드는 동작만 한다. 좌우 전후의 흔들기가 섬유를 긴밀하게 달라붙게 한다면, 제지기는 좌우로만 흔들기 때문에 섬유가 한 방향으로 쏠리면서 결을 형성하게 된다. 그리하여 기계로 만들어진 종이는 어느 한 방향으로만 잘 찢어지는 특성이 생긴다(세로 결을 종목이라 하고 가로 결을 횡목이라 한다).

제지기는 급진적인 변화였고 놀라울 만큼 총체적인 것이었다. 1800년에는 모든 종이를 손으로 만들었다. 그로부터 100년 뒤에는 99퍼센트 이상 기계가 만들었다. 서지학자 필립 개스켈에 따르면 같은 기간에 종이 생산량은 100배나 증가했다. 제지소는 밤낮없이 하루 23시간 기계를 돌렸다. 종이 가격은 10분의 1 수준으로 떨어졌다. 수제 종이는 제지 틀의 크기로만 나왔지만 로베르 기계는 종이 크기를 조정할 수 있었다. 기계가

해낼 수 있을 만큼 기다란 길이로 생산해 필요에 따라 절단해 사용하면 되었다. 베테랑들은 아주 열심히 일할 경우 하루에 전지 2천 장(4연)을 생산하지만 로베르 기계("이건 아이들도 조작할 수 있습니다"라고 로베르는 의기양양하게 말했다)는 분당 10~50미터의 종이를 만들어낸다. (오늘날의 기계는 시간당 약 110킬로미터를 생산하는데, 분당으로는 약 1800미터에 해당한다.) 종이의 형태는 대단히 확장되었다. 벽지도 거대한 포스터도 얼마든지 만들어낼 수 있었고, 낱장 전지에서 리본 형태로 바뀌면서 종이에 대한 사고방식 자체가 달라졌다.

'무한'이라는 새로운 개념에 사람들은 도취되었고, 기계가 사물을 마법처럼 변모시킨다는 느낌이 단단히 자리잡았다. 1840년에 《버턴의 신사 잡지 겸 아메리카 월간 리뷰》에서 한 필자는 이렇게 말했다. "누군가 한쪽 끝에서 셔츠를 던져넣으면 다른 쪽 끝에서 《로빈슨 크루소》가 나온다." 물론 이것은 과장이지만 종이의 용도가 엄청나게 확대된 것은 사실이다. 종이의 역사상 종이는 반드시 책 만드는 데에만 사용되는 것이 아니었고 그보다 더 많은 용처가 있었다. 포장은 그 주된 기능이었고, 낡은 종이는 언제나 화장지로 사용되어왔다. 존 드라이든은 그를 가리켜 '엉덩이의 유물'이라고 했고, 17세기 수필가이며 궁정 신하인 윌리엄 콘월리스는 "팸플릿, 황당한 이야기, 서푼짜리 시"를 화장실에다 두었는데 읽기용은 아니었다. 그런데 기계 생산은 그 용도를 더욱 넓혔다. 현대식 상업용 화장지는 1857년 조지프 게이티에 의해 미국에서 처음 도입되었다. 순수 마닐라 삼으로 얇게 만들고 'JC 게이티 NY' 워터마크를 찍은 '게이티 위생 화장지'는 1천 장을 1달러에 판매했다. 종이는 모자, 연, 제등, 부채, 지폐, 신문, 백지 양식, 우산, 옷 등에도 사용되었다. 로베르 덕분에 이런 새로운 종이의 세계가 상상 가능하게 되었다.

종이 생산량의 증가가 가져온 2차 결과는 새로운 종류의 문학적 글쓰기와 간행물의 등장이었다. 로타르 뮐러는 로베르의 기계가 값싼 정기 간행물의 등장을 가져왔다고 말했다. 이것은 손으로 종이를 만드는 세상이 계속되었더라면 결코 나올 수 없는 것이었다. '유용한 지식의 확산 모임'은 1820년에《페니 매거진》을 발간했는데 주당 약 20만 부를 찍었다.《런던 매거진》과《블랙우즈》같은 간행물은 수필과 짧은 산문의 약진을 가져왔고, 그 바람에 19세기 초 영국에서 시집이 누렸던 인기가 소멸되었다.

로베르의 기술(나중에 여러 사람에 의해 수정·개선되기는 했지만 초창기에는 한 사람의 작품)이 제지업계를 완전히 접수하는 동안에 정작 그가 만든 기계는 그의 손에서 빠져나가고 있었다. 로베르는 기질상 자본 집중의 순간을 잘 포착하지 못했다. 그리고 지나치게 의욕적이었다. 그래서 피에르-프랑수아 디도와 언쟁을 벌였다. 예전 후원자와의 논쟁이 원만하게 해결되지 않자 법정에 출두했다. 로베르는 제지기 특허를 가능한 한 많은 돈을 받고 팔기로 결심했다. 그러나 디도가 그에게 지불하기로 한 2만 5천 프랑은 지금 보기에는 너무 적은 금액이었는데, 그마저도 실제로는 로베르의 손에 들어오지 않았다. 그 무렵 생-레제르 디도의 매제인 존 갬블은 프랑스 혁명 전쟁 동안에 붙잡힌 영국인 포로들의 석방을 협상하기 위해 파리에 와 있었다. 디도에게서 제지술에 대한 얘기를 듣고서 그 엄청난 잠재력을 알아본 갬블은 1801년 런던에서 특허를 얻었다. 로베르의 기계(그 무렵에는 더이상 로베르의 것이 아니었다)는 영국과 프랑스 사이에 전쟁이 치열하게 전개되는 상황에서도 해협을 건너 영국으로 갔다. 당시 산업화가 급속히 진행되던 런던은 그런 기계의 수용과 발전에 아주 적합한 환경이 조성되어 있었다. 섬유 공장에서 방적기가 기계화되고 제지소에서 제지기를 사용하는 것은 불가피한 일이었다. 런던에서 갬블은 문방구 회사를 운영하던 헨리 포어드리니어와 실리 포어드리니어를 설득해 이 기계에 투자하게 했다. 그들은 6만 파운드(오늘날의 가치로 약 270만 파운드〔약 50억 원〕)를 투자했고 그리하여 오늘날까지 제지기에 그들의 이름이 붙어 있다. 하지만 그들은 기대했던 수익을 거두지는 못했다. 엔지니어였던 브라이언 돈킨은 제지기를 더욱 향상시켰다. 종이 롤의 너비를 넓히고, 좌우 흔들기 동작을 개선했다. 그의 제지기는 사실상 오늘날의 제지기와 본질적으로 다를 바 없는 기계였다.

기계적 제지 시대는 다른 기술적 혁신의 시기와 일치한다. 1804년에 독일인 프리드리히 쾨니히는 런던으로 이주해 증기 인쇄기를 개발했는데 시간당 1천 페이지를 인쇄할 수 있었고, 그리하여 《타임스》를 인쇄하는 기계로 채택되었다. 뉴욕의 리처드 M. 호는 회전식 실린더 인쇄기를 고안했는데, 이 기계는 하루 수백만 쪽을 인쇄했다. 1774년 스웨덴에서 일하던 독일 화학자가 염소를 발견했는데 미국인 조지프 길펀은 이 기술을 재빨리 받아들였다. 이제 클로린 덕분에 색깔이 있는 넝마도 탈색할 수 있게 되었고 원재료의 공급은 더욱 늘어났다. 그보다 약간 후대인 1840년경에 (말벌집, 이끼, 덩굴, 대마, 목피, 밀짚, 양배추 줄기, 엉겅퀴, 잔디, 솔방울, 감자, 호두, 튤립 등을 상대로 지루하면서도 성과 없는 실험을 거친 끝에) 리넨 대신에 나무를 원재료로 삼는 대규모 종이 원천이 발견되어, 종이 생산량을 크게 증가시켰다.

로베르의 기술에 바탕을 둔 최초의 제지 기계는 1806년 영국에서 작동을 시작했다. 기계 가격은 715파운드에서 1040파운드 사이였다. 이어

1811년(이 무렵 50세가 된 로베르는 너무 불우해 절망에 빠져 있었다)에 프랑스, 1814~1815년에 러시아, 1817년에 미국, 그리고 1818년에 독일에서 널리 사용되었다.

우리는 종이를 소재로 삼은 그림 두 점을 살펴봄으로써 바뀐 종이 세계의 풍경을 엿볼 수 있다. 첫 번째 그림인 피터르 브뤼헐의 〈마을의 법률가〉는 손으로 만든 종이의 세계다. 17세기 플랑드르의 한 마을에서 펄럭거리는 종이로 뒤덮인 공간을 그렸다.

한 법률가가 모자를 쓰고서 책상 앞에 앉아 있다. 그의 왼손은 마치 비자발적인 요술처럼 가방에서 마구 흘러나오는 종이의 흐름을 멈춰 세우려고 애쓰고 있다. 그의 서기는 고개를 숙인 채 문 옆에 앉아 있다. 출입문 자체는 어떤 사람이 가로막고 있는데 그의 옆걸음질하는 자세는 뭔가 일이 제대로 안 되고 있음을 암시한다. 그리고 한 무리의 마을 사람들이 긴장된 자세로 모자를 벗고서 변호사의 조력을 얻기 위해 서 있거나 밀린 대금을 갚기 위해 달걀을 세고 있다. 여기서 종이는 서면書面의 수단이고, 문서는 손으로 작성된다. 종이는 해방도 민주화도 가져다주지 않는다. 여기서 종이는 계급과 권력의 도구이고, 사람들을 제자리에 서 있도록 견제하는 수단이다. 브뤼헐의 그림은 풍성함이 흘러넘친다. 창문에 못으로 박아 서류함으로 사용하는 가죽 가방(우리는 그 뒷면만 볼 수 있다), 벽에 걸린 달력, 편지함, 줄로 단단히 묶어둔 보따리 등등. 종이는 수평으로 퍼져 있는가 하면 바닥에 흩어져 있기도 한데 무심한 발바닥에 짓밟

피터르 브뤼헐, 〈마을의 법률가〉(1620년경).

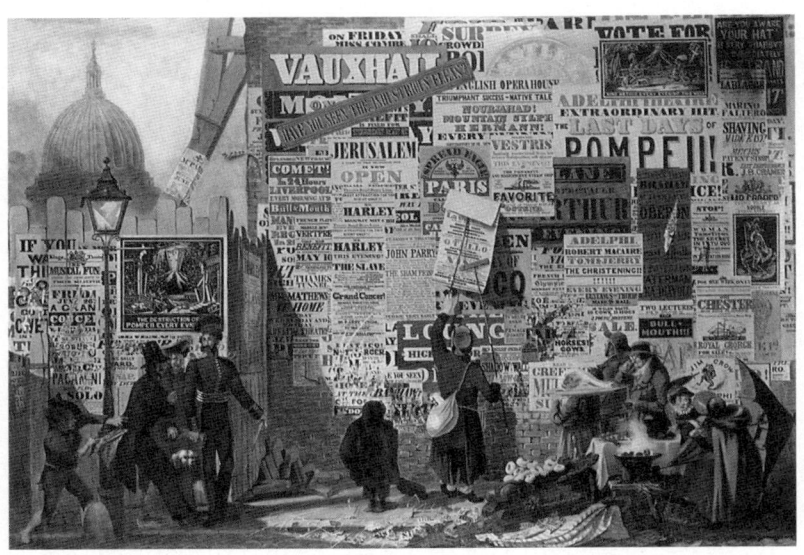

존 올랜도 패리, 〈런던 거리 풍경〉(1835).

혀 찢겨 있다. 종이는 또한 수직적 존재감도 보여준다. 지상에서 솟아올라 책상에까지 뻗치고 이윽고 머리들 위로 표류한다. 이것은 질서의 이미지인가, 혼란의 이미지인가? 법률에 의한 통치인가, 아니면 법률의 취약한 우발성을 보여주는 이미지인가? 문서 시스템인가, 아니면 혼란스러운 부재를 보여주는 것인가? 둘 중 어떤 것인지 말하기 어렵다. 왜냐하면 브뤼헐의 그림에서 종이는 본질적인 것(마을의 기억이고, 사람들의 생활을 한데 묶어주는 수단)인가 하면, 과도한 것(그림 속에는 종이가 너무 많다)이기도 하기 때문이다. 그림의 전반적 분위기를 짚어내는 것은 까다로운 문제다. 작은 모래시계를 옆에 두고 있는 변호사는 풍자의 대상인가? 아무튼 브뤼헐이 이 풍경에 매혹되어 있다는 건 충분히 느낄 수 있다. 종이에 대한 사랑이 너무 강한 것인가? 어쩌면 그럴지도 모른다. 아무튼 그는 17세기 생활에서 종이가 차지하는 중요성에 대해 홍소를 터뜨리며 즐거워하고 있는 것 같다. 이 그림은 화가의 서명이 들어간 원화만도 19개 버전이 있고 모방화와 복제화는 수십 건에 달할 정도로 당대에 큰 반향을 불러일으켰다.

이제 시간을 뒤로 200년 정도 돌려서 로베르의 기계가 제지업에 혁명을 가져와 종이 생산량이 획기적으로 증가한 시대(더드 헌터에 따르면 1805년 연간 생산량이 55톤이었는데 1835년에는 약 2만 5천 톤이었다)를 한번 살펴보자. 존 올랜도 패리의 〈런던 거리 풍경〉(1835)은 이 새로운 세계를 잘 포착한다.

우리는 런던의 거리에 나와 있다. 브뤼헐의 비좁은 종이 세계와 달리 런던 공기와 산들바람이 느껴지는 듯하다. 무언가 가까이 다가오는 소리가 들리는데, 그것은 그림 밖에 있으나 곧 이곳으로 다가올 마차의 소리다. 사람들은 이 그림 속으로 혹은 밖으로 천천히 걸어가는데, 그들은 각각 다른 지위와 부를 갖고 있다. 이 장면에서 종이는 손이나 책상 위에 존재하지 않는다. 종이는 곧 도시다. 구름이나 군밤 냄새 같은 환경이다. 도시는 흡사 무대 같다. 벽보는 일종의 내려진 커튼이다. 그러나 벽보가 덕지덕지 붙은 거리는 열한 명의 사람과 한 마리의 개(개의 평온한 시선은 전에 이 모든 것을 보았음을 암시한다)에게 배경을 제공하는 것이 아니라 관람자의 시선이 집중되는 초점 그 자체다. 종이는 이 그림의 생명력이다. 사람들은 기이할 정도로 전치되어, 종이 기사의 독자 혹은 소비자이지만 어디까지나 부차적 지위이고, 사건을 주도적으로 밀고 가는 추진력은 없다. 패리의 그림이 나온 다음해인 1836년에 찰스 디킨스는 런던을 이렇게 묘사했다. "도시는 벽보와 상품 광고와 피어스앤워런(비누·미용 업체명)의 전단이 횡행하는 서커스다. 우리는 거기 깔려서 우리 자신을 거의 보지 못할 정도다. 이걸 읽으세요! 저걸 읽으세요!"

여기서 종이는 브뤼헐 마을의 돌돌 만 편지나 청구서가 아니라 벽보이고, 어떤 것은 아주 거대하다. 벽보는 도시가 그 자신을 상대로 광고하는 물건이다. 이것이 이 도시가 당신에게 제공할 수 있는 것입니다!

재미있는 뮤지컬(Musical Fun). 아델피의 로버트 맥케어(Robert Macaire at the Adelphi). 매일 아침 9시에 출발하는 리버풀행 코멧 마차(The Comet coach to Liverpool, departing every morning at 9). 폼페이의 마지막 나날(The Last Days of Pompeii). (이상은 패리의 그림에 있는 벽보 제목 일부를 열거한 것이다.) 패리는 그림보다 드라마와 뮤지컬 공연으로 더 이름이 알려졌다. 그는 《여성 가정교사 구함》(1840), 《스위스에 대한 예감》(1842) 같은 대중적 발라드를 지었다. 그림 정중앙에는 자신의 이름과 더불어 〈가짜 왕자

THE SHAM PRINCE〉라는 제목의 공연 광고지가 붙어 있다. '서둘러 오라 COME VERY EARLY'는 권유까지 곁들여 있다. 이 벽에는 수많은 당대 소식과 정보가 중첩되어 있다. 벽보는 다른 벽보를 덮어버린다. 종이는 표면인가 하면 내면이다. 이런 혼란스러운 중층 구조는 해석하기 어려운 일종의 도전을 걸어온다. 우리는 이 거대한 텍스트를 어떻게 읽어야 할까? 로베르의 기계가 풀어놓은 이 종이 문화, 엄청나게 큰 포맷과 텍스트가 머리 위에서 우리를 내려다보는 이런 문화 속에서 읽기라는 행위는 어떤 것이 되었는가? 너무 많다는 것의 역설적 효과 가운데 하나는 충분하지 못하다는 것이다. '다음 금요일에 그곳에서는…' 뭐? '주인공은 결국…' 뭐라고? '읽어라!!! 그…' 대체 무엇을 읽어야 한단 말인가? 이것은 정보가 정보를 대체하는 세계다.

'다시 지워 없애다'라는 뜻의 그리스어 팔림프세스토스palímpsēstos에서 유래한 '팔림프세스트palimpsest'는 주로 양피지와 같은 건조된 동물 가죽 위에 이미 쓰여 있는 글자를 박박 긁어서 지우고 새로운 텍스트로 대체한 것을 일컫는데, 그래서 전에 써놓은 층은 간신히 보일 정도가 되어버린다. 패리의 그림은 우리에게 도시 버전의 팔림프세스트, 기계로 만든 종이 버전의 팔림프세스트를 제공한다. 도시 버전은 양이나 송아지 가죽 대신에 도시의 벽을 사용한다. 이미 벽보가 발라져 있는 곳에다 또다시 벽보를 바르는 것이다. 그렇지만 그전의 벽보도 여전히 얼핏얼핏 보인다. 도시는 일종의 거대하게 확대된 책, 모든 각도에서 우리에게 접근해오는 텍스트로 가득 차 있다. 쓰기는 공적 행위다. 광고는 어디에나 있다. 오락은 판매용이다. 그리고 종이는 얼마 지나지 않은 과거 위에 덧붙여진 오늘의 소식을 알려준다. 우리는 그 장면의 현재성을 느낀다. 그림 정중앙을 올려다보는 사람들처럼 우리도 최신 벽보가 붙여지는 것을 쳐다보게 된다. 남자가 지금 붙이고 있는 벽보는 〈오셀로〉 공연에 관한 것인 듯한데, 자세한 정보를 읽으려면 그가 몇 초 사이에 기존의 벽보 위에 새 벽보를 붙이고 뒤로 물러설 때까지 기다려야 한다.

물질적 형태로서의 책의 역사를 연구해온 학자들은 대개 종이에 대해서는 기이할 정도로 맹점을 내보인다. 제본, 활자, 소유권과 서지 사항 표기, 기타 물질적 특징에 대해 온통 주의와 설명을 기울일 뿐, 종이 그 자체는 보이지 않는 존재로 취급했다. 필요한 요소이기는 하지만 결국 보이지 않는 요소라는 것이었다. 심지어 서지학의 초창기 창립자이자 콧수염 신사들인 A. W. 폴러드나 W. W. 그레그도 그러했다. 이들의 저작은 자부심을 내보일 정도로 완벽한 탐구 정신을 특징으로 하고 있으나, 종이에 대해서는 별 흥미를 보이지 않았다. 로널드 매케로는 1927년에 이렇게 썼다. "종이 제작 과정에 대한 지식과, 종이의 구성 요소에 대한 정보는 (…) 서지학자들에게 필요한 것으로 간주되지 않았다." 서지학자들에게 종이는 일종의 공백이었다. 그것은 본질적으로 자기 소거적이다. 텍스트가 들어서는 밑바탕 혹은 다른 어떤 것에 대한 책의 밑재료 같은 역할은 말하자면 왕의 신중한 시종장 비슷한 것이었다. 종이 역사가 존 비드웰이 말했듯이, 종이는 의미를 전달하지만 그 자체로는 아무 의미가 없는 '침묵의 수레'다. 이러한 공백의 상태는 종이에 은유적 위력을 제공한다. 《인간 오성론》(1689)에서 존 로크는 마음을 가리켜 "모든 특징이 배제되고 아무런 관념도 없는 백지 상태"라고 말했다. 공백, 즉 내용 없는 백지의 상태를 어린아이의 타불라 라사tabula rasa(빈 서판)라고 보았고, 이어 '경험'의 결과로 그 빈 서판에 내용이 채워진다고 했다. 마치 공책 위에다 문장을 기록하는 것처럼 말이다.

그러나 로크의 은유의 영향력에도 불구하고, 공백 면이라는 것은 없다. 공백이라는 말은 종이의 워터마크나 섬유나 결이나 불완전성 등을 배제하는 표현이다. 종이 위에 글을 쓴다는 것은 그전에 이미 있던 무언가를 비집고 들어가는 것, 기존 질서를 뒤흔드는 것을 의미한다. 그것은 결코 시작이 아니다. 종이에 새겨진 역사는 중국, 중동, 북아프리카, 유럽, 기타 많은 지역에서 수 세기에 걸쳐 사용, 개발, 정제되어온 역사다. 시인이며 환경 활동가인 맨디 해기스는 이런 지적을 한다. 종이를 공백이라고 여기는 것은 종이를 만드는 데 들어간 자원과 환경 비용을 망각하는 것이라고. "백면을 정결하고 안전하고 자연스러운 것이라고 보는 잘못된 인식을 내다버리고 그 본질을 있는 그대로 보아야 한다. 그것은 화학적으로 표백된 나무 내피內皮다." 또한 우리는 책의 각 면의 뒤, 안, 전면에 들어간 독창적인 기술과 노고를 기억해야 한다. 그래서 인쇄 역사가 조너선 센키네는 이렇게 말했다. "모든 종이는 인간 노동의 집약처다." 적당한 조명에 비춰야만 보이는 워터마크와 같이 유심히 들여다보아야 비로소 보이는, 잊혀가는 니콜라-루이 로베르의 이야기는 다른 것을 통해 종이를 보지 말고, 있는 그대로 보라는 요청이라고 할 수 있다.

7장

별쇄

샬럿 서덜랜드 Charlotte Sutherland (1782–1852)
알렉산더 서덜랜드 Alexander Sutherland (1753–1820)

다소 복잡미묘한 미로.

— 《서덜랜드 컬렉션 카탈로그, 전2권》 서문(1837)

이 장의 주제는 '별쇄extra-illustration' 혹은 '그레인저 작업grangerisation'
으로 불리는 과격한 도서 재조정 작업에 관한 것이다. 그 순수한 형태만
놓고 보자면 이것은 기존의 인쇄된 책을 해체해 시각적 자료, 특히 초상
화를 추가로 집어넣는 작업을 말한다. 원래의 발행인, 인쇄인, 저자가 아
니라 독자가 수행하는 추가 과정이다. 책을 다른 어떤 것을 포함시키는
잠재적 용기容器로 보는 것이다. 헌신적인 별쇄 작업자는 통상적으로 인
쇄된 역사책을 구입해 그 책을 해체하고, 수년 혹은 수십 년에 걸쳐서 텍
스트에서 논의된 인물들의 초상화를 수집한다. 그런 뒤에 두꺼운 종이에
다 역사책의 어느 텍스트와 해당 내용에 맞는 초상화 혹은 다른 그림을
함께 배치한다. 보통 종이 안쪽의 일부를 마치 창문처럼 알맞은 크기로
도려내고 그 빈 공간에다 초상화를 용접하듯이 삽입해 붙인다. 이 별쇄
작업이 끝나면(실제로 별쇄 작업은 끝나는 법이 없고 일시 정지되거나 동결될 뿐
이다) 이 종이들을 새로운 표지와 함께 다시 제본한다. 다음 쪽에 제시된
이미지가 그 구체적인 예시로, 제임스 그레인저James Granger의 《전기로
보는 영국사》(1769)에서 추출한 텍스트에다 초상화를 더해 만든 별쇄 페

제임스 그레인저의 《전기로 보는 영국사》(1769)에 기반한 별쇄 페이지.

이지다. 이들은 스캔들의 주인공인 로버트 카와 프랜시스 하워드 부인인데, 두 인물에 대해서는 뒤에서 다룰 것이다.

별쇄 작업은 기존의 책자에 두 가지 중대한 변화를 가져온다. 첫째, 책자가 원래의 저자, 발행인, 인쇄인이 예상하지 못했던 방식으로 매우 커다란 책이 된다. 단 한 권의 책이 독자-수집가에 의해 수십 권으로 불어날 수 있다. 리처드 불은 원래 쾨르토 크기인 네 권짜리 제임스 그레인저의 《전기로 보는 영국사》를 가져다가, 5년(1769~1774) 동안 별쇄 작업을 거친 끝에 36권짜리 대형 폴리오판으로 변모시켰다. 바로 여기에서 그레인저 작업이라는 말이 나왔다. 이 기이한 분야의 주도자이자 이 장에

262

서 벌어지는 드라마의 주인공인 샬럿 서덜랜드와 알렉산더 서덜랜드 부부는 평생 동안 많은 시간을 별쇄 작업에 바쳤다. 이들 중 스타는 샬럿이다. 평론가들이 뭐라고 했건, 그녀가 스스로를 낮추는 발언을 얼마나 했건 말이다. 그녀는 남편 알렉산더가 사망한 뒤에도 이 작업을 계속 확대해나갔고, 그 열정과 집념은 종교적 헌신에서나 기대할 법한 것이었다. 샬럿의 초상화는 전하지 않지만 애슈몰린박물관에는 무명 화가가 그린 50세가량의 알렉산더 수채 초상화가 있다. 그의 얼굴은 다소 긴장하고 있고, 기쁜 표정이 전혀 아니며 왼쪽 손은 커다란 책의 페이지를 쓰다듬고 있는데, 초상화 모델이 된 것이 별쇄 작업의 진도를 방해하고 있다고 생각하는 듯하다.

앞으로 살펴보겠지만 서덜랜드 부부는 서지의 극대화를 신봉하는 사람들이었다. 양손에 놓일 법한 한 권의 책을 엄청나게 거대하고 두꺼운 책으로, 또한 경우에 따라서는 다량의 책으로 변모시켜서 사람들 앞에 전시하거나 서가에 우아하게 진열하는 것이다. 또한 별쇄 작업은 수백 권 혹은 수천 권의 똑같은 책 중 하나였던 책자를 독특한 취향을 보여주는 이 세상 유일의 책으로 만드는 일이었다. 서지학자의 용어를 빌리자면 그것은 이제 '연관 대상association object'이 되었다. 어떤 특정한 인물과 연결된 하나의 책, 혹은 책 같은 대상이다. 인쇄가 똑같은 책을 여러 부 찍어서 널리 배포하는 것을 목표로 한다면, 별쇄 작업은 이런 책 중 하나를 골라서 독특한 대상으로 만들고, 인쇄를 (그 본래의 속성과는 어긋나게) 개인적 관리 행위의 원천으로 만들어버린다.

500년에 걸친 인쇄본의 장구한 역사에 비추어 볼 때, 별쇄 작업은 책을 16세기와 17세기의 것으로 되돌리는 행위다. 그 두 세기에 책은 불완전하고 유동적인 물체였다. 메리 콜레트와 애나 콜레트가 오려 붙인 복음서, 세인트폴 성당 마당의 가게에서 독자들이 사들인 미제본 인쇄지 묶음의 개념으로 환원시키는 것이다. 그러한 책은 독자에 의해 표시되고, 수정되고, 증보되고, 심지어 물리적으로 해체되었다. 더불어 별쇄 작업은 20세기와 21세기의 예술가 책artist's book 문화 또한 예견한다. 가령 에드 루샤, 솔 르윗, 디터 로트 같은 저자–예술가들은 자의식적인 책–대상book-object을 만들어낸다. 이런 책은 기존 도서의 온전함, 직선적 형태, 안정성 등에 도전하는데 이에 대해서는 나중에 다룰 것이다.

목사이자 판화 수집가인 제임스 그레인저는 《전기로 보는 영국사》를 펴냈을 때 자신이 도싯의 한 목사관에서 엄청난 바람을 일으키게 되리라는 것을 전혀 알지 못했다. 이 책은 숱한 인물을 12개 범주로 분류함으로써 일련의 전기로 과거를 재구성한 것이다. '왕, 왕비, 왕자, 공주 등'을 다룬 제1범주를 시작으로 '대주교와 주교'는 제4범주, '의사, 시인, 기타 전문직'은 제9범주, '숙녀와 기타 여성'은 제11범주다. 마지막 제12범주는 '위대한 시대에 살았거나 장애자, 범죄자 등 그 삶에 특징적인 측면이 있는, 주로 낮은 계급의 남녀 인물'이다.

이름이 거명된 개인은 간단한 전기가 서술되었고, 이어서 해당 인물들에 대해 알려진 판화 목록을 수록했다. 제1범주는 "웨스트색슨족의 왕이고, 최초로 잉글랜드 전역의 왕"인 에그버트로 시작하고, 골동품 수집가이자 판화가인 조지 버튜가 그린 '한 세트의 초상화'를 언급한다. 그 다음에는 앨프레드 대왕의 전기를 간략하게 서술하고 다섯 장의 판화 목록을 제시한다. 엘리자베스 1세와 제임스 1세의 시대에 도달하면 입수 가능한 판화는 수십 장에 이른다. 만약 군주가 별로 흥미로운 주제가 아니라면 독자는 제12범주 '낮은 계급의 남녀 인물'로 넘어갈 수 있다. 가령 헨리 8세의 광대인 윌리엄 소머스(언급된 판화는 한 점), 혹은 서리의 레더헤드에 사는 맥주 판매상 엘리너 러민을 살펴볼 수 있다. 이 여성은 시골의 과도한 음주를 노래한 존 스켈턴의 소란스러운 장시에 등장하는 인물인데, 1550년에 인쇄된 목판화는 "손에 항아리를 들고 있는 늙고 추한 여자"의 모습을 보여준다.

말하자면 그레인저의 책은 판화 그 자체는 수록되어 있지 않은 판화의 카탈로그다. 그레인저가 역사의 한 부분을 차지하는 인물로 선정한 사람들의 과거의 얼굴을 발견하기 위한 지도 같은 책이다. 그는 얼굴을 성격과 연결하고, 초상화를 역사의 형성에 연관짓는 시대에 글을 썼다. 그레인저는 책 서문에 이렇게 썼다. "현대의 판화 예술처럼 인사들의 기억을 영구적으로 보존하는 발명품은 없다." 그레인저는 "시골의 무명인사 자격"으로 활발하게 글을 쓰면서 이집트의 미라보다는 판화를 갖고 있는 게 더 좋다고 선언했다. "나는 그 판화들을 보관하는 피라미드를 갖고 있다." 그의 책은 별쇄 작업의 촉매제 역할을 했고, 그 작업은 처음에 폭발적인 인기를 얻었고 나중에는 마니아 수준으로까지 발전했다. 그리하여 별쇄 작업의 인기는 대략 1770년에서 1830년 사이에 절정에 달했다. 그 작업은 대체로 그레인저가 처방한 것처럼 초상화 수집에 열을 올렸으나 때때로 풍경화, 신문 스크랩, 손으로 쓴 서명과 편지 등도 포함했다. 향토 역사서는 별쇄 작업이 이루어지는 대표적인 책들이었다. 두툼한 책 구조와 깨알 같은 세부 사항은 내용을 보강하기에 제격이었다. 가령 1791년 배스에서 발간된 《서머싯카운티의 역사와 유물》을 보라. 이 책은 현재 런던 골동품학회에 보관되어 있다. 존 콜린슨이 집필한 이 향

제임스 그레인저, 새뮤얼 프리먼의 판화 사본(1803).

토사는 당초 세 권이었던 것이 지도, 판화, 시골의 자연 풍경과 건물 풍경 등을 추가하는 바람에 열두 권으로 늘어났다.

이쯤에서 그레인저의 초상화를 덧붙여 그가 별쇄 작업의 모토로 삼았던 항구성을 부여하는 게 타당할 듯하다. 여기서 머리카락을 조발하는 태도가 1770년대 이래에 크게 달라졌다는 사실도 주목할 만하다.

알렉산더 서덜랜드는 1753년 러시아의 상트페테르부르크에서 태어났다. 스코틀랜드 출신인 아버지는 러시아를 위해 함선을 건조했고 영국과 거래하는 상사를 설립해 대마, 수지, 아마, 양모, 설탕 등을 거래했다. 그의 가족은 한동안 큰 성공을 거두었다. 알렉산더의 맏형 리처드는 예카테리나 여제의 왕실 은행가가 되었다. 1770년대에 알렉산더가 런던으로 이사했을 때에도 영국과 러시아 사이에서는 무역 거래가 원활하게 이루어졌다. 그러나 가세가 기울기 시작했다. 리처드는 1792년 러시아에서 수상쩍은 상황에서 사망했고, 이후 200만 루블을 횡령한 사실이 밝혀졌다. 런던에 있던 그의 아들은 방탕하게 생활한 끝에 러시아 서덜랜드 회사를 파산시키고 말았다. 화가 난 알렉산더는 "내 재산은 아주 엄격하게 관리하고 있다"라고 자부심 넘치는 어조로 편지를 썼고, 조카에게 돈을 빌려주는 것을 거부했다.

알렉산더는 결벽하다고 할 정도로 세심했고(한 가족은 그가 "아주 정확한 회계사"이고 "실천과 검약이 철저한" 사람이라고 말했다) 그렇지 못한 사람과 거래하는 것을 아주 힘들어했다. 그는 나이 40대인 1790년대 중반에 판화 수집과 별쇄 작업을 시작했다. 그는 그 작업을 일종의 피정(혹은 위안)이라고 생각했다. 가족 사업으로는 갖기 어려운 평온함과 적실함을 별쇄 작업에서 느꼈던 것이다. 1809년 골동품학회의 회원으로 선출되자 그는 러시아 상인에서 "이 왕국의 역사와 골동품에 박식한 신사"로 변모했다(골동품학회의 의사록에 그렇게 기록되어 있다).

알렉산더는 이런 평온하고 절제된 분위기에 적합한 파트너로서 샬럿을 만났다. 1782년에 태어난 샬럿은 윌리엄 허시 목사와 어머니 샬럿 투페니 사이에서 태어난 열두 명 중 맏딸이었다. 그녀의 유년 시절이나 교육 환경에 대해서는 전혀 기록이 없다. 1812년, 30세의 그녀는 나이가 거의 두 배나 많은 알렉산더와 결혼했다. 알렉산더의 첫 번째 아내 프랜시스 벡위스는 3년 전에 사망했다. 샬럿의 남동생 윌리엄이 1852년 8월 27일에 쓴 편지를 보면 이 부부의 결혼생활이 화목했다는 것을 알 수 있다. 윌리엄은 "매형의 생애 말년에 몇 달 동안 누나 부부와 거의 함께 살았다"라면서 아주 금슬 좋은 부부였다고 밝혔다. 알렉산더는 유언장에서 판화와 수집 도서를 포함해 전 재산을 샬럿에게 남기면서, 별쇄 작업을 계속해 책을 완성하라고 당부했다.

알렉산더는 그 컬렉션이 "흩어지면 안 된다"라고 말했고, 그것만 잘 지키면 샬럿은 "아무런 제약을 받지 않고" 자신이 좋다고 생각하는 방식으로 "자유롭게" 자료를 수집하고 책을 확장해나갈 수 있었다. 그녀는 별쇄 작업이 작고한 남편에 대한 의무를 충실히 이행하는 기념비적 사업이라고 여겼다. 하지만 이것은 이야기의 절반에 불과하다. 그녀는 자신의 흥미에 따라 판화와 도서 수집에 1만 파운드(오늘날의 가치로 약 80만 파운드(약 15억 원))를 투자했다. 그 컬렉션은 오늘날 옥스퍼드의 애슈몰린박물관과 보들리도서관에 소장되어 있는데 216점에 달한다. 알렉산더와 샬럿은 슬하에 자녀가 없었다. 그래서 자금과 시간의 측면에서 "독립"을 누릴 수 있었다고 윌리엄은 썼다. 그리하여 그들은 별쇄 작업을 더욱 야심차게 진행할 수 있었다.

이 이야기에는 한 가지 어두운 사건도 있었다. 윌리엄은 1852년 6월 《쿼털리 리뷰》가 발간한 〈비난과 암시〉라는 비판적 기사에 대해 분노하는 어조로 항의 편지를 보냈다. 그 잡지에서 판화 수집가인 리처드 포드가 익명으로 글을 써서 샬럿의 명성을 갈기갈기 찢어놓았던 것이다. 포드는 샬럿의 결혼생활이 불우하고 남편의 별쇄 작업에 "대단히 (…) 불만을 느끼며" 응했다고 말했다. 포드는 또 이런 주장도 폈다. 만약 샬럿이 자료 컬렉션을 그대로 유지하지 않으면 죽어서 귀신이 되어 "괴롭힐 것"이라고 알렉산더가 겁을 주었다는 것이다. 별쇄 작업은 행복한 부부의 가내 일거리가 아니라 힘들게 견뎌내야 하는 부담이었고, 그리하여 시시포스의 노동과 비슷한 일이 되었다고 했다. 샬럿은 "판화 거래상에게 공포를 느끼게 하는" 오싹한 여자라는 것이었다.

우리는 샬럿이 자료 수집에 엄청난 투자를 했다는 사실을 알고 있다. 이것은 포드의 주장이 사실이 아니라는 것을 보여준다. 아마 포드는 그 자신이 대표하는 '일반적 수집가'의 특성과 아주 다른 사람을 상상하기가 어려웠을 것이다. 일반적 수집가라 함은 남자이고, 첼시의 상류층 출신이고, 윈체스터와 옥스퍼드에서 교육을 받고, 그런 후에 에스파냐로 여유롭게 여행을 가서 수집하는 사람을 가리켰다. 포드의 비방은 샬럿이 남편 사후에 수집가로서 성장해나가는 과정에서 종종 겪게 되었던 여성 혐오증의 한 가지 사례였다. 예술사가 루시 펠츠의 선구적 저서에 따르면, 젊은 미망인인 샬럿은 곧 판화 경매장에 출입했다. 그런 공식 행사장에서 경쟁적으로 입찰에 응하는 여성 수집가가 드물던 시절이었다. 1820년대에 나온 판매 카탈로그에 그녀가 남긴 메모를 보면 "박식하고 열정적인 수집가"(펠츠의 말)의 면모를 볼 수 있다. 샬럿은 곧 명성을 얻었지만, 동시에 포드가 언명한 그런 남녀차별도 겪게 되었다. 그녀는 1610년경에 제작된 〈제임스 1세와 앤 왕비〉의 판화에 80파운드를 지불했다. 그런 작품에 지불된 가격으로는 최고액이었다. 샬럿은 그 판화의 장식 작업을 W. 스콧 회사에 맡겼고, 이어 그녀가 작업 중이던 클래런던 백작의 책에다 삽입했다.

많은 별쇄 작업자의 출발점이 되는 책은 제1대 클래런던 백작 에드워드 하이드가 1702년과 1704년에 발간한 《1641년 시작된 반란과 내전의 역사》(이하 《반란과 내전의 역사》)였다. 찰스 1세와 2세의 고문관 출신인 저자가 집필한 것인데, 왕당파의 입장에서 영국 내전을 상세히 기술했다. 길버트 버넷 주교의 《그 자신의 시대사》(1724)도 작업 대상이었다. 주교는 1642년에서 1713년 사이의 많은 사건을 목격한 사람으로서 에피소드가 풍부한 역사책을 써냈다. 서덜랜드 부부는 두 책을 모두 작업했다. 알렉산더는 42세이던 1795년경 《반란과 내전의 역사》 작업을 시작했는데, 이후 수십 년 동안 부부가 엄청난 노고와 정성을 쏟아붓는 책이 되었다. 원래의 책에서 페이지를 오려낸 뒤, 더 크고 두꺼운 종이 안쪽을 알맞게 도려내고서 그곳에 상감했다. 그리하여 텍스트는 이제 검은 테두리로 둘러싸이고, 그 너머에는 시원한 여백이 있다. 문장들은 마치 대좌 위에 전시된 것처럼 위엄이 가득하다.

다음 쪽의 이미지는 현재 예일에 소장된 《반란과 내전의 역사》 별쇄본의 한 페이지다. 서덜랜드 부부의 작품은 아니지만 열성적인 별쇄 작업자들이 제작한 텍스트와 이미지의 조합을 보여주는 대표적인 사례다.

《반란과 내전의 역사》에는 1610년대와 1620년대 궁중에서 벌어진 염사艷事 이야기가 들어 있다. 여기서 하이드는 제임스 1세가 좋아하는 것을 간략하게 서술한다. "왕은 잘생긴 사람과 멋진 옷을 가장 좋아했다." 그리고 이야기의 전말이 흥미진진하게 펼쳐진다. 제임스 1세의 총신이었던 조지 빌리어스 버킹엄 공작이 살해되었다("그가 총애를 받은 것은 순전

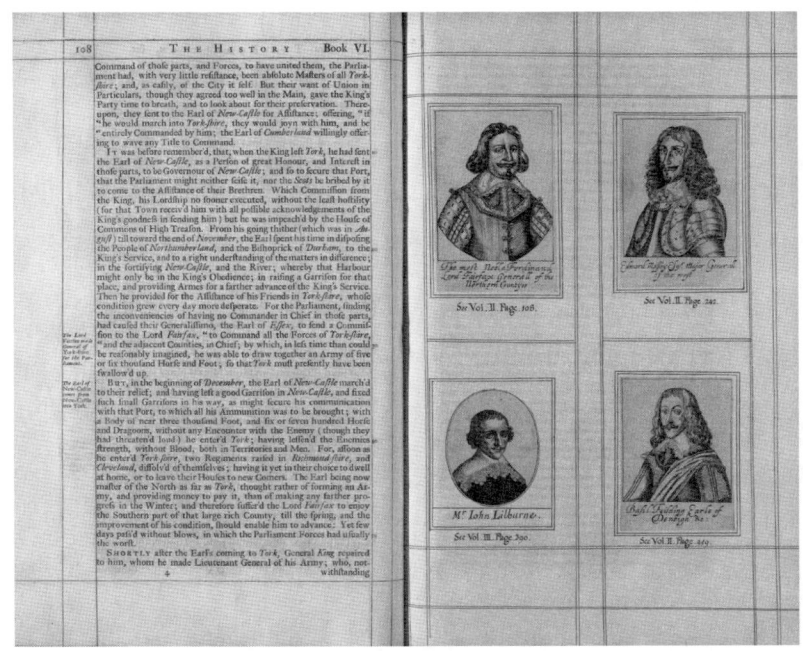

에드워드 하이드의 《1641년 시작된 반란과 내전의 역사》(1702~1704)
108쪽을 별쇄 작업한 페이지의 일부.

히 그가 잘생겼기 때문이다"). 이 사건에 대한 일종의 충격적 서막으로서 제임스 1세의 옛 총신이자 애인이었던 서머싯 백작 로버트 카를 둘러싼 음모 사건이 있었다(이 복잡한 사건은 한 문단으로 소략해 있다). 카는 유부녀인 에식스 백작 부인 프랜시스 하워드와 염문이 일었는데, 카의 가까운 친구이자 수필가 겸 시인인 토머스 오버버리 경은 이를 부도덕한 일로 치부하며 결혼생활에서의 성역할을 논한 〈아내〉라는 시를 썼다. 그 시는 궁중의 독자들에게 큰 인기를 끌었고, 필사본 문화가 성행하던 시절에 들불처럼 재빨리 퍼져나갔다. 프랜시스 하워드는 자신을 비난하는 그 시의 함의를 정확하게 읽었다. 오버버리는 1613년 4월에 사망했는데, 같은 해에 하워드는 성불능을 이유로 에식스 3대 백작인 로버트 드브뢰와 이혼했고, 곧 하워드와 카는 결혼했다. 그러나 셰익스피어의《햄릿》과 토머스 미들턴의《복수자의 비극》을 보면서 성장한 왕궁 내 사람들 사이에서 곧 오버버리의 죽음을 둘러싼 소문이 퍼지기 시작했다. 지저분한 재판 끝에 하워드는 그를 황산으로 독살했음을 자백했다. 하이드는 이 "끔찍한 살인"에서 그녀가 저지른 "사악한 행위"를 묘사했다. 하워드와 카는 런던탑에 6년 동안 유폐되었다가 강력한 연줄로 1622년에 사면되었다. 그러나 연줄이 없는 공모자 네 사람은 교수형에 처해졌다.

너무 놀라서 입이 벌어지는 역사, 가십과 흥밋거리로서의 역사. 알렉산더와 샬럿에게는 이런 이야기가 하나의 출발점이었고, 부부가 비계를 세우고 다양한 판화를 추가할 수 있는 페이지가 되었다. 각 등장인물의 이름은 삽화를 넣을 가능성을 제시하고, 텍스트는 판화를 수집하고 관리하는 일종의 색인 역할을 했다. 원서 텍스트를 붙인 면 맞은편에, 불운하게 살해당한 토머스 오버버리 경을 그린 서로 다른 버전의 초상화 넉 장이 있다. 이것으로 충분하지 않다면 이어지는 다른 페이지를 펼쳐보자. 오버버리의 초상화가 넉 장 더 나온다. 그다음에 프랜시스 하워드의 초상화 석 장이 실린 페이지가 나오는데 그중 두 장은 같은 판화의 것이다. 뒤이어 로버트 카와 프랜시스 하워드의 초상화가 나란히 배치된 페이지, 카의 초상화 두 장이 있는 페이지가 이어진다. 그리고 조지 빌리어스의 초상화 넉 장이 들어 있는 페이지도 나온다.

이것을 어떻게 읽어야 할까?《반란과 내전의 역사》별쇄본을 넘기다 보면 거명된 인물들은 우리를 텍스트에서 벗어나 삽입된 초상화의 페이지로 인도한다. 이 책을 읽는 경험은 직선적이지 않으며, 독자는 이 페이지에서 저 페이지로 계속 건너뛰게 된다. 비록 원래의 이야기가 시간 순서에 따라 전개되기는 하지만 말이다. 우리의 두 눈은 핀볼 기계의 공같이 되고, 우리의 두 손은 계속 앞뒤로 넘겨보게 된다.

지도나 풍경화를 집어넣기도 했지만 서덜랜드 부부가 압도적으로 선호한 판화는 초상화다. 역사의 주역들은 별쇄의 세계에서는 남녀 개인이다. 과거는 우리를 바라보는 일련의 얼굴들이다. 하이드의 텍스트는 한 무리의 전기적 제목(카, 하워드, 오버버리, 빌리어스 등)을 제공하고, 알렉산더와 샬럿은 이 제목의 초상화를 조직한다. 여기서 책은 일종의 문서보관소, 파일 보관함, 과거에 유통되던 방대한 판화를 분류·조직하는 공간과 방식이 된다. 서덜랜드 부부가 한 일은 있는 그대로의 추가 작업이지 별도의 해석 작업은 아니다. 별쇄 작업은 창조와 파괴, 존경과 공격 사이에서 정교하게 균형을 잡아야 하는 복잡성이 개재한다. 이것은 책에 대한 오마주인가, 전면적 공격인가? 헌정(풍성한 삽화를 추가한)인가, 패러디(해체되어버린 책)인가? 하이드의 원서는 해체되고 조각나고 장식되고 증보되어, 인상적인 것인가 하면 흉물스러운 것이 되었다. 그 책은 엄청나게 두꺼워졌고 그래서 한 비평가의 표현을 빌리면 "코끼리 같은 것" 혹은 "덧대어 커진 것"이 되었다. 이러한 책은 인내의 세월로 일군 기념비적 저작이자 개인적 상상을 마음껏 펼친 나래다. 학자 루이사 케일이 지적한 대로, 별쇄 작업은 우상 친화적인가 하면 우상 파괴적이다. 서덜랜드 부부의 책들은 그림에 대한 강렬하면서도 면밀한 사랑의 표현이지만, 그것들은 대개 '남의 책에서 따온 것'이었다. 서덜랜드 별쇄본은 이미지 보관소이지만, 그 작업이 뒤에 남긴 파편을 전제로 하는 것이다.

밖으로 뻗어나가고 확장되는 책이라는 느낌—방이 다른 방들로 열려 있다는 느낌—이《반란과 내전의 역사》별쇄본의 거의 모든 페이지에서 분명하게 다가온다. 하급의 왕당파 외교관이면서 시인인 엔디미언 포터의 이름이 지나가듯 나오자, 그 맞은편 페이지에는 이 사람의 약간씩 다른 초상화들(같은 원판에서 나온 판화이지만 부분적으로 아주 미세하게 다른 것)이 삽입되어 있다. 찰스 1세의 처형(1649) 쪽으로 나아가면("왕이 좀더 강한 통솔력을 가졌더라면 좀더 많은 존경과 복종심을 자아냈을 것이다") 맞은편 페이지에는 찰스의 이미지가 무려 61개나 나온다. 이 역시 대개 세부 상태만 약간씩 다른 같은 원판의 판화다. 이처럼 다양성을 고집하는 것, 같은 인물의 이미지를 많이 삽입하는 것, 같은 원판의 약간씩 다른 판화를 추가하는 것 등은 별쇄 작업에서 나타나는 중요한 특징이면서 그 작업을 진행하는 논리이기도 하다. 이러한 작업의 효과는 양날의 검이다. 한편으로 이는 놀이의 느낌, 흥분한 수집가가 판화 위에다 판화를 쌓는 즐거움의 느낌을 준다("봐요 여보, 그가 말을 탄 그림을 석 장 더 발견했어요!"). 다른 한편으로 그것은 완벽함을 기하려는 학자적 욕망, 모든 초상화를 세심하게 축적하려는 욕망을 보여준다. 그 모습은 수십 편의 필사본에 존재하는 중세 시의 여러 판본을 끊임없이 모으고 대조하는 편집자의 욕망과 비슷하다. 한 인물을 그린 수많은 이미지를 본다는 것은 눈앞이 아찔한 경험이다. 그것은 우리가 기대하는 것처럼 역사를 어느 한 개인에다 집중시키거나, 진짜 왕이 세상의 유일한 점처럼 우리 앞에 우뚝 서 있다는 느낌을 불러오지 않는다. 오히려 그 반대로 이미지와 이미지가 수평선 위에 끝없이 펼쳐져 있다는 혼란스러운 재현의 바다를 느끼게 된다. 이것이 별쇄본의 역설이다. 자료를 모아서 질서·통제·안정을 추구하며 한계를 부과한 하나의 구조인가 하면, 많이 모을수록 더 모으고 싶어져 무한히 추가되고, 결국 바탕 종이와 잘린 페이지의 파편이 더욱 많아지게 되는 '영원히 확장될 물체'가 되어버리는 것이다.

3장에서 살펴본 바와 같이, 1630년대 리틀기딩에서 두 여성이 오려 붙이는 방식의 책 만들기 작업을 수행했다. 경건한 주제, 칼과 가위 사용, 사적인 생산 공간 등으로 인해 메리 콜레트와 애나 콜레트는 여성 혐오의 환경을 극복해가면서 멋진 책을 생산해냈다. 니컬러스 페라라는 당당한 사내가 그들의 일을 보호하고 정당화해주었다. 그의 지원 덕분에 두 여성의 하모니 성경 제작 작업은 은폐되었는가 하면 추진될 수 있었다. 그들의 책은 페라가 지상에서 사라진 지 수 세기 후에도 여전히 살아남았다. 서덜랜드 부부의 별쇄 작업도 콜레트 자매와 비슷한 문화적 공간을 차지한다.

그리고 다음 쪽에 제시된 사진에서 보듯, 훨씬 후대에도 여성 별쇄 작업의 전통은 이어졌다. 자매 캐리 로런스와 소피 로런스는 20세기 초에 뉴욕의 나소 거리에 있는 가내 작업장에서 별쇄 작업을 했다. 두 자매는 별쇄 작업자였던 아버지가 사망한 후에 그 일에 헌신적으로 뛰어들었다. 언니인 캐리는 이렇게 말했다. "그 작업은 아주 세심하고 정밀해야 합니다. 그래야 붙인 표면이 아주 평평하고 자연스러워져서, 아주 숙련된 사람만이 어디서 판화가 시작되고 끝나는지 겨우 분간할 정도가 됩니다."

다시 샬럿 서덜랜드의 이야기로 돌아가자. 샬럿은 자신의 별쇄 작업

뉴욕의 작업장에서 별쇄 작업을 하는 자매 캐리 로런스와 소피 로런스, 1902년경.

은 남편의 뜻에 온전히 순종하기 위한 것이라고 말했지만, 샬럿 자신도 잘 알고 있듯이 그것만이 이야기의 전부는 아니었다. 《서덜랜드 컬렉션 카탈로그, 전 2권》(1837)의 서문에서, 샬럿은 남편이 자신에게 보여준 신임에 대해 보답하는 심정으로 《반란과 내전의 역사》와 《그 자신의 시대사》 별쇄 작업을 했다고 밝혔다. 남편은 유언장에서 "컬렉션은 (…) 아내의 통제 없는 처분에 맡긴다"라고 했다. (여기서 '통제 없는uncontrolled'이라는 단어는 다소 애매모호한데 '아무런 제약을 받지 않는'의 뜻이지만, 알렉산더의 숨겨진 의도는 '무질서' 혹은 '혼란'일 수도 있다.) 샬럿의 목적은 그 컬렉션과 남편이 마땅히 받아야 할 명성을 획득하는 것이었다. 그래서 그녀가 별쇄 작업을 한 책들은 일종의 기념비, 시신 없는 묘였다. 그 '엄청난 부피' 때문에 서덜랜드 컬렉션은 "어떻게 보면 그 자체의 장엄함 밑에 묻혀 있다고 할 수 있다." 샬럿의 카탈로그는 이런 지하묘지를 운영 가능하게 하려는 시도였다.

샬럿은 성역할로 인한 제약에 대해 겸손하게 글을 썼다. "그러나 여성의 펜은 여성의 혀(언어)라는 특혜를 요구해야 하고, 양해받기를 갈망한다." 그러나 이런 전통적인 비유는 그 비유가 묘사하는 행위에 의해 전복된다. 우리는 이런 자기비하적인 겸손한 언사를 문자 그대로의 의미로 읽어서는 안 된다. 그보다 250년 전에 저술가였던 필립 시드니 경은 자신의 방대한 산문 로망스인 《아르카디아》를 여동생인 펨브로크 백작 부인에게 헌정했다. 그때 시드니는 "이런 한심한 작품"은 "거미집처럼 빨리 치워 없애버려야지, 그 어떤 목적에 봉사해서는 안 된다"라고 말했다. 그것은 진심이 조금도 담겨 있지 않은 말이었지만 궁정 신하는 일단 그런 식으로 발언해야만 했다. 시드니는 스프레차투라sprezzatura(자연스러운 무심함)을 강조하던 문화에서 '그렇게 긴 산문 작품을 쓰기 위해 이다지도 애를 쓰는 귀족이라니!' 하는 문화적 낙인을 극복해야 했던 것이다. 마찬가지로 샬럿은 공공의 공간에 자신을 드러내는(도서관에 자신의 책을 전시한다든지, 그림을 사기 위해 경매장에 참석하는 등) 행태를 자신의 성性과 연결해야 했다. 샬럿의 겸손한 언사는 이런 역설적인 겸손함의 전통에 굳건히 뿌리 내리고 있다. 자신의 업적을 드러내기 위한 서언으로서 그런 자기비하적 겸손이 필요했던 것이다.

본인의 겸손한 말과 정반대로, 샬럿의 자기 능력에 대한 신념은 지속적으로 드러난다. "좀더 유능한 사람"이 이런 카탈로그를 작성하는 게 바람직하지만 그래도 예전에 판화를 가지고 별쇄 작업을 해본 사람만이 "쉴 새 없이 지속적으로 세세한 부분까지 신경을 쓰는" 능력을 갖게 된다고 그녀는 썼다. 그런 사람이 바로 샬럿 자신인 것이다. 알렉산더가 1820년 5월 21일에 67세의 나이로 사망했을 때 서덜랜드 컬렉션은 1만 160점이었는데, 19년 뒤 샬럿이 컬렉션을 보들리도서관에 기증했을 때에는 총 1만 9274점으로 늘었다. 그중 판화가 1만 7750점, 드로잉이 1460점이었다. 샬럿은 남편이 뒤에 남긴 《반란과 내전의 역사》와 《그 자신의 시대사》를 작업하는 와중에도, 그녀 자신이 독자적으로 8천여 점의 판화와 드로잉을 수집해 호러스 월폴의 《왕실과 귀족 저술가들》, 《델라니 부인과 프랜시스 해밀턴 부인이 주고받은 편지》 같은 책으로 별쇄 작업을 했다. 둘 중 후자는 두 여인 사이에 오고 간 편지를 모아놓은 것으로, 그중 메리 델라니는 화가인데 특히 종이를 오려 만든 식물 공예품으로 유명하다(델라니는 이것을 '종이 모자이크'라고 불렀다). 샬럿의 별쇄 책자는 아름다운 물건이다. 자그마한 텍스트 지면과 그 옆에 놓인 이미지들이 두껍고 크고 가장자리에 금칠을 한 큰 페이지에 공존한다. 샬럿 왕비가 있는가 하면 윈저 성, 알렉산더 포프, 롱리트하우스, 피커딜리 세인트제임스 교회가 나온다. 넓은 여백과 듬성한 텍스트는 평온한 느낌을 주며, 작은 책이 더 큰 구조 안에 포용된 이런 변화를 통해 더욱 위엄을 획득하는 인상을 준다. 샬럿은 이 책들을 1843년에 보들리도서관에 기증했다.

그레인저에게 판화 수집은 어떤 도덕적·보수적 목적에 봉사하는 것이었다. 사람들에게 좋은 일일뿐더러("이런 초상화들을 넘겨보는 것만으로도

(…) 군사적·철학적·시적·문학적 기질의 씨앗을 빈번히 자극하게 될 것이다") 역사적 인물들의 판화를 질서정연하게 간수하는 것은 이 세상의 지위, 위치, 상하관계를 설정하기 위한 더 큰 필요에 봉사하는 것이었다. 그레인저의 역사관은 이데올로기적인 것이었고 "정치가, 장군, 애국자, 성직자, 법률가, 시인, 저명한 예술가 등이 모두 저마다의 위치를 잘 찾아가게 하기 위한" 위계질서를 강화하려는 것이었다. 별쇄본의 적절한 위치에 배치된 제임스 왕의 판화와 이런 위계적 사회관 사이에는 깊은 상관관계가 있었다.

그러나 이런 신념에도 불구하고 그레인저의 체제 우선주의에는 역설적 분위기가 깃들어 있다. 그리하여 별쇄 작업은 곧 많은 사람들에게 책을 파괴하는 행위, 광분, 질병으로 인식되었다. 별쇄 작업자는 도서, 판화, 도서관에 해를 끼치는 불순한 자들이라는 것이었다. 서지학자 홀브룩 잭슨은 다소 거창하게 이렇게 선언했다. "별쇄 작업은 아주 변태적인 발상이다."

이들의 비판은 페이지를 오려내고 책을 해체해 다시 만들 때 책에 엄청난 손상이 가해진다는 것이었다. 시인 로버트 사우디는 1807년에 이렇게 탄식했다. "이제 (…) 저자의 초상화가 들어 있는 옛날 책들은 만나기 어렵거나 아예 만날 수 없게 되었다. 별쇄 작업자들이 모조리 훼손했기 때문이다." 비판가들은 또한 별쇄 삽화가들이 자료를 쓸어가려고 애쓰기 때문에 일종의 서지학적 초인플레이션 현상을 불러일으킨다고 비난했다. 좋은 수집은 곧 분간 능력이 핵심이다. '저 판화보다 이 판화가 좋아. 금방 차이를 알 수 있잖아. 내가 가리키는 여기를 좀 보라고.' 이에 반해 별쇄 작업은 다다익선이다. '이 판화, 저 판화, 그리고 저기 두 개 더.

아니, 박스째로 건네주시오.' 루시 펠츠가 콕 집어서 잘 말한 것처럼, "수집을 질병으로 치부하는 것"은 다음과 같은 느낌이 그 배경에 도사리고 있다. 수집 행위가 이제 일종의 소비 행위의 일부가 되어버렸다는 것. 기존의 비좁은 귀족적 동아리의 틀을 부수고 나와서 여성을 포함해 더 광범위한 사회 계층의 관심사가 되었다는 것.

이런 관심사 중 상당 부분이 《책마니아: 혹은 책에 미친다는 것》(1809)이라는 책에 잘 포착되어 있다. 이 책이 나오던 시점은 별쇄 작업이 널리 행해지던 때였는데, 책의 저자는 영국 성공회의 사제이면서 산만하게 다작을 하던 토머스 프로그널 디브딘이었다. 농담 같지만 농담 아닌 이 연구서는 지나친 책 사랑이 질병으로 발전하는 여러 양상을 해부했다. 양피지 전지, 자르지 않은 페이지, 다양한 버전의 판화 등에 대한 걷잡을 수 없는 열광이 그런 것들인데, 그중에서도 특히 별쇄 작업이 눈에 띄는 변종으로 등장했다. 디브딘은 그레인저가 "오래된 판화를 얻기 위해 샅샅이 뒤지고 다니다가 톡신tocsin을 울렸다"라고 썼다(톡신이라는 단어의 뜻을 몰라 고어사전을 찾아보니 '경고의 종'이라는 뜻이었다). 그는 이런 사람들을 "그레인저 작업자" 혹은 "그레인저 작업된 책 마니아"라고 불렀다. 그들의 작업 과정은 처음엔 하이드, 셰익스피어, 그리고 기타 유명인사들의 책을 "공격"하고, 그다음에는 "다양한 방향으로 가지를 뻗어나가서 하찮은 책들의 페이지를 장식하는 것"이다. 이러한 별쇄 작업자의 충동, '모든' 것을 수집하고 싶어하는 욕구야말로 질병이라는 것이다.

유명인사들의 생애 여러 단계, 그러니까 꽃피는 소년 시절에서 점액질의 노년에 이르기까지 각 단계마다 제작된 잘 그려진 초상화를 소유하는 것은 아주 즐거운 일이다. 그러나 실물과 닮든 말든 모든 초상화를 수집하려는 것은 위험하고 경악할 증상인데, 그건 거의 치료가 불가능하다!

이러한 주제가 영국 언론인이면서 소규모 출판사 사장인 홀브룩 잭슨의 《책마니아 개괄》(1930)에서도 그대로 다루어진다. 이 책은 책에 대한 놀랍도록 일탈적인 찬사다. 잭슨이 '책 먹기book eating'라고 부른 부분에서 특히 그렇다("어떤 책은 질기고 어떤 책은 부드럽다. 어떤 책은 설익고 어떤 것은 농익었다"). 또 "미용 의식을 거행하는 동안, 특히 이발할 때 하는 독서"의 그 "오래되었지만 기록되지 않은 역사"에 대해서도 설명한다. (당신은 이발을 할 때에도 독서를 하는가? 그럴지도 모르겠다.) 제28부에서 잭슨은 별쇄 작업에 대해서 논한다. "그들은 불경한 책 파괴자, 책 찢는 자, 책괴물, 수집광, 광분자"다. 그들은 "인쇄된 글자를 시각적 해석의 밑자료로 볼 뿐이다. 자신이 책을 다루는 방식 이외의 것은 기준으로 삼지 않는다."

이 질환자는 문학적 아틸라 혹은 칭기스칸으로서 주위에 공포와 파괴를 흩뿌린다. 그는 악마와 같은 매혹을 느끼며 그의 잘못된 열정을 극력 추구한다. [법률가이자 별쇄 작업자인] 어빙 브라운의 수중에 어떤 책이 들어오면, 그는 즉각 삽화 배치의 가능성을 알아보기 위해 그 책을 고문대 위에다 올려놓는다. 어울리지도 않는 삽화를 집어넣기 위해 100권 가운데 99권은 파괴된다. 그러나 살아남은 한 권의 확장된 책도 더이상 책이 아니다. 그것은 좋게 봐야 만물상, 혹은 왕비와 막일꾼의 옷에서 오려낸 숱한 조각보로 짜기운 괴상한 누비이불일 뿐이다.

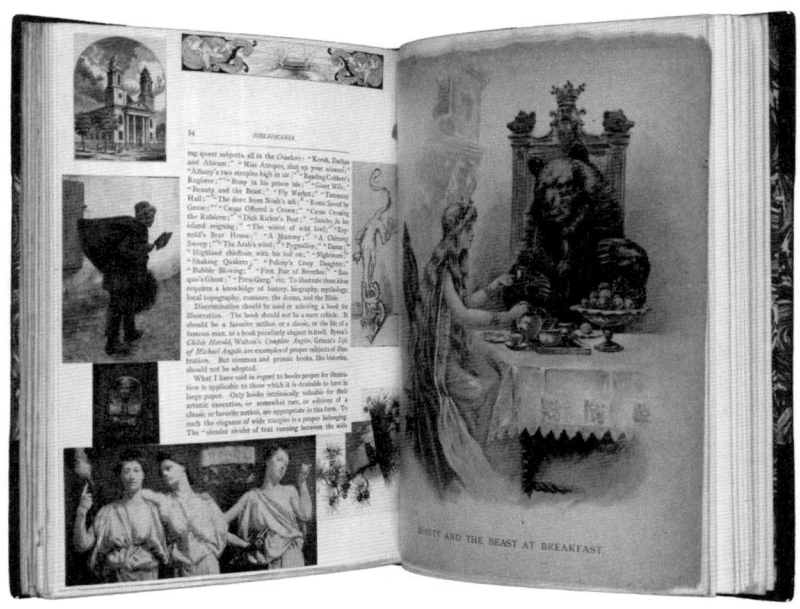

어빙 브라운의 별쇄본, 뉴욕, 1886.
이 책은 별쇄 작업과 스크랩북 방식이 혼합된 것이다.

홀브룩 잭슨의 공포가 구체적으로 드러난 또다른 사례를 캘리포니아주의 헌팅턴도서관에 소장된 키토 성경에서 볼 수 있다. 세 권짜리 옥타보판인 원서는 대략 세로 25센티미터, 가로 16센티미터이고, 1611년의 킹 제임스 번역본이 실려 있고, 신학 박사 J. 키토의 풍부한 주석이 달린 책이었다. 이 책들은 수십 년의 별쇄 작업 결과 60권짜리 초대형("코끼리") 폴리오판이 되었다. 각 책의 크기는 세로 56센티미터에 가로 38센티미터이고 붉은색 모로코 가죽으로 장정되었으며, 알브레히트 뒤러와 윌리엄 블레이크의 판화를 비롯한 각종 그림, 여러 기존 성경의 페이지, 15세기에서 19세기 사이에 제작된 숱한 자료가 3만 장 이상 붙어 있다.

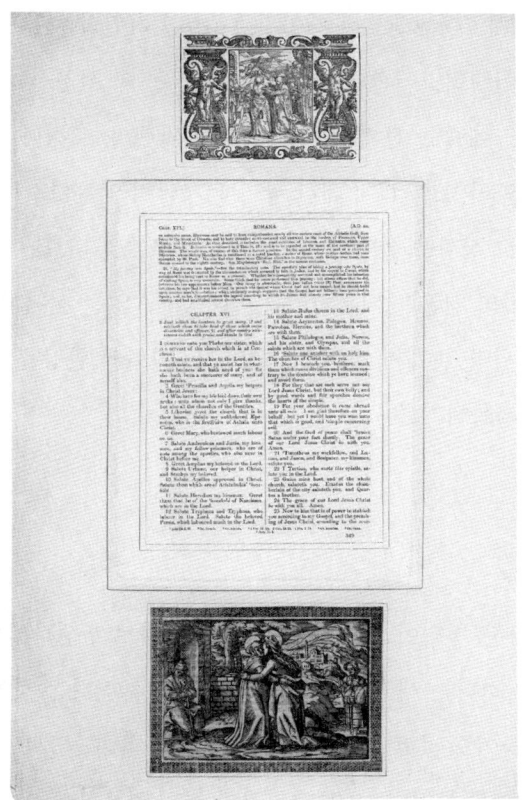

키토 성경의 한 페이지.

이 거질巨帙은 처음에는 런던 제본상이며 판화 판매가인 제임스 깁스(대략 1850~1870년 사이에 활동)가 작업했고, 그다음에는 뉴욕의 산업가이며 책 수집가인 시어도어 어윈이 작업을 이어받았다. 동일한 장면에 대해 다양한 그림을 확보하려는 별쇄 작업자들의 열정은 이 책에서 분명하게 드러난다. 낙원 추방은 50장 이상의 판화로 장식되어 있다. 이것은 매그니피센트magnificent(훌륭하고 장엄한)의 어원적 의미('크게 만들다')에 걸맞는, 정말이지 매그니피센트한 책이다. 1919년 어윈의 아들로부터 이 거질을 사들인 헌팅턴도서관은 세상에서 가장 큰 이 성경을 가리켜 "음각 목판화의 종교 예술을 집대성한 역사"라고 말했다. 그러나 디브딘의 관점에서 본다면 이 또한 책에 대한 광기에 지나지 않는다. 홀브룩 잭슨은 다음과 같이 그 상황을 설명했다. "토머스 프로그널 디브딘의 유령이 이 불경한 악당들의 영혼을 괴롭히기를. 입수할 수 없는 진귀한 초상화, 존재하지 않는 서명, 존재가 잘 파악되지 않는 판화의 환상을 가지고 그들을 끊임없이 괴롭히기를."

광기, 질병, 광분, 마니아. 그러나 별쇄 작업을 다르게 생각해보는 방법들도 있다. 그중 하나는 세상에서 한 발자국 뒤로 물러나는 것이다. 더이상 정치의 소용돌이도 없고, 러시아에서 벌어지는 가내 금융 스캔들의 폭풍우도 없는 곳으로 물러나 보자. 그리하여 어느 평온한 오후에, 판화를 집어넣을 종이 창문을 칼로 깔끔하게 도려내는 사각거리는 소리를 듣는다. 리처드 불은 1756년에서 1780년까지 콘월주 뉴포트의 부패한 지역구에서 하원의원으로 일했다. 하지만 별쇄 작업에 엄청난 에너지를 소모하는 바람에 의원 생활은 하는 둥 마는 둥 했다.

불은 하원에서 연설을 한 적이 없는 듯하다. 그는 정부에 반대표를 던진 적도 없고 하원, 어퍼브룩 거리와 스트래튼 거리에 있는 런던 저택들, 와이트섬에 있는 별장 등을 별쇄 작업의 근거지로 삼았다. 이 작업은 마음속에서 꿈꾸면서 말로만 하는 막연한 일이 아니라, 실제로 실천되었다. 주로 그의 세 딸이 이 작업을 맡았다. 불의 편지는 새로운 판화와 확대된 제본과 경쟁 수집가들에 대한 질문으로 가득하다. 그중 상당수가 그레인저에게 보낸 것인데 어떤 편지는 하원 의사당에서 쓴 것이었다.

공직에서 은퇴한 후의 소일거리로서 가장 극적인 별쇄의 사례는 알렉산더 메이릭 브로들리(1847~1916)에게서 찾아볼 수 있다. 브로들리는 법률가, 역사가, 언론인이었는데 인도에서 행정관과 변호사로 근무하면서 여러 해를 보냈고 튀니지에서는《타임스》특파원으로 활동했다.

그는 이집트에서 벌어진 실패한 이슬람 봉기의 지도자였던 아라비 파샤를 1880년대에 옹호한 일로 '브로들리 파샤'라는 별명으로 잠시 유명해졌다. 런던으로 돌아온 브로들리의 주된 일은 저명한 사교 모임의 저명한 회원이 되는 것이었다. 동시대인으로부터 "아주 영리한" 사람이라는 평가를 받은 그는 일종의 사회적 해결사 혹은 모든 일의 중심이 되는 사람이었다. 그는 새로운 사람을 만나는 흥분감을 특히 좋아했다. "그는 어떤 사람을 만나든 간에 호감을 이끌어내는 재주가 있었고 어떤 상황에서든 가장 흥미롭고 유익한 사람이었다." 놀랍게도 1888년 10월 5일 만찬장에서 건배를 제안하는 브로들리의 목소리가 담긴 녹음판이 토머스 에디슨 국립역사공원에 소장되어 있다. "여러분, 에드먼드 예이츠 씨와 문학을 위해 건배를 제안합니다! 여러분, 잔을 드십시오! 자, 다들 잔을 높이 들어주세요!"

그러나 브로들리는 난관에 빠져들었다. 동성애자인 그에게는 추문이 사정없이 따라다녔다. 동성애 혐의로 체포 영장이 떨어지자 브로들리는 1872년 인도에서 도망쳤다. 그리고 런던으로 다시 돌아온 1889년에 그는 악명 높은 '클리블랜드 거리 사건'에 깊숙이 연루되었다. 경찰이 게이들의 소굴을 덮쳤을 때, 빅토리아 사회의 저명한 인사들이 연루된 기다란 명단이 발견되었다. 그중에는 황태자 시종 무관 아서 서머싯 공, 이스턴 백작 헨리 제임스 피츠로이, 황태자의 맏아들이며 왕위 계승 서열 2위인 앨버트 빅터 왕자 등도 있었다. 이런 사태가 벌어지자 브로들리는 12시간 내에 국외로 떠나라는 조언을 들었다. 그는 처음에는 파리를 여행했고 ('도피했다'라는 말이 더 적절한데, 나중에 에드워드 7세가 되는 황태자가 크게 분노했기 때문이다), 이어 브뤼셀로 갔고, 그다음에는 《시카고 트리뷴》에 따르면 아서 서머싯 공과 함께 튀니지에서 "빈둥거리며 시간을 보냈다."

이런 복잡한 배경 속에서 어느 정도 시간을 보낸 후인 1893년에 브로들리는 은퇴하여 도싯주 브래드폴의 크냅이라는 타워형 저택에서 기존의 사교적 에너지를 별쇄 작업으로 승화했다. 브로들리는 별쇄 작업으로 130종 이상(약 600권)의 책을 만들었고, 별쇄 작업에 대해 알아야 할 사항을 간추린 안내서 《그레인저, 그레인저 작업, 그레인저 작업자》(1903)를 펴냈다. 1903년 7월에 쓴 글에서 그는 지난 3년 동안 30종을 별쇄 작업했고 5종은 작업 중이라고 밝혔다. 그의 가이드북은 별쇄 작업에 필요한 다양한 전문적 서비스도 소개했는데, 자료 수집과 관련해 모티머 거리 53번지 W. V. 대니얼의 카탈로그, 그리크 거리 4번지 J. A. 브레운의 카탈로그, 넌헤드 아댄리 로드 121번지의 M. E. 론 같은 여성들이 수행한 판화 작업("아주 이상적 형태의 여성 작업"), 브리드포트의 W. 프로스트 같은 판화가 등을 추천하며 찬사를 보냈다.

브로들리는 그레인저의 《전기로 보는 영국사》로 별쇄 작업을 하면서 《그레인저 씨에게 보낸 편지들》을 비롯해 자필 서명된 편지, 신문과 잡지 스크랩, 우편엽서, 그레인저의 십레이크 목사관에 대한 단편적 정보,

수채화 원본 등을 집어넣어 원서가 스무 권의 책으로 늘어났다. 그는 이 방대한 책을 제본하고서 표제지에다 저작자 표기로서 'A. M. 브로들리, 1903'이라고 적어넣었고, 그 책의 원저자인 그레인저를 뒤로 밀어냈다. 이 축적된 책들은 브로들리의 별쇄 작업 과정과 노고를 잘 보여준다. 수천 장에 달하는 역사적·지리적 삽화로 분량이 크게 불어난 책은 그 자체의 독특한 대상성objectness을 주장한다. 우리는 시간의 경과를 통해 그것을 볼 수 있다. 복잡한 물리적 조합(자료 수집, 해체, 페이지에 앉히기, 제본 작업)의 결과이자, 사교적 네트워크(동료 수집가들, 끝이 없는 서신 교환)의 복잡성이 만들어낸 점점 더 커지는 대상성이다. 이것을 가리켜 서지적 자기 반영성bibliographical self-reflexivity이라고 할 수 있을 것이다. 거실의 아마추어리즘에 헌신하는 브로들리는 이런 용어를 별로 좋아하지 않았을 테지만, 그가 책 자신이 만들어지는 과정을 되돌아보게 하는 책의 효과, 책의 과거를 의식하게 하는 효과를 창조해낸 것은 분명하다. 그는 생산의 여러 단계에서 받았던 손으로 쓴 영수증을 첨부함으로써 이런 효과를 더욱 키운다. "A. M. 브로들리 씨로부터 그레인저의 《전기로 보는 영국사》에 들어갈 초상화 판화 1230점을 제공하고 페이지 위에 앉혀준 작업의 대가로 81파운드 19실링 7펜스를 수령. 브로들리 씨가 제공한 300점의 초상화도 작업. (…) 그 모든 것을 스무 권의 균일한 책 속에 배열. 1903년 10월 17일 런던 / 월터 V. 대니얼."

이런 생산 과정에 대한 인식은 다수의 자필 편지에 의해서도 생겨난다. 그 편지 중 상당수가 그레인저가 여러 사람과 주고받은 편지 원본이다. 이 편지들은 수집가 그레인저의 흥분된 마음가짐을 잘 전달한다. 그 흥분된 분위기가 어찌나 생생한지 의견 교환, 질문, 비교의 소란스러움

등이 거의 들리는 듯하고 그 열광에 전염될 지경이다. 가령 1774년 11월 18일 골동품 전문가 리처드 고프가 그레인저에게 보낸 편지를 보라. 그 편지는 이렇게 시작한다. "스티플 애슈턴 교회의 판화를 제시해주어서 정말 감사합니다. 그것은 나로서는 아주 새로운 판화입니다. 그 판화 소포를 책판매상 T. 데이비스 씨에게 보내주시면 제가 적절한 때에 받아볼 수 있겠습니다. 내가 그 판화를 요청할 때까지 데이비스 씨가 당분간 그것을 맡아줄 겁니다. 현재는 제가 런던에 집을 소유하고 있지 않아서 말입니다." 또 지칠 줄 모르는 별쇄 제작자이자 형편없는 의원인 리처드 불이 1774년 1월 19일 그레인저에게 보낸 다음의 편지를 보라.

당신이 편지에 동봉한 판화는 내가 말한 해밀턴 후작의 초상화가 맞습니다. 하지만 판화 원판이 너무 닳은 데다 보수를 제대로 하지 않아서 같은 초상화처럼 보이지 않습니다. 나는 그 판화에 설명하는 글을 추가해 기회가 되는 대로 빠른 시일 안에 당신에게 반환하겠습니다.
그가 이제 아버지라는 것을 확신하게 되었으므로 어디에다 그의 초상화를 주문해야 하는지 압니다. 그리고 같은 사람의 또다른 중요한 판화에 대해서 말씀드리겠습니다. 나는 그것을 데번셔에서 만났는데, 그 판화에 대해서는 다음 기회에 자세히 설명하겠습니다.

브로들리의 별쇄본에 수록된 이러한 편지들은 별쇄 작업의 주요 구성 요소가 변화했음을 보여준다. 온통 역사적 인물들의 초상화에만 집중하던 시절은 가버렸다.

별쇄본에다 최대한 많은 자료를 집어넣으려고 애쓰는 브로들리, 샬럿과 알렉산더 같은 별쇄 작업자들은 자료 수집 행위를 멈출 수 없다. 서덜랜드 컬렉션은 "날마다 추가 판화를 받아들이고, 모든 판화가 구매되는 즉시 곧바로 페이지 위에 앉혀진다." 편찬해야 할 판화가 더 많이 있는데 왜 지금 멈추어야 한단 말인가? 서덜랜드 부부의 대형 프로젝트 상당수는 여러 세대에 걸친 수집가들의 노력이 집대성된 것이다. 죽음만이 편찬자로 하여금 별쇄 작업을 멈추게 할 수 있었다. 18세기에 의회 의원을 지낸 앤서니 모리스 스토러는 저명한 수집가였고 현명한 취향을 갖고 있었으며, 아버지의 자메이카 농장을 물려받은 부자였다. 그는 "할 일이 없는 부담감"을 해소하기 위해 별쇄 작업에 시선을 돌리게 되었다. 그는 미사용 판화가 많이 남은, 부분적으로 별쇄 작업이 된 책을 여러 권 남겼다. 그 책들은 중도에서 작업이 중단되었는데 열정이 시들해져서가 아니라, 그 작업이 어떤 개인의 한평생 동안에 완수될 일이 아니었기 때문이다.

'보드 MS 라이브러리 기록(Bod MS Library Records) c.948'이라는 이름으로 보들리도서관에 소장된 문서 컬렉션은 서덜랜드 부부의 《반란과 내전의 역사》와 《그 자신의 시대사》 별쇄본을 도서관에 기증하는 문제와 관련해 양측이 주고받은 장문의 편지들을 한데 모아놓은 것이다. 그 편지는 1837년에 시작되었고 길드퍼드와 옥스퍼드를 왕복했는데 주된 목적은 기증 조건을 확정하려는 것이었다. 편지 속에는 샬럿이 마차를 타는 장면도 있고 킹스암스에 황급히 도착해 "금요일 아침 일찍 옥스퍼드를 떠나야 한다"는 내용도 있다. 기증 조건은 서덜랜드 별쇄본들의 온전함, 명성, 보관 등을 확실히 해두려는 것이었는데, 이런 조항들을 포함하고 있다.

- 이 컬렉션은 언제나 서덜랜드 컬렉션이라는 이름으로 알려져야 한다.
- 이 컬렉션에서 뭔가 빼거나 추가해서는 안 되고, 언제나 다른 컬렉션과는 뚜렷하게 구분되어야 한다.
- 그 내용에 '진정으로 흥미가 있는' 사람들에게 언제나 자유롭게 열람되어야 한다.
- 그녀는 이 컬렉션에 자유롭게 접근할 수 있어야 하며, 원한다면 거기에 판화를 추가할 수 있다.
- 그녀 남편의 초상화가 언제나 컬렉션 옆에 전시되어야 한다.

그러나 이렇게 조건을 정하고서도 샬럿은 그 컬렉션을 선뜻 넘겨주려 하지 않았다. 기증이 임박했다고 하다가 연기되고, 곧 기증하겠다고 하다가 또 연기되었다. 처음 합의한 인도 날짜와 실제 인도 날짜 사이의 21개월 동안, 샬럿은 컬렉션에 700점의 판화를 추가하고 약 200점을 제거했으며 판화들의 순서를 전반적으로 재배열했다. 도서관에 넘긴 뒤에도 샬럿은 자꾸만 찾아와 카탈로그에 사소한 변경을 가했다. 그녀는 1838년 4월 보들리도서관 관장인 벌켈리 밴디널 목사에게 편지를 써서 카탈로그 보충 작업을 계속하고 있다고 알렸다.

나는 끝이 없어 보이는 이 컬렉션 작업이 (…) 뭐랄까, 이제 마침내 종점에 도달했다고 말할 수 있을 듯합니다. 나는 이 책들이 한여름 이전에는 당신의 손에 들어가기를 희망하고 책들의 인도를 가로막을 만한 일은 생기지 않을 것이라고 생각합니다. (…) 6월 중반 이후에는 인도할 수 있습니다.

그리고 1839년 2월 13일에 그녀는 밴디널에게 이런 편지를 보냈다.

마침내 이제 더이상의 지연은 없을 것이라고 적극적으로(인간적으로 말해서) 선언할 수 있게 되어 무한한 만족감을 느낍니다. (…) 나는 그런 종류로는 이 세상의 것들 중에서 가장 완벽한 것을 만들어냈습니다. 내가 보거나 들은 범위 내에서 이것이 실제로 완결을 본 유일한 컬렉션입니다. 다른 것들은 대체로 말해서 두스 씨의 것처럼 작업을 하다가 중단되었습니다. 자랑할 만한 일인지는 모르겠으나, 나는 지금까지 해온 일을 최종적으로 배열하고 완결하기 위해 자료 수집을 포기하는 용기를 발휘한 (…) 유일한 수집가라고 자부합니다.

여기서 두스 씨는 영국박물관의 필사본 담당자인 프랜시스 두스를 가리키는데, 그는 역사상 가장 훌륭한 사직서 중 하나를 집필한 사람이기도 하다. 1811년에 작성된 이 사직서는 그가 영국박물관을 떠나야 하는 열세 가지 이유를 적은 문서다(아홉 번째 이유: "박물관의 직원들과 사교 행위를 하기가 어렵다. 그들의 습관은 아주 남다르고 그들의 매너는 결코 우호적이지 않고 때로는 혐오스럽다"). 샬럿의 편지는 그녀가 보여주는 자신감("자부합니다") 때문에 중요하다. 수십 년 동안 해온 작업을 스스로 그만두기로 한 것이므로 자랑할 만하다. 그러나 겸손과 무지를 표명하는 그녀의 잘 알려진 말을 문자 그대로 받아들여서는 안 된다. 샬럿은 자신이 중요한 일을 했다는 것을 알고 있다. "나는 그런 종류로는 이 세상의 것들 중에서 가장 완벽한 것을 만들어냈습니다." 또 그녀의 업적이 어느 정도의 중요성을 갖고 있는지도 인식했다. 그러나 샬럿 자신의 말을 따르면 작업을 끝내는 것은 "포기하는" 것이었다. 컬렉션 인도 날짜를 약속해놓고서 자꾸만 미루는 것을 멈추고 용기를 내 내려놓아야 했다. "더이상의 지연은 없을 것이라고 적극적으로(인간적으로 말해서) 선언할 수 있게 되어 무한한 만족감을 느낍니다." 이 문장은 더 많은 자료를 추가하려는 충동이 얼마나 손가락을 떨리게 하는 강력한 것인지를 보여준다. 이것은 도서관 사서에게는 악몽이다. 내려놓지 못하는 기증자 말이다.

이것은 샬럿의 심리만 그런 것이 아님을 보여준다. 별쇄 작업은 그 나름의 축적 논리를 가지고 있다. 그것은 계속 축적되면서 책의 경계를 돌파하려 하고 심지어 책이 다시 제본된 이후에도 더 추가하려는 경향을 보인다. 《그레인저, 그레인저 작업, 그레인저 작업자》에서 브로들리는 각 책 안에다 '보호 구역'을 설치할 것을 조언했다. 이것은 일종의 카드 보관소로, 장래에 추가로 생길지도 모르는 판화를 수납하기 위한 예비 공간이었다. 책의 내용을 확장하면서도 부풀어오르는 것을 방지하려는 한 방편이었다.

별쇄본 책자들의 유산은 많지만, 아주 강력하고 혼란스러운 효과를 내는 현대 예술가 애덤 브룸버그와 올리버 차나린의 작품을 소개하면서 이 장을 끝내고자 한다. 브룸버그와 차나린의 《성경》(2013)은 예술가 책의 한 사례다. 예술가 책은 책이라는 구조 안에서 펼쳐지는 예술 작업이다. 그 책들은 책의 물리적 형태를 취하면서도 여러 가지 방식으로 그것에 압박을 가해 도전하고, 그것을 붕괴시킨다. 예술가 책들은 자기반영적이다. 가령 페이퍼백 소설은 그 매개의 방식은 감추면서 텍스트를 잘 전달하는

애덤 브룸버그와 올리버 차나린의 《성경》(2013) 86~87쪽.

것이 목적이지만, 예술가 책은 우리가 가진 책의 고정관념, 우리가 책을 읽고 펼쳐나가는 방식에 의문을 제기한다.

브룸버그와 차나린이 직접 밝히진 않았지만, 그들의 《성경》은 실상 별쇄 작업본의 전통에 현대적 방식으로 응답하는 책이다. 의식했든 아니든 키토 성경 같은 별쇄본들의 직접적인 후예인 셈이다. 브룸버그와 차나린의 작업은 처음에는 "영국 왕의 특별한 명령에 의해 영국 내 모든 교회에서 낭독되어야 하는 것으로 지정"된 킹 제임스 흠정판 성경인 것처럼 보인다. 이들의 《성경》 책등 제목은 황금색으로 돋을새김되었고, 내지 종이는 귈련을 싼 종이처럼 아주 얇으며, 붉은색 실크 가름끈이 붙어 있다. 그러나 그 내부는 일반적이지 않다. 페이지마다 사진이 텍스트 위에 인쇄되어 마치 페이지에 따로 붙인 듯하다. 18세기와 19세기의 별쇄본이 그러하듯이, 이런 이미지 추가는 원래의 저자, 인쇄소, 발행처에서 한 것이 아니라 후대의 독자-사용자가 한 것이다. 별쇄 작업자의 손에 들어온 책은 증보를 위한 기본 바탕으로 인식되었다. 브룸버그와 차나린의 《성경》 각 페이지에는 사진마다 대응하는 구절에 붉은색 밑줄이 그어져 있다. 앞쪽에 제시된 내지 이미지에서는 오른쪽 페이지 가운데에 있는 "그리고 너희 자녀는 황야에서 방황하게 되리라"라는 문장이 왼쪽 페이지에 있는 사막을 가로질러 달려가는 군인들의 사진과 대응한다. 밑줄이 그어진 구절과 그 옆에 배치된 사진의 관계가 늘 분명하지는 않다. 어떤 부분은 초현실적이거나 심지어 웃기기도 한데, 대개 기묘한 느낌을 자아낸다. 사진들은 전반적으로 성경에 포함된 다양한 종류의 폭력과 고통을 드러낸다. 서덜랜드 부부의 별쇄본에서 원서 텍스트 페이지의 이름들(버킹엄 공작 조지 빌리어스나 덴마크의 앤 왕비 같은)이 관련한 초상화를 끌어들여 주위에 자리하게 하는 촉매제였다면, 브룸버그와 차나린의 《성경》에서는 긴급성을 지닌 구절("그리고 주님이 구름으로 내려오셔서 그에게 말했고 그에게 붙은 혼령을 떼어내셨다")이 그 역할을 한다. 비록 《성경》에서 사진에 가린 텍스트는 읽을 수 없지만, 사진과 대응하는 구절만은 늘 명확하고 가독성이 높다. 서덜랜드 부부의 별쇄본에서 이름과 초상화의 관계가 그러했듯이 말이다.

데본의 시골 목사관에서 철저한 위계질서의 관점에서 역사적 인물들의 전기를 집필한 제임스 그레인저, 그리고 책을 해체해 별쇄 작업을 하는 내내 그 별쇄본의 정당한 유산을 어떻게 하면 오래 지속시킬 수 있을지를 깊이 궁리한 샬럿 서덜랜드. 이들이 이러한 현대적 별쇄 작업물을 본다면, 괴상해하면서도 꽤나 친숙해할 것이다.

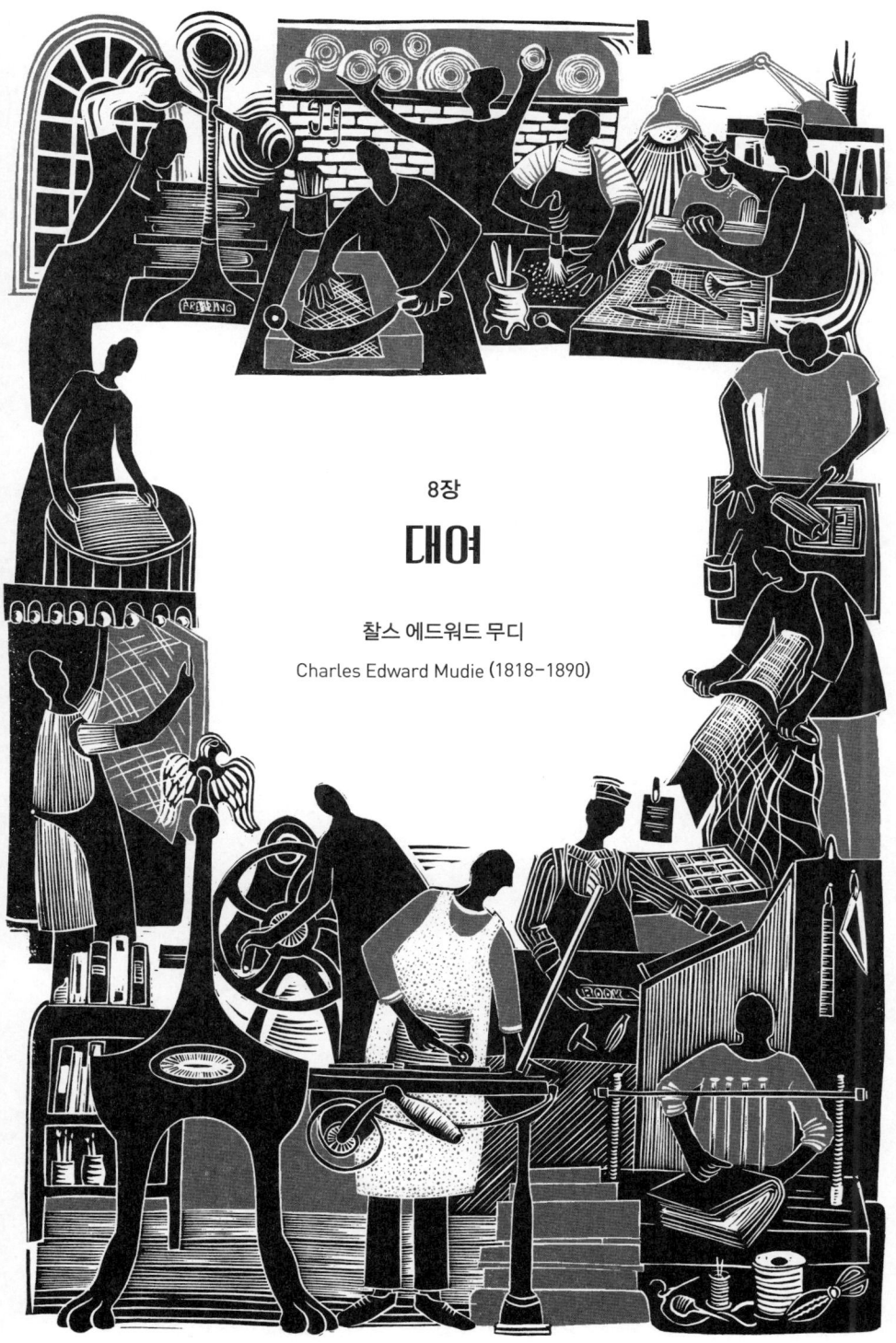

8장

대여

찰스 에드워드 무디

Charles Edward Mudie (1818–1890)

도서관이 모든 책을 소장하고 있다고 선언되었을 때, 그에 대한 첫 반응은 무한한 기쁨이었다.

— 호르헤 루이스 보르헤스, 〈바벨의 도서관〉(1941)

이 장을 파티 이야기로 시작해보자.

1860년 12월 17일 월요일, 당시 런던에서 가장 널리 회자되던 사건은 세인트제임스 거리의 배타적 신사 클럽이나 궁정의 촛불 켜진 리셉션룸이 아니라, 한 도서관에서 개최되었다. 그 장소는 뉴옥스퍼드 거리 30-34번지였고, 행사 목적은 무디도서관의 새 그랜드홀 개장을 축하하려는 것이었다. 《일러스트레이티드 런던 뉴스》에 따르면 42세의 찰스 에드워드 무디와 그의 아내 메리는 "친분이 있는 다수의 문학인과 예술가를 영접했다." 그들 중에는 "존경받는 투크 씨, 커밍 목사, M. 매클린톡 경" 등이 있었다. "문학계, 과학계, 예술계 등 모든 계층을 대표하는 사람들"이 참석했는데, 모두 책과 관련된 사람들이었다. 그것은 일반적인 북적거림 이상의 의미를 갖고 있었다. 뭔가 새로운 일이 벌어지고 있다는 느낌이 그랜드홀에 가득했다. 손으로 쓴 '초대를 받아들인 사람들의 명단'과 많은 관련 무디 문서들이 일리노이대학 어바나-샴페인의 희귀본·필사본 도서관에 소장되어 오늘날까지 전한다. 손님 명단은 그날의

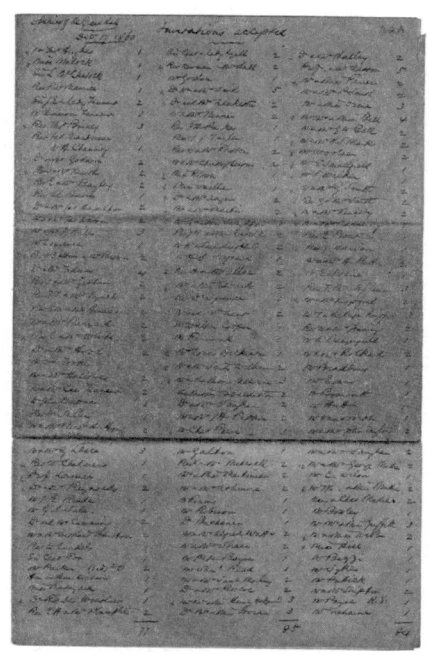

그랜드홀 낙성식 손님 명단, 1860년 12월 17일.

홍분과 세심한 준비의 느낌을 잘 전달한다. 위에 제시한 이미지는 석 장짜리 명단의 첫 장이다.

손님은 모두 530명이었다. 일부 이름은 금방 알아볼 수 있다. 디킨스 소설의 삽화가 조지 크룩섕크, 철학자·비평가이자 조지 엘리엇의 파트너였던 조지 헨리 루이스, 시인이자 사회 개혁가인 리처드 몽크턴 밀른스, 출판인 찰스 나이트. 그날 저녁의 행사를 "무디의 대도약"이라고 평했던 소설가 앤서니 트롤로프도 있다. 새로 지어진 신고전주의풍 라운드홀은 14미터 높이에 이오니아풍의 흰 기둥, 치장 벽토 장식, 갤러리 등을 갖추었다. 건축가 윌리엄 트리헌이 전체를 설계했는데 그랜드홀에서

무디도서관의 새 그랜드홀,《일러스트레이티드 런던 뉴스》.

5분만 걸어가면 나오는 돔 구조의 영국박물관 독서실을 본따서 이 새로운 건물이 그런 거창한 제도의 역사를 닮겠다는 뜻을 담았다. 벽감에는 여러 인물 조각상이 세워졌는데 올리버 크롬웰(국교에 반대하는 무디의 자연스러운 선택), 탱크리드와 클로린다(탱크리드는 기독교 십자군인데 사라센 군대의 여전사인 클로린다를 사랑하면서도 맞서서 싸운다) 등이 있었고, 토머스 울너가 작업한 앨프리드 테니슨 경 조각상은 개장 몇 시간 전에 완성되었다. 가수들의 목소리가 떠들썩한 사람들의 머리 위로 솟구쳤다.《일러스트레이티드 런던 뉴스》의 관련 기사 옆에 실린 삽화에는, 턱수염을 기른 대머리 신사 무디가 행사장 한가운데에 서 있는 모습이 보인다. 하얀 드레스를 입은 젊은 여성들과, 모두 똑같아 보이는 빅토리아 시대의 나

8장 대여 299

이든 신사들 사이에 서 있는 무디는 엄청난 정력으로 응축된 검은 잉크의 점처럼 묘사되어 있다. 그로부터 60년 뒤인 1920년대에 윈덤 루이스는 여전히 운영되고 있던 무디도서관에 대해 이렇게 말했다. "무디도서관은 구운 쇠고기처럼 단단하다. 런던에서 양고기 모양의 구레나룻, 로네트〔긴 손잡이가 달린 구식 안경〕, 빅토리아 후기 시대의 높은 남성용 모자, 토크〔테가 없는 원통형의 낮은 여성 모자〕 등을 발견할 수 있는 유일한 곳이다." 이 1860년의 삽화에서는 그런 시간 속에 동결된 빅토리아풍이 분명하게 드러난다.

야망, 선도, 전망, 계획. 오늘날 뉴옥스퍼드 거리 30-34번지는 사업 기회를 찾고 있는 텅 빈 건물이 되었고 윌리엄 트리헌을 아는 사람은 아무도 없지만, 1860년의 12월 어느 저녁에 이곳은 도서 문화에서 벌어지고 있는 조용한 혁명의 중심지였다. 아니, 어쩌면 그렇게 조용하지 않았는지도 모른다. 한 언론인은 그 상황을 이렇게 보았다.

도서 유통업은 전면적으로 혁명적인 구조를 갖게 되었다. 가장 중요한 측면에서 우리는 광범위한 사회적 변화를 겪었다. 지난 개혁법[1832] 이래에, 한 권의 책이 발간되던 곳에서 열 권이 발간되었고 열 명의 독자가 있던 곳에서 100명의 독자가 생겨났다. 고독과 침체뿐이던 오래된 지방 도서관에 무디의 책은 새로운 생기를 불어넣었고 저 멀리 떨어진 지방 오지에서도 런던의 문학적 파도의 밀물과 썰물을 느낄 수 있게 되었다.

이 장에서는 19세기에 무디라는 사람이 운영했던 유료 대여 도서관을 다룰 것이다. 그 도서관은 하나의 제도가 되었고 아주 저렴한 정기구독료를 받고서 새로운 종류의 독자들에게 책을 빌려주었다. 무디의 책은 런던, 영국 전역, 그리고 해외의 영국 식민지에까지 널리 퍼져나갔다. 무디도서관은 그들이 소유한 도서의 범위 측면에서 보자면 독서에 일대 혁명을 일으켰다. 도서 대여업에 전문적 안목을 부여했고, 독서층의 범위를 확장했으며, 영국의 모든 지역으로 도서 대여의 촉수를 뻗쳐나갔다.

영국 전역에 걸쳐 책, 독서, 글쓰기에 대한 태도를 획기적으로 바꾼 무디는 그런 만큼 아주 치열하고 맹렬한 논쟁거리가 되었고 그 내용은 당대 신문에 자세히 보도되었다. 우리는 도서관 사서(그것도 사업가적 사서)가 어떤 비난을 촉발한다든지 큰 문화적 영향력을 행사하리라고 기대하지 않는다. 그러나 무디는 달랐다. 후대에 전하는 편지들을 읽으면 이것을 뚜렷이 볼 수 있다. 무디는 윌키 콜린스, 플로렌스 나이팅게일, 로버트 브라우닝, 앨프리드 테니슨, 해리엇 비처 스토, 토머스 칼라일, 찰스 다윈, 존 러스킨, 찰스 디킨스 등 저명한 당대 인사들과 서신 교환을 했다. 이 편지들은 그가 문화계의 중심 인사였음을 보여준다. 아마존 창업자 제프 베이조스 이전에 무디처럼 혼자 힘으로 독서 문화를 온전하게 형성한 개인은 없었다. 만약 당신이 그를 못마땅해한다면, 가령《리터러리 가제트》의 편집자들처럼 "이러한 현상은 책 세계의 이해관계에 가장 해로운 것이다"라고 생각한다면, 무디는 "뉴옥스퍼드 거리의 카토"가 된다. 카토는 보수적인 로마 원로원 의원이었고 서기전 2세기에 감찰관으로 활동하면서 자신의 도덕관에 맞추어 문학계를 좌우지했던 인물이다. 비판가들의 말에 따르면 무디는 발간된 책을 검열했고, 출판인들을 통제했으며, 문학적 창조성을 위축시켰다. 조지 버나드 쇼는 이렇게 말했다. "런던에서 가장 위험한 술집은 옥스퍼드 거리에 있는데 그 집 주인은 무디라는 신사다." 만약 당신이 무디를 좋아하는 사람이라면(많은 사람이 그랬다), 무디는 수십만 명에 달하는 새로운 독자에게 저렴하게 책을 읽을 기회를 열어준 인물이었다. 그중에는 여성이 많았고, 런던에서 멀리 떨어진 곳이나 심지어 영국 밖의 해외에서 살고 있었다. 무디가 없었더라면 그들은 책을 그리 쉽게 읽지 못했을 것이다. 무디는 영국의 도서 문화를 전 세계에 전파했다. 그는 당시의 주도적 문학 형태인 세 권짜리 두꺼운 장편소설의 발전을 적극적으로 후원했다. 그리하여 앤서니 트롤로프, 토머스 하디, 조지 엘리엇 등의 소설가들이 그 혜택을 보았다. 그를 좋아하든 싫어하든 문학계에 대한 무디의 문화적 영향력은 부인할 수 없는 것이었다. 《리터러리 가제트》는 새로운 홀이 개장되기 두 달 전에 그의 독보적 영향력에 대해 이렇게 개탄했다. "한구석에서 전염병이 시작되었다. 한구석에서 대화재가 시작되었다. 무디 씨도 한구석에서 시작했다. 전염병이나 대화재처럼 무디 씨도 계속 퍼져나가고 있다."

그것은 작게 시작했다. 《리터러리 가제트》의 편집자는 1860년 9월 29일에 이렇게 썼다. "과거를 잘 기억하는 사람들은 무디 씨의 작은 가게가 홀번에서 시작되었다는 것을 알 것이다." 무디는 1818년 첼시의 체인워크에서 토머스 무디의 막내아들로 태어났다. 아버지는 스코틀랜드 출신의 책판매상이자 신문 배포 대행인이었다. 그는 아버지 가게에서 한동안 일하다가 어퍼킹 거리 28번지(오늘날의 사우샘프턴 로)에 자기 가게를 열고서 신문과 문방구를 팔았다. 가게는 그럭저럭 잘되었으나(사람들은《아틀라스》(세계지도),《모닝 크로니클》같은 신문, 혹은《위클리 메일》같은 잡지를 샀다) 무디는 곧 책을 빌려주는 사업이 훨씬 더 잠재적 수익이 높다는 것을 알게 되었다. 그는 미국의 초월주의자들이 써낸 진보적이고 심지어 과격한 책을 갖다 놓기 시작했고, 곧 그의 가게에는 인근의 유니버시티 칼리지 런던에 다니는 학생들이 많이 찾아오게 되었다. "그 비좁은 빈민가에 있는 작은 가게는 거대한 독점주의자가 탄생하는 시발점이었다." 1842년에 이르러 도서 대여업은 그의 주된 사업이 되었다.

무디의 대여 방법은 아주 간단했다. 연간 1기니(오늘날의 가치로 60파운드[약 10만 원])의 구독료만 내면 '도시'의 정기구독자는 소설이든 비소설이든 무제한 빌려 볼 수 있었다(단, 하루에 한 권으로 제한). 가게에 직접 오지 못하고 기차로 배송해주어야 하는 '지방'의 구독자에게는 구독료로 2기니를 받았다. 이런 구독료는 다른 대여 도서관에 비해 대단히 저렴한 것이었다. 불스도서관은 연간 6기니를 받았고 다른 도서관도 대개 5기니에서 10기니를 받았다. 무디의 연간 정기구독료는 당시의 세 권짜리 장편소설 한 편보다도 저렴했다. 무디의 이윤은 아주 박할 수밖에 없었고, 비록 그가 사업 시작 초기부터 '엄선한 책'을 내세웠음에도 불구하고, 그는 박리다매의 관점을 생각하지 않을 수 없었다.

1852년에 이르러 그는 2만 5천 명 이상의 구독자를 확보했고, 따라서 새로운 건물이 필요했다. 그는 뉴옥스퍼드 거리 510번지로 이사했다. 배달료가 무료인 무디도서관의 책 수레 소리는 이 도서 거리에서 일상적으로 울려퍼지는 소리가 되었다.

거기에는 무디도서관이 있었고, 영국박물관[1759년에 일반에 공개]이 있었고, 홀번 혹은 옥스퍼드 거리의 보행로에는 안경 쓴 애서가들을 즐겁게 하는 책방이 거의 나란히 줄지어 있었다. (…) 무디도서관에 들르는 런던 사람은 제일 먼저 최신간을 찾았다. 무디 씨도 독자에게 가능한 한 빠르게 신간 서적을 제공하려 했다. 영국박물관의 열람권을 갖고 있으면서 무디도서관 정기구독도 하고 있는 사람이라면 최상의 인간적 쾌락을 맛볼 것이다. 그는 과거에 속한 사람인가 하면 현재에 속한 사람이다.

무디는 경쟁 업체들이 엄두도 낼 수 없는 규모로 신문과 정기 간행물에 광고를 시작했다. 런던의 주요 지역인 리젠트 거리 281번지와 칩사이드킹 거리 2번지에 지점을 설치하고, 맨체스터의 크로스 거리와 버밍엄의 뉴스트리트에 지역 사무소를 설치했다. 지방 연락 사무소는 전국의 나머지 지역을 상대했고, 나아가 더 넓은 세상과 거래를 했다. 그 시점 이후에 무디 회사의 문화적 영향력을 정확하게 측정하는 건 어렵게 되었다.

그 영향력을 어떻게 수량화할 수 있을까? 여기에 무디가 1855년 주문한 토머스 매콜리의 《영국사》 제3권과 제4권 2500부가 있다. 그 무게는 총 8톤이다. 이 정도면 충분하지 않은가? 무디가 1871년까지 사들였다고 주장하는 책은 100만 권에 달한다. 뉴옥스퍼드 거리를 찾아간 한 방문객은 경악하면서 말했다. "그 유명한 보들리도서관도 무색하고 바티칸도서관 또한 왜소해 보입니다." 1890년에 이르러 무디도서관은 750만 권을 보유했다. 매달 발송하는 편지는 8천 통, 영국 국내 및 국외 소포는 3천 건이었고, 회람은 2만 5천 건이었다. 그리고 매일 1천 건의 편지와 엽서를 받았다.

이처럼 엄청난 숫자이다 보니 더 큰 건물이 필요했다. "구독료가 매일 몇천 단위로 들어왔다. 무디 씨는 더 큰 공간을 원했다. 그는 이웃집을 사 들여서 허물고 그 부지를 흡수했다." 무디의 영향력을 측정하려면 홀의 돔 천장을 쳐다보는 것이 아니라, 대출된 많은 책이 하루종일 전국 각지로 이동하는 모습을 상상하는 게 더 낫다. 작가 제임스 헤인 프리스웰은 1871년에 이렇게 썼다. "수천 권이 철도 화물처럼 단단하게 만들어진 상자 속에 담겨 전국을 돌아다니고 있다."

무디의 책은 국외로도 나갔다. 10~100권씩 주석 상자에 담겨 철도 혹은 해로로 이집트, 러시아, 독일, 남아프리카, 중국, 인도, 몸바사(케냐), 잔지바르, 오스트레일리아, 폴리네시아 등으로 배송되었다. 대부분 영국 제국의 일부였다. 무디도서관은 식민지 프로젝트의 강력한 상징이 되었고, 무디의 책은 독자에게 직접 전달되거나 현지 독서 클럽 등을 통해 간접적으로 전달되었다. 무디는 주석 상자에 영국 정신을 담아 배달했다. 19세기 후반에 이르러 무디는 매주 약 1천 개의 책 상자를 발송했다. 노란 레이블과 페가수스 로고가 찍힌 책이 전 세계로 퍼져나갔다. 군인들, 그리고 옥스퍼드대학 및 케임브리지대학 출신 행정가들과 함께, 책이라는 부드러운 힘이 해외로 진출해 다른 나라들을 제압했다. 무디는 배가 난파되어 가라앉은 주석 상자를 건져 열어보니 책이 전혀 젖지 않은 채 여전히 그의 독자들을 기다리고 있더라는 이야기를 수없이 자랑하곤 했다.

무디의 대여 도서관은 하나의 정치적 거물이었다. 영국의 문화적 힘을 전파하는 중심적 역할을 했을 뿐만 아니라 '일반 독자'라는 개념을 만들어냈다는 점에서도 정치적이었다. 이 일반 독자들은 고전 작품이 아니라 동시대의 모든 사람에게 호소하는 영문학 책을 읽었다. 피터 캐츠가 지적하듯이, 무디의 등장은 시기적으로 학문적 분야로서의 영문학이 등장하던 때와 일치한다. 옥스퍼드와 케임브리지는 이런 새로운 학문 분야에 대해 느리게 대응하면서 별로 관심을 보이지 않았다. 두 대학은 각각 1894년과 1919년에 영문학 학위를 설치했다. 그러나 영문학은 무디의 청년 시절에 런던의 칼리지들에서 이미 정식 학문으로 시작되었다. 1826년에 런던대학으로 시작된 유니버시티칼리지 런던(UCL)은 국교 반대파와 공리주의자들이 힘을 합쳐 설립한 대학이었다. UCL은 종교와 상관없이 신입생을 받아 옥스퍼드와 케임브리지의 성공회 세계에 맞서는 하나의 대안을 제시했고, '가우어 거리의 무신론 교육기관'이라는 별명이 붙었다. 이곳은 또한 1828년에 영국 최초로 영문학과를 설립한 영국 대학이기도 했다. A. J. 스콧은 1848년에 UCL의 영문학 교수로 부임하면서 취임 연설을 했다. 그가 지향하는 대학 교육의 목표는 우리 시대의 그것과는 놀라울 정도로 다르다("학생의 공부 과목은 성인의 의무사항을 실천하기 위한 준비 작업으로 선택되어야 한다"). 스콧은 학과목으로서의 영문학에 반대하는 사람들의 입장을 다루었는데, 그런 입장은 오늘날까지도 일부 회의론자들에게 수용되고 있다. 모국어로 글을 쓰는 것은 너무 쉬운 일이라 학문의 대상이 될 수 없다는 것이었다. 무디도 비슷한 비난을 받았다. 그의 도서관은 천박한 대중주의에 영합하고 있으며, 그의 책과 독자는 깊이가 결여되어 있다는 것이었다. 스콧은 취임 연설에서 이렇게 강조했다. 바로 이런 상대적 친밀함 때문에 영문학은 학생들에게 인문주의의 영향력을 행사한다. 그리스어와 라틴어 저자들을 연구하는 것은 더 깊고 정밀한 지식을 요구하기는 하지만 언어 자체를 공부해야 하기 때문에 인문주의의 영향은 덜할 수밖에 없다. "소포클레스보다 셰익스피어가 더 이해하기 쉽다는 얘기가 아니다. 영국인이라면 소포클레스보다 셰익스피어를 더 온전하고 깊이 있게 이해하기 쉽다는 것이다. 그러므로 그런 지식을 얻기를 권한다."

스콧은 문학 연구가 학문적 연구와 더 넓은 세계 사이를 잇는 가교 역할을 한다고 주장했다. "과학이나 고대 언어의 연구와는 대조적으로, [영문학은] 말하자면 대학의 변경에 위치해 있다. 그것은 대학을 세상과 연결하고, 양자 사이에 길을 마련한다." 그가 〈구어 문학의 학문적 연구〉라는 논문(취임 연설을 논문으로 만든 것)에서 그런 주장을 펴는 동안에, 수천 명에 달하는 신규 정기구독자가 무디도서관에 홍수처럼 밀려들어 영문학 신간을 빌려갔다. UCL 학생과 무디도서관의 정기구독자는 공통 사업의 일부였고 소위 '문학적 대중'을 만들어냈다. 영어로 된 책을 비엘리트가 빌리고, 읽고, 연구하는 제도적 문화가 생겨난 것이다. 1925년에 버지니아 울프는 '일반 독자'를 묘사하는 글을 발표했다. 비엘리트 독학자이고, 그리스어를 모르는 개인이고, 개인 서재를 갖고 있지 않으며, "바쁘고 부정확하고 피상적이며 여기서 시 한 편, 저기서 낡은 가구 한 점을 집어드는" 사람이고, 여러모로 비평가나 학자의 수준에 미치지 못한다. 그렇지만 일반 독자는 영어 책을 꾸준히 읽어나간다. 문학적 구어라는 더 넓은 문화의 한가운데에 위치한 무디도서관은 이런 유형의 독자들에게 조용한 영웅주의를 발휘하도록 격려하는 중요한 촉매제였다.

문을 열고 무디도서관 안으로 들어가는 느낌은 어떤 것이었을까? 그 내부는 어땠을까? 우리는 《런던 소사이어티》 같은 간행물에 실린 기사에서 그 느낌을 어느 정도 파악할 수 있다. 이 잡지의 부제는 '휴식 시간에 펼쳐볼 가벼운 오락성 읽을거리'다. 무디의 사업이 전성기에 있을 때 집필된 글이다. "무디도서관에 가는 것은 일종의 관습이다. 그곳은 늘 북적인다. 아침 일찍 가도 많은 사람들이 카운터 옆의 계단에서 내려오고 있다. 그들은 둥근 홀의 반원형 카운터에서 책을 교환한다." 독자들은 서가를 살펴보지는 못하고 카탈로그를 보고 주문해야 한다. 그러면 종업원들(한 기사는 그들을 가리켜 "아래층의 동작이 유연한 젊은이들"이라고 했다)이 2층 벽을 가득 메운 책장에서 필요한 책을 뽑아 가져다준다.

도서관 공간은 현대적 분위기를 풍긴다. 기중기, 철제 계단, 통신 튜브를 통해 의사소통을 하는 종업원들. "책이 가득 실린" 가벼운 수레가 이 방에서 저 방으로 쉴 새 없이 움직인다. 전반적인 분위기는 바쁜 가운데서도 효율적으로 일이 돌아간다는 것이다.

뉴옥스퍼드 거리의 공간 배열은 아주 훌륭하고 종업원들은 아주 민첩하게 움직인다. 그래서 소심하고 우유부단한 사람을 제외하고는 독자가 오래 기다리는 법이 없다. 결정을 쉽게 내리지 못하는 사람은 목록을 준비하지 않았고 그래서 불확실하고 혼란스러운 한심한 심리 상태에 있곤 한다. 그는 으레 우왕좌왕하다가 근처에 있는 의자에 풀썩 주저앉는다.

이처럼 피곤해 의자에 주저앉아 있는 사람들 옆으로 "들어오고 나가는 사람들의 꾸준한 흐름"이 계속된다. 외무부에서 근무하는 서기와 "상큼하고 행복해 보이는" 소녀들도 있다. "가벼운 즐거움을 추구하는 자"와 "의자에 앉아서 카탈로그를 꼼꼼히 살펴보는 책벌레"도 있었다. 서류 가방을 들고 오지 않은 법률가는 "리뷰를 쓰는 데 몰두해 있다." 곧 떠날 파리 여행을 위해 여행 책자를 뒤지는 독자들도 있다. "재빠르게 움직이는 젊은이는 (…) 무디의 작은 도움이 없으면 사회에서 제대로 활동할 수 없다는 것을 알고 있다." 그리고 책을 써낸 저자도 있다. "백면서생처럼 생긴 그는 어떤 제목을 말하면서 그 책을 찾는 사람이 얼마나 되느냐고 묻는다." 또 조지 엘리엇의 《펠릭스 홀트》 2천 부가 방금 도착해 "서가 가득히 쌓아올려진다."

책꽂이에는 색깔이 들어간 리본이 걸려 있다. 한 책꽂이에는 최근에 도착한 장편소설 100부를 표시하는 밝은 주홍색 리본이 걸려 있고, 다른 책꽂이에는 심홍색 그리고 또다른 책꽂이에는 "내용이 무거운 작품"임을 표시하는 검은색 리본이 걸려 있다. 아침만큼 카운터가 복잡한 시간은 "오후 5시와 6시 사이"다. 구경꾼은 주위를 둘러보면 단단한 책 더미가 안 어울리는 곳들에 층을 이루며 쌓여 있는 것을 볼 수 있다. 건물 공사 현장에 벽돌이 켜켜이 쌓여 있는 것처럼 말이다. 무디도서관 밖에서는 "마차들이 뮤지엄 거리와 뉴옥스퍼드 거리를 가득 채울 정도로 도열해 있다." 머리 분을 뿌린 하인들이 책 소포를 부지런히 이곳저곳으로 나르고 있다. 전반적인 분위기는 무디도서관이 날마다 매 시간 점점 더 커져서 런던 시내로 흘러넘치는 듯한 느낌이다.

이런 소란스러움과 사무적 분위기 덕분에 무디의 독자들은 종종 무식하다, 저급하다, 유행만 밝힌다는 조롱을 받았다. 《일러스트레이티드 런던 뉴스》의 익명 기고자 J. D.는 "무디가 내놓는 주간 도서 목록에 만족하는 독자의 엄청난 무식함"을 탄식한다. 무디 독자는 "위다(많은 대중적 소설을 쓴 마리아 루이즈 라메의 필명이다)의 최신 소설은 읽었을 테지만, 월터 스콧의 《웨이벌리》 연작 소설의 주요 등장인물 이름은 모를 것이고, 새뮤얼 콜리지의 《노수부의 노래》 또한 읽지 않았을 것이다." 이런 엄청난 무식함을 "상상"이나 할 수 있겠는가?

그러나 또다른 사람들은 넓은 문을 가진 도서관을 좀더 긍정적인 관점에서 바라보았다. 소설가 앤드루 윈터는 1863년에 이렇게 썼다. "만약 화가들이 이곳의 기다란 카운터에 늘어선 사람들의 즐거워하는 얼굴을 그대로 그린다면, 그는 진귀한 지성의 전당을 그린 작품을 내놓게 될 것이다." 무디보다 반세기 전인 1797년에 발간된, 도서관 소유주를 위한 운영 안내서는 이런 상황에 대해 나름 언급하고 있다. 당시는 무디 때와 비교하면 가격 구조도 다르지만, 여러 계층의 사람들을 포용하려는 목적의식은 동일했고 그런 것을 대여 도서관의 미덕으로 여겼다. 그 안내서가 주장한 바와 같이 이런 '학문의 보고寶庫'에서는 모든 계층의 사람들이 책을 빌리고, 읽고, 성장할 수 있는 것이다.

여유가 있다면 1년 단위로 구독을 할 수 있고 구독료는 1기니를 넘지 않는다. 많은 경우에 그보다 적은 액수로 가능하다. 중산층이거나 임시 거주지에 살고 있다면 4실링으로 3개월 동안 구독할 수도 있다. 수입은 적지만 여유 시간이 많은 사람은 1개월 구독을 신청할 수도 있다. 이 경우는 18펜스 혹은 2실링 정도다.

무디의 대여 도서관은 도서관의 장구한 역사 속에서 하나의 전형적인 제도인가 하면 하나의 새로운 발상이었다. 최근에 앤드루 페티그리와 아르투르 데어 베두벤이 서술한 바와 같이, 도서관의 이야기는 창조, 전파, 재구성의 순환을 특징으로 한다. 도서관의 장구한 역사에 대해 생각한다는 것은 통상 알렉산드리아로 되돌아가는 것을 의미한다. 물론 도서관의 기원은 아직 알려진 바 없다. 알렉산드리아도서관은 서기전 300년에서 290년 사이에 이집트의 북쪽 해안, 번창하는 항구 근처에 들어섰는데 그 도시는 마케도니아의 알렉산드로스 대왕의 이름을 딴 것이었다. 이 도서관은 뮤즈에게 헌정된 연구기관인 무세이온의 일부였다. 이 도서관과 조금 뒤에 세라피스 신전 근처에 지어진 두 번째 도서관은 파피루스 두루마리 형태의 텍스트를 엄청나게 많이 소장했다. 보관 장소는 앨코브alcove(실내의 우묵하게 들어간 부분으로 서재, 서고, 담화실 또는 침대를 들여놓고 휴게실로 쓴다)라 했고 두루마리는 그리스, 아시리아, 인도, 이집트, 페르시아, 기타 여러 장소에서 가져온 것이었다. 알렉산드리아도서관이 보유했던 두루마리는 대략 50만 건으로 추정되지만 확실하지는 않다. 하지만 이 도서관이 19세기가 될 때까지 그 어떤 도서관도 따라가지 못한 많은 텍스트를 소장했다는 건 거의 확실하다. 알렉산드리아 궁정 신하가 서기전 2세기에 쓴 편지에 따르면, 초대 도서관장이었던 팔레론의 데메트리오스는 "온 세상의 모든 책을 수집할 수 있도록 엄청난 자금을 지원받았다." 불가능하지만 그래도 아주 매혹적인 사명이다. 두루마리는 문학(호메로스, 아이스킬로스, 소포클레스, 에우리피데스 등의 작가), 의학, 지리, 물리학, 수학 등 여러 학문을 망라했다. 이곳은 대중을 위한 도서관이 아니라 소수 학자들을 위한 연구기관이었다. 서기전 3세기와 2세기에 수학자 유클리드와 아르키메데스, 지리학자 스트라본, 서사시인 로도스의 아폴로니오스 등이 여기 와서 연구했다. 그들은 열람실과 강의실에서 일하는 틈틈이 정원과 동물원을 산책했고 둥근 돔의 식당에서 함께 식사를 했다. 시인이자 학자인 칼리마코스(서기전 310~240)는 이곳에서 《피나케스》를 편찬했다. 이 책은 최초로 도서관에서 작성한 저자 및 저서의 카탈로그로, 정보의 역사에서 중요한 문서다. 그러나 도서관과 관련한 거의 모든 것이 그러하듯이 이 책은 현재 전하지 않는다.

알렉산드리아도서관이 파괴된 이유는 불분명하다. 전통적으로 전해오는 이야기는 두 가지다. 하나는 율리우스 카이사르가 서기전 48년에 정적 폼페이우스와 내전을 벌이던 기간에 우연히 발생한 대화재로 소실되었다는 것이다. 또 하나는 7세기에 칼리프 우마르가 이끈 무슬림 정복자들에 의해 무자비하게 파괴되었다는 것이다. 그러나 실상은 로마 시대에 들어와 여러 세기에 걸쳐서 서서히 쇠퇴했을 가능성이 더 높다. 파피루스 두루마리에 습기가 서서히 스며들어 부식되다가 서기 260년경에 이르면 저절로 소멸했을 것이다. 보들리도서관 관장인 리처드 오벤든은 이렇게 썼다. 알렉산드리아도서관의 쇠락은 "지식을 보존하고 공유하는 기관을 금전적으로 지원하지 않고 후순위로 돌리며 전반적으로 경시하는 데 따른 점진적인 몰락의 위험성에 관한 교훈적인 이야기다." 아닌 게 아니라 자극적이고 무자비한 파괴의 이야기는 사실 더욱 황량한 진실을 감추는 신화다. 위대한 문화유산을 간직한 대규모 기관일지라도 신경써서 보호하지 않으면 곧 사라져버린다는 진실 말이다. 후대를 위한 도서관의 중요성은 일종의 이중 상징으로 작용한다. 첫째는 보편성에 도달할 정도로 학문을 광범위하게 축적하고 보존한다는 것이고, 둘째는 까딱 잘못하면 그런 보편성을 상실하게 된다는 것이다. 어느 학자는 그것을 "역사가 스스로를 잡아먹는" 형상이라고 했다. '하나의 도서관이 모든 텍스트를 소장한다' — 알렉산드리아의 보편성이라는 이런 개념은 불가능하지만 매혹적인 이상이었다. 그래서 그후 수 세기 동안 사람들의 마음에 공명을 일으켰고 아르헨티나 작가 호르헤 루이스 보르헤스의 짧은 단편소설에서 웅변적 표현을 얻었다. 보르헤스는 도서관 사서였다. 처음에 그는 부에노스아이레스 시립도서관의 조수로 경력을 시작했다. 그는 소장 책자 카탈로그 작성에 너무 열심이어서 동료 사서들이 그에게 좀 천천히 하라고 권유할 정도였다. 그는 시력을 잃어가던 1955년에 아르헨티나 국립도서관의 관장이 되었다. 보르헤스는 관장 수락 연설에서 이렇게 말했다. "나는 하느님의 멋진 역설에 대해서 말하고자 합니다. 그분은 내게 80만 권의 책과 실명을 동시에 주셨습니다." 보르헤스의 짧은 소설은 문학적인 뫼비우스의 띠다. 〈바벨의 도서관〉(1941)에서 그는 '천재 사서'가 보편적 도서관의 개념을 명상하는 장면을 상상한다. 이 단편은 그의 글 〈총체적 도서관〉에서 발전한 것인데 그가 카탈로그 작업자로서 '불행한 9년'을 보내던 시절에 집필한 것이다.

이 철학자는 이렇게 말한다. 모든 책은 아무리 서로 다르다 할지라도 결국에는 동일한 요소, 즉 공간, 시간, 기호, 그리고 스물두 개의 알파벳 글자로 이루어져 있다. 그는 또 모든 여행자가 오래전부터 확인해왔던 사실을 제시한다. '어떤 도서관이든 똑같은 책이 두 권 있지는 않다.' 이런 두 가지 논쟁 불가의 전제로부터 그 사서는 도서관은 '총체적'—완벽하고 온전하고 전체적—이라고 주장한다. 도서관의 서가는 22개 철자의 상징으로 이루어진 조합을 갖추고 있다. 그 조합의 수는 상상하기 어려우나 무한대는 아니다. 그러나 철자를 가지고 표현할 수 있는 모든 것, 모든 언어로 쓰인 모든 것이 거기에 있다. 미래의 자세한 역사, 대천사들의 자서전, 도서관의 충실한 카탈로그, 수없이 많은 가짜 카탈로그, 가짜 카탈로그의 허위성을 논증한 증명서, 진짜 카탈로그의 허위성을 논증한 증명서, 바실리데스의 영지주의적 복음, 그 복음에 대한 논평서, 그 복음의 논평서에 대한 논평서, 당신의 죽음에 대한 진정한 이야기, 모든 책을 모든 언어로 옮긴 번역서, 모든 책 각각에 대한 정오표, (…) 도서관이 모든 책을 소장하고 있다고 선언되었을 때, 그에 대한 첫 반응은 무한한 기쁨이었다.

무디의 마음은 보르헤스의 그것처럼 돌아가지 않았다. 그는 '논평서에 대한 논평서'와 같은 미장아빔mise-en-abyme(텍스트 속의 텍스트)을 본 게 아니라, 단단한 철제 계단과 포석 깔린 거리를 덜컹거리며 지나가는 책 수레를 보았고 지방의 여러 지점에 보내야 하는 책의 카탈로그를 검토했다. 무디도서관은 광범위한 도서 목록을 홍보했지만 역설적이게도 선별을 강조했다. 무디는 "더 높은 계층"에서 나온 새로운 "중요한" 책들을 제공했다. 무디가 당당하게 보유하고 있다고 홍보한 많은 책의 뒤에는, 그가 당당하게 배제한 책이 있었다. 스티븐 콜클로프가 지적했듯이 그는 선별과 마련의 수사법을 적절히 구사했다. 100만 권 넘게 마련되어 있습니다! 그러나 '고상한 문학'을 추구하는 분들만 읽으실 수 있어요!

이 선별 과정은 무디의 비판자들을 분노하게 만들었다. 그들은 그가 책을 검열한다고 비난했다. "자신의 취향이라는 편협한 범주에 부응하는 아이디어만 받아들이려 한다." 무디의 선정권은 원칙에 입각한 분노를 유발했다. 무디가 조지 무어의 첫 장편소설 《현대의 연인》(1883)을 거부하자 무어는 당연히 그런 배제에 불만을 품었다. 이 소설은 빅토리아 시대의 전통적 소설 문법에서 벗어나 발자크나 에밀 졸라 같은 프랑스 사실주의 기법을 수용한 공로로 오늘날에는 중요한 작품으로 평가되고 있다. 그러나 무디는 시큰둥하게 반응하면서 일반 독자의 눈높이에 맞추려 했다. "시골에 사는 두 여성 독자가 소설 속에서 화가 앞에 비너스 모델로 앉아 있는 처녀에 대해 반감을 느낀다는 편지를 보내왔다. 그 편지를 받고 나서 나는 자연스럽게 당신의 책을 유통하는 걸 거부하게 되었다." 무어의 응답은 곱지 않았다. 무디도서관에 과연 인정이라는 게 있는가. "머리도 없고, 몸통도 없고, 사지도 없고, 맥박도 없는 일종의 해파리 같은 존재가 모서리에 주석을 댄 상자 안에 고이 처박힌 채 런던 창고에서 영국의 모든 집으로 배달된다." 무어의 두 번째 소설 《무언극 배우의 아내》(1885)는 문학잡지 《아테네움》에 따르면 "놀라울 정도로 지저분한 요소 없이 깔끔한 작품"이었지만, 이 역시 무디는 배제했다. 화가 난 무어는 자신의 팸플릿 《유아실의 문학, 혹은 도덕 대여》(1885)에서 무디를 공격했다. "그는 문화의 발목에 채워진 족쇄다. 그는 무가치한 것을 확산시키는 자다. 무디 씨, 나는 당신을 향해 그저 웃어넘길까 생각도 했지만, 솔직히 말해서 나는 당신을 증오한다. 이러한 증오를 나는 사랑하고 또 자랑스럽게 여긴다. 그것이 내가 할 수 있는 최선의 것이다." 우리는 낸시 커나드를 다룬 10장에서 무어를 다시 만나게 될 것이다. 그 장에서는 그가 좀 진정되었는지 살펴보기로 하자.

무어는 무디의 그러한 배제를 도덕적 결정("그 책을 당신의 열여섯 살 여동생에게 읽히겠는가, 읽히지 않겠는가?")으로 보았지만, 또다른 사람들은 무디의 비국교도파 신념의 표현이라고 해석했다. 무디는 영국 성공회에 반대하는 정치적 견해를 가진 것으로 인식되었다. 그는 신학의 측면에서는 자유주의자였고 정치적으로는 급진주의자였다. 이것이 그의 진보적인 도서 선택을 설명해준다. 그래서 찰스 다윈의 《종의 기원》(1859)은 선택되었다. 《논문과 논평》(1860)도 채택되었는데, 다윈을 옹호하는 논문과 성경 속 기적에 대한 설명을 거부하는 최근의 독일 성서해석학 논문이 실려 있었다. 이 책에 논문을 게재한 자유주의적 앵글리칸 기고자들은 '그리스도에 반대하는 7대 비적'이라는 별명을 얻었다. 아서 로빈스가 쓴 고교회High Church 소설인 《미리엄 메이: 실생활의 로맨스》(1860)는 배제되었다. 로빈스는 이에 대해 속임수로 주교직에 오른 복음파 목사를 가감 없이 묘사했기 때문에 돌아온 불이익이라고 불평했다. 무디는 그런 비난을 부인했다. 그는 《맨체스터 가디언》에 쓴 글에서 "어떤 종교 정파를 과도하게 곡해한" 소설은 결코 취급하지 않을 것이라고 말했다. 그러나 《리터러리 가제트》는 "무디 씨의 독점적 권한"을 공격했다. 그 신문의 독자 편지란은 마라벨 메이의 《결혼한 사람과 혼자 된 사람 (…) 이혼 법정 이야기》(1860)를 비롯해서 무디의 반국교파 소신 때문에 배제된 도서 목록을 게재했다.

무디의 결정이 도덕적 관심사 때문인지 혹은 반국교파적 종교 신념 때문인지는 알 수 없지만 그가 휘두르는 권력은, 무디도서관의 문이 닫힌 작가나 출판사에게는 화가 나는 일이었고 더 나아가 두려운 일이기도 했다. 당연하게도 그 목록에 포함된 사람들은 정반대였다. 소설가 어밀리아 B. 에드워즈 같은 사람은 1865년 2월 15일 무디에게 보낸 편지에서 이렇게 말했다. "당신에게 편지를 쓰려고 한 지 제법 되었습니다. 내 이름을 당신 도서관의 발간물 목록에 올려주신 자상한 배려에 대해 대단히 감사하다는 뜻을 전하고 싶었습니다."

《리터러리 가제트》는 무디가 "영국의 그 어떤 사람보다도 더 잘 알려져 있다"고 말했지만, 오늘날 무디라는 사람을 자세히 관찰하는 건 그리 쉽지 않다. 모든 사서는 자기 자신의 말보다는 남의 말을 관리하려는 본능이 있기 때문이다. 동시대의 도서관에 대한 설명을 인용해보자면 "사서는 공손한 염세주의자"라는 것이다. 윌키 콜린스는 무디를 가리켜 "늙은 바보"이자 "무식한 광신자"라고 말했다. 이런 비난은 무디의 권력에 대한 반발이었다. 한 독자 편지는 무디도서관에 대해 "무디화 시스템"이라고 말하기까지 했다. 그는 점잖은 체하는 신사였을 수도 있고 공격적인 사업가였을 수도 있다. 실제로 무디는 이 두 가지 기질을 두루 갖추고 있었을 것이다. 신사 기질은 책을 선정할 때 배제하는 힘으로 작용했을 것이고, 사업가 기질은 책을 자꾸만 축적하려는 힘으로 작용했을 것이다. 그는 모든 책은 젊은 여자가 읽어도 얼굴을 붉히지 않을 그런 책이 되어야 한다고 말한 것으로 유명하다. 《리터러리 가제트》는 계속해서 무디에 대해 이런 말을 했다. "그는 자기 뜻대로 밀어붙일 수 있는 사람처럼 행동했다. 그리고 그렇게 할 수 있는 수단을 가지고 있었다."

그의 존재는 신문 사설과 독자 편지란에서 가장 크게 부각되었다. 그런 공간에서는 문화적 파수꾼에 대한 비난이 만발했다. 그러나 무디는 시인이기도 했는데 그것이 그의 성격을 알아보는 길잡이가 된다. 그는 직업적 위력이 전성기에 달한 1872년에 열여덟 편의 시를 한데 묶어 《흩어진 낙엽들》이라는 시집을 자비로 발간하고서 개인적으로 아는 사람들 사이에서만 유통했다. 이 시집은 오늘날 딱 한 권만 전한다. 수록된 시 가운데 〈당신께 내 마음을 바칩니다〉는 아주 인기 높은 찬송가가 되었고 전 세계 기독교인들 사이에서 널리 불린다. 시의 첫 부분은 이러하다.

당신께 내 마음을 바칩니다,
거룩하신 구세주여.
당신은 나의 전부,
그리고 나는 당신의 것.
이보다 더 긴밀한 유대관계가
이 지상에 다시 있겠는가?

《흩어진 낙엽들》의 시는 종교적 신념으로 가득 차 있고 특히 역경과 투쟁의 시기에 하느님의 위로를 각별히 인식한다. ("아주 깊은 슬픔의 시간일지라도 / 그분은 우리의 어두워진 마음을 거룩한 기쁨으로 가득 채워주시네.") 이런 전통적인 신앙심과 무디의 문학 작품 사이에는 뚜렷한 접촉점이 있다. 기존 교회를 반대하는 시에서는 무디의 반국교파 신앙심이 메아리친다.

어떤 목사가 그 웅장한 탑을 세우고,
　그들의 교회가 지정한 형태로 예배를 올리는 곳에서

수천 명의 신도가 모이리라.
그들의 엄숙한 신조, 진중한 반응, 전례적인 호소가
오르간의 커다란 소리에 맞추어 퍼진다 하더라도
교회의 황금 지붕 이상으로 솟구치지는 못한다.
그 자신의 메아리보다 더 중요한 대답을 가져오지 못한다.
만약 그분께서 그곳에 계시지 않는다면,
그 신자들은 그곳에서 전혀 축복을 받지 못하리.

무디가 볼 때, 웅장한 오르간 소리에 맞추어 찬송가를 부르며 목사를 추종한다 해도 그것은 종교적 확신처럼 보이지 않는다. 그는 좀 덜 제도화된 친교의 형태를 선호한다.

기도는 어디에서나 거룩한 신전을 발견한다.
그리고 그분의 달콤한 강림은 아주 비참한 곳일지라도
이 세상 최고의 예술가가 만든 것보다 더 큰 영광과,
더 우아한 표시와 더 아름다운 분위기를 만들어내신다.

한편에서는 전통적 제도 앞에서 수동적이고 비효율적인 의무를 이행하는 반면에, 다른 한쪽에서는 반체제적인 생명과 잠재력의 느낌을 '어디에서나' 발견한다. 무디의 책과 관련된 혁신은 이런 반국교파 신앙적 욕구의 표현으로 이해될 수 있다. 전에는 소외되었던 사회적 계급에 속한 새로운 독자들을 위한 도서관은 전통적인 문화 엘리트가 책을 읽던 곳 이외의 공간에서 책을 읽을 기회를 준다. 그것은 기도하는 여인과 마찬가지로 독자가 어디에서나 신전을 발견할 수 있는 문화를 제공한다.

《리터러리 가제트》를 펼쳐보면 무디도서관의 광고 문구를 만날 수 있다. "세계 모든 지역에 최저가로 책을 보내주는 책 상자들." "마을 독서 클럽은 합리적 조건에 책을 공급받을 수 있습니다." 무디의 세계에서는 넓게 퍼져나가는 세계화의 느낌과 평온한 시골 분위기가 공존한다. 이것이 무디도서관이 전통적으로 내세우는 수사적 문구다. 그렇다면 당시 대안은 없었을까? 1860년경의 도서관은 어떤 것이었나? 어떤 책을 손쉽게 구할 수 있었을까?

물론 다른 도서 대여점도 있었다. 다만 다른 무수히 많은 소규모 점포에서는 무디처럼 대규모로 책을 공급할 수 없었으므로 정기구독자를 끌기 위해 부가 서비스를 제공했다. 예를 들어 1880년대의 러브조이도서관은 체스판, 가죽 제품, 지도를 팔았고 책 제본도 해주었다. 모자, 차, 담배, 코담배, 향수, 특히 약품 등을 판매하는 데들도 있었다. 런던 뉴게이트 거리의 '유니버설 음악 도서관'과 같이 특화된 분야에 집중하는 곳도 있었다. 수도에서 멀리 떨어진 곳에 있는 1865년의 발라도서관은 대략 448권의 책을 갖추어놓았다(영어 330권, 웨일스어 118권). 정기구독료도 연간 2실링으로 저렴했는데 단점은 매주 월요일 오전 8시부터 오후 9시까지만 문을 연다는 것이었다.

사실 이런 영세 업체들은 무디가 쓸어담아 쌓아올리는 보석 더미에 비하면 자그마한 보석 알갱이에 불과했다. 1862년, 라이브러리 유한회사가

대적할 만한 라이벌로 등장했다. 이 회사는 무디의 작품 선정 기준을 비판하면서("일반적인 흥미의 대상이 되는 책은 그 어떤 구실로도 배제되는 법이 없다") 파격적으로 무디의 유명한 정기구독료 1기니의 절반만 받았다. 그러나 무디의 노련한 광고의 반격을 받아서 2년 만에 망하고 말았다. 그보다 더 오래간 도전은 청년 윌리엄 헨리 스미스였다. 스미스는 신문 사업에서 경력을 쌓았는데 1820년부터 스트랜드에서 연간 1.5기니를 내면 150종의 신문, 잡지, 평론지를 읽을 수 있는 가게를 운영했다. 1850년대 들어 스미스는 여러 철도역에다 가게를 열어 신문과 여행용품(지도, 담요, 촛대 등) 등을 팔다가 'W. H. 스미스와 아들의 정기구독 도서관'으로 이름을 바꾸고 185개 지점에서 본격적으로 도서 대여를 시작했다. 한 기차역에서 책을 빌려 읽다가 내리는 역의 책방에 반납하는 식이었다. 스미스는 새로운 형태의 대본 사업도 시도했는데 대표적으로 1실링에서 2실링 6펜스 사이 가격대인 대중소설의 저렴한 버전인 '황색판yellow back'을 값싸게 대여하는 것이었다. 1859년에 스미스는 무디에게 일종의 무디도서관 대리점을 제안했다. 자기네 기차역 책방 지점에 무디 책을 들여놓자는 것이었다. 무디는 조건이 맞지 않아서 그 제안을 거절했고, 그래서 두 회사는 각자 공존했다. 기차역과 통근자 시장(단권 염가본을 선호하는)에 기반한 스미스 회사는 세 권짜리 장편소설 독자층을 상대로 하는 무디 회사와 상업적·문학적으로 궤적을 달리한 덕분에 1961년까지 존속할 수 있었다.

우리는 현지의 공공도서관이 무디 제국과 충돌했을 것이라고 상상하기 쉽다. 도서관이라는 제도는 영국의 도서 관련 심리에 깊숙이 새겨져 있다. 이렇게 된 것은 부분적으로 도서관이 최근 21세기에 들어와 심한 경제적 압박을 받고 있기 때문이다. 2010년대 10년 동안 지방 도서관의 5분의 1(약 800개)이 문을 닫았다. 그러나 무디도서관이 등장할 무렵에 공공도서관이라는 건 비교적 새로운, 장래가 불확실한 기관이었고 오늘날 우리가 느끼는 국민적 자부심의 원천은 아니었다. 1850년의 유어트 법(아주 진보적인 의원 윌리엄 유어트가 발의한 법으로 "도시의 공공 협의회로 하여금 공립도서관과 박물관을 건설"하게 한 것)은 공공도서관을 건립하기 위한 영국 최초의 법률적 시도였고 지방 자치도시에 이 목적을 위해 소득 1파운드당 0.5페니의 세금을 걷도록 승인해주었다(의무 사항은 아니었다). 그러나 이 자금은 도서관 건물을 짓고 인력을 충원하는 데에만 쓸 수 있었기 때문에, 비치할 책은 기증이나 기부 등 다른 방법으로 마련해야 했다. 도서관의 발전은 아주 느리고 산발적이었다. 20세기의 첫 몇십 년에 걸쳐서, 그리고 1919년의 공공도서관법이 나온 이후에야 비로소 무상 독서의 원천으로서 도서관의 기능이 활발하게 피어나게 되었다. 여기에 스코틀랜드 출신 미국인 철강 재벌 앤드루 카네기와 리버풀의 설탕 상인 헨리 테이트의 기부가 커다란 힘이 되었다. 현지 공공도서관 설립의 열기는 1930년대에 절정을 이루었다. 하지만 이것은 먼 미래의 일이었다. 무디의 그랜드홀이 개장한 1860년 당시 존재하던 공립도서관은 고작 28군데였다. 그중 하나인 맨체스터 무상 공립도서관이 1852년에 개장할 때에는 찰스 디킨스와 윌리엄 새커리 같은 유명 작가들이 축하 손님으로 참석했다. 그러나 다른 곳, 특히 대도시 이외의 지역에서 공립도서관에 대한 열기는 시들했다. 이처럼 성원이 부족했던 이유 중 하나는 세금 인상에 대한 예상 가능한 저항 때문이었다(자치 도시의 납세자 중 3분의 2가 세금 인상분을 부담해야 했다). 또한 책을 공급하는 다른 곳들의 인기가 높았던 사실도 반영한다. 가령 기계공협회 같은 조직은 상당한 규모의 자체 도서관을 갖추어 노동자들의 성인 교육에 중요한 원천이 되었다. 공공도서관의 빈약한 도서 재고와 무디도서관의 엄청나게 풍성한 재고는 분명한 대조를 이루었다. 1860년에 무디는 도서 수집을 연간 17만 권 규모로 늘렸는데, 비교적 규모가 큰 축이었던 리버풀 무상 도서관의 소장본은 4만 9277권에 불과했다. 이처럼 전국 공공도서관의 책 재고가 많지 않았기 때문에 무디도서관은 계속 번창했다.

그렇다면 무디도서관은 어떤 종류의 책을 가지고 있었을까? 《대여 도서관 사용 설명서: 소규모 혹은 대규모 도서관을 개업하여 운영하는 요령》(1797)의 저자는 1500권 규모의 대여 도서관이라면 다음과 같이 조직되어야 한다고 말했다.

역사서 60권

신학서 60권

전기 30권

항해서 20권

여행서 20권

시집 30권

희곡 20권

소설 1050권

로맨스 130권

이야기 모음집 10권

옛이야기 모음집 40권

예술과 과학 30권

18세기 말에 나온 이 흥미로운 도서 관련 진술에서, 소설 비중이 압도적이라는 대목이 눈에 띈다. 전체의 3분의 2 이상이다. 시집과 희곡은 상대적으로 적다(이러한 수치는 드라마는 극장에 가서 봐야지 책으로 읽는 게 아니라는 것을 암시한다). 이 안내서는 배제라는 관리 행위가 포함의 시도 못지않게 중요하다고 강조한다. "신성 모독적이고, 부도덕하고, 야비한 성격의 책은 모두 신경써서 배제해야 한다."

무디도서관의 세계를 좀더 명확하게 알기 위해 무디가 발간한 회람을 살펴보자. 1862년 4월부터 발간된 《무디도서관 회람: 월간 현대 문학 보고서》는 무디가 근작들을 '객관적'으로 평가해("편집자의 목표는 비평을 배제하는 것이다") 관리하기 위한 것이었다. 그 목적은 무디도서관의 사업 확대였으므로 무디의 시장 논리를 자랑스럽게 드러낸다("이상의 목록에 있는 작품들은 수요에 맞추어 충분한 부수를 갖추게 될 것이다"). 각 회람은 '주요 신간 분석', '흥미로운 예정작' 같은 정보를 담고 있었다. 가령 어느 회람에서는 《클러터벅 선장의 샴페인》, 존 틴들의 《1861년의 등산》, 찰스 앨스턴 콜린스의 《마차 여행》 등 무디가 검토하려고 하는 예정작 90종을 소개했다. '최근 대여를 중단해 헐값에 판매하는 책' 코너도 있었다("원래 가격이 31실링 6펜스였던 홀름 리의 《바람과 조수에 맞서서》(전 3권)를 5실링에 판매함"). 광고 페이지도 있었는데 전체 지면의 절반 정도를 차지했다. '주요 신간 분석'은 무디도서관의 기준에 입각해 "책의 선정을 용이하게 하기 위해 전월 발간된 주요 작품을 요약"한 것이었다. 이런 간결한 비평적 요약은 1860년경의 문학적 우선순위에 대해 분명한 감을 잡게 해준다. 가령 1862년 4월자 회람은 무디가 고른 신간 74종에 대해 비평적 요약을 제시한다. 이 책들의 분야 구성은《대여 도서관 사용 설명서》에서 권장한 비치 도서 목록과 매우 유사하다. 특히 소설, 역사(로마 제국, 근대 음악, 교회, 미국, 서인도제도 등), 전기·회고록(이점바드 킹덤 브루넬, 나폴레옹 3세의 어머니 오르탕스 왕비 등), 여행기 등이 그러하다. 과학 서적(야금학)과 지금은 사라진 분야인 설교집 등도 목록에 있다. 만약 당신이 1862년의 무디 정기구독자라면 아래와 같은 간결한 요약문에 시선이 머물렀을 것이다.

《다져진 길, 그리고 그 길을 걸어간 사람들》, 토머스 콜리 그래탄 저. 8절판 전 2권, 각 346쪽과 388쪽. 런던, 채프먼앤홀 출판사.
인생의 사건 모음집. 심각하고 즐거운 사건들이 선명하게 대비를 이룬다. 심각한 사건과 즐거운 사건이 좋은 대비를 이룬다. 아일랜드·유럽대륙·영국의 사례, 또 군사적 사례 등이 줄을 잇는다. 영국 시인이 거명되고(무어, 캠벨, 콜리지, 워즈워스 등). 정치적·역사적인 사건 및 인물도 등장한다(청년이탈리아당과 마치니, 루이 나폴레옹과 프랑스 등). 유명 배우(켐블, 딘 등)와 유명한 미국인 외교관도 나온다.
저자의 취지는 본질적으로 무관한 이야기들을 애써 연결하는 것이 아니라, 독자로 하여금 저자가 직접 겪은 일을 느끼게 하고, 방문했던 장소를 가보게 하고, 등장인물들과 마주하는 듯한 느낌이 들게 하는 것이다.

식민지 상황이 이런 요약글에 많이 언급된다. 가령 헨리 브라운의 《빅토리아 시대에 5년간 모험하며 내가 발견한 것, 멜버른의 길과 황금 광산에서, 그리고 아라라트산과 플레전트 유역의 석영 광산과 대규모 인력의 유입에 관하여》(1862)에 대한 요약은 이러하다.

이 식민지에서 보낸 5년 세월에 대해 자세하고 정교하게 보고한다. (…) 저자는 식민지 생활의 인상과 기억을 사진처럼 사실적으로 드러내려 한다. 그 자신이 이민자로서 적극적 삶의 한가운데로 뛰어들었다. 필연적으로 생겨나는 여러 고생을 감내했다. 다른 저술가들의 저서에서 얻은 인상은 모두 내던지고 자신이 직접 현지에서 받은 인상만 기록한다. 책의 전반에 걸쳐서 그 장소나 생활에 관련이 있는 여러 인물을 간략히 스케치한다.

제국주의 시대의 이런 다큐멘터리 책은 노골적인 제국주의 이데올로기 선전서가 그렇듯 오늘날에는 별로 인기가 없다. '내가 본 그대로'라는 말은 전 세계를 상대로 전투적이고 강탈적인 빅토리아 시대의 식민지 심리 상태를 암시한다. 그러나 1862년의 독자에게는 식민지 생활을 대리 경험하는 기회를 제공했으리라. 안락의자에 앉아 세상을 내다볼 수 있었던 것이다. 1871년 무디도서관은 기독교 선교사인 데이비드 리빙스턴의 《선교를 위한 남아프리카 여행과 탐구》 3350부를 사들였다. 무디가 이 책을 취급했으므로 아무리 낮게 잡아도 4만 명 이상이 읽었을 것이다. 플로렌스 나이팅게일은 1867년 11월 20일에 무디에게 이렇게 편지를 썼다. "구매를 위해 오스트레일리아 혹은 오스트레일리아 식민지를 다룬 책의 목록을 보내주세요. 식민지인에 대한 전설이나 탐험기 같은 흥

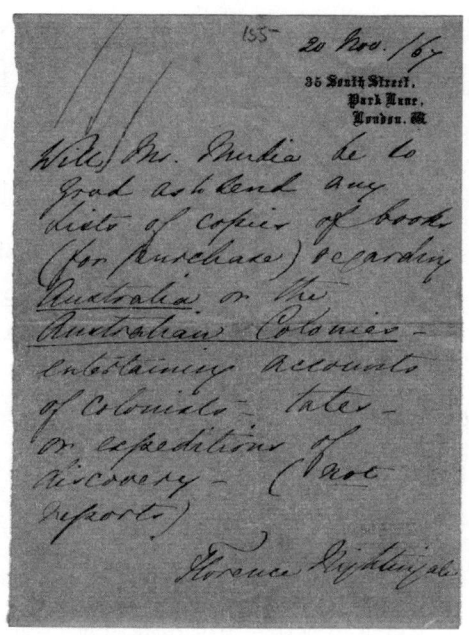

플로렌스 나이팅게일이 무디에게 보낸 편지, 1867년 11월 20일.

미로운 이야기가 담긴 책이 좋겠습니다. 보고서는 제외해주세요." (나이팅게일은 그보다 전인 1863년 3월에도 무디에게 편지를 보냈는데, 헌책 구매 문의를 하는 것이었고 진중문고 설치가 목적이라고 밝혔다.)

무디도서관과 가장 관련이 깊은 문학 형태는 세 권짜리 장편소설이었다. 이 문학 형태는 때로 경멸받기도 했다. 오스카 와일드는 1890년에 이렇게 썼다. "누구나 세 권짜리 장편소설을 쓸 수 있다. 그저 인생과 문학에

8장 대여 327

대해 아주 무식하기만 하면 된다." 와일드의 이런 부정적인 생각은 그의 희곡《진지함의 중요성》(1895)에서 잘 드러난다. 극에서 불쌍한 아이 어니스트는 28년 전 핸드백 속에서 발견되었는데, 그는 "역겨운 감정을 불러일으키는 세 권짜리 장편소설의 육필 원고"(등장인물인 블랙넬의 대사) 대신에 들어간 것이었다. 프리즘이라는 여자가 "다소 한가한 시간"에 그 소설을 집필한 뒤에, 어니스트와 혼동해 원고를 유모차에 놓아둔 것이었다.

세 권짜리 장편소설은 무디 이전에도 이미 있었다. 월터 스콧의《케닐워스》는 엘리자베스 시대의 로맨스를 다룬 인기 높은 소설이었고 1821년에 발간되었다. 무디가 창업하기 20년 전의 일이다. 그렇지만 세 권짜리 장편소설은 무디의 통제(통제라는 말이 적절하다) 아래 꽃피어났고, 예술적 이유가 아니라 철저하게 경제적 논리의 영향 아래 그런 발전을 보게 된 것이었다. 책은 소득 기준으로 볼 때 19세기 중반에 아주 값비싼 물건이었다. 세 권짜리 장편소설 가격은 대략 1.5기니였는데 성실한 노동자의 일주일 주급에 해당하고, 무디도서관의 1년 정기구독료보다 높은 가격이었다. 이는 부분적으로 프랑스 혁명 전쟁 때문이었는데 전쟁의 여파로 극심한 경제 불황이 찾아왔던 것이다. 그렇지만 이런 고가의 물품이 된 더 큰 이유가 있었다. 바로 무디가 출판사에 압력을 넣어 고가 정책을 펴게 한 것이었다. 그래야 독자들이 책을 사지 않고 빌려볼 테니까. 세 권짜리 책은 한 번이 아니라 세 번 빌려가야 하므로 채산성이 있었다. 무디가 많은 부수를 사들이기 때문에(가령《펠릭스 홀트》는 2천 부) 출판사들은 위험 요인 없이 수익을 올릴 수 있었다. 설사 그가 높은 할인율을 요구해도 여전히 수지가 맞는 장사였다. 그는 31실링 6펜스짜리 책에 15실링을 지불했다. 저자들은 인세를 받았고 무디의 정기구독자 수는 늘었다. 기묘하게도 누구에게나 이익이 돌아갔는데, 다만 다른 형태의 작품을 쓰는 작가는 예외였다. 이에 조지 무어는 한탄했다. "그런 작가들은 이 거대한 수레 밑에 깔려서 숨도 제대로 쉬지 못했다." 거대한 수레는 곧 대여 도서관을 말하는 것이었다. 찰스 디킨스 같은 명성 높은 소설가는 자신의 소설을 잡지에 연재할 수 있었지만, 대다수 작가는 만약 무디가 그의 소설을 거부할 경우 사실상 실패의 길을 걸을 수밖에 없었다. 조지 엘리엇은 출판인인 존 블랙우드에게 보낸 편지에서 이렇게 불평했다. "왜 무디가 《사제 생활의 풍경》을 광고 목록에서 제외했는지 모르겠습니다. 온갖 형편없는 쓰레기 책은 다 실어주면서 말입니다." 이걸 보면 대작가도 무디의 판단에 대해 깊이 우려했음을 알 수 있다.

이런 고정된 형태로 소설을 써내야 하다 보니, 작가들은 내용을 늘려 억지로 세 권을 채우곤 했다. 그리하여 빅토리아 시대의 장편소설은 중간 전개가 대단히 엉성하다는 논평이 나오게 되었다. 《일러스트레이티드 런던 뉴스》는 1894년에 이렇게 썼다. "규정에 맞추려고 세 권짜리를 써내려다 보면 불필요하게 부풀려야 한다. 이는 이 예술 분야에 악영향을 끼친다." 에드먼드 고스는 그 나름의 수사법을 구사하면서 이렇게 말했다. "베르니니풍의 거대한 석관, 천사가 그 대리석 유물 위에서 트럼펫을 부는 광경, (…) 책이라는 형체 없는 괴물." 만약 어떤 책이 25만 자에 달하는 "화물"(기네비어 L. 그리스트의 표현)을 싣고 가야 한다면, 이야기는 곁가지를 칠 수밖에 없고, 그 방만한 곁가지는 산으로 가며, 표현 방식은 두루뭉술해지고 말 것이다. 《일러스트레이티드 런던 뉴스》는 계속해서 이렇게 말했다. "이런 헛소리 모음이 클럽에 보내지면 저녁 식사 전에 평온한 졸음을 불러일으킬 것이 틀림없다." 만약 제출된 소설 원고가 세 권 기준에 약간 못 미친다면 출판사가 개입해 서문을 집어넣고 목차를 추가하고 인쇄소에는 아주 과격한 방식으로 여분의 공간을 창출하라고 지시했다. 가령 여백을 넓게 한다든지, 장을 자주 나눈다든지, 활자 크기를 키운다든지, 행간에 추가로 인용문 상자를 집어넣는다든지 해서 분량을 늘리는 것이다. 1894년에 《퍼블리셔스 서큘러》의 한 통신원은 이렇게 썼다. "나는 오늘날 장편소설의 '하얀 칠을 한 무덤' 스타일을 절대 반대한다. 여백은 너무 넓고, 행간은 너무 광대해 자전거가 지나갈 정도이고, 글자는 너무 커서 식자공의 마음을 즐겁게 한다."

세 권짜리 장편소설은 오래 버텼지만 영생을 누리지는 못했다. 단권 염가본이 독자들이 감당할 수 있는 가격(종종 6실링 이하)으로 나오기 시작하자, 세 권짜리 거질은 별 매력이 없게 되었고 이어 수익성이 떨어지게 되었다. 무디는 낡아진 책을 중고 코너에서 싼값에 판매했는데, 단권 염가본이 이 시장을 폭파해버렸다. 그리하여 한 논평가가 말했듯이, 세 권짜리 헌책은 곧 '지하묘지'라고 알려진 무디의 넓은 지하실에서 사장되기에 이르렀다. 이런 현상은 출판계에 적신호를 보내는 것이었다. 한 가지 사례를 들어보자. 스미스엘더앤컴퍼니 출판사는 메리 오거스타 워드의 철학 소설 《마르셀라》를 세 권 형태로 1894년에 발간했다. 당시 찰스 무디의 둘째 아들 아서 O. 무디가 운영하던 무디도서관에서 이 책을 1750부 사들였는데 권수로는 5250권이었다. 그러나 그로부터 3개월 후에 6실링짜리 단권 염가본이 나오자, 무디는 대여할 수도 판매할 수도 없으며 어디에다 치우기도 힘든 엄청난 책 무더기를 떠안게 되었다. 무디도서관이 정기구독료를 올릴 수도 있었겠으나 1기니는 무디의 상징적인 특징이었다. 그래서 무디와 그 경쟁사인 스미스는 장편소설의 가격을 낮춰달라고 출판사에 요구했고, 또 염가본은 초판 발간 후 1년을 기다렸다가 발간해달라고 요청했다. 소설에 대한 비용을 확 축소해버림으로써 무디는 세 권짜리 거질을 죽여버린 셈이 되었다. 그것은 무디도서관과 출판사 사이에서 순환하는 인공적인 공기 속에서만 생존할 수 있는 것이었다. 그리하여 무디는 이제 단권짜리 소설, 역사서, 여행서, 과학책으로 방향을 전환했다. 세 권 거질의 몰락은 신속했다. 1894년에 184종이 출간되었는데, 1895년에는 52종, 1896년에는 25종, 1897년에는 4종이 나왔다. 앞서 항의의 목소리를 크게 낸 작가 조지 무어는 무디의 세 권 거질 독점을 무너뜨린 것에 대해 자축했다. "나는 이렇게 혼자 중얼거렸다. '도서관의 검열은 막을 내렸다.' 내가 인류의 대의를 위해 기여했다는 사실이 자랑스럽다."

무디의 인생을 여러모로 재형성하고 결국 끝장낸 사건은 사랑하는 맏아들 찰스가 1879년에 28세의 나이로 류머티즘과 심내막염으로 사망한 일이었다. 찰스는 세상을 떠나기 전 8년 동안 아버지 밑에서 일하면서 장차 가업을 이어받을 때를 대비해 사업의 모든 측면을 공부하고 연구했다. 그러나 그런 때는 오지 않았다. 그가 죽은 직후에 찰스의 여동생 메리는 오빠의 '회고 스케치'를 개인적으로 출판했다. 그녀가 "깊은 슬픔속에서" 쓴 그 회고록은 단 하나의 어조로 일관되어 있었다. 찰스는 "정력적이고 남자다웠으며 아주 공손했다." 타인에 대한 배려와 사랑으로 점철

된 인생이었다. 이처럼 찰스를 세세히 기억하고 있지만 죽은 오빠에 대한 전체적 윤곽은 뒤로 물러나고 있다. 그를 회상하는 문건으로는 1879년 1월 17일의 무디도서관 이사회 회의록이 훨씬 더 호소력이 높다. 회의록 문건이라 형식적인 제약은 있지만 그래도 그 상실을 아주 강하게 기록하고 있다.

회장은 이달 13일 월요일에 찰스 헨리 무디 씨의 사망을 알렸다. 회장의 맏아들인 그는 28세의 이른 나이로 사망했다. 이 안타까운 사건을 기록하면서 이사회는 고인의 아내에게 심심한 조의와 슬픔을 표시하고 싶다. 또 찰스 E. 무디 씨와 그 부인, 그리고 고통받고 있는 유가족에게도 심심한 애도의 뜻을 표한다. 그들의 상실은 평범한 것이 아니다. 고인의 명랑하고 관대한 심성은 주위의 많은 사람으로부터 존경과 사랑을 받았고, 사업 현장에서 보여주었던 그의 현명함과 근면함은 찬란하고 성공적인 앞날을 미리 약속하고 있었기 때문이다.

맏아들의 죽음은 무디에게 견디기 어려운 것이었다. 그 사건 이후 5년 동안 그는 인생으로부터 서서히 물러나는 과정을 거쳐갔고 주위의 모든 것에 대해 하나씩하나씩 작별을 고했다. 결국 1884년에 이르러 무디의 둘째 아들 아서가 가업을 승계했다. 무디는 그로부터 6년 후 햄프스티드 메어스필드에 있는 자택에서 사망했다. 도서관 업계의 '리바이어던'인 무디도서관은 사업을 계속해나갔으나 결국 1937년 7월 12일 정식 파산해 폐업했다. 창업한 지 1세기가 약간 안 되는 시점이었다. 창업자 무디의 부고는《일러스트레이티드 런던 뉴스》의 1890년 11월 8일자에 이렇게 실렸다. "많은 가정과 외로운 사람들이 런던의 극장, 콘서트홀, 전시회장보다 무디도서관에서 더 큰 즐거움을 얻었다." 《타임스》는 1937년 7월 12일자에서 무디도서관 폐업이라는 문화적 충격을 이렇게 표현했다. "한 국가적 기관의 (…) 소멸."

9장

시대를 거스른 책들

토머스 코브던-샌더슨
Thomas Cobden-Sanderson (1840-1922)

해머스미스 사회주의자 모임(1892).

1892년에 촬영된 이 인상적인 사진은 해머스미스 사회주의자 모임을 보여준다. 하얀 목 칼라의 중년 신사들, 아이를 안은 젊은 여자들, 숄과 지팡이를 들고 앉아 있는 노인, 태피스트리 같은 액자와 현수막, 전면에 나뒹구는 낙엽. 눈에 띄는 인물은 앞줄 가운데서 왼쪽에 앉아 있는, 손에 흰 종이를 든 사람이다. 흡사 확대한 듯 주변 사람들보다 커 보이는 그는 오슨 웰스 같은 강렬한 눈빛에 마법사 간달프 같은 하얀 머리카락을 자랑한다. 윌리엄 모리스라는 이름의 이 사람은 혁명적 디자이너, 예술가, 제책업자, 사회주의자, 저술가다. 그에게는 '엄청나다'라는 말이 아주 자연스럽게 따라다닌다. 전기 작가 피오나 매카시에 따르면 그는 "강철의 사나이"다. 그 강철은 기이한 개성과 우애 정신으로 단련된 것이다. 모리스가 이야기의 한 부분을 이루기는 하지만 이 장의 주인공은 아니다. 우리의 주인공은 가운뎃줄 오른쪽에서 세 번째 사람인데 옆에 서 있는 사람들보다 키가 작고, 고개를 약간 갸우뚱하고 있으며, 시선은 초점이 맞추어져 있지 않으고, 많은 사람 속에서 그다지 존재감이 없는 것처럼 보인다. 그렇지만 그는 모리스와 마찬가지로 자신이 종사한 도서 문화에 엄청난 영향을 끼치게 된다.

이 사람, 토머스 코브던-샌더슨이 출판업계에서 높은 명성과 논쟁의 중심에 동시에 자리하게 된 것은 일련의 잘못된 출발과 막다른 골목 이후에 벌어진 일이었다. 케임브리지대학에 다니던 시절 그는 기독교 신앙에 흥미를 잃어버렸고 학위를 따지 않고 대학을 떠났다. 역사가 앨런 크로퍼드에 따르면 그는 "어떻게 살아야 할지 잘 모르는 채로 비틀거리며 1860년대를 보냈다." 그는 별 생각과 의지 없이 변호사 일을 했고 건강이 나빠졌다. 그러다가 애니 코브던에 의해 구제받았다. 두 사람은 1881년 시에나의 두오모(대성당) 밖에서 처음 만났고 1년 뒤에 결혼했다. 애니는 급진적인 의회 의원 리처드 코브던의 딸이었는데 여성 참정권 운동을 활발하게 벌여서 어느 정도 정치적 위상을 얻게 되었다. 그녀는 코브던-샌더슨에게 자기 성姓, 상당한 유산, 그리고 더 중요한 실용적 목적의식을 부여했다. 그녀의 정성 어린 시선 속에서 그는 과거의 암울한 비극적 운명 의식을 버리고 좀더 목표가 뚜렷한 세속주의자가 되었다. 그녀는 남편에게 인생의 방향을 바꾸어보라고 적극 권유했다. 1882년 그는 로저드 코벌리의 책 제본소에 합류해 6개월간 수련한 후에 자신의 제본소를 설립했다. 그것이 그가 1922년 사망할 때까지 책과 맺게 되는 인연의 첫 시작이었다.

코브던-샌더슨은 약 10년 동안 책 제본공으로 일했다. 그가 제본한 책은 상당수가 아메리카의 고객에게 팔려나갔다. 그 책들은 영국에서 고급 제본의 전통을 되살리는 촉매제가 되었고 고급 제본은 오늘날까지도 번창하고 있다. 1892년 사진에서 코브던-앤더슨 뒤에 서 있는 모자 쓴 사람은 판화가·사진사·인쇄공인 에머리 워커다. 1900년에 코브던-샌더슨은 워커와 동업해 도브스 출판사를 설립했다. 출판사 건물은 템스강 둑인 해머스미스 테라스 1번지에 있었다. 코브던-샌더슨이 무슨 일을 했는지, 또 도브스 출판사의 야심찬 목표가 무엇이었는지 파악하기 위해 우리는 먼저 턱수염을 기른 거인 윌리엄 모리스와 그가 차린 개인 출판사에 대해 알아볼 필요가 있다.

저명한 서지학자 콜린 프랭클린은 이렇게 썼다. "나는 영웅, 지도자, 모범적 인간을 믿지 않는다. 그러나 내가 볼 때 모리스는 어떠한 의심도 가지 않는 분명한 영웅이다." 켈름스콧 출판사는 윌리엄 모리스의 정치적 디자인이라는 철학이 구체적으로 표현된, 비교적 후기의 사례다. 모리스는 엑서터칼리지와 옥스퍼드를 거치는 동안에 향후의 필연적 진로로 보였던 성직자의 길을 포기하고 건축가 훈련을 받았으며, 화가 단테 게이브리얼 로세티와 에드워드 번-존스 등을 포함하는 긴밀하면서도 복잡한 예술가 및 시인 집단을 형성했다. 모리스가 책 만들기에 관심을 보인 것은 생애 후반기의 일이었는데, 책의 역사뿐만 아니라 그가 주도한 다양한 활동과 연관지어 살펴보아야 한다. 대표적으로 전국의 노동자를 상대로 한 강연, 〈사회주의자 찬양〉, 〈유익한 일과 무익한 노역〉 같은 제목의 팸플릿, 디자인 업체 모리스·마셜·포크너 앤드 컴퍼니 등을 들 수 있다. 이 회사는 1875년에 모리스 앤드 컴퍼니로 개명되었는데, 옷감, 가구, 벽지, 채색 유리, 태피스트리 등의 디자인에 심대한 영향을 미쳤다. 모리스는 또한 웹을 비롯한 여러 사람과 '옛 건물 보호 모임'을 설립했다. 이 조직은 빅토리아 시대의 문제 많고 파괴적이기까지 한 복원 사업을 막는 것이 목적이었다. 모리스는 옥스퍼드셔의 켈름스콧 매너에 있는 시골 별장을 예술적 활동의 근거지 및 해머스미스 사회주의자 모임 회의 장소로 내놓았다.

켈름스콧 출판사는 해머스미스 사진이 나오기 한 해 전인 1891년에 모리스에 의해 설립되었다. 이 출판사는 의도적으로 시대에 역행하는 출판을 지향했다. 기계 생산의 시대에 수동 인쇄기로 한정판을 찍어내겠다는 것이었다. 책의 형태는 중세의 책을 닮으려고 애썼다. 혹은 좀더 정밀함을 기하기 위해서, 19세기 말의 관점에서 본 중세를 지향했다. 모리스와 그의 동료들은 기계주의에 반대하는 하나의 방식으로서 그런 모방적 작품이 유용하다고 생각했다. 켈름스콧 책들의 외양은 인쇄술의 초창기를 연상시키며 때로는 필사본을 제작하던 더 이른 초창기도 생각나게 했다. 예를 들어 켈름스콧 책에 달린 자물쇠는 반드시 필요한 소도구는 아니었다. 자물쇠는 우피지가 쪼그라드는 것을 막기 위해 우피지로 만든 책에 사용되던 것이었는데 켈름스콧 책은 종이로 된 것이었으니 말이다. 그러므로 이 자물쇠를 일종의 부수적인 투자라고 볼 수도 있겠으나, 실상은 투자 이상의 것이었다. 콜린 프랭클린의 말을 빌리면 "시간을 지우고 찬란한 상상 속 14세기로 돌아가려는" 시도였다. 책의 역사에 대한 모리스의 인식은 진보라는 직선적 발전 서사와 정반대되는 것이었다. 그가 보기에는 처음의 것이 가장 좋은 것이고 이후의 나머지는 모두 퇴보하는 것이었다. 그러다 19세기 후반기에 이르러 기계화라는 최악의 추락을 맞고 말았다. J. W. 맥카일은 1902년에 모리스에 대해 이렇게 말했다. "선천적으로 중세를 사랑했고, 선천적으로 이후의 것들을 증오했다." 이처럼 과거를 돌아다보는 미학을 창조하면서 모리스는 싸구려, 대량생산, 낭비에 대해 신랄하게 비판했다. 그는 꾸준하고 세심하게 수행하는 숙련된 인간 노동을 모리스 문화의 핵심에 자리매김하려 했다. 이런 근본적인 의미에서 그의 책은 정치적 개입이었다.

켈름스콧 출판사는 '개인 출판사'였다. 소규모 활판 인쇄기로 책을 찍고, 비교적 한정된 시장을 대상으로 고가의 책을 소규모로 출판했다. 개인 출판사들은 손으로 만든 종이와 잉크 등 고급 재료를 사용했고, 종종 특별히 고안된 활자를 썼으며, 고도의 장인 정신을 우선시했다. 그들은 책을 하나의 예술 작품으로 보았고, 제책업을 아주 전문적이고 고상한 작업이라고 여겼다.

디자인과 기술적 결정 사항이 더 중요했고 상업적 고려는 두 번째 혹은 세 번째 자리를 차지할 뿐이었다. 존 카터는 1961년에 이렇게 썼다. "높은 이윤을 내기보다는 훌륭한 책을 만드는 데 더 관심을 기울였다." 물론 돈이나 소득에 대한 생각이 전혀 없는 것은 아니었지만, 이런 식으로 작업함으로써 모리스는 그동안 등한시되던 전통, 혹은 일련의 국지적 사례를 지속시켰다. 이런 개인 출판사들은 켈름스콧 이후에 하나의 운동으로 인식되기 시작했다. 그 이전의 영국 개인 출판사로는 호러스 월폴이 1757년에 설립한 스트로베리힐 출판사라든지, 옥스퍼드와 우스터칼리지의 펠로이며 학료장이었던 헨리 대니얼이 설립한 대니얼 출판사도 있다. 이 출판사는 처음엔 대니얼이, 그다음엔 그의 아내가, 뒤이어서 그들의 딸인 레이첼과 루스가 운영했다. 자매는 로버트 브리지스와 리처드 왓슨 딕슨 같은 시인들의 책을 발간했다.

켈름스콧의 책은 앨비언 수동 인쇄기로 인쇄되었다. 옛 잉크 제작법으로 만들어진 잉크를 썼고(모리스는 19세기 잉크는 묽고 연하다고 생각했다), 모리스의 서재에 있는 견본을 바탕으로 한 수제 종이를 사용했다. 제본도 통상적인 빅토리아 가죽을 쓴 게 아니라 부드러운 우피지나 합판을 댄 리넨을 사용했다. 모리스가 직접 표제지와 책 테두리를 디자인했다. 삽화는 월터 크레인이나 에드워드 번-존스 같은 화가들의 드로잉을 밑바탕으로 삼았다(이 삽화들은 목판화였는데, 일반적으로 목판 작업에 사용되는 v자 또는 u자 형의 끌이 아니라 좀더 정밀한 도구를 사용해 부드러우면서도 정확한 효과를 냈다). 모리스가 보기에 간섭이 심하고 시장 위주의 영업을 강조하는 런던 출판사들의 입김에서 벗어나 독립적으로 책을 만든 이 출판사는 템스강 둑의 해머스미스, 어퍼몰 16번지(나중에 14번지로 이동)에 있었다. 나중에 코브던-샌더슨이 세우게 되는 도브스 출판사에서 불과 몇 미터 떨어진 거리였다. 켈름스콧 출판사는 7년 동안 운영되면서 53종의 책을 발간했고 총 부수는 2만 2천 권이었다.

가장 유명하고 가장 널리 칭송되는 책은《새롭게 인쇄된 제프리 초서 작품집》이다. 제작하는 데 무려 4년이 걸렸고 모리스가 1896년 사망하기 전에 인쇄 과정을 지켜보았던 마지막 책이었다. 화가 에드워드 번-존스는 이 책의 페이지를 넘기면서 "작은 대성당 같다"라고 말했다. 위에

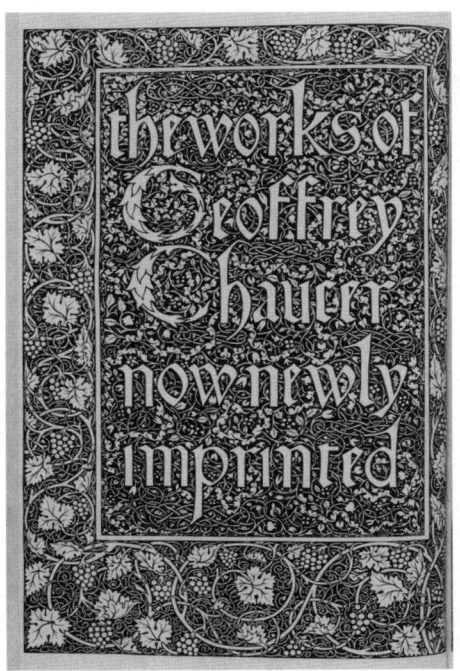

윌리엄 모리스의 켈름스콧 출판사가 발간한
《새롭게 인쇄된 제프리 초서 작품집》(1896) 표제지.

제시한 이미지는 화려하게 완성된 표제지이고, 다음 쪽의 이미지는 어느 페이지의 교정쇄다. 교정쇄 하단에 인쇄공이 "이 페이지가 괜찮은지 살펴보시고 돌려주십시오"라는 메모를 적었는데, 그 아래에 호통을 치는 모리스의 답변이 적혀 있다. "이건 딱 봐도 잘못됐소. 이런 걸 내게 보내 봐야 무슨 소용이오?"

표제지의 글자들은 텍스트이면서 동시에 장식이다. 한 권의 책이면서 동시에 아름답게 펼쳐진 예술품이다. 이런 세심한 배려와 이런 책이 구체화하는 노동의 즐거움, 바로 이것이 모리스가 생각하는 노동의 핵심

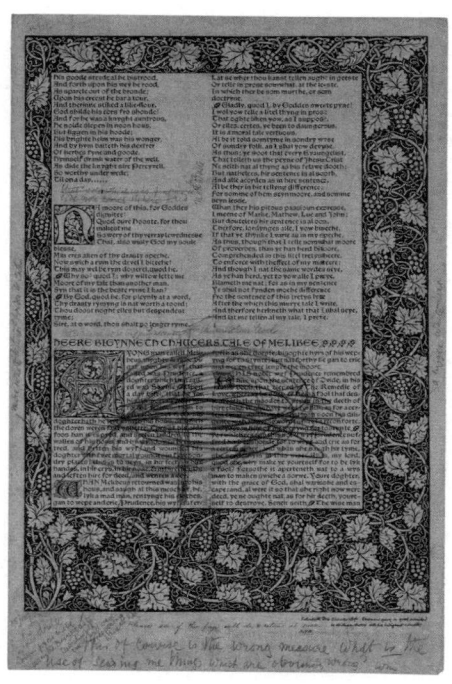

《새롭게 인쇄된 제프리 초서 작품집》 63쪽 교정쇄.
모리스의 자필 교정과 메모가 적혀 있다.

이다. 노동은 위엄 있게 그리고 가치 있게 수행되어야 하는 것이다. 콜린 프랭클린은 학창 시절에 코터스톡에 있는 늙고 귀가 먼 뉴먼 씨(오래전에 모리스를 직접 알고 지냈던 사람)의 서재를 방문했던 일을 이렇게 기억했다. "거기서 처음 본 켈름스콧판 《초서》는 내 마음에 엄청난 불꽃을 일으켰고 지금까지도 그것은 꺼지지 않고 있다."

코브던-샌더슨의 도브스 출판사에서 가장 중요한 요소는 개별 책이나 사람이나 심지어 코브던-샌더슨 자신도 아니었다. 핵심은 코브던-샌더슨이 제작 의뢰했던 금속 활자인데 통칭 도브스 로만Doves Roman, 혹은 도브스 인쇄용 서체Doves Press Fount of Type, 혹은 가장 일반적으로 도브스 서체Doves Type라고 한다.

코브던-샌더슨은 1470년대에 베네치아 인쇄소에서 제작된 두 작품으로부터 큰 영감을 받았다. 윌리엄 모리스가 1896년 10월에 사망하고 켈름스콧 출판사가 1898년에 문을 닫은 후에, 모리스의 많은 책이 그해 12월 소더비 경매에서 판매되었다. 코브던-샌더슨은 에머리 워커와 모리스의 개인 비서였던 시드니 코커렐을 경매장에 보냈고, 코커렐은 7파운드 5실링을 주고서 모리스가 소유했던 플리니우스의 《박물지》를 사들였는데, 이 책은 1476년 니콜라스 젠슨에 의해 베네치아에서 인쇄된 것이었다(4장 165쪽을 참조할 것). 한 베네치아 화가가 후원자를 위해 삽화를 그린 이 책의 동일본은 2010년 크리스티 경매장에서 31만 3250파운드〔약 5억 8천만 원〕에 팔렸다. 젠슨의 활자는 도브스 출판사에서 사용한 대문자의 모델이 되었다. 소문자는 야코부스 루베우스가 역시 1476년 베네치아에서 인쇄한 책, 아레티누스의 《피렌체 사람들의 역사》에 사용된 활자를 모델로 삼았다. 이 책 또한 모리스 소더비의 경매장에서 판매되었다.

젠슨의 인쇄술 중 남아 있는 것은 금속 활자가 아니라, 그 활자로 종이에 인쇄한 글자들뿐이었다. 그래서 워커와 코브던-샌더슨은 원래의 금속 활자를 제대로 이해하기 위해서 잉크가 너무 많이 먹은 종이 위의 글자들을 보고 추정해야 했다. 이런 방식으로 활자를 고안하면서 코브던-샌더슨은 옛 전통을 계승했다. 윌리엄 모리스도 그와 유사한 방식으로

> Printed by T. J. Cobden-Sanderson & Emery Walker at The Doves Press and finished 3 June 1902. Compositor: J. H. Mason. Pressmen: H. Gage-Cole, J. Ryan, T. Waller, A. Beaumont. Penmen: Edward Johnston, Grayley Hewitt. Sold at The Doves Press.

《실낙원》간기에 사용된 도브스 활자. 니콜라스 젠슨의 활자에서 영감을 받았다.

로마자 서체를 디자인했는데, 골든 서체Golden Type로 알려진 것이다. 모리스가 중세의 필치를 연상시키는 굵은 활자를 개발해 밀도 높고 무거워 보이는 페이지를 만들어낸 반면에, 코브던-샌더슨은 좀더 가볍고 선명한 디자인을 추구했다.

15세기 라틴어 알파벳에는 J, U, W가 없었다. 그래서 디자이너 퍼시 티핀은 베네치아 원본 활자를 본뜬 도브스 버전을 만들면서 이 세 글자도 새롭게 도안했다. 구두점은 젠슨과 그와 유사한 15세기의 선례를 근거로 삼았다. 티핀의 도안을 사진으로 찍은 뒤에 이것을 바탕으로 에든버러의 에드워드 프린스가 펀치를 제작했다. 프린스는 사양 직종의 마지막 종사자였다. 1923년에 사망했을 때 그는 영국의 마지막 독립적 펀치 제작자로 기록되었다.

존 배스커빌의 활자 디자인(4장)에서 이미 살펴보았듯이, 펀치란 쇠막대기의 끝부분을 개별 글리프glyph(활자, 숫자, 구두점) 형태로 깎아낸 것이다. 활자 디자인을 쇠막대 끝부분에다 그려넣은 다음에 끌을 사용해서 불필요한 부분을 파낸다. 이 펀치를 부드러운 구리에다 때리듯이(펀치) 찍어, 오목 들어간 매트릭스를 만든다. 그다음 이 매트릭스를 네모난 틀

펀치(왼쪽)와 매트릭스(오른쪽).

안에 넣고 거기다 납, 안티몬, 주석의 합금을 부어 활자를 주조한다. 이것은 꼼꼼해야 하는, 품이 많이 들어가는 일이다. 펀치 하나를 만들어내는 데에만 하루의 노동이 들어간다. 15세기 후반의 초창기 인쇄공은 금속가공업에서 경력을 쌓은 사람들이었다. 이런 기술이 있었기 때문에 활자 제작 분야로 손쉽게 옮겨갈 수 있었다. 니콜라스 젠슨이나 구텐베르크도 마찬가지였다. 좀더 넓은 기술 범주에 인쇄술을 포함시키는 이러한 15세기의 인식은 윌리엄 모리스의 예술공예운동과도 일맥상통한다. 모리스의 운동은 아주 폭넓은 디자인의 개념을 가지고 책의 인쇄에 집중했던 것이다.

이 장은 템스강의 바닥에 가라앉은 활자에 관한 이야기다. 그 이야기는 끝부분에 나오니, 일단 여기서 주목해야 할 화두는 이런 것이다. 도브스 출판사가 내놓은 깔끔하고 가독성 좋은 책은 모리스의 켈름스콧 책과 어느 정도까지 의도적인 변별을 시도했는가. 에드워드 프린스는 모리스가 개발한 세 종류 활자의 펀치를 깎아냈다. 즉 골든, 트로이, 초서다. 트로이 활자는 캑스턴이 제일 처음 찍어낸 책이자 영국을 통틀어서 가장 먼저 인쇄된 책인《트로이의 역사에 대한 회상》을 모델로 삼은 고딕체이고, 초서 활자는 트로이 서체의 작은 버전을 가리킨다.

우리는 켈름스콧 판본과 도브스 판본을 비교함으로써 미학적 차이를 분명하게 느낄 수 있다. 어떤 것이 더 당신의 취향에 맞는가? 내가 볼 때, 그 차이는 숨을 들이쉬는 것과 내쉬는 것의 차이다. 영국의 서체 디자이너 루아리 매클레인이 볼 때, 도브스 출판사의 시원한 페이지는 모리스의 조밀한 페이지에 대한 신랄한 비판이다. 역사가 로더릭 케이브는 코브던-샌더슨의 책에 대해 이렇게 말했다. "비록 완성도는 높지만 차가운 불모지다. 책 세계의 자동기계다. (…) 우리는 그것을 존경할 수는 있지만 사랑할 수는 없다." 반면 시인이면서 논서치 프레스 출판사의 공동 창업자인 프랜시스 메이넬은 도브스 출판사의 책을 "사랑스럽고, 완벽하고, 활동 중인 근육처럼 팽팽하면서도 부드럽다"라고 평가했다. 각자의 판단이 어떻게 내려지든 간에, 그 두 책은 예술적 표현이 그보다 앞선 것에 대한 반발로 나온다는 것을 생생하게 보여준다. 켈름스콧은 동시대의 산업화 과정에 대한 반발로 나왔고, 도브스는 켈름스콧에 반발해 나왔다.

켈름스콧 출판사가 출간한 《존재하지 않는 곳의 소식 혹은 안식의 시대: 유토피아 로맨스에서 나온 몇 챕터》(1892).

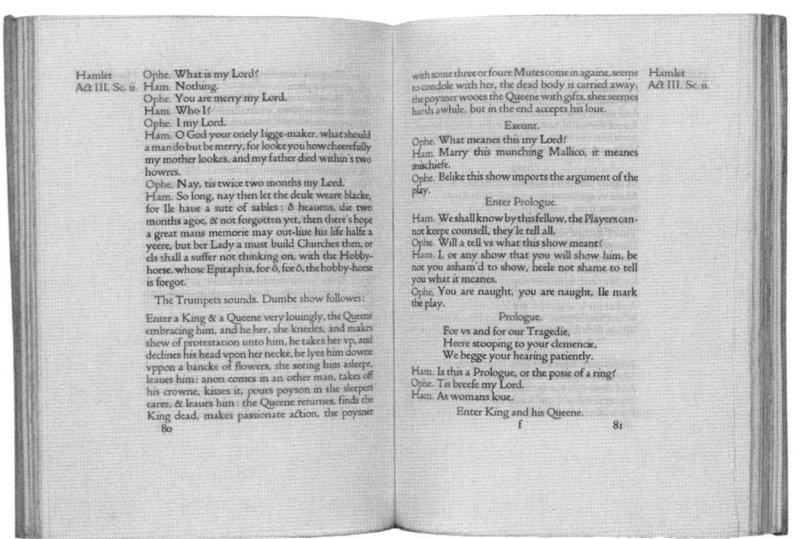

도브스 출판사가 출간한 《덴마크 왕자 햄릿의 비극적 역사》(1909).

코브던-샌더슨은 도브스 출판사의 역사가 그 회사 종사자들의 인품이 아니라 펴낸 책들에 의해 전해지기를 바랐다. 그는 그 출판사와 관계있는 옛 활자들을 파괴하면서 1917년의 대부분을 보냈다. "나는 이렇게 결심했다. 할 수 있는 한 많이 파괴해 아무런 잔해도 남지 않게 할 것이고, 사소한 세부 사항의 역사도 남겨놓지 않을 것이다. 단지 우리가 펴낸 책만 있을 뿐." 도브스 출판사는 1900년에서 1916년 사이에 40종의 책을 출판했는데, 각 책의 부수는 225부에서 500부 사이였다(300부가 초쇄 기준 부수였다). 대개 종이에 인쇄되었고 극소수만 우피지에 인쇄되었다. 그처럼 상업성 따위는 의식하지 않고 사업을 시작한 출판사가 또 있을까? 코브던-샌더슨이 펴낸 첫 책은 로마 역사가가 서기 98년경에 라틴어로 쓴 것이었다. 책의 내용은 1세기의 브리튼 총독인 그나이우스 율리우스 아그리콜라의 생애다. 이 책, 푸블리우스 코르넬리우스 타키투스의 《아그리콜라》는 1900년 10월에 인쇄되었다. 그것은 인기를 끌기 위한 책이 아니었다. 그 뒤에 이어진 책들은 전통적인 정전이었고, 유럽 문화의 가장 중요한 저작들을 근사한 인쇄본으로 펴내려는 코브던-샌더슨의 야심을 예고하는 것이었다. 그는 1908년의 일기에서 이렇게 썼다. "그리하여 나는 중요한 사상이라는 구상을 서서히 구축했고, 그 결과 명확한 비전이 드러나기 시작했다. (…) 그것은 우주의 장엄함과 그 상상적 창조에서 인간이 맡은 역할을 드러내려는 것이었다." 코브던-샌더슨은 '우주의 장엄함' 같은 문구를 좋아했는데, 그것이 과연 무엇인지 정확하게 이해하기란 어렵다. 그러나 발간된 책의 목록을 살펴보면 도브스 출판사의 계획이 무엇이었는지 좀더 명확하게 알 수 있다. 윌리엄 워즈워스, 로버트 브라우닝, 퍼시 비시 셸리, 존 키츠, 앨프리드 테니슨 경 등의 시집,

셰익스피어의 희곡과 시, 존 밀턴의《실낙원》, 성경. 영국 밖의 해외 작가 책으로는 랠프 월도 에머슨의《에세이》, 괴테의《파우스트》등을 펴냈고, 코브던-샌더슨이 흥미를 가진 좀더 국지적이거나 개인적인 책도 있었다. 가령 정치경제학을 다룬 존 러스킨의 산문집인《나중에 온 이 사람에게도》나 코브던-샌더슨 자신의 서지 철학을 담고 있는《이상적인 책 혹은 아름다운 책》(1900)이 그런 경우다.

1901년 3월 20일, 코브던-샌더슨은 달필인 에드워드 존스턴을 저녁 식사에 초대하면서 그의 펜촉과 펜대를 가지고 와 달라고 요청했다. 그는 존스턴을 가리켜 "나의 신통한 필경사"라고 했는데 듣기에 따라서는 다소 짜증나는 말일 수도 있었다. 코브던-샌더슨은 상대방의 심기를 살피는 일을 언제나 능숙하게 잘 한 것은 아니었다. 그는 존 밀턴의《실낙원》디자인을 의논하고 싶어했다. 그것은 도브스 출판사가 기획한 최초의 주요 작품이었고 코브던-샌더슨은 그 책의 출간이 출판사의 명성을 높여주기를 기대했다.

에드워드 존스턴은 우루과이 태생의 영국인 디자이너였는데 현대 캘리그래피의 아버지로 불리곤 한다. 그는 런던 지하철에서 1980년대까지 사용된 산세리프 sans-serif〔획의 장식적 삐침(세리프)이 없는(산)〕서체로 널리 알려지게 되었다. 이 서체를 가리켜 '존슨' 혹은 '존슨 산 Johnston Sans'이라고 한다. 런던 지하철의 아이콘이라 할 만한 작은 원반형 기호는 오늘날까지도 사용되고 있다. 두 사람이 만날 당시인 1901년에 존스턴은 29세로 코브던-샌더슨보다 30여 년 연하였다. 그는 왕립예술대학과 사우샘프턴 로에 있는 예술공예학교에서 글씨 쓰는 법을 가르치고 있었다. 이 무렵 그의 제자로는 에릭 길, 그리고 비록 잠시이긴 하지만 코브던-샌더슨이 있었다. 코브던-샌더슨은 존스턴의 시범을 쳐다보는 것은 "어떤 기이한 새를 바라보는 것과 비슷하다"라고 말했다. 당시는 존스턴의 주요 성공 사례인 핸드북 《쓰기, 삽화, 활자》(1906, 그가 했던 저녁 강의의 핵심을 모은 것)와 런던 지하철 공사(1913) 등이 아직 발생하지 않은 시점이었다. 그러나 코브던-샌더슨은 손으로 쓴 멋진 글씨가 도브스 출판사의 책에서 중요한 서체로 자리잡는 광경을 금방 상상할 수 있었다.

존스턴이 《실낙원》의 시작 페이지에 들어갈 활자 도안을 완성하는 데에는 상당한 시간이 걸렸다. 오늘날 약 30쪽 분량의 시범 인쇄본이 시카고의 뉴베리도서관에 소장되어 있고, 나머지는 여러 도서관과 문서보관소에 뿔뿔이 흩어져 있다. 일의 진행이 늦어진 것은 존스턴의 지나친 근면함과 꼼꼼함 때문이었다. 역사가 메리앤 티드콤은 이렇게 말했다. "일을 엉성하게 해놓으면 존스턴은 그 때문에 온몸이 아파지면서 몸살을 앓는 경향이 있었다." 코브던-샌더슨의 간섭과 변덕도 한몫을 했다. 그는 주변을 서성이며 간섭하는 것을 그만두지 못했다. 코브던-샌더슨은 1902년 7월에 이렇게 걱정했다. "H 글자의 파란색과 붉은색 조합은 아주 좋습니다. 그런데 조금 두껍거나 형태가 불규칙하지 않습니까? 꼭 그렇다는 건 아닙니다. 당신의 글씨는 수백만 개의 검은 소문자만 보느라 지친 내 눈을 시원하게 해주는 훌륭한 작품입니다."

종이에 인쇄한 《실낙원》 300부는 마침내 1902년 11월에 시장에 나왔고 가격은 3기니였다(오늘날의 가치로 85파운드〔약 15만 원〕). 콰르토판이었고 손에 들면 묵직했다. 본문은 검은색 잉크에 제목만 붉은색 잉크로 인쇄되었고, 각 권의 첫 번째 단어는 손으로 쓴 파란색과 붉은색의 두문자가 들어갔다. 부드러운 우피지로 장정했고, 책등에는 PARADISE LOST라는 황금빛 글자를 새겼다. 코브던-샌더슨이 기대한 대로 이 책은 폭넓게 칭송을 받았다. 서지학자 A. W. 폴라드는 이 책을 가리켜 "지금껏 나온, 그리고 앞으로 나올 밀턴의 책 가운데 가장 훌륭한 《실낙원》 판본"이라면서, 한 발 더 나아가 "로마자 서체로 인쇄된 책 가운데 이보다 더 완벽한 책은 없다"라고 덧붙였다.

존스턴의 글씨 도안은 《실낙원》을 중세 필사본의 전통에 연결했다('필사본'을 뜻하는 manuscript는 '손'을 뜻하는 라틴어 manu와 '쓴 것'이라는 뜻의 scriptus가 결합해 만들어진 단어다). 존스턴의 글자 중 몇몇은 C. E. 키츠가 목각 작업으로 만들어 붉은색으로 인쇄되었으나, 손으로 쓴 두문자는 제2권에서 제12권의 첫 시작 부분에 존스턴이 직접 추가했고 파란색과 붉은색을 번갈아가며 사용했다.

책 전편에 걸쳐 거의 4천 개의 두문자를 추가해야 했는데 존스턴은 옛 제자이자 전직 변호사인 그레일리 휴잇(아이러니하게도 이 사람의 이름은 인쇄된 간기에 오타가 났다)의 도움을 받았다. 이 두문자가 위력을 발휘하는 이유는 손으로 직접 쓴 것이기 때문이다. 약간 불완전한 두문자도 있는데 그게 더 좋은 효과를 냈다. 우선 인간적 체취를 강력하고 생생하게 풍기고, 또 인간의 타락이라는 밀턴의 핵심 주제와도 상응하기 때문이다. 이것은 존스턴이 《쓰기, 삽화, 활자》에서 주장한 바이기도 했다.

장식용 대문자의 아름다움과 매력은 그 글자가 얼마나 자유로움을 드러내느

나에 달려 있다. 그 글자를 쓰고 난 후에 '다듬는' 것은 오히려 글자를 망쳐버린다. 자유로운 손으로 훌륭한 글자를 만들어놓으면, 재빨리 써내면서 발생하는 미세한 거친 부분은 '무심한' 필경사 작업의 나쁜 형태라기보다 '좋은' 형태로 인식된다.

다음 쪽에 제시된 《실낙원》 제4권의 시작 부분을 보자. 두문자에 해당하는 O의 '미세한 거친' 부분과 검은색으로 인쇄된 텍스트와 붉은색으로 인쇄된 권명이 자유로운 분위기를 자아낸다.

더욱 눈에 띄는 것은 같은 책을 종이가 아니라 우피지에 인쇄한 판본세 부다. 첫 페이지의 제목, 저자, 그리고 OF라는 단어가 그레일리 휴잇에 의해 양각陽刻의 밝은 황금색으로 처리되었다. 중세의 필사본 제작에서 황금 글자는 뚜렷한 목적의식(페이지를 밝게 빛나게 하기 위한)을 가진 사치품이었다. illuminate(비추다, 밝히다)의 본뜻이 바로 여기서 나왔다. 700년에서 1200년 사이에 필사본을 제작한 필경사들은 휴지처럼 얇게 두드려 편 금박을 입히거나, 조개껍데기에 보관되어 '조개 금'이라고 불리던 액상 금을 칠해 글자를 만들었다. 그 황금 글자는 제소gesso(그림이나 조각용으로 정제한 석고 가루, 또는 그림의 밑바탕으로 칠하는 풀 같은 물질) 위에 추가하여 표면에서 솟아오른 느낌을 주고, 부드러운 돌이나 동물 이빨로 광택을 내면 마치 페이지 밖으로 퍼져나가는 듯 밝게 빛난다.

도브스 출판사는 당시의 기계 시대에 도전하기 위해 이런 중세의 제책 기술을 20세기에 도입했는데, 이는 느린 작업의 철학을 표명한 것이기도 했다. 책을 만드는 방식도 그렇고, 독자가 책을 읽는 방식도 느리게 진행해야 한다는 것이다. 황금 글자들의 반짝거림을 보게 되면, 가령

> **O** FOR THAT WARNING VOICE, Book 4
> WHICH HE WHO SAW
> TH' APOCALYPS, HEARD CRY
> IN HEAVEN ALOUD,
> Then when the Dragon, put to second rout,
> Came furious down to be reveng'd on men,
> WO TO THE INHABITANTS ON EARTH! that now,
> While time was, our first Parents had bin warnd
> The coming of thir secret foe, and scap'd
> Haply so scap'd his mortal snare; for now
> Satan, now first inflam'd with rage, came down,
> The Tempter ere th' Accuser of man-kind,
> To wreck on innocent frail man his loss
> Of that first Battel, and his flight to Hell:

도브스 출판사의 《실낙원》 제4권 시작 부분.

PARADISE의 R과 A를 읽을 때, 또는 JOHN의 J에 도달할 때 천천히 눈을 굴리게 된다는 것이다. 여백의 두문자 O는 다른 어떤 곳으로 들어가는 출입문과 비슷하다. 우리는 머뭇거리며 점진적으로 글자를 읽어나가면서 이런 글자 형태 뒤에 숨겨진 꼼꼼한 장인 정신도 함께 생각하게 된다.

이런 느림, 그리고 그런 느긋함이 촉진하는 명상적 분위기가 책 만드는 과정에서 코브던-샌더슨을 사로잡았다. "일종의 축복받은 평온함이 (…) 내 영혼 속으로 들어왔다." 텍스트를 준비하거나 인쇄기에서 금방 떼어낸 인쇄지를 검토하는 일은 고단하고 눈을 피곤하게 하는 작업으로 인식된다. 그러나 코브던-샌더슨은 1902년 9월 28일자 일기에서 제본소로 가서 작업하기 직전에 《실낙원》 인쇄지를 검토한 일을 이렇게 기록하고 있다.

태양이여, 온화한 빛이여, 창으로 들어와 탁자와 나를 비추고, 출렁이는 물을 반짝이게 하는구나. 서풍은 나무를 스치며 마른 잎사귀를 부드럽게 흔들어 댄다. 오, 경이로운 세계여!

그리고 12년 뒤인 1914년 11월에 73세의 코브던-샌더슨은 자신이 인쇄한 책들에 대해 이렇게 생각했다.

내가 인쇄하는 영광을 누린 그 신성한 책들의 교정쇄를 읽고 확인하면서, 그 책들이 창조한 세계의 경이로움에 잠시 일을 멈추었던 적이 얼마나 많았던가. 마치 다른 차원에 있는 듯 떠 있는 세계, 저 멀리 아스라이 보이는 햇빛 가득한 세계, 모든 것이 여름날의 석양 혹은 새벽처럼 고요한 세계.

이것은 코브던-샌더슨에게 중요한 인식이었다. 물질적 사물로서의 위대한 책은 시간을 느리게 가게 하는 능력이 있었다. 그럴 수 있는 것은 부분적으로 그 책을 만드는 데 들어간 노고 때문이다. 우리는 책을 읽으면서 그런 노고 또한 읽을 수 있다. 이처럼 시간을 왜곡할 수 있는 것은 도브스 출판사 책들이 한 번에 여러 순간에 동시에 존재하는 것처럼 보이기 때문이다. 코브던-샌더슨은 이런 용어를 쓴 적이 없었을 테지만, 그 책들은 다시간적polytemporal 사물이다. 손 필기와 인쇄술의 혼종인《실낙원》은 인쇄 초창기의 책을 연상시킨다. 1450년대에 구텐베르크, 요하네스 푸스트, 페터 쇠퍼 등이 인쇄한 성경 상당수는 손으로 그린 삽화로 장식되어 있다. 다음 쪽의 이미지는 현재 48부가 남아 있는 구텐베르크 라틴어 성경의 시작 페이지다. 인쇄된 텍스트와 손으로 그린 자연 세계가

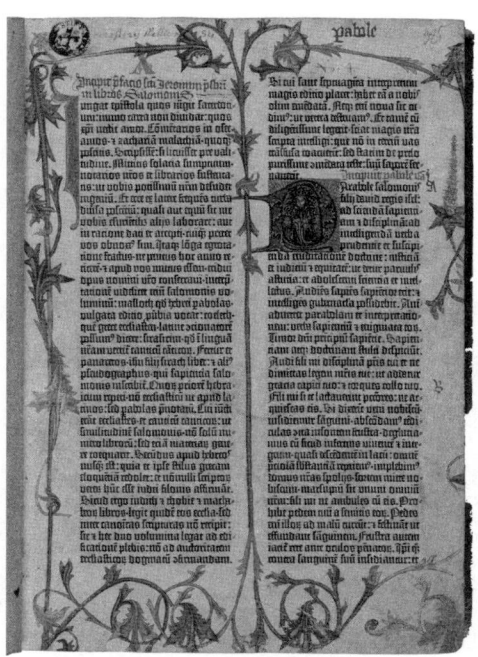

구텐베르크의 42행 《라틴어 성경》(마인츠, 1454).
예일대학 바이네케도서관 소장.

절묘하게 잘 배합된 책이다.

책의 역사를 시간의 경과에 따라 직선적으로 진행된 역사로 생각하기 쉽다. 일련의 순간과 시대를 관통해 제책 공정이 개선되면서 필사본에서 인쇄본으로, 그리고 디지털 책으로 계속 발전해온 것으로 여기는 것이다. 그러나 이러한 역사관은 여기서는 통하지 않는다. 구텐베르크의 초창기 인쇄본과 그 이전의 중세 필사본 문화가 선배이자 동료로서 도브스 출판사의 《실낙원》과 함께하고 있다. 코브던-샌더슨의 책은 이런 과거의 전통을 유령이 아닌 구체적 실체로 소환해 15세기 중반의 마인츠와 20세기 초의 해머스미스를 서로 연결하고 있다.

코브던-샌더슨은 도브스 출판사가 다섯 권짜리《영어 성경》을 출판하는 것이 필연적이면서도 어려운 서지학적 도전이 되리라고 생각했다. 존 배스커빌의 경우에서 이미 살펴보았듯이, 성경은 인쇄업자가 자신의 능력을 증명하는 핵심 텍스트였다. 이 책을 출간하려면 먼저 법적인 사전 준비 작업이 필요했다. 코스던-샌더슨은 왕의 인쇄업자, 혹은 이튼이나 윈체스터의 칼리지, 혹은 옥스퍼드나 케임브리지의 대학 출판부로부터 승인을 얻어야 했다. 옥스퍼드대학이 승인을 안 해주자 코브던-샌더슨은 영국적인 방식으로 일처리를 하면서 케임브리지대학 특별평의위원회의 간사를 점심 식사에 초대했다. 두 사람이 무엇을 먹었는지는 모르지만 아무튼 케임브리지는 1873년 F. H. 스크리브너 목사가 편집한 흠정판 성경의 텍스트 사용을 허가했다. 교정쇄를 대학 출판부에서 검토해야 한다는 조건이었다.

성경 발간 사업은 시간이 많이 걸렸다. 제1권은 1902년 말이 될 때까지 완간되지 않았다. 제5권인 신약성경은 1904년 10월에 나왔다. 그렇지만 이 성경은 상업적 성공을 거두었다. 인쇄가 완료되기도 전에 모든 부수가 완판되었다. 광고비도 들이지 않았고 서평용 무상 배본도 하지 않았으므로, 워커와 코브던-샌더슨은 500파운드의 이익금을 고스란히 나누어 가졌다. 옥스퍼드 트리니티칼리지가 소장한 다섯 권짜리 성경 가운데 제1권에는 석 장의 종이가 들어 있어서 이 책의 발간 당시를 엿보게 해준다. 첫 번째 종이는 선구매자에게 보낸 1901년에 인쇄된〈창세기〉시작 부분의 견본 페이지다. 두 번째 종이는 법률가인 C. E. H. 채드

윅-힐리가 작성한 선구매 전단지인데 날짜는 1902년 3월 27일이다. 세 번째 종이는 첫 권을 3파운드 3실링 7펜스(배송료 포함)를 지불하고 사들인 영수증이다.

각 권은 무겁고 크다. 판형은 세로 33.5센티미터에 가로 23.5센티미터다. 코브던-샌더슨은 원래 이 책을 폴리오(2절)판 크기로 만들려고 하다가, 굉장히 오래 걸린다는 것을 깨닫고서(일기에다 "무려 8년이나 걸린다!"라고 썼다) 콰르토(4절)판으로 바꾸었다. 인쇄기를 한 번 돌릴 때마다 전지 한 면에 4쪽을 인쇄할 수 있으므로 인쇄 시간을 단축할 수 있었다. 두 손을 써서 들어야 할 정도로 책이 크지만, 부드러운 우피 표지를 써서 잘 휘어진다. 이 무늬 없는 유연한 우피 장정의 책등에는 'THE ENGLISH BIBLE'이라는 책 제목을 황금색으로 찍어 의도적으로 시대를 거스르고 여러 세기 전의 전통을 되살렸다. 모든 책이 필사본이었던 시절부터 책을 제작해온 사람들이 만든 초창기 인쇄본을 인큐내뷸러라고 불렀는데, 이는 '요람' 혹은 '기저귀'를 의미하는 라틴어에서 유래했다. 그리고 우피는 16세기와 17세기에 책의 장정에 사용되던 것이었다.

코브던-샌더슨은 이 성경 제작의 노고를 깊이 명상하면서 자신을 윌리엄 틴들(1494~1536)이 확립한 전통에 따라 일하는 사람이라고 생각했다. 틴들은 성경을 영어로 번역한 최초의 영국인으로 자신의 번역글이 책으로 출판되는 것을 감독했고, 또 하느님의 말씀을 인쇄해 널리 퍼뜨려야 한다는 프로테스탄트적 신념에 철저히 헌신한 학자였다. 그는 이 신념으로 목숨을 잃었다. 틴들의 번역본은 1611년 제임스 1세 시대에 나온 흠정본 성경의 중요한 선행 텍스트가 되었다. 이렇게 볼 때 자신을 틴들과 동일시한 코브던-샌더슨의 생각이 사실 그리 겸손한 것은 아니다. 우리는 그가 품었던 장대한 비전을 1902년 1월 14일자 일기에서 엿볼 수 있다.

> 나의 유일한 걱정은 내가 그것을 완성하지 못하고 세상을 뜨는 게 아닐까 하는 것이다.
>
> 틴들은 그의 성경을 인쇄하기 위해 목숨을 바쳤다. 그렇지 않았더라면 그 일은 그렇게 훌륭하게 되지 않았을 것이다.
>
> 내 삶을 오로지 이 일에만 바치자. 이 일을 나의 평생 과업으로 여기자.
>
> 이 일을 위해 살고 필요하다면 이 일을 위해 죽자. 비용은 절대 따지지 말자! 그러니 이 새해에 나 자신을 온전히 이 위대한 일에다 바치자. 성경이라는 책의 아름다운 틀을 갖추는 것만 소망하자. 그 온전한 완전체를 구현하자. 과거 시대의 눈물과 웃음, 그리고 최초 성경 번역자들의 피와 눈물의 회상으로 만들어진 성경. 이제 다시 만들어지는 이 성경은 수집가들의 장난감이나 장식품이 되어서는 안 된다. 온 국민의 계도, 위안, 희망을 주는 국가적 걸작이 될 수 있도록 진중하면서도 대중적이고, 기념비적인 것이 되어야 한다.

코브던-샌더슨이 말하는 게 무엇인지 정확하게 파악하기란 어렵다. 부분적으로 "과거 시대"라는 표현이 부여하는 낭만적 애매모호함 때문에 그러하다. 그러나 성경의 최초 저술, 16세기의 번역, 그리고 1902년 해머스미스에서의 인쇄 등 역사의 3단계 구분은 주목할 만하다. 그는 도브스 출판사의 성경이 국가적 위안이 될 거라고 진정으로 믿었던 것일까?

물론 코브던-샌더슨은 자기 자신을 아주 진지하게 생각하는 것에 대해 아무런 문제점도 느끼지 못했다. 그의 일기장은 우스꽝스러움의 가장자리에서 아슬아슬하게 노닌다. "우리는 아주 영광스러운 행렬 속에 있다"와 같은 과장된 진술이 아주 많다. 그의 옛 도제였던 더글러스 코크렐은 이렇게 말했다. "코브던-샌더슨의 자기중심주의는 거의 병적이었다. (…) 그는 자기가 만들어낸 세계에 살았고 엄청난 정서적 폭풍우에 시달렸다. 나는 그가 남들과 진정한 교우 관계를 맺을 수 있을지 의심스러웠다."

"수집가들의 장난감"에 대한 경멸, 그리고 "진중하면서도 대중적이고, 기념비적인 것"에 대한 깊은 헌신은 코브던-샌더슨의 독특한 특징이다. 그러나 적어도 이 점에서만큼은 코브던-샌더슨은 그리 과도한 게 아니었다. 도브스 출판사 책의 아름다움은 정말로 아주 기념비적인 것이다. 잘 짜놓은 태피스트리 같은 아름다움이 아니라 잘 닦아놓은 대리석 석판 같은 아름다움이다. 기념비라는 관념은 코브던-샌더슨에게 크게 호소했는데, 오랫동안 책을 만든 공력이 응축된 결과라고 보았기 때문이다. 그는 활자술에 대한 강의를 하면서 이 느린 작업을 설명하기 위해 석판에 끌로 새긴 글자들의 사례를 들었다. 그렇게 오랜 시간을 들여서 작업을 해놓으면 독자들도 오랜 세월 수용해준다. 그는 이를 보여주는 사례로 영국박물관의 로마인 석상을 들었다. 이런 의미에서 도브스 출판사의 책은 황급한 활자술이나 모리스의 켈름스콧 책의 휘황찬란함에서 벗어나 '단순한 우아함'을 지향했다. 그것은 일종의 '건축학적 균형의 비례 감각'인데, 젠슨의 것을 모델로 한 활자와 더불어, 페이지의 텍스트와 여백 배치에 크게 신경을 쓰는 것이었다. 이러한 평가는 1917년 4월 12일 《타임스 리터러리 서플리먼트》의 '매력적인'(코브던-샌더슨이 한 말) 기사에서 《영어 성경》의 독특한 업적을 칭찬하면서 나온 것이었다.

《영어 성경》은 비판이 불가한 독보적인 책이다. 페이지의 비례 감각, 붉은색의 절제되면서도 현명한 사용, 〈시편〉 부분의 절묘한 배열 등이 너무나 완벽하다. 이 책은 모든 시대 활자술의 위대한 사례들과 견주어도 조금도 손색이 없는 고상한 책이다.

도브스 출판사 성경의 첫 페이지는 20세기 도서 디자인의 가장 유명한 페이지 중 하나다. 구약성경 첫 문구인 'IN THE BEGINNING'에서 두문자 I는 페이지의 위에서 아래로 내달린다. 메리앤 티드콤의 표현을 빌리면 그것은 붉은색의 추錘로, 천상과 지상을 연결하는 것 같다.

이것은 에드워드 존스턴의 글씨 작품을 금속 활자로 옮겨놓은 것이다. 코브던-샌더슨은 몰번의 애비 호텔에서 좌골 신경통을 치료하면서 존스턴에게 이런 편지를 썼다. "성경 첫 페이지의 첫 문구는 아주 멋집니다." 비평가들도 동의했다. 가령 《데일리 텔레그래프》의 한 비평가는 흠정판 영어 성경이 지난 300년 동안 인쇄되어왔지만 "오늘날까지 제대로 인쇄되어본 적이 없었다"라고 말할 정도였다.

16세기와 17세기의 독자들은 책 여백에다 중요한 의미가 있는 행을 표시했다. 우리는 그것을 윈킨 드워드의 책들에서 볼 수 있다. 후대에는 책에다 종종 주석을 넣기도 했다. 벤 존슨이 갖고 있던 시작詩作 핸드북인 조지 퍼트넘의 《영국 시라는 예술》(1589)은 현재 영국도서관에 소장되어 있는데, 존슨이 표시한 손가락 기호, 꽃 기호, 밑줄, 별표, 페이지를 위아래로 가로지르는 수직의 선 등은 모두 흥미로운 문장을 가리키는 것이었다. 실제로 존슨은 너무 많이 표시를 해서(마치 수험생이 참고서의 거의 모든 행에다 노란 형광펜으로 줄을 긋는 것처럼) 중요한 것과 중요하지 않은 것

도브스 출판사의 《영어 성경》 첫 페이지.

을 구별하는 게 사실상 불가능하다. 도브스 성경의 첫 페이지를 가로지르는 I는 이런 여백 표시의 전통을 상기시킨다. 여기에는 글자 배치의 멋진 역설 또한 도사리고 있다. I는 성경의 첫 글자인가 하면 텍스트 바깥에 있는 여백 표시이기도 하다. 그래서 I는 내부인가 하면 외부이고, 텍스트를 구성하는가 하면 그에 대해 주석이 되기도 한다.

이 다섯 권짜리 성경을 넘겨보면서 독자는 활자의 가독성과, 페이지 디자인의 엉키지 않은 명료함에 깊은 인상을 받게 된다. 이런 깨끗한 활자에 정기적인 별도의 장치가 덧붙는다. 가령 페이지 하단의 쪽수, 오른쪽 페이지 하단 중간쯤의 접지 숫자 signature number(제본을 위해 순서를 표기한 숫자), 각 페이지 상단 왼쪽 끝에서 오른쪽 끝까지 가로지르는 소제목, 여백의 장 번호 등이다. 삽화나 빈 공간 없이(단락 구분은 예외) 여러 페이지에 걸쳐서 검은색 텍스트만 계속 이어지다가, 마침내 새로운 각 권의 붉은색 문구는 강력한 시각적 단절을 보여준다.

코브던-샌더슨은 1900년에 도브스 출판사가 발간한 《이상적인 책 혹은 아름다운 책: 서체, 인쇄, 삽화, 그리고 하나의 전체로서의 아름다운 책에 관한 소논문》에서 이런 비례와 균형의 감각을 구체적으로 표현했다. 코브던-샌더슨의 철학에서 핵심적 사상은 책을 하나의 '단일성'으로 보는 것이다. "아름다운 책은 (…) 하나의 전체로서 구상되어야 한다." 이 것은 생산의 여러 요소가 조화로운 전체를 이루어야 하고, "단일성이 여러 요소의 아름다움보다 우위에 있어야 하고, (…) 각각의 요소는 그 모든 것을 만들어낸 하나의 이상에 복무해야 한다." 각 요소가 '그 자신이 아닌 어떤 것'에 기여해야 한다는 뜻이다. 바로 이런 이유로 그 자체로 아름다운 디자인의 요소들은 문제적인 것이 된다. 그런 것들은 저자의 말에 끼어들고, '신속한 이해와 평가'를 가로막으며, '활자의 뻔뻔함'만 강조한다. 이러한 균형과 질서의 관념은 윌리엄 모리스의 《이상적인 책》(1893)에서 서술된 조화로운 협력의 개념에 크게 빚진 것이다. 이 균형 잡힌 협력의 개념은 너무나 중요하기 때문에 코브던-샌더슨은 그 반대의 것(창작의 조건이 부과한 한계를 넘어서는 각 요소의 자기주장)을 '반역적 행위'라고 규정했다. 글자를 너무 과도하게 장식하는 필경사는 "예술을 너무 밀고 나가는 것이다. (…) 그는 텍스트를 자기 자신에게 복종시키려는 (…) 위험한 짓을 하는 것이다."

활자는 저자의 텍스트에서 벗어나서는 안 되고 "그 자신의 투명함과 아름다움을 통해 의사소통을 한결 수월하게 하는 것"이 되어야 한다.

1930년, 활자 연구자 비어트리스 워드는 〈유리잔, 인쇄는 보이지 않는 것이 되어야 한다〉라는 중요한 논문에서 활자는 포도주를 따르는 투명한 유리잔 같은 것이 되어야 한다고 말했다. 즉 내용물을 보관하고 드러내지만, 그 자신은 깨끗하고 끼어들지 않고 투명한 것이 되어야 한다는 얘기다. 코브던-샌더슨은 이와 유사한 목적의식으로 일을 했고 책 디자인은 근본적으로 저자 중심이 되어야 한다고 보았다. 다시 말해 인쇄공, 디자이너, 판화가, 제본공, 기타 제책 과정의 여러 행위자는 자기를 소거消去하는 투명성을 발휘하면서 저자의 사상을 일반 대중에게 알려야 한다는 것이다. 코브던-샌더슨은 이렇게 썼다. "활자의 전적인 의무는 저자가 소통하려고 의도했던 생각이나 이미지를 인쇄 과정에서 상실하는 법이 없이, 독자의 상상에 전달하는 것이다." 그러나 첨언하자면 이와 같이 강력히 표명된 자기 소거와 코브던-샌더슨의 엄청난 자기중심주의 사이에 긴장이 존재하고 있다는 것도 주목할 만하다.

훌륭한 책 디자인은 바로 그 유능함 때문에 텍스트 자체를 전치轉置시키는 위협을 내포하게 된다. 적대감의 가능성은 집단적 환경에서 작업하는 유능한 예술가의 그림자이기도 하다. 그리고 협력적 작업은 작품의 핵심인 예술적 주장을 억제하고 단련시킨 결과물이다. 도브스 출판사 성경 제1권의 간기는 협동 작업에서 함께 일한 개인들을 의식하고 있다. 주요 발행인을 언급했을 뿐만 아니라 함께 책을 만든 사람들의 이름도 거명하고 있다. 'T. J. 코브던-샌더슨과 에머리 워커 발행'이라고 하고서 '문선공 J. H. 메이슨, J. 거트리지, C. F. 그린그래스', '인쇄공 H. 게이지-콜, J. 라이언, T. 월러, A. 버몬트' 등의 이름을 함께 기재했다. 이런 점에서 도브스 출판사의 책은 많은 점에서 영감을 얻은 인쇄 초창기 간행물과는 전혀 닮지 않았다. 초창기 책들에서 출판에 참여한 하급 직원들은 보통 언급되지 않았다. 흠정판 영어 성경이 1611년에 발간되었을 때 그 간기는 이러하다. "런던에서 국왕 폐하의 인쇄공인 로버트 바커에 의해 인쇄. 1611년." 인쇄공, 교정자, 문선공 등의 이름은 아예 거명되지 않았다.

다수의 도브스 출판사 근무자들이 해머스미스 테라스 근처에 모여 살았다는 것은 이런 원칙에 입각한 협력의 비전에 중요한 요소였다. 코브던-샌더슨은 그것이 공유된 프로젝트 의식을 심어주고 또한 다른 사람들이 하는 일에 대해 친밀감을 느끼게 해줄 것이라고 희망했다. "압박이나 긴장이 없는" 아름답고 조화로운 책은 다음과 같은 것을 표현하고 이루어가는 구체적인 수단이 된다. "우리 자신과 세상을 구성하는 생명의 전체, 그 복잡하고 경이로운 전체는 경쟁하는 힘들의 갈등 속에서도 멋지게 그 자신의 존재를 구축한다."

코브던-샌더슨은 도브스 출판사에 대해 일기에 이렇게 썼다. "내가 존경하고 사랑하는 것에 대한 나의 존경심을 표현하기 위한 수단." 우리는 우주를 받아들이고 표현하는 책의 능력을 그의 글에서 자주 발견한다. 그의 일기장에 적힌 글은 책의 세부 사항에 대한 세세한 관심과, 광대무변한 영혼의 비약을 무시로 오간다. 그는 해머스미스 사회주의자 모임에서 윌리엄 모리스가 행한 연설의 판본에 들어갈 어떤 페이지에 대해 깊이 우려한다. "첫 번째 행은 붉은색으로. 두 번째 문단의 첫 번째 단어('윌리엄 모리스')도 붉은색으로. 그리고 세 번째 문단의 첫 번째 문장, '시대는 기이하고 사악하다'도 붉은색으로." 그렇게 쓰다가 일기장의 다른 부분에서는 깊은 명상에 잠긴다. "책을 제본하고, 책을 인쇄하고, 책을 생각하고 써라. 늘 천상왕국이라는 목표에 시선을 고정하고 그렇게 하라." 그의 《신념》(1906)은 단 4쪽짜리 작고 아름다운 책인데, 평온한 조화와 물질적 절제라는 도브스 출판사의 철학을 표명한다. 이 책에서 코브던-샌더슨은 책이 모든 사물에 적용되는 메타포라는 자신의 철학적 신념을 언명한다.

나는 믿고, 또 본다. 햇빛이 환히 빛나는 대낮이나, 밤중의 어두운 그림자나, 모두 생명의 책이라는 위대한 책의 한 페이지라고 말이다. 다른 밝은 페이지인 내일, 또 다른 내일은 다양한 민족, 그리고 인류의 다른 세대를 위해 넘어간다.

코브던-샌더슨의 조화 이론을 관통하는 볼썽사나운 역설은 격렬한 적개심인데, 바로 이 때문에 도브스 출판사는 문을 닫았다. 이제 이 이야기를 해보자.

힘찬 상업적 출발을 한 이후에 도브스 출판사는 코브던-샌더슨의 아내 애니의 재정 지원에도 불구하고 금전적 문제를 겪었다. 총체성을 강조하는 그의 성격답게 코브던-샌더슨의 최초 계획은 셰익스피어 희곡 전집을 출간하는 것이었다. 이것이 그후 열 편 그리고 다시 네 편으로 축소되었다. 《햄릿》이 첫 번째 권으로 1909년 6월 28일에 처음 발간되었다. 이어 《안토니와 클레오파트라》(1912), 《줄리어스 시저》(1913), 《코리올라누스》(1914) 순으로 나왔다. 시집도 나왔는데《소네트》(1909),《비너스와 아도니스》(1912),《루크레티아의 능욕》(1915) 순이었다.

《햄릿》의 출간은 복잡한 문제였다. 초창기에 출간된 판본이 세 개나 있었는데 서로 내용상의 차이가 있었다. 이중 첫 번째 콰르토(이하 Q1)는 1603년에 발간되었는데《덴마크 왕자 햄릿의 비극적 역사》라는 제목을 달고 있었다. 두 번째 콰르토(이하 Q2)는 1604년과 1605년에 발간되었다. 그리고 퍼스트 폴리오(이하 F1)는 1623년에 셰익스피어 전집에 들어간 총 36편 중 하나로《덴마크 왕자 햄릿의 비극》이라는 제목을 달고 있다. 모두 겉보기에는 같은 희곡이었지만 상당한 차이점이 있었다. 특히 Q1의 경우가 그러한데 분량이 Q2의 절반을 약간 넘는 정도다. Q2에서 햄릿은 영문학에서 가장 유명한 대사를 말하며 자신의 죽음을 명상한다. "사느냐 죽느냐, 그것이 문제로다." 그러나 Q1의 햄릿은 그보다 덜 분명하게 "사느냐 죽느냐, 나는 그것이 요점이라 본다"라고 말한다.

편집자는 무엇을 해야 할까? 첫 번째 방법은 하나의 텍스트를 선택해 그로부터 작업을 시작하면서 다른 텍스트들을 참고해 오류를 시정하거나 결락을 보충하는 것이다. 세 텍스트 중에서 가장 긴 Q2가 대개 이런 기본 텍스트로 사용되고, 오늘날 영문학에 알려진《햄릿》의 판본은 대체로 이 Q2다. 두 번째 방법은 편집자가 세 판본을 모두 활용해, 필요할 때마다 어떤 판본이 더 바람직한가를 결정해 융합본을 만들어내는 것이다. 이렇게 하면 벌레들이 스멀스멀 기어 나온다. 그 '더 바람직하다'라는 건 셰익스피어의 의도인가? 그의 수고본이 수중에 없는 상태에서 어떻게 그것을 확신할 수 있는가? 혹은 '더 바람직하다'는 것이 연극적으로나 미학적으로 가장 좋은 대사를 말하는 것인가? 누가 그렇게 판단할 수 있는가? 해럴드 젠킨스가 1982년에 아든 시리즈 2를 위해 내놓은 융합 판본은 여러 면에서 멋지지만, 아무리 가장 좋고 가장 믿을 만한 버전을 만들었다고 하더라도 그것은 셰익스피어가 직접 쓴 텍스트는 분명 아니다. Q1, Q2, F1, 그리고 편집자의 추정이 종합된 것일 뿐이다. 세 번째 방법은 각각의 텍스트를 뚜렷이 다른 것으로 제시해 그 완결성을 인정하면서 독자의 관심을 요구하는 것이다. 가장 최근에 나온 아든 판의 편집자인 앤 톰프슨과 닐 테일러는 2006년 판본과 2016년의 수정판에서 이 세 번째 것을 선택했다. 이것은 좋은 선택인가? 우리가 알고 있다고 생각하는 희곡을 확대하거나 파괴하는 일인가? 이것은 풍요로움인가 피상적인 것인가? 확장인가 현학인가?

코브던-샌더슨은 1908년에 서로 다른 판본을 대조하면서 도브스 출판사의 《햄릿》 텍스트를 확정하는 데 많은 시간을 보냈다. 그는 턱수염을 무성하게 기른 언어학자 F. J. 퍼니벌의 자문을 구했다. 당시 84세였던 퍼니벌은 이 무렵 해머스미스에서 살고 있었다. 그는 《옥스퍼드 영어사전》의 공동 창립자였고 편집학 분야의 태두였다. 코브던-샌더슨은 텍스트의 세부 사항을 확정짓는 일에 몰두하면서, 자신과 온 세상 사물이 연결되는 철학적 확장감을 느꼈다. 1909년 9월 29일 화요일 오전 7시에 '침대에 누운 채로' 그는 특유의 사고방식인 행복한 영원의 느낌을 음미했다.

창문은 열려 있고, 하늘은 기분 좋게 비에 젖은 연한 푸른색이었다. 나무에 입 맞추는 부드러운 바람, 잎사귀들과 여러 집에서 반짝거리는 은혜로운 햇빛, 이런 것이 지금과 앞으로 다가올 시간의 모든 것을 채우고 있다. 종이 울리고, 새들이 지저귀고, 지나가는 기차의 희미한 소음이 들려온다.

침대에서 일어나 작은 주전자 물이 끓기를 기다리는 동안에, 평소처럼 침대 옆에다 아침 식사를 놓고서 나는 지난 몇 시간 동안 했던 것보다 더 충만하고 더 폭넓은 생각을 할 필요가 있다고 느낀다. 내가 햄릿의 텍스트에 몰두하는 동안에 이와 유사한 일이 언제나 벌어지는 듯하다. (…) 이처럼 충만하고 아름다운 세상, 인간의 과거, 이 세상, 그리고 앞으로 생겨날 모든 생명을 동시에 느끼면서 나의 내부에서 희열이 솟구쳐 오른다.

이것이 코브던-샌더슨의 진면목이다. 현실에 뿌리를 내린 실무적이고 실용적인 것(교정을 보아야 할 텍스트)과, 시간에서 해방되어 나선형으로 확대되는 명상("지구는 경이롭고 신성하다")이 함께 공존하는 것이다.

코브던-샌더슨은 분량이 제일 적은 Q1, 1823년에 발견된 이후 비평가들로부터 무시되어온 이 텍스트는 아예 거들떠보지도 않았다. 그는 Q2를 중심으로 F1을 부분적으로 추가했다. 그의 판본은 책 뒤에 부록을 추가해 그런 편집의 사유를 제시했다. 처음에 그는 아주 철저하게 이 방식을 밀고 나가려 했다. 햄릿식으로 말해보자면 "그 이상도 그 이하도 아닌 것"을 만들어내려 했다. 그러나 타협을 해야 한다는 게 분명해졌다. F1에서 가져온 보충적 문장이 모두 포함되진 못했다. 그는 "음률상 또는 기타 적합성의 고려 사항 때문에" 배제한 경우도 있다고 애매모호하게 말했다. 그럼에도 여전히 풍부한 분량의 《햄릿》에, 코브던-샌더슨은 더 명확해지도록 일련의 추가 조정 작업을 했다. 우선 구두점을 정교하게 정리했다(원래의 구두점은 20세기 독자에게 불규칙하고 혼란스러웠다. 물론 17세기 초 독자들에게는 그렇지 않았겠지만 말이다). 또한 대사의 앞에 붙는 인물명 등을 일목요연하게 제시하고, Q2와 F1에서 나온 무대 지시도 깔끔하게 정리했다. 무대 지시, 행동 및 장면 숫자, 대사 앞의 인물명은 붉은색으로 인쇄했다.

코브던-샌더슨은 혁신과 현상유지 사이의 경계선을 아슬아슬하게 걸어갔다. 텍스트를 1600년대에 남겨둘 것인가, 오늘날의 세계로 끌어낼 것인가 하는 문제였다. 그는 원래 인쇄공들의 오류는 제거하려고 애쓰는 한편, "뒤섞인 텍스트의 불완전한 형태" 속에서 실종된 셰익스피어의 "본질적 측면"은 지키고 싶어했다. 그는 1909년 2월 9일자 일기에서 이렇게 썼다. "셰익스피어의 희곡들은 완성된 제품이 아니다. 그것은 위대하지만 위대한 만큼 부주의하다. 그 부주의함은 분식해서 넘겨버릴 그런 성질의 것이 아니다."

역사적 부주의함을 정성스레 간직한다는 것은 일종의 역설이다. 그러나 코브던-샌더슨이 발간한 실물 책자는 역사와의 양가감정적인 관계를 구체적으로 표현한다. 도브스 출판사는 당시의 관례대로 250부를 인쇄했고 한 부의 가격은 2기니였는데, 별도로 10기니짜리 15부를 발간했다. 후자는 부드러운 우피지로 장정했고 책등에는 금박으로 'HAMLET'이라고 찍었다. 이는 출판사의 특징인 단순명료함 그 자체였다. 책에는 1604년 당시의 런던 거리를 연상시키는 삽화가 들어갔다. 표제지의 날짜는 '1604. 1623'으로 찍혀 있어서 그 책이 마치 제임스 1세 시대에 출간된 듯한 인상을 준다. 또한 페이지마다 전통적인 페이지 숫자와 문자를 표시했다. 이는 16세기와 17세기에 제본공에게 인쇄지를 넘기며 일을 맡길 때 페이지 순서를 표시하기 위한 방법이었고 1909년이라는 시점에는 불필요한 것이었지만, 윌리엄 모리스의 종이책에 달아놓은 자물쇠처럼 과거의 책 만드는 방식을 환기하려는 것이었다. 그리고 에드워드

> ENTER BARNARDO, AND FRANCISCO,
> TWO CENTINELS.
>
> Bar. WHOSE THERE?
> Fran. Nay answere me. Stand & vnfolde your selfe.
> Bar. Long liue the King.
> Fran. Barnardo.
> Bar. Hee.
> Fran. You come most carefully vpon your houre.
> Bar. Tis now strooke twelfe, get thee to bed Francisco.
> Fran. For this reliefe much thanks, tis bitter cold,
> And I am sick at hart.
> Bar. Haue you had quiet guard?
> Fran. Not a mouse stirring.
> Bar. Well, good night:

도브스 출판사의 《햄릿》.

존스턴이 써넣은 아름다운 장식 두문자(가령 위의 이미지에서 물결치듯 표현된 초록색 W)에는 이 《햄릿》을 중세의 필사 세계로 되돌리려는 의도가 있었다. 《쓰기, 삽화, 활자》에서 존스턴은 학생들에게 장식용 두문자의 가장 좋은 모델로 14세기 이전의 서체가 적절하다고 말했다. "아주 단순하면서도 아름다운 펜 글꼴이다. (…) 14세기 이후 장식용 두문자는 뚱뚱해지고 저속해지고 과도하게 치장되었다."

그러나 이러한 복고풍의 책 만들기 환경은 잠재적 갈등의 배경이 되었다. 셰익스피어 텍스트의 '본질'을 유지하고 싶다는 뜻을 밝힌 2월 9일자 일기에서 코브던-샌더슨은 또다른 야망을 언급했다.

도브스 출판사의 활자는 사람의 손으로 작업하는 텍스트 조판과, 사람의 손으로 잡아당기는 수동 인쇄기에만 쓰고 다른 기계식 인쇄기에는 사용되지 않게 하려는 것이 내 뜻이다. 나는 이런 뜻을 내 유언장에 들어가도록 할 것이다. 만약 내가 잊어버리는 경우 이 일기가 유언장을 대신해주기를 바란다.

그는 잊어버릴 사람이 아니었다. 도브스 활자가 기계식 인쇄기에 사용되지 않게 하겠다는 코브던-샌더슨의 결단은 생애 마지막 10년 동안에 그를 사로잡는 문제가 되었다. 그와 에머리 워커 사이에서 점점 커져가는 적개심이 결국 겉으로 드러나고 만 것이었다. 코브던-샌더슨은 워커가 인쇄 일에 전심전력을 기울이지 않는다고 생각했고, 워커는 분명 합작 사업인데 코브던-샌더슨이 습관적으로 '내 출판사'라고 말하는 것을 못마땅하게 여겼다. 이런 감정적 문제의 밑바탕에는 책 만들기에 대한 근본적으로 다른 태도가 자리잡고 있었다. 코브던-샌더슨은 이렇게 썼다. "나는 이것을 목표로 한 반면에 에머리 워커 씨는 저것을 목표로 삼았다." 워커는 인쇄공, 활자 디자이너, 교사, 사업가였고 수동 인쇄뿐만 아니라 사진 철판 인쇄, 석판 인쇄, 기타 도브스 출판사가 추구할 수 있는 포장지, 신문, 상업용 인쇄 등 다른 형태의 인쇄 사업에도 관심이 많았다. 워커는 현대적 형태의 인쇄를 받아들임으로써 도브스 출판사의 앞날을 더욱 밝게 하려고 애썼다. 반면에 코브던-샌더슨은 정신적인 것과 철저한 인쇄 철학의 고수에 더 관심이 많았고, 그것은 전혀 움직일 수 없는 철벽과 같았다. 그는 이렇게 썼다. "나는 이상가이고 광신자다. 이상가와 광신자를 상대로 그[워커]가 아무리 부딪쳐 온다 해도 결국 헛수고가 되고 말 것이다."

두 사람 사이에 당초 1903년에 맺어진 '합의 각서'는 1909년에 갱신되었는데, 만약 도브스 출판사가 문을 닫는다면 워커가 활자의 소유주가 되어 그가 원하는 방식으로 사용할 수 있다고 되어 있었다. 도브스 활자가 기계식 인쇄기에 사용될 수 있다는 전망은 코브던-샌더슨을 거의 강박증 수준으로 괴롭혔다. 1908~1909년에 《햄릿》에 대한 작업이 막 시작되었을 때(우연찮게도 그 작품은 옛 왕실의 질서가 붕괴되는 것을 다룬 희곡이다) 두 사람의 관계는 점점 더 차가워졌다. 워커는 자기 몫인 활자를 내놓으라고 했다. 1908년 12월부터 코브던-샌더슨은 워커가 출판사 건물 안으로 들어오는 것을 금지했고 더이상 출판을 하지 말라는 워커의 금지 조치를 무시했다. 두 사람 간의 의사소통은 변호사를 통해 이루어졌고, 1909년 6월 워커는 옛 친구이자 파트너를 상대로 고등법원에 소송을 제기했다. 어쩌면 이것이 "파트너십은 사업상의 동업 관계가 아니라, 헌신의 관계가 되어야 한다"라고 생각하는 사람에게 닥쳐올 필연적인 최종 결과였다. 코브던-샌더슨의 상상력 속에서는 다른 사람을 생각해줄 작은 공간도 없었다. 헌신과 아름다운 책에 대한 얘기는 결국 이런 시빗거리로 추락하고 말았다. 시간이 오래 걸리고 비용도 많이 들어가는 법정 드라마를 피하기 위해 시드니 코커렐이 나섰다. 1898년 소더비 경매에서 1476년에 출간된 젠슨 책을 사들인 바 있던 코커렐은 당시 케임브리지대학 피츠윌리엄박물관에서 큐레이터로 일하고 있었다. 그가 마련한 절충안을 두 사람은 받아들였다. 코브던-샌더슨은 살아 있는 동안에 그 활자를 무제한 사용할 수 있고, 워커는 코브던-샌더슨이 사망하면 그 활자를 상속받아 그가 원하는 방식으로 사용할 수 있다는 내용이었다.

 그러나 자신의 사후에라도 도브스 활자가 현대의 기계식 인쇄기에 사용된다는 생각은 코브던-샌더슨에게 참을 수 없는 것이었다. 1911년

6월 11일자 일기에서 그는 아주 고양된 어조로 〈나의 마지막 유언〉이라는 글을 썼다. 이 글은 《도브스 출판사가 인쇄하고 발간한 도서 목록 1900~1916》(1916)에 수록되어 일반 대중이 읽을 수 있다.

나는 템스강의 강둑에 있는 출판사에서 내 책을 모두 인쇄했다. 그러므로 내가 사망하면, 남아 있는 모든 펀치, 매트릭스, 활자를 템스강 하상에 유증하겠다. 강의 조수가 그것들을 넓은 바다로 데려가 영원히 사라지게 하기를 바란다. 혹은 강의 조수가 멈출 때까지 그것들 위로 강물이 흘러 다니기를 바란다. 그렇게 되면 그것들은 삼라만상의 운명이 그러하듯이, 시간의 조수 위에서 변하게 될 것이고 다른 사람들의 손은 결코 타지 않을 것이다.

코브던-샌더슨은 사랑하는 도브스 활자를 템스강의 하상에다 내버리겠다는 결심을 2년 동안 머릿속 깊숙한 곳에 간직해왔다. 엄청난 분노가 그에게 강력한 목적의식을 부여했고, 그리하여 1913년에 "헌신의 행위"(그 자신의 말)를 시작했다.

나는 해머스미스의 다리 위에 서서 출판사와 서쪽으로 지는 해를 바라보면서, 내 발밑의 위대한 템스강으로 매트릭스를 내던졌다. 내가 도브스 출판사 활자를 주조할 때 쓰던 이 매트릭스를 이제 이 위대한 강이 받아주기를.

3년 뒤인 1916년 8월 31일 76세의 코브던-샌더슨은 본격적으로 활자를 내던지기 시작했다. 그는 일기에 이렇게 썼다.

나는 한밤중에 해머스미스 다리에서 세 페이지 분량의 활자를 강으로 내던 졌다. 낮에 장을 보러 나갔다가, 문득 밤중에 활자를 내버리는 게 좋겠다는 생각이 들었다. 그래서 나는 출판사로 가서 먼저 한 페이지만큼을 가져와 던지고, 이어서 두 페이지 분량을 더 가져와서 버렸다.

이 투척 행위는 1916년 내내 계속되었고 코브던-샌더슨은 총 170회 정도 해머스미스 다리를 방문했다. 활자는 무거웠고 나갈 때마다 다양한 수송 수단을 사용했다. "리넨 백, 그 활자로 인쇄한 종이, 호주머니, 핸드백" 등이었다. 마침내 그는 "인쇄 후 마무리 도구를 보관해두는, 밀어서 여는 뚜껑이 달린 나무 상자"로 낙착했다. 그는 이러한 행위를 "템스강에 도브스 활자를 물려주는 나의 모험"이라고 칭했다.

다리에 도착하면 나는 저쪽 편으로 걸어가서 주위를 슬쩍 살펴본 뒤 난간에다 나무 상자를 올려놓고 뚜껑을 열어서 활자들이 저절로 강으로 떨어지게 했다. 그건 한순간의 일이었다. (…) 하지만 그 얼마나 위험과 공포가 가득한 기이한 일인가! 나는 근처에 보는 사람이 없는지 철저히 확인해야 했다. 난간 위에 상자를 올려놓고 잠시 뒤에는 강물에서 풍덩 소리가 났고 물보라가 솟구치는 게 보였다. 어느 날 밤에는 투척한 활자가 다리 아래에서 예기치 않게 막 빠져나온 배에 떨어질 뻔했다! 생각지 못한 위험이었다. 밤새 나는 경찰관 혹은 다리를 지키는 경비원에게 문초를 당하지 않을까 떨었다. 때로는 경찰관을 만나기도 했는데 그들은 상자 안에 뭐가 들었냐고 물었다.

코브던-샌더슨은 1913년에 〈변명〉이라는 글을 썼고 1919년에 수정했는데, 활자, 매트릭스, 펀치를 강에다 "축성consecration"한 행위를 정당화하는 글이었다. 축성은 어떤 것을 신성하게 만들어 종교적 용도에 합당하게 한다는 뜻인데, 이런 의미로 본다면 활자 파괴는 일종의 종교적 희생이었다. 코브던-샌더슨의 영성적 책 만들기, 그리고 그의 영원에 대한 판타지와 일치하는 행위였고, 도브스 출판사를 "우주의 목적에 일치시키는" 행위였다. 현대 세계가 이윤, 실용성, 경제성 등의 관념을 중심으로 구축되어 있다면, 활자 내버리기라는 은밀한 멜로드라마는 다른 세계의 극적인 행위였다. 비세속적이고, 비영리적이며, 비극적 운명을 맞이할 수밖에 없는 세계. 〈변명〉은 인쇄되지 않았다. 그 원고는 1966년 소더비 경매에서 팔렸고 현재는 캘리포니아대학 버클리 캠퍼스의 밴크로프트도서관에 소장되어 있다. 진지한 의도를 담은 이 문서의 도입부에는 밀턴의 《리시다스》, 맬러리의 《아서의 죽음》, 셰익스피어의 《템페스트》의 문장과 더불어 《일리아스》의 첫 문장인 "분노를 노래하는 자여, 오 여신이여"가 그리스어로 인용되어 있다.

그러나 그 활자는 영구히 인멸되지 않았다. 코브던-샌더슨의 일기에 나오는 자세한 상황 설명과 메리앤 티드콤의 공개적인 수색 활동 덕분에, 그래픽 디자이너 로버트 그린은 2014년에 코브던-샌더슨이 1916년에 활자를 투척한 다리 주변 5미터 반경을 확정할 수 있었다. 간조 때, 해변 넝마주이 면허를 가진 그린은 활자를 수색하기 시작했다. 놀랍게도 불과 20분 사이에 그는 소문자 v, i, e 활자를 발견했다. 2014년 11월 10일, 런던항 소속 잠수부들의 도움을 받아 수색 작업을 재개한 그린은 템스강 하상에서 잠자고 있던 활자 148개를 회수했다. 그렇지만 그 이상은 발견할 것 같지 않다. IRA(아일랜드공화국군)가 이 다리를 폭격한 뒤 2000년에

그래픽 디자이너 로버트 그린이 템스강에서 건져올린 도브스 출판사 활자.

다리의 기반 보수 공사를 했기 때문에 나머지 활자는 콘크리트 속에 갇혀 있을 공산이 크다. 그린은 회수한 도브스 활자를 바탕으로, 오늘날의 웹 환경에 알맞게 현대적인 디지털 활자를 고안했다. 이 활자는 타이프스펙Typespec을 통해 구입할 수 있다.

활자 회수의 이야기는 코브던-샌더슨을 기쁘게 했을 것이다. 이런 식으로 시간에 도전하는 모험을 기특하게 여겼을 법하다. 그러나 전통적 디자인을 숭상하고 기계식 재생(당시로서는 상상 불가능한 디지털 재생은 말할 것도 없고)을 싫어한 코브던-샌더슨은 오늘날 활자의 탈물질화 상태에 경악했을 듯하다. 그래서 그는 더욱 자신의 활자를 고집했을 것이다. 반면에 다양한 매체 형태에 관심이 많았던 에머리 워커는 즐거워했을 것이다. 2014년에 회수된 활자의 절반은 에머리 워커 재단에 영구 임대되어 현재 해머스미스 테라스 7번지에서 공개 전시되고 있다. 그곳은 워커가 살던 집인데, 도브스 출판사의 《햄릿》이 인쇄된 곳으로부터 여섯 집 아래쪽에 있다.

10장
소규모 독립 출판

낸시 커나드 Nancy Cunard (1896-1965)

그런 시절이었지요.

— 사뮈엘 베케트, 1959년 낸시 커나드에게 보낸 편지에서

파리, 1930년 6월. 새벽 3시에 낸시 커나드는 가까운 지인인 루이즈 모건에게 급하게 편지를 썼다. 모건은 미국 언론인이자 잡지《에브리맨》의 편집인이었다.

우리는 아주 아름다운 시를 발견했습니다. 그래서 이 시를 단독으로 인쇄해야 합니다. 시를 쓴 사람은 23세의 아일랜드인이고 여기 에콜 노르말에 다닌다는 것만 알고 있어요. 내일 그를 만날 예정입니다. 리처드는 이 시의 암유暗喩가 데카르트를 가리킨다고 합니다. 나는 몰랐지요. 우리가 시 안의 함의를 많이 알지는 못할 겁니다. 그래도 시 자체가 너무 좋으니 뭐가 문제이겠습니까.
다음과 같은 안내 광고를 실어주시면 감사하겠습니다. 아워스 출판사가 '시간'을 주제로 연 시 응모전의 최우수상이 사뮈엘 베케트에게 돌아갔다는 내용입니다.

리처드는 소설가이자 시인인 리처드 올딩턴을 가리키는데 그는 한때

10장 소규모 독립 출판　383

힐다 둘리틀(시인 'H. D.')의 남편이었다. 낸시 커나드의 말에 따르면 "내가 쫓아가기 바쁜 아이디어가 풍부한" 사람이었다. 올딩턴의 최근 아이디어는 커나드가 경영하는 아워스 출판사에 현상 시 응모전 제안한 것이었다. 그것은 미지의 시인을 발굴해 소규모 1인 출판사의 새로운 작가로 삼자는 것이었다. 커나드의 출판사는 그동안 조지 무어, 로버트 그레이브스, 아서 시먼스 등 잘 알려진 작가들의 작품만 출간해왔다. "시간에 대한 시를 써서 응모하라고 합시다. 시간의 어떤 측면을 다루어도 무방하고요." 올딩턴은 제안한 자리에서 계획을 구체화했다. 최대 100행으로 제한하고, "《일리아스》의 절반 길이에 해당하는" 장편 시보다는 "절묘한 각운을 맞춘 풍유 시"가 좋겠다고 말했다. 그 응모전의 광고는 자그마한 엽서에 붉은색 잉크로 인쇄되어 커나드가 거래하는 영국과 프랑스의 문학 잡지들에 발송되었다.

> 아워스 출판사의 낸시 커나드가 리처드 올딩턴과 협업하여, 가장 훌륭한 시를 뽑아 상금 10파운드를 드립니다. 100행 이하여야 하고 영어로 집필해야 하며, 주제는 '시간'입니다. (긍정적이든 부정적이든 상관없습니다.)
> 응모 마감은 1930년 6월 15일까지.

시간을 다루지 않은 시가 얼마나 될까? 이것이 올딩턴의 영악한 점일 것이다. 노르망디의 한여름, 라샤펠레앙빌에 있는 커나드의 농가 르퓌카레에서 커나드와 올딩턴은 접수된 100여 편의 시를 서로 읽어주었다. 기대감과 희망을 품고 시작했으나 이내 곧 의아한 마음이 들었으며 읽지 않은 원고 더미가 점점 줄어들자 그들의 목소리는 당황과 절망감에 휩싸였다. 커나드는 모건에게 이렇게 보고했다. "세상에, 이런 게 응모작이라니!" 그 시들은 형편없었고("'두 개의 독버섯'에 관한 시도 있습니다"), 그나마 좀 나은 게 평범한 수준이었고, 더욱이 응모작은 대개 악필로 쓴 것이었다. 두세 편을 제외하고 "형편없는 엉터리 시에서 가짜 형이상학 시에 이르기까지" 다양했다. 올딩턴에 따르면 비교적 낫다는 두세 편도 "그리 좋다고 할 수는 없었다."

이들이 파리에 돌아온 1930년 6월 16일 아침 이른 시간(즉 접수 마감일이 이미 지난 때), 어떤 보이지 않는 손이 커나드의 사무실 문 밑으로 서류 봉투를 하나 밀어넣었다. 시의 제목은 〈호로스코프Whoroscope〉(천체의 배열로 운세를 읽어내는 점성술을 의미하는 호로스코프horoscope를 변형한 신조어〕였고, 겉봉에 응모자 이름 '사뮈엘 베케트'가 쓰여 있었다. 커나드도 올딩턴도 모르는 이름이었다. 그러나 4~5행 읽어나가자 괴상하면서도 자극을 주는 생기 있는 시, 설명을 거부하면서도 독자의 얼굴을 빤히 쳐다보는 시를 알아보게 되었다. 커나드는 "부분적으로 신비하고 애매모호한 시"라고 말했다. 이 98행의 시는 심오한 르네상스의 과학 사상에다 아주 과격한 현장성을 가미했고, 화자는 여드레나 열흘 전에 낳은 달걀로 요리해주기를 고집하는(철학자는 그런 취향을 갖고 있었다) 까다로운 르네 데카르트였다. 커나드는 이 시에는 주석이 필요하다고 말했다. 당시 23세였던 베케트는 자기 시가 책으로 나올 뿐만 아니라 10파운드의 상금을 받게 된 것에 흥분하면서 주석을 다는 것에 동의했다. 어쩌면 베케트는 T. S. 엘리엇의 장시 《황무지》(1922)의 결론부에 들어간 주석(우리를 광명으로 인도하는 채광창의 역할을 한)을 패러디한 자신만의 주석을 염두에 두었는지도 모른다.

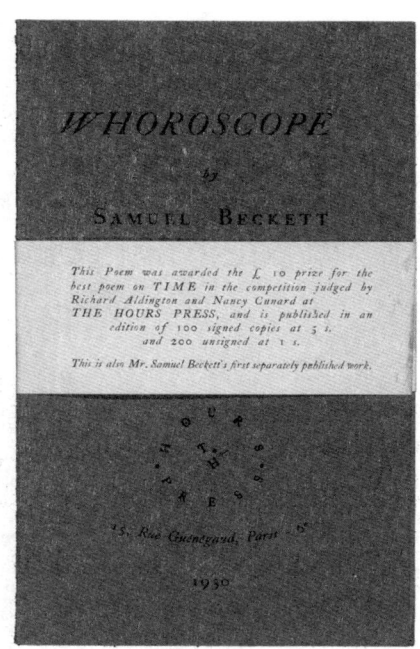

커나드가 인쇄한 사뮈엘 베케트의 《호로스코프》(1930). 띠지가 둘러져 있다.

《호로스코프》는 고급 베르제드리브 종이에 캐슬론 11포인트 활자로 인쇄되었다. 간략한 주석이 달렸고, 어두운 보라색 커버로 장정되었다. 저자 서명본 100부와 미서명본 200부가 발간되었는데 판매 가격은 각각 1실링과 5펜스였다(서명본은 오늘날 7500파운드[약 1400만 원] 정도 한다). 표지에 두른 띠지에는 이것이 상을 받은 작품이고 베케트의 '최초 출간작'이라고 선전했다. 그리고 이 시집 한 부가 게네고 거리에 있는 아워스 출판사 서점의 쇼윈도에 전시되었다.

베케트는 당시 파리에서 에콜 노르말 쉬페리외르(고등사범학교)에 다니면서 데카르트를 깊이 연구했고, 제임스 조이스를 위해 조사 작업을 하고 있었다. 조이스는 그에게 유럽에 있는 모든 강의 이름을 목록으로 만드는 일 따위를 시켰다. 이것은 커나드가 말한바 베케트가 '벼락같은 명성'을 얻기 20년 전의 일이었다.

베케트는 1959년 커나드에게 보낸 한 편지에서, 아워스 출판사에 투고한 시를 집필하던 때를 회고했다. 그는 그 시의 전반부 절반을 6월 15일 저녁에 썼다고 했다.

저녁 전에 코숑드레에서 샐러드와 샹베르탱을 먹고서, 에콜 노르말로 되돌아가 새벽 3시에 완성했습니다. 이어 게네고 거리까지 걸어가서 당신의 접수함에다 집어넣었습니다. 그렇게 된 거였고, 그런 시절이었지요.

나는 베케트의 전기 작가인 제임스 놀슨의 간명한 존경의 언사를 좋아한다. "아무리 똑똑하다 해도 단 몇 시간 내에 그런 시를 써낸다는 것은 대단한 재능이다." 또한 대단한 것은 무명 학생의 재능을 즉각 알아보고, 그 시를 출간했으며, 그리하여 베케트의 문학 경력을 촉발한 커나드였다.

언론인 겸 편집자인 새뮤얼 퍼트넘은 "낸시 커나드처럼 오해를 많이 받은 사람도 없을 것이다"라고 말했다. 이는 약간 과장이 섞인 것이지만, 아무튼 그런 오해가 생겨난 것은 커나드의 생애가 도저히 서로 타협될 것 같지 않은 여러 층위로 이루어져 있기 때문이다. 1920년대 후반까지 파리와 런던에서 시간을 보낸 커나드는 귀족 세계의 사소한 인물에 지나지 않았다. 출판인이자 소설가인 케네스 맥퍼슨은 이렇게 회상했다. "그녀를 처음 보고 즉각적으로 떠올린 인상은 점박이 왕잠자리였다." 그러나 1920년대 후반에 이르러, 커나드는 (해럴드 액턴이 쓴 것처럼) "사회의 여러 계층을 파고들어 그 기반이 허물어지고 있다는 것을 발견했다." 그래서 1930년대 초반부터 그녀는 자기가 정치적 좌파라는 사실을 내세우는, 겁 없는 삶을 살았다. 또한 흑인 민권운동과 프랑코와 에스파냐 파시즘에 대한 전투적 입장을 표명하며 정치적 부정의를 바로잡으려고 함으로써 자신의 명성을 위태롭게 만들었다(물론 그녀는 명성 따위는 신경쓰지 않았다). 액턴은 이렇게 쓰기도 했다. "중년에 들어서서 그녀는 신비주의자가 되려는 생각도 있었다." 그녀에게는 14세기 신비주의자 마저리 켐프의 분위기가 있었다. 만약 연때가 맞았더라면 윈킨 드워드는 커나드의 전기를 출간해주려 했을 것이다. 이 중년의 단계는 커나드가 인쇄된 말의 정치적 힘을 굳게 믿던 시기였다. 그녀는 선집인 《니그로》(위시아트앤컴퍼니, 1934)를 자비(약 1500파운드)로 출판했다. 이것은 아프리카인들의 해외 이산을 다룬 800쪽짜리 백과사전으로, 385건의 판화와 흑인의 역사·문화·정치에 관한 글을 수록했는데 랭스턴 휴스, 에즈라 파운드, 시어도어 드라이저, 조라 닐 허스턴 등이 기고자였다. 사뮈엘 베케트는 프랑스어 기고문을 영역했고, 커나드는 국제적 집단 작업의 '주도자'를 자처했다. 이 작업에 대한 혐오 편지들에도 불구하고 그녀는 아주 열정적으로 일했다. 커나드의 《지식인, 에스파냐 전쟁에 대해 입장을 밝히다》는 1937년 《레프트 리뷰》의 특별호로 발간되었다. 이 소책자는 에스파냐 전쟁에 대해 137명의 지식인이 어떤 입장을 갖고 있는지 취재한 것이었다. 그들 중에는 마르쿠스 가비, 조지 패드모어, C. L. R. 제임스 같은 흑인 지식인도 있었다. 137명 중 126명이 공화국 지지자였고 5명이 프랑코를 지지했으며(에즈라 파운드는 "에스파냐는 한 무리의 멍청한 현학자들에게 정서적 사치품이다"라고 말했다), 6명은 중립이었다. 다시 한번 커나드는 조지 오웰 같은 사람들의 신랄한 편지를 받아가며 작업을 했다. 오웰은 상대방이 남자였다면 그런 식의 편지는 보내지 않았을 것으로 생각된다.

이런 허섭스레기를 좀 보내지 말아주십시오. (…) 나는 당신이 좋아하는 오든이나 스펜더 같은 인기 높은 겁쟁이들의 무리가 아닙니다. 나는 에스파냐에 6개월 있었고 그동안 계속 전투에 임했으며 현재 내 몸에는 총알구멍도 나 있습니다. 나는 민주주의를 옹호하거나 용감한 소인배에 대해 글을 쓰는 일 따위는 하지 않을 겁니다.

커나드의 아워스 출판사는 처음엔 시골인 레앙빌에 있었으나 1928년에서 1931년 사이에 파리로 옮겼다. 커나드는 출판사에서 조판을 하고, 손으로 인쇄기를 돌리고, 장차 모더니즘의 정전이 되는 책 24권을 포장하고 배포했다. 그녀는 이렇게 귀족의 붕괴와 정치적 헌신이라는 두 세계를 서로 연결했다. 커나드가 책의 역사에서 중요한 위치를 차지하는 것은 이 출판사 덕분이다. 그 자체로 예외적인 사례일 뿐만 아니라, 1920년대와 1930년대의 독립 출판 운동을 특징적으로 대표하기 때문이다. 이 소규모 출판사들은 켈름스콧의 윌리엄 모리스, 도브스 출판사의 토머스 코브던-샌더슨, 그리고 그 이전에는 1757년에 설립된 호러스 월폴의 스트로베리힐 출판사 등에서 영감을 얻었다. 1920년대와 1930년대의 독립 출판 운동은 그 이전의 실험과 달리 고급 예술품으로서의 책을 강조하지 않았다. 가령 초서나 셰익스피어 같은 영문학 초창기의 텍스트를 강조하지 않았고 천천히 작업하면서 기술적 완성도를 높이는 중세적 모델을 따르지도 않았다(앞서 보았듯이 모리스는 19세기에 책을 만들면서 '중세 후기의 자물쇠'를 걸었다). 1920년대와 1930년대의 독립 출판 운동은 새로운 현대적 저작을 출판하는 데 더 관심이 많았다. 그런 출판사로는 로라 라이딩과 로버트 그레이브스가 런던과 마요르카에서 운영한 시징, 데이비드 가넷과 프랜시스 메이넬이 런던에서 운영한 논서치, 노먼 더글러스와 피노 오리올리가 피렌체에서 운영한 룽가르노, 윈 헨더슨과 제임스 클루 등이 런던에서 단기간 운영했던 아퀼라, 거트루드 스타인과 앨리스 B. 토클라스가 파리에서 운영했던 플레인에디션스(두 사람은 소장하고 있던 피카소 그림을 팔아서 출판 자금을 댔다) 등이 있었다. 커나드의 아워스 출판사도 이런 출판 운동의 일환이면서 그 운동을 더욱 진작시켰다.

커나드는 1965년 3월 17일 파리의 오피탈 코생에서 홀로 사망했다. 전쟁에 반대하는 서사시를 집필하던 중이었다. 경찰은 무일푼으로 병든 상태이던 그녀를 발견하고 병원으로 후송했다. 발견 당시 그녀는 의식이 혼미했고 얼굴이 멍들어 있었으며 자기 이름도 기억하지 못했고 몸무게는 겨우 26킬로그램이었다. 패트릭 맥기니스는 "명성과 행운이 신데렐라와 정반대 방향으로 흐른 사람"이라고 했다. 그러나 우리는 여기에 한마디 덧붙여야 한다. 커나드가 자신의 풍요로운 과거를 거부한 것은 자발적이자 정치적인 것이었고, 생애 말년의 비참한 결말에도 불구하고 궁극적으로 볼 때 그녀의 인생이 뭔가 잘못된 이야기는 결코 아니라는 것이다. 레이먼드 모티머는 이렇게 썼다. "단언컨대, 그녀는 평생 뭔가를 두려워한 적이 결코 없었다."

그녀는 1896년 레스터셔의 네빌홀트라는 커다란 저택의 물질적 사치스러움 속에서 태어났다. 이 저택은 현재 1등급 건물로 분류되어 있는데 1300년 이전에 지어졌고 언덕 꼭대기의 넓은 부지에 자리잡고 있다. 그녀의 어머니는 미국인 상속녀 모드 앨리스 ('에머럴드') 버크였다. 샌프란시스코 출신의 미녀로 남편보다 스무 살이나 어렸다. 버지니아 울프는 그녀를 "우스꽝스러운 작은 앵무새 같은 얼굴에 (…) 촌스럽고 평범하고 어리석은 여자"라고 혹평하며 대단치 않게 보았다. 그러나 커나드 부인은 화려한 파티를 주관하는 여주인으로서 명성을 날렸다. 처음에는 네빌홀트에서, 나중에는 런던의 캐번디시 스퀘어에서 열린 파티에 세습 귀족들이 거들먹거리며 찾아왔고, 예술가들은 화려한 모습을 드러냈고, 정치가들도 자발적으로 찾아왔다. 그런 낭만적 움직임이 어디를 향하는지는 불분명했다. 그녀의 아버지 배치 커나드 경은 원양 해운회사의 창업자 손자였다. 그 덕분에 1만 3천 에이커의 시골 대저택을 소유하게 된 것이다. 그러나 배치 경은 번잡한 재계와 아내 친구들의 발랄한 수다를 뒤로하고 시골로 은퇴해버렸다. 그는 네빌홀트의 작업장에서 금속 풍향계와 정교한 타조 알 용기容器를 만들었다. 낸시는 아버지가 "정교하게 코코넛을 조각해 컵에다 부착했다"라고 말했다. 처음부터 추구하는 길이 달랐던 커나드의 부모는 1911년에 별거에 들어갔다.

커나드는 생애 후반에 어린 시절을 회고하면서 느긋함과 격랑이 혼합된 세월이었다고 말했다.

내가 기억하는 네빌홀트는 1년의 절반쯤 사람들이 끊임없이 오고 가는 그림이다. 테니스와 크로켓 게임이 진행되는 가운데 잔디밭에서는 장시간 차 모임이 열리고, 홀과 모닝룸에서는 커다란 통나무가 하루종일 벽난로에서 타오르고, 사람들은 거기서 여러 시간 브리지 게임을 했다. 아름답고 근사한 귀부인들은 주문 제작한 옷을 입고 거닐었다. (…) 여름 내내 빛에 따라 색깔이 변하는 실크 옷과 빗금 쳐진 평직 옷을 입은 귀부인들이 잔디밭을 천천히 걸으며 웃고 담소를 나누었다.

커나드의 초창기 명성은 1920년대의 퇴폐적 형태를 대표하는 괴상한 여자라는 것이었다. 그녀는 호전적인 게으름의 자세를 취했는데, 이제 와 돌이켜보면, 그 자체가 반항적 투쟁의 한 형태였다. 그녀는 런던과 파리로 자주 여행을 떠났고 작가들과 화가들이 그녀의 사교계에 출입했다. 성적인 문제를 자주 논의했고, 소호에 있는 에펠타워 레스토랑에서의 저녁 식사를 종종 모의했고, 새벽 2시에 갑자기 친구들을 소환하기도 했다. 친구들이 도착해보면 커나드는 자신이 전화했다는 사실을 까맣게 잊고 있었다. 친구들은 그녀가 "언제나 취해 있었다"라고 말했다. 리처드 올딩턴은 그녀가 "에로틱한 보아뱀"이라고 말했다. 그녀의 친구 아이리스 트리는 이렇게 회상했다. "우리는 색깔을 바꾸는 카멜레온처럼 반응했다. 메러디스에서 프루스트로 그리고 도스토옙스키로 옮겨갔다. 《옐로 북》에 약간 물들기도 했고, 가끔씩 보들레르와 오스카 와일드가 남긴 압생트를 마셨으며, 자유주의에 얼굴이 발그레 상기되었고 술이 깨면 허무주의적 비관론에 잠겼다." 브란쿠시는 그녀를 조각했고, 유진 매카운은 그녀를 그렸으며, 만 레이와 세실 비튼은 그녀를 카메라에 담았다. 올

바버라 커-세이머가 촬영한 낸시 커나드.

더스 헉슬리와 마이클 알린은 그녀를 자신의 소설에 등장시켰다. 해럴드 액턴은 이렇게 썼다. "그녀는 굶주린 듯 보였다. 그 허기를 독한 백포도주와 헌걸찬 대화로 달랬다." 그녀는 프랑스어로 '송르가르son regard'(그녀의 눈빛)라는 말로 유명했다. 재닛 플래너는 이렇게 설명했다. "그녀는 아주 강렬한 눈빛으로 당신을 쏘아본다. 벽옥의 초록색 눈으로 당신을 응시하고 사로잡는다. 그 두 눈은 언제나 위에서 아래까지 검은 화장으로 짙은 윤곽선을 내보인다." 동시대인들은 그녀의 아름다움, 반항심, "가식도 껍질도 없는"(레너드 울프) 면모를 묘사했다. 매순간 에너지가 여러 갈래로 한없이 뻗어나가는 인물이었다. 액턴은 이렇게 썼다.

그녀에게 시간이란 존재하지 않았다. 편지, 선언문, 견적서, 회람, 최근에 사들인 아프리카 팔찌 등이 가득 든 서류 가방을 가슴에 움켜 안고서 택시들 사이를 활보하며 도시를 종횡무진한다. 그녀는 약속을 하면 언제나 몇 시간 늦게 나타난다.

이러한 그녀의 명성을 비꼬는 문장이, 1921년에 집필된 엘리엇의 《황무지》 제3부 '불의 설교' 초고에 등장한다. 여기서 커나드, 혹은 엘리엇의 커나드에 대한 인상을 연상시키는 프레스카라는 여성이 나온다. 그녀는 빅토리아 시대의 감성과 러시아 문학의 바탕 위에서 성장했는데 화장실에 앉아 18세기 소설을 읽는 함량 미달의 시인으로 묘사되어 있다. 이 문장은 현명하게도 에즈라 파운드의 조언에 따라 삭제되었으나, 어쨌든 커나드 같은 사람을 향한 여성 혐오의 분위기를 전달한다. 그녀의 신체, 그녀의 한가함, 대중 앞의 등장, 그녀의 시적 야망을 조롱하는 그런 분위기 말이다. 이보다 더 다양한 관점을 갖고 있고, 그래서 더 좋은 문장은 버지니아 울프의 일기 1924년 11월 1일자에 있다(당시 커나드는 28세).

그녀는 아주 정직한 눈을 가졌다. 그녀는 손쉽게 아주 절망적인 분위기의 수다에 빠져든다. 그녀는 모든 것을, 정말 모든 것을 다 말할 수 있다는 태도로 말한다. 그림자도 은밀한 곳도 없다. 햇빛 속의 도마뱀처럼 살지만 바로 그래서 본능적으로 그늘을 그리워한다.

사실 커나드는 엘리엇의 작품을 크게 존경했고, 그녀 자신의 시도 그의 시에서 지속적인 영감을 받았다. 커나드는 《범법자들》(1921)과 《달빛 아래》(1923)라는 초창기 시집을 냈고 이어 울프 부부의 호가스 출판사에서 장시《패럴랙스》(1925)를 출간했다.《패럴랙스》는 총 420부를 찍었고 유진 매카운이 디자인을 담당하고 버지니아 울프가 조판했다. '패럴랙스 Parallax'는 17세기 의사이자 문인인 토머스 브라운이 만들어낸 신조어인데 어떤 물체의 겉으로 드러나 보이는 움직임을 말한다. "그 물체의 진정한 고유 존재로부터 약간 거리를 두면" 보는 사람의 관점에 따라 그 물체의 움직임이 달라진다는 얘기다. 이런 관찰과 일탈, 혹은 관찰을 통한 일탈이 이 장시의 대표적인 주제인데, '어리석은 시인'은 런던, 프랑스, 이탈리아의 거리를 걸으며 그런 움직임을 발견한다. 커나드의 시를 평론하는 평자들은 종종 한 수 봐주는 듯한 태도를 취했다. 한 평론은《범법자들》의 난해함에 질려서 글의 대부분을 커나드의 모자를 논하는 데 허비했다. F. R. 리비스는《패럴랙스》가 엘리엇의《황무지》를 "단순무식하게 모방한 것"에 불과하다고 말했다. 그러나 이보다 더 공감을 표하는 평론들도 있다("오늘 우리를 당황하게 만드는 이 애매모호함은 내일의 '즐거움'이 될 것이다"). 이 평론은 문학의 목적 재설계에 크게 투자하고 있는 모더니즘에 대해 깊이 생각한다. 모더니즘은 인용, 파편, 메아리의 미학이라는 것이다. 그리하여 이 평론은 커나드의 시가 엘리엇과 깊은 관련이 있지만《황무지》에 대한 깊은 관련 때문에 매력이 떨어지는 게 아니라 오히려 커진다는 입장을 취한다. 차용이 이 장시의 핵심이라는 것이다.

커나드의 시는 버지니아 울프나 그녀의 남편 레너드 울프 같은 뛰어난 동시대인의 존경을 받았다. 커나드의 사망 직후부터 글을 쓰기 시작한 재닛 플래너는 "《패럴랙스》는 거의 완벽하게 잊혀서 오늘날 새로운 작품 같은 느낌이 든다"라고 말했다. 그 '새로움'은 내일의 즐거움의 원천이 될 것이었다. 2016년에 샌디프 파르마르 앤드 카르카네트 출판사는 커나드의 시집을 발간해 그녀를 현대 세계에 알렸다. 커나드의 시에 대한 가장 정직한 반응은 베케트의 것이었다. 커나드 출판사의 문학 상금을 타고 나서 한 달 뒤, 친구 토머스 맥그리비에게 보낸 편지에서, 베케트는 신중한 불확실성에 대해 언급했다.

나는 런던에 있는 낸시로부터 소식을 들었다. 그녀는 내가 요청한 《패럴랙스》를 보내주었고 그외에 《신의 원숭이들》[윈덤 루이스의 작품]과 에즈라 파운드의 《칸토스》를 빌려주었다. 나는 《패럴랙스》를 읽었다. 이 시에 대해 뭐라고 말해야 할지 모르겠다. 몇몇 멋진 시행들이 있었다.
"강둑에서 나는, 비틀린 파도 위에서 바람에 못박힌 갈매기의 수를 세었다."
아니라고…? 그리고 군더더기가 많이 눈에 띄었다. 잘 모르겠다. 아주 좋은 것 같다.

《패럴랙스》가 가져온 한 가지 중요한 결과는 그 시로 커나드와 울프 부부의 호가스 출판사가 연결되었다는 것이다. 그것을 계기로 그녀는 주로 파리, 그리고 런던과 미국의 소규모 출판사들의 번창하는 세계를 접하게 되었다. 그리하여 커나드의 아워스Hours 출판사가 생겨났다. 커나드는 출판사 이름이 "마음에 들고 무슨 일을 하는지 잘 암시하고 있다"라고 말했다.

1915년 버지니아의 33세 생일을 맞이해 차를 마시던 레너드와 버지니아는 세 가지 결심을 했다. 첫째, 리치먼드의 호가스하우스 출판사를 인수한다. 둘째, 수동 인쇄기를 구입한다. 셋째, 불도그를 한 마리 들여 존이라는 이름을 붙인다. 윌리엄 모리스의 켈름스콧 출판사와 코브던-샌더슨의 도브스 출판사 선례를 염두에 두고서, 울프 부부는 미네르바 플라텐 수동 인쇄기와 올드페이스 활자를 19파운드 5실링 5펜스를 주고서 사들였다. 그들은 출판사를 인수했고 개도 한 마리 구했다.

도브스와 켈름스콧의 이야기가 이미 보여주었듯이, 이 시기는 소규모 독립 출판의 역사에서 아주 중요한 순간이었다. 수동 인쇄기를 돌리고, 산업적 방식의 출판을 거부하고, 출판사를 시장의 압력으로부터 떼어놓으려는(비록 완벽하게 실행되지는 못했지만) 출판 철학을 중심으로 소규모 출판사들이 조직되었다. 그리하여 후대에 나온 많은 소규모 출판사들은 좀처럼 출판의 기회를 얻지 못하는 급진 문학을 출간하는 것이 중요하다고 생각했다. 활판 인쇄기는 활자를 실험해볼 기회를 주었고, 그래서 울프 부부와 후대의 커나드는 그런 기회에 적극적으로 반응했다. 이런 운동을 한가한 부자들의 프로젝트라고 치부하기 쉬운데, 이런 냉소적인 논평은 100퍼센트 정확하다고 말하기는 어렵다. 1930년 1월 윌리엄 칼로스 윌리엄스에게 보낸 편지에서, 루이스 주코프스키는 이렇게 썼다. "낸시 커나드는 어쩌면 게임을 벌이고 있는지 모릅니다. 그것 외에 그녀가 무슨 할 일이 있습니까? 전혀 없지요." 커나드는 돈이 있었지만 울프 부부는 이렇다 할 수준의 돈은 갖고 있지 않았다. 이 개인들이 한가하게 게임을 벌인 게 아니라 가지고 있는 모든 것을 새로운 책의 출간에 투자했다고 말하는 게 더 사실에 가깝고 온당한 논평일 것이다. 울프 부부는 초창기에 호가스 출판사의 목표를 이렇게 선언했다.

시든 산문이든 그 실험적 성격 때문에 일반 대중에게 금방 호소할 수 없는 가치 높은 짧은 작품들을 염가에 출판하고자 한다. 인쇄와 제책의 모든 과정은 (…) 우리가 직접 맡을 것이다. 당연히 출판 부수는 아주 적을 수밖에 없는데 300부를 넘지 않는다.

버지니아는 1920년에 이렇게 썼다. "우리는 모건[E. M. 포스터]을 제본하느라고 막노동 인부처럼 일했다. 간단한 휴식을 취할 시간조차 전혀 없었다." 울프 부부는 코브던-샌더슨이 말한 '아름다운 책' 같은 것에는 관심이 없었다. 레너드는 이렇게 썼다. "고급 인쇄와 사치스런 장정의 책은 종종 곰팡이류의 성장과 비슷하다. 문화가 예술과 문학에 그런 것을 번식시키는 것이다." 호가스 출판사의 책은 레너드의 간단명료한 설명에 따르면 '멋진' 책이다. 정말로 중요한 것은 내용, 즉 '책의 비물질적 측면'이었다. 그 결과 모더니즘이 꽃피어났다. 호가스 출판사에서 출간한 가장 유명한 저자만 몇 명 거론해보면 캐서린 맨스필드, T. S. 엘리엇, 거트루드 스타인, E. M. 포스터, 지크문트 프로이트, 크리스토퍼 이셔우드, 존 메이너드 케인스 등이다. 번역서도 많이 출간했는데 특히 버지니아와 S. S. 코텔리안스키는 도스토옙스키와 톨스토이를 번역했다. 눈에 띄는 점은 소규모 출판사를 운영하는 사람들의 개인적 취향이 하나같이 탁월했다는 점이다. 이것은 커나드가 출간한 저자 목록과, 이 시기의 다른 많은 소규모 출판사에도 그대로 해당한다. 그들은 재정적 어려움에도 불구하고 거듭하여 알려지지 않은 작품을 발간했는데, 그 상당수가 걸작으로 판명되었다.

울프 부부는 그들의 집 호가스하우스 거실에다 인쇄기를 설치한 뒤,

1917년에 그들의 첫 번째 간행물인 《두 이야기》를 집필하고 조판하고 인쇄하고 제철하고 장정했다. 총 134부를 찍었고 도라 캐링턴의 목판화를 넣었다. 그후 몇 년 동안 부부는 중독된 분위기 속에서 인쇄를 했다. "우리는 이 일에 너무 몰두해 멈출 수가 없었습니다." "나는 다른 어떤 것도 하고 싶지 않았어요." 부부의 출판 작업은 사업과 오락의 중간 어디쯤에 있는 것이었다. 부부가 함께 사무실로 나갔고 개와 산책했다. 버지니아와 레너드는 정기적인 수입이 없었고 인쇄 일이 생활의 모든 국면을 차지했다. "나는 사무실에 들어와 낸시[커나드의 《패럴랙스》] 한 페이지를 조판했다. 그런 다음 시계를 고치기 위해 잉거솔 가게로 갔다."

울프 부부는 베테랑 인쇄공은 결코 아니었다. 그들은 커나드와 다른 많은 소규모 출판사 사장처럼 수동 인쇄기에 직접적인 경험이 없었다. 버지니아만 한동안 제본 일을 배운 적이 있었다. 부부는 세인트브라이드 인쇄 학교에 입학 신청을 했으나, 인쇄노동조합의 도제만 자격이 있었기 때문에 입학이 거절되었다. 그래서 초창기 호가스 책에는 오자가 좀 있다. 호프 멀리스의 《파리Paris》 표제지에 1920년을 1919년으로 잘못 표기했고, 1쪽의 John 앞에는 St.를 손으로 써넣어야 했다. 해럴드 니컬슨의 《잔 드 에노》(1924)의 첫 교정쇄에는 저자의 이름이 잘못 기재되었고, 엘리엇의 《황무지》 첫 시작 부분에서 버지니아는 'A crowd flowed under London Bridge'(군중이 런던 다리 아래로 흘러갔다)라고 조판했는데 under는 over의 오식이었다. 엘리엇은 호가스판 《황무지》를 만날 때마다 만년필로 이 부분을 고쳐넣었다. 울프 부부는 제임스 조이스의 《율리시즈》 출판을 거절했다는데, 그 작품이 그들의 인쇄 능력을 넘어선다고 판단해서였다. 버지니아는 나중에 《율리시즈》를 읽고서 그 경험을 이렇게 털어놓았다. "당황스럽고 따분하고 짜증나고 실망스러웠다. 자기 여드름을 자꾸 긁는 불안한 대학생처럼."

얼마 지나지 않아 울프 부부에게 구입 주문이 밀려들기 시작했다. 버지니아는 이렇게 썼다. "우리는 애시엄 여행에서 돌아와 《큐 왕립식물원》 주문서가 탁자 위에 잔뜩 쌓여 있는 것을 발견했다. 그것들을 소파 위에 늘어놓고 저녁 식사를 하면서 개봉해보았다." 호가스하우스는 좀 더 세속적인 형태로 발전했다. 발행 부수가 적은 책은 수동 인쇄기를 사용하고 부수가 많은 것은 상업적인 기계식 인쇄기를 활용한 것이다. 그들은 하이네만 출판사로부터 파트너십을 제안받았으나 거절하고("우리는 후원자처럼 구는 그들의 태도가 싫었다") 다른 출판사들과 제휴를 맺었는데 1921년에 미국의 하코트브레이스 출판사가 그런 경우였다. 초창기에는 친구들이 쓴 문학 작품으로 출간 목록이 한정되었으나 곧 범위를 넓혀 정치, 과학, 종교 관련 책자도 발간했다. 또 웨일스의 시인인 휴 메나이 같은 노동 계급 작가들, 그리고 버밍엄 그룹의 소설가인 존 햄프슨의 책도 펴냈다. 1925년에 이르러 실비아 비치가 파리에서 운영하는 셰익스피어앤드컴퍼니 서점이 호가스 책을 사들여 서가에 전시했다.

커나드의 출판사를 포함해 많은 소규모 출판사는 단명으로 끝났다. 대개 1년에 약 다섯 권의 책을 내면서 4~5년 버티다 문을 닫았다. 좋은 아이디어도 속절없이 시들었다. 호가스 출판사는 1917년부터 1946년까지 버티면서 527종의 책을 냈다. 첫 책을 낸 후 29년을 지속했고, 버지니아가 죽은 후에도 5년을 더 버텼다. 그러다가 레너드는 출판사를 채토앤드윈더스 이사들에게 팔아넘겼다. 호가스 출판사는 오늘날에도 펭귄랜덤하우스의 임프린트로 존속해 "과거로부터 영감을 얻은 모험적인 새

소설을 내는 곳"으로 자리잡았다. 레너드와 버지니아의 사업 관리와 의도적으로 아마추어적인 출판 방침이 1940년대까지 버티는 데 큰 힘이 되었다. 부부는 자기들의 이미지를 중시하면서 책 목록을 만들어나갔고, 문학적 독립과 자유를 무엇보다도 중시했다.

레너드는 호가스 출판사를 가리켜 '상업적 히포그리프'라고 했다. 신화 속 동물 히포그리프는 말의 몸에 날개가 달렸고 독수리 머리를 가졌다. 즉 소규모 출판사의 민첩한 자유와 대형 출판사의 세속적 영향력이 결합된 회사라는 뜻이다. 문학 역사가 헬렌 사우스워스는 이렇게 설명했다. "호가스 출판사가 저자들에게 제공하는 것은 상업 출판사로 가는 통행권이거나, 상업 출판사로 가지 않는 대안이다."

리처드 케네디는 16세에 말버러칼리지(고등학교)를 자퇴하고 호가스 출판사에 조수로 들어갔다. "말이 조수이지 실은 마스코트 같은 존재였다." 케네디는 역동성, 탈조직, 예술적 야망 등이 흥분될 정도로 혼합된 일터와 조우했다. 울프 부부는 통상적인 출판사 사장처럼 행동하지 않았다. "울프 부인은 내게 오전에 충분히 일했으니 오후에는 입센 강연에 가지 않겠느냐고 물었다." 케네디의 간결하고 매혹적인 회고록《호가스 출판사의 한 소년》(1972)은 기억 속에 남아 있는 대화를 소개한다. "레너드 울프와 나는 광장 주위를 산책하면서 포르노그래피에 대해 오랜 시간 토론을 했다." 레너드는 갑자기 분노가 대폭발하는 경향이 있었다. "갑자기 그는 분노의 고함을 내지르면서 소소한 비용을 적어놓은 장부의 페이지들을 박박 찢어 내게 던지면서 '이거 완전히 엉터리잖아!' 하고 소리쳤다." 그러다가 오랜 시간 작업에만 집중했다.

인쇄실에서 울프 부인이 조판을 하고 내가 기계를 돌릴 때면 우리는 철저한 침묵 속에서 일했다. 물론 그녀가 아주 행복한 심리 상태일 때에는 달랐다. 가령 파티에 가기로 되어 있거나 런던 근처로 산책을 나가는 때 말이다. 부인은 가끔 그런 식으로 외출을 했다.

구텐베르크 이후에 인쇄 일은 스트레스 가득한 혼란, 마감 날짜, 기술적 어려움, 무능한 동료 따위의 연속이었다. 때로는 다리 위로 나가서 템스강으로 활자를 떨어뜨리기도 해야 한다. 그러나 그것은 명상적인 평온을 제공하고, 일의 압박으로부터 벗어나게 해주고, 심지어 꾸준한 생산성의 위안도 제공한다. 레너드는 말했다. "이 일이 얼마나 흥분되고, 위로를 주고, 마음을 고양시키고, 만족감을 주는지 당신은 모를 것이다." 활자를 조판하고, 활자에 잉크칠을 하고, 인쇄된 종이를 떼어내는 등 인쇄 실무를 직접 하는 것은 버지니아의 상상력을 새로운 방향으로 내달리게 해주었다. 그녀는 인쇄 일 덕분에 소설가와 언어의 관계, 종이 위의 글자들이 가진 가능성 등을 새롭게 명상하게 되었다. 그녀는 '책을 어떻게 읽을 것인가?'라는 1926년의 강연에서 자신의 인쇄 일로부터 강력하게 형성된 책의 비전을 이렇게 설명했다.

책은 벽돌 기계에서 벽돌이 나오는 것처럼 만들어지지 않는다. 책은 작은 글자들로 이루어진다. 작가는 그 글자들을 가지고 아주 어렵게 서로 다른 길이의 문장을 만들어낸다. 한 문장을 다른 문장 위에 올려놓으면서 거기에서 결코 시선을 떼지 않는다. 문장들을 재빨리 쌓아올리기도 하지만, 때로는 절망에 빠져 그것을 허물어뜨리고 처음부터 다시 시작해야 한다.

커나드는 울프 부부에 대해 이렇게 회상했다. "그들이 나를 만류하리라고는 생각지도 못했습니다. 그들의 외침 소리가 아직도 생생히 들리는군요. '당신의 두 손은 언제나 잉크가 묻어 있을 겁니다.'" 울프 부부의 만류에도 불구하고 커나드는 1928년에 벨기에산 마티외 수동 인쇄기와 캐슬론 올드페이스 활자를 미국의 언론인 겸 인쇄공인 빌 버드로부터 사들였다. 그녀는 대금으로 300파운드를 지불했다. 버드는 1920년대에 소규모 출판사인 스리마운틴스(파리의 세 개 산에서 영감을 얻은 이름)를 운영했다. 그의 출판사는 파리 센강 근처의 비좁은 거리인 일생루이에 자리잡았는데 인쇄기와 작업자만 간신히 들어갈 수 있는 비좁은 공간이었다. 버드는 "그저 취미 삼아" 그 일을 시작했다. "내 친구들은 대개 골프를 쳤는데 나는 스포츠에는 별 관심이 없었어요." 그의 출판사는 곧 수동 인쇄기로 적은 부수의 문학적 걸작을 펴내기 시작했다. 윌리엄 칼로스 윌리엄스의 《위대한 미국 소설》(1923), 어니스트 헤밍웨이의 《우리들의 시대에》(1924), 에즈라 파운드의 《칸토 초고 16편》(1925) 등이 대표작이다. 커나드는 버드의 책에서 수동 인쇄기의 문제점인 "압력과 잉크칠이 때때로 불규칙하다"는 것을 발견했다. 하지만 에즈라 파운드가 《칸토 초고 16편》에 대해 설명한 글에서 버드의 야심을 어느 정도 감 잡을 수 있다.

이 책은 오늘날의 책을 중세의 필사본 수준으로까지 격상한, 제대로 된 인쇄술을 발휘한 책이라 할 만하다. 너무 빡빡하여 제대로 읽을 수 없는 켈름스콧 책의 분위기는 거부한다. 크고 시원한 활자, 그에 못지않게 커다란 종이, 그리고 특별히 제작한 대문자. 일반 대중을 위한 것은 아니다.

버드의 스리마운틴스 출판사는 1920년대의 해외 거주 작가들과 문학 출판사들이 구축한 파리의 소규모 출판사 네트워크의 일원이었다. 그중 가장 오래 운영된 출판사는 해리 크로스비와 커레스 크로스비 부부가 설립한 블랙선이었다. 두 사람은 자신들의 시집, 그리고 하트 크레인과 D. H. 로런스 등 모더니즘 작가들의 작품을 출판했다. 해리 크로스비는 1929년에 여러 애인 중 한 명과 동반 자살해 큰 스캔들을 일으켰다. 뒤에 남겨진 커레스와 출판사는 그후 거의 30년간 존속했다. 그 과정에서 제임스 조이스, 도러시 파커, 윌리엄 포크너, 케이 보일 등 저명한 작가들의 작품을 출간했다. 크로스비 부부 다음으로 파리에서 가장 활발하게 소규모 출판사를 운영한 사람은 미국인 로버트 매컬먼이었다. 그는 일명 '매컬머니'라고 했는데 상속녀 위니프리드 엘러먼(소설가 브라이어라는 이름으로 더 잘 알려져 있다)의 돈으로 출판사를 운영했기 때문이다. 매컬먼은 힐다 둘리틀(위니프리드와 동성애 관계였다), 미나 로이, 주나 반스 등 여성 작가의 작품을 출판했다. 에드윈 뮤어는 "미국은 (…) 이런 여성 작가를 용납하지 못한다"라고 말했다. 매컬먼은 포드 매독스 포드의 《트랜스애틀랜틱 리뷰》 창간호(1924년 1월)에 그의 계획을 발표했는데, 그 취지는 울프 부부가 창업 초창기에 내놓은 공지문과 유사했다.

2주가 걸리든 6개월이 걸리든, 혹은 6년이 걸리더라도 우리는 상업적이거나 법적인 이유로 다른 출판사들이 내주지 않을 법한 여러 작가의 작품을 출판하려 한다. (…) 각 책은 300부씩 인쇄될 것이다. 이런 책을 출간하려는 이유는 우선 그 작품이 탄생했기 때문이고, 우리가 그 작품을 좋아하기 때문이며, 그 작품이 책으로 세상에 나와야 마땅하기 때문이다.

바로 이런 맥락에서, 커나드는 버드의 도움을 받아가며 200년 된 암녹색 마티외 수동 인쇄기를 그녀의 낡은 노르망디 농가의 축사에다 설치하고서 인쇄술을 익히기 시작했다. 전문 인쇄공 모리스 레비가 커나드와 그녀의 애인이었던 프랑스 시인 겸 초현실주의 작가인 루이 아라공을 가르쳤다. 예전에 아나키스트였던 레비는 규칙과 관습을 철저히 준수하는 사람이었다. 그런 만큼 그는 커나드와 아라공을 아주 회의적인 시선으로 바라보았다. 두 사람을 고급 망토도 벗지 않은 채 인쇄소를 찾아온 귀족 남녀 정도로 여겼다. 레비가 프랑스에서 인쇄공은 7년의 도제 생활을 해야 한다고 말하자("당신들은 먼저 인쇄소 바닥 청소를 하고 떨어진 활자를 주워야 한다") 커나드와 아라공은 웃음을 터뜨렸다. 커나드는 이렇게 말했다. "레비 씨, 여기선 그런 일이 없을 거예요! 우리는 당신이 뭐라든 계속 이 일을 해나갈 거예요. 레비 씨, 이건 취미, 취미로 하는 거라고요!"

커나드는 빨리 배웠다. 그녀의 말에 따르면 "돛도 돛대도 식량도 나침반도 없이 시행착오를 겪으며" 앞으로 나아갔다. 그녀는 자신이 인쇄 일에 재능이 있음을 발견했고 그 일에 애착을 느꼈다. "이 일을 좋아하는 사람은 식자 틀에다 한두 번 식자를 해보면 금방 요령을 터득하게 된다." 아라공이 1차 세계대전 때 외과의사의 조수 역할을 하면서 에로티시즘을 느낀 것처럼, 커나드는 "활자를 조판하는 데에서도 그런 단단하면서 미묘한 감촉"을 느꼈다. 그러나 모든 사람이 인쇄 일에 그처럼 단박에 매혹되는 것은 아니었다. 레앙빌에서 작업 중인 커나드를 만났던 리처드 올

인쇄하는 낸시 커나드.

딩턴은 1928년의 편지에서 신경질적인 10대 소년 같은 어조로 말했다. "수동 인쇄기는 따분합니다. 나는 활자를 한두 행 조판하고, 인쇄기에서 조지 무어 작품 인쇄지를 떼어내는 것을 돕기도 했는데, 너무 오래 걸렸습니다." 하지만 커나드는 인쇄 일의 거의 모든 부문을 즉각 좋아하게 되었다. 그녀는 그 일의 사무적인 측면도 좋아했다. 저자의 인세는 관대하게도 제작비 공제 후에 33퍼센트로 책정해주었다(당시의 평균 인세는 10~15퍼센트였다). 런던(워런 갤러리), 뉴욕(홀리데이 북숍), 파리(에드워드 타이터스), 피렌체(피노 오리올리)의 서점과 협의하는 일도 좋아했다. "커다란 검은 장부"에다 제작비를 기록하는 것도 즐거웠다. 그녀는 잉크의 감각적인 특성을 음미했으며("그 냄새는 (…) 반짝거리는 그림물감의 아름다운 신선함과 같다") 심지어 인쇄 위생의 절차에 대해 얘기하는 것도 좋아했다.

휘발유에다 헹구고서 비누와 뜨거운 물로 닦아내면 내 손은 다시 아주 깨끗해진다. 그러나 납 활자로 조판한 탓에 오른쪽 엄지에는 약간 회색 얼룩이 남는다. 나는 곧 교정 단계에서는 기름 묻은 검은 손이 그리 문제가 되지 않는다는 것을 깨달았다. 그러나 인쇄기에서 인쇄지를 떼어내는 단계에 도달하면 아주 깨끗한 손길이 대단히 중요하다.

커나드는 울프와 마찬가지로 그 과정에서 명상적인 평온을 발견했다. "4쪽 정도를 인쇄한 후에 활자를 분류하는[활자 상자에다 도로 집어넣는] 것은 즐거운 일이었고 다른 인쇄공들이 생각하는 것처럼 그리 지겨운 일은 아니었다." 커나드는 또한 문선공처럼 생각하기 시작했다. 글자들이 언어적 의미의 전달자 역할로서가 아니라 공간을 차지하는 조각으로서 중요하게 보이기 시작했다. 빈 공간은 잉크를 묻힌 활자 못지않게 의미가 있었고, 그 둘 사이의 관계를 잘 설계하는 것이 "좋은, 더 나아가 고상한" 페이지를 만들어내는 핵심이었다.

나는 글자 자체와 글자들의 덩어리는 별개의 것임을 깨닫게 되었다. 글자들의 덩어리는 인쇄되는 공간과 그것을 둘러싼 인쇄되지 않는 공간의 관계로 인식되어야 했다. (…) 단어들 사이의 수직 공간 또한 중요하다는 것을 알게 되었다. 읽기 좋은 6포인트, 4포인트, 3포인트, 아주 가는 2포인트, 그리고 가물가물한 1포인트, 심지어 머리카락처럼 가느다란 0.5포인트의 공간, 이 모든 것이 차이를 만들어냈다.

그런 즐거움과 함께 커나드가 "항구적인 피로"라고 말한 "식자 작업의 결과인 허리와 손목의 통증"이 밀려왔다. 그녀가 고안해낸 다소 그럴듯한 해결안은 술집용 높은 의자에 앉아 웅크리고 작업하는 것이었다. 모리스 레비는 깜짝 놀랐다. 인쇄공의 관행은 하루 8시간 서서 작업하는 것이었기 때문이다. 어쨌거나 커나드는 그 일이 너무나 재미있었다. "그녀는 어린 시절 유아원을 다닐 때 빼고는 규칙적인 작업 시간을 지켜본 적이 없었다. (…) 그러나 곧 매일 14~15시간 작업하게 되었다."

아워스 출판사의 첫 작품은 영국계 아일랜드 소설가인 조지 무어의 《어리석은 페로닉》이었다. 우리는 앞에서 무어가 찰스 무디와 엄청난 불화를 겪었다는 것을 살펴보았다. 무디는 무어의 소설이 자신의 도서관에서 대여하기에 부적합한 책이라고 보았다. 무어는 대표작 《에스터 워터스》(1894) 등으로 유럽 문학계에서는 알아주는 이름이었다. 말라르메와 졸라의 친구였고 마네와 드가의 후원자였다. 그러나 오늘날 영문학의 정전 관점에서는 주변적 인물로 평가되고 있다. 무어는 커나드 부모의 친구였는데, 이 소설가가 실은 낸시 커나드의 아버지일 거라는 소문이 나돌았다. 실제로 무어는 커나드와 거의 부녀 같은 관계를 유지했고, 그녀에게 자기 소설을 넘겨주면서 이렇게 말했다. "나는 네 출판사가 화려하게 시작했으면 좋겠어!" 여기서 그 소문에 대해서는 더이상 논평하지 않겠다. 아라공은 파리로 돌아갔고 레비는 잠시 인쇄 현장에서 떠나 있었다. 커나드는 여름날에 닷새 내내 홀로 인쇄 작업을 하면서 "무더위에서 혼자 일하느라 무척 끈적거렸지만, 인쇄가 끝나는 즉시 건조시켜야 하는 인쇄지의 상태가 일관성을 유지할 수 있어서 좋았다." 커나드는 자기가 진짜 인쇄공이 되어가고 있다고 생각했다. 1928년 크리스마스 때가 다가오자 《어리석은 페로닉》은 거의 완성되었고 그녀의 새로운 애인이 합류해왔다. 아프리카계 미국인 재즈 피아니스트 헨리 크라우더였다. 커나드는 크라우더를 1927년 베네치아에서 만났다. 그는 당시 루나 호텔에서 〈에디 사우스의 앨라배마 사람들〉이라는 곡을 연주하고 있었다. 커나드는 크라우더가 어린 시절에 미국 우편국에서 근무한 경력 덕분에 책을 포장하고 발송하는 일을 잘했다고 설명했는데("끈과 종이가 그의 능숙한 손가락 사이에서 자연스럽게 움직였다") 좀 믿기지 않는 얘기다. 아무튼 그는 실제로 "아워스 출판사에 여러모로 유익한 존재"였다. 이 시기에 대한 커나드의 기억은 아주 혼란스러웠지만 결단과 임기응변으로 가까스로 수습해나갔다는 것이었다. 당시 인쇄한 노먼 더글러스의 《하루》라는 여행기는 상당한 분량이었기에 헨리를 보내 더 많은 활자를 구해오게 했는데, 그는 차에다 무거운 납 활자를 가득 싣고 돌아오는 내내 차축이 무너지지 않을까 걱정했다고 한다.

크라우더는 커나드에게 인종차별의 정치를 소개하는 결정적 역할을 했다. 그리하여 그녀는 《니그로》라는 선집을 발간해 이 책을 헨리에게 헌정했다. 크라우더가 1930년대에 집필한 회고록 《그토록 경이로운》(실제 출판은 1987년)에는 이런 문장이 나온다. "나는 낸시가 이런 문제에 그토록 무지한 것에 놀랐다. 그러나 그녀는 관심을 가지고 적극적으로 배우려고 했다." 크라우더는 아워스 출판사에서 커나드를 직접 돕기도 했다. 그가 조판을 한 책 중에는 사뮈엘 베케트의 《호로스코프》도 있다. 인쇄기에서 일을 하지 않거나 커나드에게 "흑인 작가들과 (…) 그들의 책, 혹은 그들에 관한 책을 구할 수 있는 곳"을 알려주지 않을 때, 크라우더는 본채의 피아노 앞으로 가서 재즈곡을 연주했다. "창문으로 흘러나오는 거슈윈의 〈랩소디 인 블루〉의 가락, 때로는 고함치고 격렬한, 때로는 낭만적이고 감미로운 가락을 들어가면서, 그녀는 아워스 출판사의 첫 책을 완성했다."

《어리석은 페로닉》은 파리에서 연한 파란색 천으로 장정되었다. 커나드는 제본공이 마음에 안 들었고 제목에 사용된 황금빛 글자도 불만이었지만, 그래도 1928년 크리스마스 시즌에 맞춰 출간했다. 총 200부가 출간되었고 모든 책에 조지 무어의 서명이 들어갔다. 따로 25부를 더 찍어서 저자에게 증정하고 평론가들에게도 돌렸다.

커나드가 만든 책의 표지 디자인은 만 레이, 이브 탕기, 뉴질랜드 출신의 화가 겸 영화 제작자인 렌 라이, 엘리엇 시브룩 등이 맡았다. 초창기에는 조지 무어와 아서 시먼스 같은 구세대의 책이 주로 나왔으나 동시대 저명 작가들의 책도 있었다. 가령 에즈라 파운드의 《칸토 초고 30편》 (1930. 142쪽이나 되는 분량 때문에 상업 인쇄소에서 인쇄), 아테네 하루 여행기인 노먼 더글러스의 《하루》(1929), 로이 캠벨의 《시집》(1930), 로버트 그레이브스의 《열 편 이상의 시》(1930), 루이 아라공이 프랑스어로 번역한 루이스 캐럴의 《스나크 사냥》(1929) 등이 있었다. 커나드가 인쇄공이자 출판인으로서 발굴한 신진 작가들의 책도 있었다. 월터 로언펠스, 해럴드 액턴, 로라 라이딩, 사뮈엘 베케트, 칠레 화가 알바로 게바라 등이었다. 게바라의 '시-프레스코화'인 《실레네의 성 조지》는 에즈라 파운드로부터 큰 칭찬을 받았다. 파운드는 이 시가 "영어 시의 모든 규범을 가볍게 무시해버린 것"을 높이 평가했다. 커나드가 존경하는 학자이자 그녀의 옹호자인 휴 포드는 아워스 출판사가 펴낸 다음의 세 권이 커나드의 성격을 잘 드러내주는 작품이라고 평가했다. 첫째, 밥 브라운의 《말들》은 시의 배열에 대한 급진적인 시도였다. 브라운은 자신의 시를 큰 16포인트 활자와, 읽을 수 없는 아주 미세한 활자로 번갈아 찍어달라고 주문했다. 그러나 이를 구현하긴 했어도 '읽을 수 없는' 정도는 아니었다. 두 번째는 해블록 엘리스의《외설을 다시 생각하다》로, 검열과 위선을 통렬하게 비판하는 저작이다. 세 번째는 조지 무어의《말하는 소나무》라는 단 두 페이지짜리 꿈의 파편으로, 간단하고, 기이하고, 그러면서 감동적이다.

1928년에서 1931년 사이에 아워스 출판사는 총 24종의 책을 펴냈는데 인쇄 부수는 대개 150~200부였고, 모든 책에 저자의 서명이 들어갔으며 판매가는 1파운드 10실링이었다. 어떤 책은 시골인 레앙빌에서 인쇄되었고 어떤 책은 초현실주의 갤러리 근처에 위치한 파리 게네고 15번지에서 제작되었다. 커나드는 1930년 겨울에 출판사를 파리로 옮겼다. 몽파르나스의 센강 근처 비좁은 거리에 있는 인쇄소였다. 바닥에는 흑백 타일이 깔려 있었고 표범 점박이 소파와 원래 배치 경이 사용했던 큰 책상이 놓여 있었다. 인쇄소 내부는 미로와 아프리카 조각가들의 작품으로 장식되었다. 해럴드 액턴은 그곳의 인상을 이렇게 적었다. "그 인쇄소는 히스테릭한 분위기를 풍겼다. 인쇄기는 발작하듯 돌아갔고, 모든 게 곧 통제를 벗어날 것 같았다."

울프 부부의 호가스 출판사는 다른 많은 소규모 출판사들과 마찬가지로 자신의 작품을 자유롭게 출판했다. 버지니아는 이복오빠이자 출판사 사장인 제럴드 더크워스에게 의존하는 것을 아주 싫어했다. 그는 "책과 벌집을 구별하지 못하는" 사람이었다. 1925년 9월 22일자 일기에서 그녀는 이렇게 썼다. "나는 영국에서 자신이 좋아하는 것을 마음대로 쓸 수 있는 유일한 여자다." 커나드는 아워스 출판사에서 자기 책을 낼 생각은

1930년, 아워스 출판사 사무실(파리의 게네고 15번지)에서
책을 만들고 있는 낸시 커나드와 헨리 크라우더.

없었지만 출판사는 그녀의 개성과 헌신을 구체적으로 표현하는 절대적 수단이었다. 이곳은 자비 출판을 했지만 그 용어가 통상적으로 의미하는 그런 자비 출판은 아니었다. 커나드는 인쇄를 사랑하는 사람으로서 책의 내용이나 외양에서 문학적·미학적 신선함을 추구했다. 인생 여러 단계에서 서로 다른 형태를 취하기는 했지만 그녀는 재주 있는 사람들이 자기 목소리를 낼 수 있도록 도와주려는 생각이 있었다. 이러한 욕망에 대해 리처드 올딩턴은 〈지금 그녀가 저기 누워 있다〉라는 단편소설에서 옛 친구를 비꼬듯이 묘사했다. "그녀는 남들이 읽어주지 않는 시인, 그림을 팔지 못하는 화가, 레스토랑에서 연주해야 하는 음악가를 좋아했다." 이러한 정서를 가장 잘 표현하는 것이 《헨리-음악》(1930)이라는 시집이다. 크라우더가 재즈 피아노로 연주하기 위해 고른 시를 모은 책이다. 그 음악은 커나드와 크라우더가 1930년 8월에 프랑스 남서부의 햇볕 뜨겁고 작은 시골 마을인 크레스에 머무를 때 크라우더가 작곡한 것이었다. 그들은 "근 반세기는 사람이 산 것 같지 않은" 방에서 머물렀다. 임차료는 월 1파운드였다. 그들이 인근 도시 마르텔에서 소형 업라이트 피아노를 빌려서 황소들이 끄는 농가의 무개 수레에 실어 수송하는 것을 보고서 마을 사람들은 놀란 입을 다물지 못했다. 크라우더는 피아노를 치면서 커나드, 베케트, 리처드 올딩턴, 월터 로언펠스, 해럴드 액턴 등의 시에다 즉흥적으로 작곡을 시작했다. 그런 의도에 맞추어 집필된 시는 베케트의 것이 유일했고, 나머지는 크라우더가 기존 시집들에서 골라 뽑았다. 책 표지에 베케트의 이름이 나중에 추가된 것은 이 때문일 것이다. 베케트는 몽파르나스에 있는 르돔 카페의 테라스에서 〈유일한 시인에서 빛나는 창녀까지(헨리 크라우더의 노래를 위해)〉라는 시를 썼다. 문학 평론가 로런스 하비는 실망과 칭찬이 뒤섞인 어조로 이렇게 말했다. "베케트가 잘 버린 시 중 하나."

커나드는 이 시골 마을에서의 휴가를 이렇게 회상했다. "밤이면 벨벳처럼 어두웠고 무더웠다. 바깥의 아주 오래된 구리[물탱크]에서는 마을의 노파가 엄청나게 많은 속옷을 쉴 새 없이 빨았다. (…) 할 수 있는 한에서 헨리는 두 손을 빠르게 건반 위로 달리면서 작곡을 했다." 커나드의 시 〈적도〉(그녀 자신의 말을 빌리자면 "일종의 전투 찬가")는 오늘날의 독자가 읽어보면 정치적으로 올바르지 않게 느낄 수 있다. "한 니그로가 미국에

치열한 작별을 고하고 그의 것이 되어야 마땅한 아프리카로 갔다." 그것은 부유한 백인 유럽 여성이 흑인 미국인에게 아프리카로 돌아가라고 하는 내용이었다. 그러나 미국 조지아주에서 태어난 크라우더는 커나드에게 "난 아프리카인이 아니라 미국인이야"라고 말하곤 했다. 그 시는 흑인의 삶에 대한 커나드의 진정한 관심을 표현한(우리의 기준으로 보면 적절하지 않게 표명된) 것이지만 그녀의 동시대인은 알지도 못하고 신경도 쓰지 않는 것이었다. 만 레이의 흑백사진 표지는 옆으로 펼치면 더 큰 장면을 만드는데, 커나드의 관심과 유사한 애매모호함을 드러낸다. 그 사진에서 크라우더의 머리를 감싼 커나드의 양팔에는 서아프리카산 상아 팔찌가 있다. (앤서니 홉슨은 그녀와 나눈 대화를 이렇게 기억했다. "그 대화에는 그녀의 아프리카 상아 팔찌들이 오르내리면서 리드미컬하게 부딪는 소리가 끼어들었다. (…) 양팔에 그런 팔찌를 일고여덟 개 차고 있었다.") 크라우더는 뒤로 밀려난 것인가 아니면 앞으로 밀려나와 있는가? 이것은 크라우더를 기념하고 그의 재주를 옹호하는 것인가, 아니면 그를 이끄는 후원자를 드러내는 것인가?

커나드는 아워스 출판사의 초창기 성공을 "좋은 저자들(때로는 아주 유명한), 근면성실, 행운, 복잡한 출판업에 대한 무지" 덕분으로 돌렸다. 창업 첫해는 재정적으로 잘나갔는데 커나드의 설명에 따르면 "모든 것을 가능한 한 내 힘으로 했기 때문"이었다. 그러나 3년차에 이르자 그런 성공은 경상비와 관리 능력을 필요로 하게 되었고, 관리는 커나드의 야망과는 어울리지 않는 것이었다. 1930년 겨울에 그녀는 출판사를 파리로 옮겼다. 시골의 불안정한 전기 공급, 끔찍한 겨울 추위, 졸음을 유발하는 인쇄소의 난로 연기 등이 부분적인 이유였고 인쇄 관련 물품을 파리에서 사들여야 하고, 인쇄지를 파리, 루앙, 에브뢰 등으로 보내야 하는 번거로움도 이유 중 하나였다. 그러나 파리로 이사한 것은 커나드의 관심이 다른 곳으로 옮겨가고 있음을 보여주는 표시이기도 했다. 그녀는 출판사의 일상적 관리 업무를 노련한 소규모 출판사 사장 출신인 친구 윈 헨더슨, 그리고 인쇄공이자 식자공인 존 시브소프에게 맡겼다. 그러나 커나드와 헨더슨 사이에 부채가 쌓였고 그러자 불신이 생겨났다("형편없는 여사장"). 결국 아워스 출판사는 1931년 봄에 문을 닫았다. 이제 커나드의 시간, 주의력, 엄청난 정력은 《니그로》 선집으로 결실을 맺을 조사 연구에 집중되었다. 그녀는 게네고 거리에 있던 인쇄소를, 《니그로》가 나오기 직전인 1934년에 팔았다. 아워스 출판사는 그 중요한 업적에도 불구하고 단명으로 끝날 수밖에 없었다. 《리틀 리뷰》가 1929년 파리에 살고 있는 화가들과 작가들에게 설문을 요청했을 때, 커나드는 이렇게 대답했다. "나는 오만하고 자기중심적이고 집중력 있고 은밀하고 범접하기 어려운 존재가 되고 싶다. 그리고 모든 남자에게 모든 것이 되고 싶다." 그녀가 가장 두려워하는 것은 "변화가 없는 것, 과거와 비슷하거나 반복되는 것"이었다.

커나드는 마티외 수동 인쇄기를 가지고 한 가지 더 의미 있는 일을 수행했다. 이번에는 에스파냐 내전에서 공화파의 대의를 지지하기 위한 정치적 운동의 일환이었다. 그녀는 낡은 인쇄기로 여섯 종의 플라케트 plaquette(소책자) 시집을 찍어서 파리와 런던에서 팔았다. 에스파냐 공화파를 지원하기 위해서였다. 랭스턴 휴스, 트리스탕 차라, 파블로 네루다, W. H. 오든 등이 그 시집에 참여했다.

커나드가 1945년 3월 레앙빌에 돌아왔을 때 인쇄소는 그곳에 숙박하던 독일군 병사들과 부역하는 현지 시장에 의해 파괴되어 있었다. 아워스 출판사의 장비와 집기는 지하 신문의 발간이 의심된다는 구실로 마구 파괴되고 약탈되었다. 커나드는 마치 꿈을 꾸듯 형해가 되어버린 예전 주택을 거닐었다. 인쇄실 천장에는 여기저기 구멍이 나 있었고 가구는 불에 그을려 보기 흉하게 되었으며 문과 창문이 있던 곳은 뻥 뚫려 있었다. 책들은 바닥에 떨어져서 마구 짓밟혀 있었다. 빈 창문틀을 가로질러, 존 로드커의 카사노바 소사이어티에서 출간한 에즈라 파운드의 《칸토스》 초록색 우피 표지가 못 박혀 있었다. 커나드에 따르면 "일찍이 출간된 것 중에서 가장 보기 좋은 책 가운데 하나"였는데 말이다. 거실 바닥에는 커나드가 사랑하는 "탕기의 풍경화가 뒷면을 드러낸 채 보기 흉하게 구겨져 있었고 (…) 총알구멍이 가득했다." 유진 매카운이 1923년에 그려준 초상화의 잔해에는 총검이 뚫고 간 자국들이 남아 있었다. 미로의 그림 두 점도 훼손되어 있었다. 나무 아래에는 짓이겨지고 흙으로 뒤덮인 윈덤 루이스의 드로잉이 있었다. 산산조각난 산호초 보석류의 파편이 나뒹굴었다. 캐슬론 활자 30개가 낡은 주석 재떨이에 꽂혀 있었다. 그리고 조금 떨어진 들판에서 마을 사람들은 땅에 내팽개쳐진 상아 팔찌들을 발견했다. 나치의 약탈 앞에서 피해를 입지 않고 그대로 남아 있는 유일한 물건은 커나드가 빌 버드에게서 사들인 커다란 낡은 마티외 인쇄기였다. 그것은 너무 무거워서 축사에 예전 그대로 서 있었다.

수동 인쇄기는 그 엄청난 덩치 덕분에 시간의 풍상을 견디고 살아남는 힘을 갖게 되었다. 그 기계는 한 소유주의 손에서 다른 손으로 건너가면서 한 개인의 평생을 훌쩍 뛰어넘는 오랜 수명을 유지해왔다. 버지니아 울프는 부부가 19파운드 5실링 5펜스를 주고 사들였던 미네르바 플라텐 수동 인쇄기를 1930년 비타 색빌-웨스트에게 선물로 주었다. 시싱허스트의 새 집으로 이사한 것을 축하하기 위해서였는데 그 인쇄기는 오늘날까지도 그 자리에 서 있다. 윌리엄 모리스가 켈름스콧에서 사용했던 1891년산 앨비언 인쇄기는 1924년 뉴욕의 말버러로 수송되었고, 미국인 활자 디자이너 프레더릭 가우디가 그곳의 자기 소유 빌리지 출판사에서 이 기계를 사용하다가 그 후 아리에스 출판사, 울리훼일 출판사, 헤리티 출판사 등으로 옮겨 다녔다. 그러다가 2013년 크리스티 경매장에서 로체스터 기술 연구소가 23만 3천 달러에 사들였다. 모리스가 켈름스콧에서 사용한 또다른 앨비언 인쇄기(이것은 1835년산)도 비슷한 여행길에 올랐다. 모리스가 사망한 후에 이 기계는 에식스하우스 출판사의 C. R. 애슈비가 사들였다. 그러다가 스트래퍼드-어펀-에이번의 셰익스피어헤드 출판사로 옮겨갔다가 다시 배질 블랙웰 경이 사들였다. 이후 옥스퍼드의 기술학교 인쇄부가 사갔다. 그러다가 1972년에 마침내 친정으로 돌아와 해머스미스, 켈름스콧 하우스에 자리잡은 윌리엄 모리스 소사이어티의 소유가 되었다. 철제 인쇄기 이전에 나온 목제 인쇄기는 이보다 더 장구한 역사를 갖고 있다. 벤저민 프랭클린이 필라델피아로 돌아가기 이전인 1726년에 런던의 존 와츠 인쇄소에서 사용했다는 목제 인쇄기는 대서양 건너편으로 여행길에 올랐다가 마침내 워싱턴 DC에 있는 스미스소니언 박물관에 자리를 잡게 되었다. 커나드는 파리의 아워스 인쇄소를 폐쇄하기 전에 두 번째 인쇄기인 미네르바를 시인이자 인쇄공인 기 레비 마노에게 팔았다. 미네르바는 창업 첫해에 올린 이익금을 가지고 대형 마티외 인쇄기에 더해 인쇄 속도를 높이기 위해 사들인 것이었다. 마노는 에디시옹 GLM 출판사의 창업자인데 커나드의 낡은 인쇄기를 사용해 1930년대에 초현실주의 작가와 화가의 주요 작품을 출판했다. 1950년대에 들어와 커나드는 그 인쇄기가 여전히 잘 돌아간다는 얘기를 듣고서 기뻐했다.

11장
진, DIY, 상자책, 예술가 책

로라 그레이스 포드 Laura Grace Ford (1973–)
크레이그 앳킨슨 Craig Atkinson (1977–)
필리스 존슨 Phyllis Johnson (1926–2001)
조지 머추너스 George Maciunas (1931–1978)
유수프 하산 Yusuf Hassan (1987–)

로라 그레이스 포드

"복사기의 마법"

런던에 2012년 올림픽 개최권이 수여되던 때인 2005년에 로라 그레이스 포드(필명은 로라 올드필드 포드)는 《야만적 메시아》라는 진zine을 만들기 시작했다. 여기서 진은 직접 발간하고, 직접 배포하는 소규모 독립 간행물을 말한다. 대개의 진이 그러하듯이, 포드의 것도 복사기로 만들어서 손에서 손으로 배포되는 비정규 잡지였다. 17세기에 메리 콜레트와 애나 콜레트가 복음서를 오려내 하모니 성경을 만들었듯이, 포드는 가위, 칼, 풀을 사용해 그녀 주변의 인쇄물들을 재배치했다. 리틀기딩에서 하모니 성경을 만들었던 선배 출판인들과 마찬가지로, 포드가 만든 잡지는 이념적 성향을 띠고 있었다. 그러나 그 내용은 성공회의 경건한 신앙심을 고취하려는 것이 아니라 좌파의 정치적 구호를 널리 알리려는 것이었다. 제12호까지 발간되는 동안에 《야만적 메시아》는 런던 시내를 산책하면서 혹은 '방랑'하면서 보았던 도시의 풍경을 기록했다. 도시의 파괴적이고 신자유적인 현대화 과정에 직접적으로 또 노골적으로 맞서는 풍경이었다. 포드는 그런 현대화 과정을 블레어 정부의 기조로 보았고, 특히 곧 다가오는 올림픽 분위기와 연결지었다. 제2호("코끼리와 성채에 온

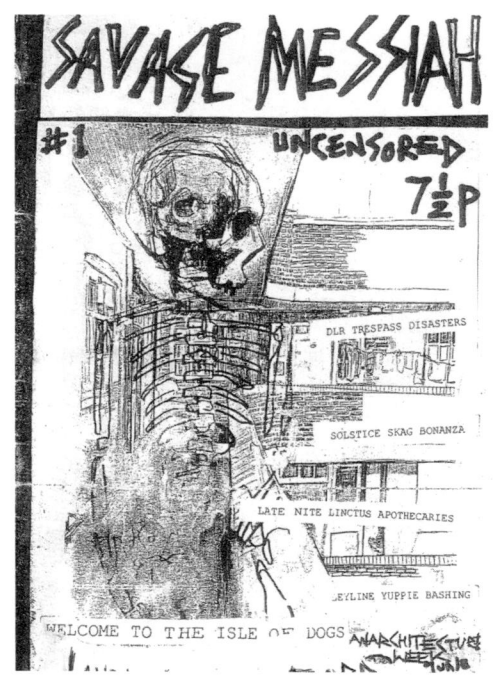

《야만적 메시아》 제1호.

것을 환영한다")는 파괴된 건물들의 흑백사진과 나란히 병치된 텍스트를 보여준다. "'젊은 전문직 종사자들'이 집밖에 나와 앉아 서로 공감하며 부드럽게 대화를 나눈다. 스타벅스와 코스타 건물의 투명한 정면이 산책로 위로 반짝거리는 빛을 던진다." 제7호는 "우리의 영지에서 손을 떼라"라는 헤드라인을 내걸었다.

포드가 런던 시내의 철거된 건물 터, 부서져서 허물어진 큰길, 지하수의 경로를 찾아가는 '방랑'의 과정을 묘사하는 과정에서 다양한 종류의 텍스트가 서로 충돌한다. 포드가 알게 된 장소의 드로잉, 낙서가 휘갈겨진 벽, 타워 블록, 계단, 가게의 앞면 등 여러 건축물의 사진, 부동산 광고

《야만적 메시아》 제7호.

와 '거리를 깨끗이' 단체의 전단, 선술집에서의 음주와 싸움, 낯선 사람들과의 성관계 등에 대한 이야기, 관광 명소와 무단 입주자 공동체 등등이 등장한다. J. G. 밸러드, 이탈로 칼비노, 사뮈엘 베케트, 토머스 드퀸시, 샤를 보들레르, 발터 베냐민 등 여러 저술가와 철학자의 문장도 많이 인용해 소개한다. 이들은 현재 런던에서 벌어지고 있는 일, 가령 대기업의 땅 투기 때문에 그 땅에서 쫓겨나는 노동자, 자본이 축적되는 방식 등을 이해하게 해준다. 각 호마다 아일오브독스, 엘리펀트앤드캐슬, 메릴리본플라이오버, 리아밸리, 액턴앤드캠던, 달스턴앤드해크니, 킹스크로스, 히스로 등 도시의 특정 구역을 살펴본다. 포드가 자신의 움직임을 상술하는 동안에 그녀의 말과 이미지는 시간을 과감히 건너뛴다(1973년인가 하면 1981년이고, 2006년인가 하면 2012년이다). 예전의 정치적 반란이나 저항의 순간이 요약되거나 유령처럼 언뜻언뜻 비친다. 포드는 이것을 가리켜 "그림자의 풍경을 관통하는 산책"이라고 말한다. 이러한 파편적 텍스트(여기저기서 긁어모아 재배치한 텍스트)와 시공간을 관통하는 움직임은 형체가 왜곡된 꿈같은 세계를 만들어낸다. 이 세계에서 독자는 서로 다른 시점을 동시다발적으로 체험한다. 이러한 작업은 도시의 급진적인 가능성을 체감하게 하고, 정치적으로 저항하던 과거를 되살려내며, 포드가 보기에 그 고유의 실제 역사를 버리고 고상해지려다가 그저 그런 재개발 도시가 되어가는 런던에 대한 대안을 제시하는 것이 목적이다.

제11호까지 낸 뒤에 버소 출판사가 그 잡지들을 한데 묶어 2011년에 단행본으로 출판했다. 2017년 6월 그렌펠타워 화재가 발생한 1년 뒤인 2018년 6월에는 런던의 이 시기를 되돌아보는 특별호를 출간하면서 중산층 재개발의 오랜 역사 속의 화재를 노동계급에 대한 정부의 무관심과 집중적으로 연계시켰다.

얇은 복사용지로 발간된 《야만적 메시아》의 매력 중 하나는 전혀 책 같아 보이지 않는 것이다. 이 잡지는 그 형태 덕분에 배포의 기동성과 정치적 호소력을 획득했다. 비도서 출판물의 생생한 존재감은, 1450년대에 구텐베르크가 인쇄한 면벌부에서 프랭클린의 하청 인쇄 작업에 이르기까지 인쇄의 역사를 관통하는 중요한 흐름이다. 내가 로라 그레이스 포드를 인터뷰했을 때, 그녀는 여러 번 진을 펴내게 된 결정을 이렇게 설명했다. 소설 같은 전형적인 책이 아니라 2005년 당시 자신의 생활에서 얻은 결과를 써보고 싶었다는 것이다.

나는 해크니의 한 합숙소에서 살고 있었어요. 단기간 빌린 집에서 살고 있었죠. 우리는 곧 거기서 쫓겨날 형편에 처했어요. 진은 그런 생활 형편과 직접 연계되어 있었어요. 덧없는 것에 대한 감각, 재빨리 만들어지는, 일종의 잠정적 존재라는 느낌. 미학적이지만, 동시에 실제적인 것이었어요. 내 수입이 아주 적었으니까요. 나는 직장의 복사기로 자료를 복사할 수 있었어요. 낮에는 학교나 무주택자 센터를 상대로 교육을 하는 웨스트민스터 시의회를 위해 일했거든요. 처음에는 사무실에서 고작 몇 부의 진을 만드는 데 그쳤어요. 각 초판본은 스무 부에서 서른 부 정도 제작했습니다.

그 형태는 문화적 중심부로부터 멀리 떨어져 있다는 포드의 소외감이 고스란히 표현된 것이었다. "선택의 여지가 없었어요. 내가 기성 출판사에 접근할 수 있으리라 생각하지 않았으니까요." 포드는 폭넓은 독자층 같은 것은 의식하지 않았다. "나는 이 합숙소에 살고 있었고 내 말을 들어주는 사람이라고는 친구들과 동료 활동가뿐이었어요. 내 진이 학술 전문 출판사에 채택되어 단행본으로 출판되리라고는 꿈에도 생각하지 못했어요. 만약 알았더라면 지레 겁먹어서 아무것도 쓰지 못했을 거예요."

포드는 쇼어디치의 주물 공장, 바, KLF 음악 밴드의 빌 드러먼드가 설립한 예술 공연 공간 같은 데서 야간 행사를 열곤 했다. "아주 혼란스러운 행사였고 활동가의 분위기가 늘 있었어요." 포드는 이런 행사장에서 《야만적 메시아》를 판매하거나 나눠주었다. 제1호의 가격은 상징적으로 7.5펜스였고, 나중에 나온 것들은 2~3파운드였다. 《야만적 메시아》는 큰 행사의 한 요소로서 자리매김했다. DJ, 음악, 술 등이 곁들여졌고 "자유롭게 거닐기도 하고 일종의 경계 침범이 벌어지기도 했다." 소란스러운 탄생이었다. 여기서 그 인쇄된 텍스트는 일종의 사건, 혹은 사건의 일부였다. '공개公開된 것being made public'이라는 문자적 의미의 출판물 publication이었다. 이제 여러 해가 지나 그 음악도 술도 사라지고, 특별 컬렉션 도서관에서나 무성 스크린에서《야만적 메시아》을 보고 있자니 뭔가 맥이 빠지는 듯한 건 어쩔 수 없다.

포드의《야만적 메시아》이전에 진의 글쓰기는 이미 오랜 역사를 갖고 있었다. 그 기원은 1930년대에 나온《카밋》같은 SF 팬진fanzine이었고, 1970년대의《스니핑 글루》와《서치 앤드 디스트로이》, 그리고 약간 뒤인 1982년의《맥시멈 로큰롤》같은, 직접 쓰고 편집하고 제작하는 복사 출판물로 점차 인지도를 높였다. 그리고 1990년대 초에는 페미니즘 및 퀴어 진으로 붐을 이루었다. 특히 〈비키니 킬〉 같은 라이엇걸Riot Grrrl 운동〔1990년대 미국에서 일어난 페미니즘 펑크록 장르 또는 문화 운동〕과 관련이 깊었다. 이 진에는 토비 베일과 캐슬린 해나가 1990년부터 시작한 음악 밴드 '비키니 킬'의 지원이 있었다. 관련 연구자 제인 래드웨이는 이렇게 지적했다. "많은 진의 공통점은 주류에서 벗어난 존재라는 것이다. 그들은 독립적으로 글을 쓰고 잡지를 만들고 배포한다." 그들은 소외된 공동체에 자신들의 이야기를 발언하거나 시각화하는 기회를 제공한다.《디스차지》나《레킹볼》 같은 라이엇걸 진은 소수의 글로벌 기업이 지배하는 주류 매체에 맞서는 존재로 자신의 정체성을 규정한다. 기존 매체는 배타적이고 억압적이며 기술관료적이라는 것이다. 그러나 자본주의 문화는 그 문화에 저항하는 문화의 힘을 흡수해 상업화하려는 경향이 있고, 이것이 라이엇걸 진의 이상주의를 어렵게 만든다. 포드의 설명에 따르면 2006년에 그런 사례가 있었다. 가령 "톱숍Topshop 같은 가게에 들어가면, 정치적 의도는 배제된 채 포스트펑크 미학으로 디자인된 티셔츠를 팔았다"는 것이다. 이처럼 진의 문화를 사회가 받아들이는 방식이 복잡미묘하고 때로 타협적일지라도, 진의 유토피아적인 에너지는 분명 유의미하다. 예를 들어 1990년대의 라이엇걸 진은 후대의 간행물에 지속적으로 영향을 끼쳤다. 가령 2014년부터 옥스퍼드 학생들이 활발하게 펴낸 페미니즘 진 《컨트리 리빙》이 좋은 사례다. 창간호의 편집자들은 이렇게 썼다. "우리 앞의 선배 언니들처럼, 우리는 사회 속에서 여성이 직면하는 문제들에 대해 말하고 싶다. 만연한 성적 학대, 경제적 차별, 성적 대상화, 밝히는 여자 취급 등."

이러한 진의 발간 목적은 제인 래드웨이가 말했듯이 "모든 것을 뒤섞기"다. 말과 이미지를 혼합하고, 질서정연한 독서에 도전하고, "가두어둘 수 없는 열광적인 창조성"을 지닌다. 시인 존 쿠퍼 클라크는 마크 페리의 《스니핑 글루》(1976~1977)에 대한 글에서 이런 점을 정확하게 짚어냈다. "그 저렴한 집의 분위기과 반#문맹적인 열정을 갖고서 (…) 전반에 걸쳐 '빨랑 볼일을 보던지 아니면 변기에서 비켜'라는 듯한 긴급함이 있다." 진은 종종 저작권이 있는 이미지를 복사하고 자유롭게 재배치하는 등 전통적인 책의 형식을 조롱하듯 춤을 춘다. 《무슨 의미인가, 진은 무엇인가》(2006)에서 두 저자 마크 토드와 에스터 펄 왓슨은 '표준 반#페이지'라고 부르는 진의 형식에 대해 자세하게 다룬다. 스테이플러 없이 묶은 것. 종이를 4분의 1로 접은 것. 아코디언 모양처럼 지그재그로 접은 것. 모아서 포장한 것. 무가지. 초소형. 프랑스식 접지 및 제본. "틀을 깨라!" 이렇게 강조하며, 그들은 이어 진을 놓아둘 만한 장소를 열거한다. 버스 정류장, 도서관, 주차된 자동차 앞유리, 공연장, 신문 가판대, "사람들이 앉아 있는 곳", "사람이 많이 모이는 공공 장소" 등등. 진은 출판이 얼마나 하기 쉬운 일인지 명징하게 보여준다. 근본적인 측면에서 보자면 진의 메시지는 분명하다. '당신도 할 수 있어!' 책 만들기를 신비화하지 않고 민주화하겠다는 이런 결의는 진이라는 하나의 형태가 보내는 핵심적인 메시지다. 이런 의미에서 진은 토머스 코브던-샌더슨 같은 제책업자의 기술적·미학적 완성도와는 극명한 대조를 이룬다. 에드워드 존스턴의 화려한 서체와 코브던-샌더슨이 '생명의 책'에 대해 말하던 저 심오한 방식을 다시 떠올려보라(출판업이 너무 통속화되는 것을 막기 위해 그가 템스강에 던져 버린 활자도 되새기자). 이런 것들은 경외감을 자아낼 만하지만 도브스 출판사의 책 만들기를 보는 일은 '나는 그런 일은 할 수가 없다'라고 느끼는 것이기도 하다. 그것이 분명 코브던-샌더슨의 목적이었다. 반면 진은 독자에게, 그저 기존대로 조용히 받아들이는 소비자주의나 연구에 머무르지 말고, 책을 '직접 만들어보라(DIY: Do It Yourself)'고 권한다. 기업 중심의, 소비주의적인, 이익을 추구하는, 상업적인 출판 문화에 대한 날카로운 저항이다. 인터넷 시대에 들어와 많은 진이 e진 혹은 웹진이 되었으나, 그렇지 않은 진도 많다. 디지털과 온라인 출간이라는 더 손쉬운 길을 애써 마다하고 펜, 가위, 풀, 스테이플러, 실을 사용해 옛 제책 형태를 고집스럽게 유지하는 것이다.

포드는 이러한 진의 족보를 늘 의식하고 있다. "내가 일종의 포스트 펑크post-punk('펑크 이후'라는 뜻으로, 펑크 음악은 빠르고 소란스럽고 공격적인 방식으로 연주되는 장르인데 종종 기존의 관습적 태도와 행동에 대한 저항의 표시였다. 펑크록은 1970년대 후반에 유행했다) 미학을 전달하고 있다는 것을 잘 인식하고 있습니다." 진에는 또다른 문화적 좌표도 있다. 평론가 마크 피셔는 《야만적 메시아》와 1980년대의 믹스 테이프(카세트 음악을 듣던 청취자들이 다양한 원천의 음악을 재편집해 녹음한) 사이에 유사점이 있다고 보았다. 이러한 진과 음악의 상관관계는 포드에게 중요하고, 그래서 그녀는《야만적 메시아》를 읽는 것이 일종의 청취라고 생각한다.

장편소설을 읽는 것마냥 처음부터 끝까지 그것을 읽을 수는 없어요. 그러는 것은 의미가 없다고 생각해요. 진은 아무렇게나 읽을 수 있어요.《천 개의 고원》(1980) 서문에서 질 들뢰즈와 펠릭스 가타리가 그런 독서 방식을 언급했어요. 음반을 듣는 것처럼 해야 한다는 거였지요. 음반의 트랙 중에 어떤 것은 즉시 당신의 마음에 공명을 불러일으키고 어떤 것은 그렇지 않고 또 어떤 것은 천천히 불타올라요. 청취자는 트랙들 사이를 앞뒤로 옮겨 다닐 수 있지요. 일직선으로 쭉 나아갈 필요 없이, 독자가 읽고 싶은 대로 읽으면 됩니다.

진의 물성은《야만적 메시아》의 핵심적 성취다. 이것이 온라인 출간물과 달리 물리적인 육체를 가지고 있다는 사실은 중요하다. 2005년에 인터넷 블로그가 점점 더 많은 인기를 얻었다. "내가 아는 많은 사람이 블로그를 하고 있어요." 그러나 포드는 긴급한 정치적 메시지를 전달하려면 손으로 만져보고 페이지를 넘기고 사람들에게 건넬 수 있는 형태의 출간물이어야 한다고 느꼈다. "이처럼 일반 대중과 공동체의 공간으로 침투할 수 있다는 점에서, 물질적인 진을 펴내는 게 중요해요. 그것은 그런 집단적 순간들을 활성화하는 일종의 촉매제가 될 수 있어요."

진의 DIY 물성—사무실이 아니라 집에서 만들어졌다는 느낌—은 런던의 과거로부터 전형적이지 않은 순간들을 되살려냈다는 의미에서 중요하다. 진은 "표면의 껍데기를 깨려는" 시도다. 런던의 공식 역사에 내

재한 틈새 혹은 오류를 더듬어 찾아내고, "이런 여러 요소를 오려내 붙이고, 서로 모순되는 것들을 대비함으로써 예기치 못한 결과를 만들어내려는 것"이다. "신자유주의는 '런던의 과거는 이런 것이다'라는 공식적 텍스트를 강제합니다. (…) 그런 경향은 올림픽 준비 사업에서 절정을 이뤘습니다." 그녀가 만들어내는 진의 염가성, 일시성, 유동성, 현장성은 "틈새들 사이에서 불현듯 솟아납니다. (…) 일방적인 공세에도 불구하고 여전히 살아남은 틈새들이 있는 것이죠."

포드는 윌리엄 버로스의 잘라내기 기법, 그리고 더 넓은 차원의 모더니스트 콜라주 기법을 잘 알고 있다. 그녀가 그런 기법을 알게 된 것은 화랑이나 책을 통해서가 아니라 10대 시절에 음반의 종이 케이스를 통해서였다. 제록스 복사기 또한 포드의 작업에 소중하다. 단 한 장의 종이에다 여러 출처에서 나온 발췌본과 축약본을 담을 수 있기 때문이다.

내가 언제나 좋아하는 것은 복사기의 마법이에요. 당신이 갖고 있는 서로 다른 요소들은 혼란하고 불규칙해요. 종이는 풀의 얼룩이 남아 있거나 구겨져 있어요. 게다가 서로 다른 시간대를 갖고 있지요. 그러나 이런 것들을 복사기에다 집어넣으면 매끈한 하나의 면이 됩니다. (…) 이렇게 모순적인 순간들을 교차 참조시키는 거예요. 이렇게 복사기를 거치면 여러 다른 것들이 매끈하게 서로 공존하게 되지요.

2005년에 포드는 문학적 후예를 별로 생각하지 않았고 진이 장기적인 관점에서 수집 품목이 될 수 있다고 보지도 않았다. 오늘날 그녀는 자신이 출간한 진을 모두 소장하고 있지도 않다. "버소 출판사가 내가 만든 진을 모아 단행본으로 펴내자고 했을 때, 친지들에게 전화를 걸어 도로 빌려와야 했어요." 《야만적 메시아》는 당초 포드가 독자층으로 삼았던 친지나 활동가 등의 작은 범위를 넘어서서 사람들에게 호소하는 매력이 있다. 그 이유는 무엇일까? 포드는 오늘날에도 지속되는 문제를 자신의 진이 다루고 있기 때문이라고 생각한다.

《야만적 메시아》가 사람들에게 공감을 불러일으키는 이유는 런던으로부터 소외 혹은 축출되어 더이상 담론의 일부가 되지 않는 사람이 많기 때문이라고 봐요. 예술을 둘러싼 오늘날의 담론에서 배제되어 있거나요. 지리적으로든 다른 측면으로든 소외된 많은 목소리가 있다고 생각해요. 그런 불만이 지금도 계속 내부에서 끓고 있는 게 아닐까요?

크레이그 앳킨슨
"목요일마다 책을 출간합니다"

어떤 지점에서 생산은 곧 다산성이 되어버린다. 그리하여 크레이그 앳킨슨은 그 경계선을 이미 넘어섰다. 앳킨슨은 2005년 이래로 대략 950권의 책을 출간했다. '대략'이라고 한 것은 그 숫자가 매주 늘어나기 때문이다. 영국 북서부 사우스포트에 근거지를 둔 앳킨슨은 '카페 로열 북스'라는 제목으로 사진집 성격의 진을 편집하고 출판한다. 개념적으로나 물질적으로나 이 간행물은 우아한 단순함을 자랑한다. 이 간행물은 얼마 전의 과거에서 나온 흑백사진들의 모음집이다. 페이지마다 하나의 사진이 있고 어떤 때는 두 페이지에 걸쳐 사진 한 장이 나오기도 한다. 이 책은 맨 앞의 간기를 제외하고는 텍스트가 거의 없거나 아예 없다. 각 책은 특정 시점의 특정 장소에 집중하면서 주로 가난, 저항, 혹은 다양한 소외의 장면을 보여준다. 도시의 건축, 음악, 패션을 집중적으로 강조하기도 한다. 2019~2022년 사이에 나온 책을 몇 가지 뽑아보면 이러하다. 다이앤 부시의 《런던 이스트 엔드》, 브라이언 그리핀의 《브로드게이트 재개발 사업》, 피트 데이비스의 《카디프 1969~1977》, 폴 글레이저의 《바터세이 1985》, 트레버 애슈비의 《발전 중인 잉글랜드 1970~1990》, 재닌 위델의 《도버 항구 1989~1990》. 대개의 책('책?' 우리는 이 용어를 다시 살펴보게 될 것이다)은 영국 내의 어떤 특정 지역에 집중하고, 일상적인 다큐멘터리 사진으로 구성되어 있다. 마이크 골드워터의 《방글라데시 홍수 1999》처럼 좀 먼 곳을 다룬 책도 있다. 사진의 배열은 앳킨슨이 결정하는데 아주 용의주도하다. 종종 시각적인 메아리가 울려퍼지고 차분하게 순서가 진행된다는 느낌을 준다. 어떤 사진은 잘 알려진 사진가(마틴 파, 호머 사이크스, 존 클래리지, 조니 스턴바흐 등)가 개인적으로 촬영한 것이고, 아마추어 사진가가 여러 통의 필름을 쓴 끝에 건진 그럴듯한 사진도 있다. 스테이플러로 묶은 이 책들은 크기가 A5보다 조금 작고 종이는 두껍고 단단하다. 종이와 카드 중간쯤 되는 듯하다. 각 책의 분량은 36쪽이다. 현지의 가족 운영 회사에서 인쇄하고 매주 발행되며 발행 부수는 약 250부다. 대개 우편으로 발송된다. 이 책들은 형식과 내용이 통합된 저작이다. 생산의 속도, 반反기념비적인 물질적 형태("요란함이나 장식 없이"라고 앳킨슨은 말한다), 정치적 주제 등이 함께 작용해 민주적 형태의 책에 대한 헌신을 표명한다.

크리스 킬립이 촬영한 《타인사이드의 조선업 1975~1976》.

각 책의 균일성은 그 책들이 개별적 진인가 하면 축적되는 문서의 한 부분임을 보여준다. 각 책은 개별 제목을 가진 일련의 장편 다큐멘터리 형식을 취한다. 독자는 6파운드 50펜스(2005년에는 5파운드)를 지불하면 낱권을 살 수 있고, 월별 혹은 연별로 정기구독을 신청해 우편으로 책을 받아볼 수도 있다. 박물관, 화랑, 도서관 등 호주머니가 두둑한 기관은 한 꺼번에 상자에 든 100회치를 구매하기도 한다. 지금까지 총 950권이 나왔는데 《바다에 면한 사우스엔드 1972》, 《팬들과 클럽 회원들 1978~1995》, 《소호 1990》, 《크로프츠 1974》, 《그리넘 보통 여자들의 평화 캠프 1983~1984》, 《켄티시 타운 1975》 등 이 책이 아니면 만나기 어려운 3만여 장의 사진 컬렉션을 제공한다.

내가 크레이그 앳킨슨에게 '카페 로열 북스'에 대해 물어보니, 이 책들의 민첩한 가벼움은 그의 예전 작업물의 문자 그대로의 '무거움'에 대한 직접적인 반발이라고 설명했다. 앳킨슨은 파인아트에서 훈련을 받았고, 그의 대작 추상화는 제작에만 18개월이 걸렸다. 하지만 막상 완성하고 나니 보관과 전시라는 지속적인 문제가 나타났다. 너무 크고 무거운데다 고정되어 있었기 때문이다. 그 작품들은 거의 이동할 수가 없었고 관람자에게도 상당한 부담을 안겨주었다. 앳킨슨은 "어떤 것을 어디에다 설치한 다음 사람들이 와서 봐주기를 바라는" 아이디어를 별로 좋아하지 않았다. 그것은 "어떤 한순간에 한 장소에서만 존재하는 것"이었다. 그는 사람들이 그림을 구경하러 오기보다는 그림이 사람들을 찾아가는 것을 더 좋아했다. "나는 그림 그리기를 아주 사랑했고, 지금도 그렇습니다. 그 모든 것이 말하자면 내 그림 자체에 대한 싸움이었습니다." 책은 그의 그림에 대안적 공간을 마련해주었다. 처음에는 드로잉을 그렸고, 그다음에는 사진을 찍었다. 책은 곧 움직임을 의미했다.

그는 갤러리의 다소 까다로운 문화를 우회하기 위한 방식으로, 또 전통적인 그림 전시회에 별로 마음이 끌리지 않는 더 많은 사람에게 다가가기 위해 가볍고 값싼 책을 선택했다. 이 과정에서 앳킨슨은 1960년대 미국 화가들의 전통에 입각해 작업을 했다. 그 화가들은 아주 영리하고 창의적인 방식으로 책의 형태를 활용했다. 이에 대한 좋은 사례로 에드 루샤의 《26개 주유소》(1963)를 들 수 있다. 이 책은 그런 종류의 책 개념을 보여주는 최초의 혹은 유일한 사례가 아니지만, 그 영향력은 대단했다. 《26개 주유소》는 그 핵심에 일종의 평면적 사실주의를 내포하고 있다. 이 책은 루샤의 로스앤젤레스 집과 오클라호마시티의 그 부모 집 사이 옛 국도 66번에 있는 26개 주유소를 찍은 흑백사진집이다. 이 사진들은 다큐멘터리 성격을 가지고 있다. "이 사진들은 어떤 의미에서도 '예술적'이지 않습니다." 루샤는 저명한 화가의 유쾌한 비공식적 분위기를 풍기며 말했다. "내게는 스냅샷 이상이 아니에요." 이 책은 처음에 400부가 발간되었다. 인쇄는 상업 인쇄소에서 이루어졌고 인쇄비는 비싸지 않았다. 작은 판형에 팸플릿 방식의 편철은 거대한 갤러리 벽과 정반대의 느낌을 준다. 1964년에 이 책은 3달러에 판매되었는데, 이는 앤설 애덤스 같은 사진작가의 대작이나 소위 예술가 책livres d'artistes이라는 고가의 책과 대비된다.

비평가들은 이런 종류의 책을 가리켜 '민주적 다중체democratic multiple'라고 했다. 기존 예술가들이 강조해온 '오리지널'을 다수의 복사본으로 대체하고, 저렴한 가격 혹은 심지어 무상으로 배포한다. 이런 책은 물질적 대상으로서 장대함을 거부하며, 화랑에 직접 가서 작품을 보지 않는 독자들도 접근할 수 있다. 이 책들은 물론 주제 선정을 통해 정치적·사회적 메시지를 던지기도 하지만, 지극히 일상적인 책의 형태 그 자체가 그러한 메시지를 던지는 방식이기도 하다. 여기서 책이라는 매체는 예술 작품을 재현해 담는 용기容器에 그치지 않는다. 오히려 그와 정반대로 작품이 책의 형태에 의존한다. 즉 순서가 있고, 넘기는 페이지가 있고, 시공간을 통한 움직임으로서의 읽기가 있고, 양면으로 넓게 펼쳐지고, 직진을 지향하면서도 앞으로 되돌아가서 읽을 수 있는 유동성 등에 의존하는 것이다. 예술가 책에 관한 권위 있는 학자 클라이브 필폿은 이렇게 말한다. "그 저작은 책의 구조에 의존한다. 그것을 평평하게 펴서 벽에 걸어놓는다면 아무 감흥도 주지 못할 것이다." 물론 이상론이 언제나 통하는 것은 아니다. 오늘날 루샤의 책은 전혀 민주적이지 않은 5천 파운드(약 1천만 원)에 거래된다. 독자는 이 책을 사람들로 붐비는 서점에서가 아니라 유리창이 둘러쳐진 보관함 바깥에서 볼 가능성이 높다. 그렇지만《26개 주유소》는 저렴하고 쉽게 움직일 수 있는 예술 형태로서의 책 개념을 확립하는 데 크게 기여했다.

앳킨슨은 '카페 로열 북스'가 민주적 다중체의 전통과 내셔널 트러스트(1895년에 설립된 영국의 공공 기관으로, 역사적·건축적 가치가 있는 건물과 아름다운 자연 풍경의 보존을 목적으로 한다) 팸플릿 사이의 절충 지점에 위치한다고 말했다. 1963년 로스앤젤레스의 대중적 모임이 차트웰 별장(영국 켄트주에 있던 윈스턴 처칠의 시골 별장)의 다실茶室을 만난 경우라고도 했다. 앳킨슨은 진을 만들기 전에는 출판 경험이 전혀 없었다고 말했다. "그렇지만 종이를 접고 스테이플러로 철하는 건 할 줄 알아요. 그것만 알면 되죠 뭐." 그렇게 해서 나온 책의 단순명료함은 그 책이 존재하는 핵심적 의미다. "내가 만들어내고 싶은 것은 천으로 장정을 하고, 옆면에 금칠을 하고, 선명한 색의 가름끈이 달린 그런 화려한 책이 아닙니다. (…) 나는 그런 건 만들고 싶지 않습니다." (윈킨 드워드가 이 이야기를 들었다면, 자기와 공감대를 가진 제책업자가 있다는 사실에 감은 눈을 번쩍 떴으리라.) 앳킨슨은 자신의 책을 야수파 건축과 비교했다. "장식은 전혀 안 합니다. 그냥 거기에 있을 뿐이죠. 그래도 제 기능을 합니다." 책은 "단순하고, 직관적이고, 기능적인 것이어야 합니다." 저렴한 가격 또한 앳킨슨에게 중요하다. 그래서《특별 배분지: 뉴캐슬 어폰 타인 1992》나《포스트펑크 시절 1987~1990》같은 작품의 양장본이 120파운드(약 20만 원)나 나간다는

브라이언 데이비드 스티븐스가 촬영한 《노팅힐 음향 시스템》.

것은 다소 역설적이다. 요즘 나오는 '카페 로열 북스' 책의 가격은 근 20년 동안 1파운드 50펜스가 올랐을 뿐이다. 물론 수집가들의 세상에서는 가격이 급등할 수 있다. 이 글을 쓰고 있는 현재, 마틴 파의 《아일랜드 서부에 내버려진 모리스 마이너》(2017)는 헌책방에서 125파운드에 팔리고 있는데, 영국 이베이에 비슷한 가격으로 올라온 실제 중고 모리스 마이너(오래된 자동차 모델이다)도 있다. "우스꽝스러운 일이죠. 아무쪼록 그걸 파는 사람에게 행운이 있기를 바랍니다. 물론 그걸 사는 사람에게도요. 그런 판매 행위는 나와 아무런 상관이 없습니다."

디지털이 이런 종류의 축적되는 문서를 보관하기에 더 적절한 곳으로 여겨지는 시대에 종이책을 고수하는 이유와, 온라인 출판에 대한 생각을 묻자 앳킨슨은 자신의 뜻을 분명하게 밝혔다.

물론 디지털은 어떤 영역에서는 훌륭합니다. 그러나 내가 집중적으로 살펴보는 시대에서 나온 사진들은 종이 위에다 옮겨놓을 때 더 잘 구현된다고 생각합니다. 화면은 뒤에서 빛을 쏘고 반사적이며 전원에 의존하는데, 접히지도 않고 구조, 질감, 냄새 따위가 전혀 없습니다. 태블릿, 전화, 컴퓨터 등은 많은 것을 할 수 있는 만능 도구죠. 반면 책은 단일한 존재로, 그저 책일 뿐입니다. 물리적 책은 어디에서나 읽을 수 있습니다. 탁자 위에다 펼쳐놓고 여럿이 돌아가며 볼 수 있고, 잘 보관할 수 있고, 책장에 꽂아둘 수 있고, 관리하기 쉽고, 전원에 의존하지 않습니다. (…) 물론 책은 훼손되기 쉽고, 같은 포맷으로 실시간 백업이 되지 않습니다. (…) 그러나 책은 동일본이 복수로 발간되기 때문에 이미 백업되어 있는 셈입니다.

그런데 그것들을 과연 책이라고 할 수 있을까? 앳킨슨은 이 질문에 대해 흥미로운 답변을 했다.

모르겠습니다. 예, 책, 진, 팸플릿. '정보 팸플릿'이라고 할 수 있겠는데, 나는 그것들을 그렇게 부르는 걸 좋아합니다. 그런데 누가 '정보 팸플릿'을 사려고 하겠어요? 그것들은 방에서 DIY로 복사해 만드는 진의 만들기 방식으로 시작했습니다만, 종이는 신중하게 골랐고 스테이플러의 위치도 숙고해서 정한 것입니다. 모든 측면을 깊이 고려했지요. 그래서 침실에서 DIY로 만든 것과는 다소 다를 수 있습니다. 그렇지만 책이라고 하기에는 충분히 두껍지 않다고 할 수도 있겠죠. 모르겠습니다. 나는 이것들을 지칭할 적당한 단어를 찾지 못했지만, 그런 점도 저는 좋습니다. 지난 몇 년 동안[2005년부터] 몇 차례 불만을 접수했는데 가령 이런 겁니다. "그 간행물 중 하나를 샀는데 크게 실망했다. 당신은 이런 것을 책이라 부르나 본데, 이건 분명 책이 아니다." 하지만 그것도 좋은 의견이라고 생각해요.

필리스 존슨
"어떠한 것이든 담아낼 수 있습니다"

《애스펀》은 편집자이자 언론인인 필리스 존슨이 1965년에 창간하고 뉴욕의 로어링포크 출판사가 발간한 잡지다('애스펀'은 산악 지대가 많은 미국 콜로라도주의 문화 휴양 도시다). 존슨은 이것을 가리켜 '최초의 3차원 잡지'라고 말했다. 지금까지 발간된 제10호까지의 각 호는 상자 형태다. 그 상자 안에는 다양한 내용물이 들어 있는데 종이로 된 것도 있고 아닌 것도 있다. 1966년 8월에 나간 광고—아프레 스키après ski(스키 뒤풀이 파티)를 생각한다. 그리고 1960년대 중반에 새로워진 낙관주의를 생각한다—에서 존슨은 이렇게 썼다.

지금까지 모든 잡지는 스테이플러로 철한 종이 뭉치였습니다. 그것은 구겨지고 찢기거나 길다랗게 말린 채 당신의 우편함에 꽂혔겠지요. 게다가 대개 내용보다 광고가 더 많습니다. 지난해, 콜로라도주 애스펀에서 햇살과 스키와 독특한 문화적 분위기를 즐기던 우리는 문득 자문했습니다. "왜?"

《애스펀》제4호를 개봉한 상태.

　《애스펀》을 한번 훑어보면 그 속에서는 여전히 이런 자유로운 분위기의 가능성이 느껴진다. 가령 1967년에 나온 제4호를 보자. 세로 24센티미터, 가로 32센티미터, 높이 2센티미터의 여닫이 상자로, 회로판 도면과 그를 둘러싼 텍스트가 들어 있다. 이 내용물은 퀜틴 피오레에 의해 디자인되었고 캐나다의 매체 연구자 마셜 매클루언의 저작을 근본으로 삼고 있다. 매클루언의 잠언이 그 상자의 표면과 내용물을 뒤덮고 있다. "모든 매체는 우리를 완전히 지배한다." "즐거움과 혁명." "정해진 질서를 따르는 의례적인 말들."

　존슨은 이렇게 썼다. "이 포트폴리오는 다양하게 구성됩니다. 여러 매체에서 개별 과정을 통해 독립적으로 생산된 것들이죠. 이를 종합하고 정리해 개별적으로 완성한 뒤에 배송합니다."

제4호의 상자 안에 든 내용물은 이러하다. 매클루언과 피오레의 《미디어는 마사지다》((문화평론가 마셜 매클루언의 명제 '미디어는 메시지다'를 패러디한 제목))의 페이지에서 나온 접이식 포스터, 샌프란시스코의 애벌론 볼룸(무도회장)에서 열린 '트라이벌 스톰프Tribal Stomp'에 대한 컬러 포스터, 포비온 바워스와 대니얼 쿠닌이 쓴 전자 음악에 관한 글, 마리오 다비도프스키와 고든 머마가 만든 초기 전자 음악이 녹음된 '플렉시디스크'('프렌치호른과 사이버소닉 콘솔'), 존 케이지의 산문시 〈세상을 개선하는 방법(당신은 상황을 더 악화시킬 뿐이다)〉, 시각장애인을 위한 자연 탐방로 안내서. 심지어 광고조차도 이런 뒤죽박죽 구성 형식을 따른다. 광고 서류철 속에는 자그마한 팸플릿과 전단지 따위가 들어 있는데, 1960년대의 유명한 브랜드인 시에라클럽, 유나이티드 항공, MGB 자동차, 레미 마르탱 등등이다.

여기에는 많은 이야기가 있다. 그중 하나는 필리스 존슨에 관한 것이다. 그녀는 《애스펀》 영역 이외의 곳에서는 글릭이라는 결혼 후의 이름으로 알려져 있다. 네브래스카주 링컨에서 태어나고 성장한 존슨은 《네브래스카 스테이트 저널》 기자로 일하다가 뉴욕으로 옮겨가 《우먼스 웨어 데일리》, 《뉴욕 타임스》, 《타임 매거진》, 《애드버타이징 에이지》, 《아메리칸 홈 매거진》 등에서 기자 겸 편집인으로 일했다. 그녀는 또한 여행, 스키, 사진 촬영에 많은 시간을 투자했다. 미국 남서부의 나바호 인디언 부족을 3년 동안 취재했고, 야생 버섯을 구별하고 먹는 요령에 대한 안내서도 집필했다. 그녀의 유해는 2001년에 하와이 인근 바다에 뿌려졌다.

존슨은 이처럼 널리 여행하면서 얻은 지성과 급진적인 출판 실험을 결합했다. 그녀가 쓴 모든 글에는 열정이 흘러넘쳤다. "다음 호에는 과연 무엇이 들어 있을까요!" "《애스펀》은 당신에게 실제 예술 작품을 제공합니다!" 《애스펀》의 성취는 놀라운 면이 있다. 우선 수전 손택, 티머시 리어리, 로버트 라우션버그, 사뮈엘 베케트, 솔 르윗, J. G. 밸러드, 오노 요코, 존 레넌 등의 글을 싣고 있는데, 이 얼마나 대단한 명단인가! 또한 제3호는 앤디 워홀이 디자인했다(스튜디오의 조수인 데이비드 돌턴이 디자인했을 가능성도 꽤 높다). 이 호는 패브Fab 세정제 같은 상자에 담겨 독자에게 배송되었다. 흰색 상자 두 개로 구성된 제5+6호(미니멀리즘 편)의 집필진은 마르셀 뒤샹, 머스 커닝엄, 윌리엄 S. 버로스, 모턴 펠드먼 등이었다. 그들의 글과 함께 8밀리미터 필름 롤, 악보, DIY 소형 합판지 조각품, 그리고 아주 영향력이 큰 롤랑 바르트의 글 〈저자의 죽음〉도 들어 있었다. 제9호('꿈의 무기'라는 부제가 붙은 사이키델릭 편)는 상자 뒷면에 '루시퍼, 루시퍼, 빛의 전달자'라는 문구가 인쇄되어 있고, 상자 안에는 화학적으로 변질된 베노 프리드먼의 서부 영화 필름이 포함되어 있다.

  20세기 초반에서 중반까지 문학적·예술적 풍경에 상당한 영향을 미친 여성 편집자의 오랜 역사에서 필리스 존슨은 핵심적인 위치를 점한다. 이 역사에서 몇몇 중요한 인물을 꼽아보자면, 1914년에 제임스 조이스의 《젊은 예술가의 초상》을 연재한 잡지 《에고이스트》의 해리엇 쇼 위버, 조이스의 《율리시즈》를 연재한 《리틀 리뷰》(1914~1929)의 마거릿 앤더슨, 1912년부터 월러스 스티븐스와 힐다 둘리틀의 초기 작품들을 발표하고, 1915년에 T. S. 엘리엇의 〈J. 앨프리드 프루프록의 연가〉를 최초로 발표한 《포에트리》의 해리엇 먼로 등이 있다. 《포에트리》는 지금도 운영되고 있다.

또다른 이야기는 물질적 측면에 관한 것이다. 우리가 단행본이나 잡지를 하나의 상자라고 상상할 때 어떤 일이 벌어지는가? 단단히 묶은 코덱스가 아니라 느슨하게 묶인 부분들을 담은 상자로서의 책을 취급하는 비주류 전통이 존재한다. 이러한 인상적인 사례는《불운한 사람들》(1969)이라는 장편소설이다. 영국의 실험적 소설가, 축구 언론인, 까다로운 문필가인 B. S. 존슨이 쓴 이 작품은 제본되지 않은 27가지 부분으로 구성되어 상자에 담겨 있다. 한 스포츠 기자의 축구 경기 보고서와, 암으로 죽은 친구에 대한 오싹한 기억을 결합한 소설인데, 존슨은 독자에게 읽을 때마다 제본되지 않은 여러 부분의 순서를 다시 정해 읽을 것을 권한다. 그러면 내용이 거의 무한히 달라지는 것이다. 이는 마음의 비非직선적 연상과 방황을 있는 그대로 드러내기 위해서였다. 존슨은 이렇게 썼다. "제본된 책의 강요된 질서보다는 이러한 방식이 마음의 무작위성을 전달하는 문제에 대한 더 나은 해결책이다."

《애스펀》제1호에 들어간 안내 편지에서 필리스 존슨은 이렇게 썼다.

'잡지magazine'라는 단어를 사용함으로써 우리는 매거진이라는 단어의 본뜻, 그러니까 창조, 보관소, 물품이 적재된 배 등을 떠올렸습니다[매거진이라는 단어는 '창고'를 의미하는 아랍어 makzin, makzan에서 왔다]. 우리의 각 호가 그런 것이 되기를 바랍니다. 우리 잡지는 상자 형태로 배송되기 때문에 스테이플러로 철한 종이 뭉텅이로 국한될 필요가 없습니다. (…) 우리의 글과 관련한 어떠한 것이든 담을 수 있습니다.

하나의 상자에는 일정한 수준의 통일성(그래서 주제별 각 호가 가능해진다)

과 유동하는 잡다함이 공존한다. 가령 상자를 흔들어대면 내용물이 뒤섞이고, 상자를 뒤집어 내용물을 쏟으면 무작위적으로 떨어진다. 특정 내용물을 따로 보관할 수도 있고, 점심 도시락을 싸듯이 구성물을 나름의 질서를 가지고 상자 안에 다시 집어넣을 수도 있다. 심지어 당신이 별도로 갖고 있던 무언가를 상자에 추가할 수도 있다. 상자 뚜껑을 닫을 때면 당신은 안다. 당신이 넣은 그대로 거기 존재하리라는 것을. 다음에 다시 열리기를 기다리며.

미국 우편국은 《애스펀》의 비정기적인 발간 일정을 문제 삼아, 신문사와 잡지사에 부여한 2급 우편 허가를 취소했다. 이로 인해 존슨은 우편료를 감당하지 못하게 되었고, 결국 《애스펀》은 폐간했다. 1971년의 4월 9일의 재판에서 수석 청문 조사관인 윌리엄 A. 뒤발은 《애스펀》이 "분류가 불가능하고, 어떤 특정한 계급이나 종류에 해당하지 않는다"라고 선언했다. '정기 간행물'로 분류되기에 필요한 요건을 갖추지 못했다는 것이었다. 무엇보다 각 호의 독립적인 통일성이 《애스펀》을 잡지로 분류할 수 없다는 근거였다.

제4호에서 가장 인상적인 내용물은 모종의 주문 양식이다. 이 사소한 물품은 《애스펀》이 새로운 잡지였던 순간으로 우리를 데려간다. 존슨은 달리고 또 달릴 계획을 갖고 있었다. 그것은 가능성을 말한다. 우리가 이 양식의 체크박스에 표시를 하고 접어서("봉투는 필요하지 않습니다") 그것을 우편으로 보낸다면 어떤 일이 벌어질까? 존슨은 이렇게 썼다.

우리 잡지를 직접 받아 열어보고서 생각보다 괜찮다고 느끼시기를 바랍니다만, 만약 마음에 들지 않는다면 독자님은 즉각 구독을 취소하고 기간별 환

불을 받을 수 있습니다. 독자님은 잃을 게 아무것도 없습니다. 적어도 대화를 위한 이야깃거리와 수집가의 수집 품목을 확보할 것입니다.

그럼 같이 가봅시다.

조지 머추너스

1964년에 조지 머추너스라는 리투아니아계 미국인이 《플럭스 종이 사건들》(플럭서스에디션스)이라는 16쪽짜리 책을 출간했다. 각 페이지에는 텍스트가 전혀 없기 때문에 문자 그대로의 공책空冊이라 할 수 있다. 그러나 이 책 안에서는 사건들이 벌어지고 있다. 각 페이지는 서로 다른 방식으로 표시되거나 조작되어 있다. 종이가 구겨졌거나, 얼룩이 묻었거나, 풀칠이 되어 있거나, 찢어졌거나, 줄이 그어져 있거나, 스테이플러로 찍혔거나, 클립이 끼워져 있거나, 작은 구멍이 나 있거나, 펀치로 동그란 구멍이 나 있거나, 접혀 있다. 무슨 일이 벌어지는 것일까?

플럭서스Fluxus는 화가, 건축가, 디자이너, 음악가 등으로 이루어진 국제 공동체로, 요제프 보이스, 앨리슨 놀스, 백남준, 조지 브레히트, 오노 요코 등이 가입해 있다. 1962년경 머추너스가 창립한 것인데 회원들은 서로 느슨한 연대 관계를 맺고 있다. 독일에서 시작했다가 곧 뉴욕으로 본거지를 옮겼다. 플럭서스는 라틴어에서 온 말인데 '흐름' 혹은 '변화'라는 뜻이다.

플럭서스는 구조를 갖추지 않은 국제 운동으로 일찍이 본 적이 없는 예술을 생산했다. 미국의 시인이자 비주얼 아티스트인 에멋 윌리엄스는 머추너스를 가리켜 "뛰어난 광대이자 개그맨이고, 동시에 아주 진지한 혁명가"라고 말했다. 머추너스는 공연 기획자였는데 그의 공개적 목표는 예술을 "무제한적인 것, 대량생산되는 것, 모든 사람이 누릴 수 있고 종국에는 모든 사람이 생산하는 것"으로 만드는 것이었다. 그는 관중이 직접 참여하는 공연을 좋아했다. 그는 우편 예술을 권장했다(외부에 의존하거나 화랑을 빌릴 필요 없이 재치 넘치고 전복적인 작품을 우편으로 발송하는 방식). 그는 포효하는 듯한 대문자만으로 자신의 예술 성명서를 인쇄했다. 그는 1964년에 이렇게 썼다. "나는 음악, 연극, 시, 소설, 그림, 조각 등의 예술 형태를 점진적으로 제거하는 것을 추구한다. (…) 그 대신에 집단정신, 익명성, '반개인주의'를 표명한다." 그는 〈피아노 액티비티스〉(1962년 9월) 같은 공연을 좋아했다. 이 공연은 그와 여러 사람이 무대로 나와서, 점점 더 분노하는 관중 앞에서, 무대 위에 설치된 그랜드피아노를 톱과 망치로 해체하는 것이다. 그는 플럭서스식 사물 만들기를 권한다. 예를 들면 로버트 와츠의 〈10시간-플럭스 시계〉(1969)가 있다. 이 자명종 시계는 시침이 12가 아니라 10까지만 있다. 자크 레이놀즈의 〈잠재적으로 위험한 가전제품〉(1969)은 플라스틱 상자인데 와이어의 양쪽 끝에 플러그가 달려 있다. 머추너스는 이 세상으로부터 부르주아 질병, 즉 지적이고 전문적이며 상업화된 문화를 '숙청'(그는 이 단어를 좋아했다)하고 싶어 했다. 그는 예술을 만들어내는 과정이 곧 예술 작품이라고 생각했고, 그래서 우연, 변화, 각종 제도를 해체하는 프로젝트를 좋아했다. 그는 농담의 힘을 믿었다(에릭 앤더슨은 한 공연에서, 관중에게 뇌물을 주면서 공연장을 떠나도록 유도한다). 그의 유머는 한 친구가 말한 것처럼 '우주 전체'를 겨냥했다. 그는 예술이 우리에게 좀더 협력하며 살아가는 방법을 보여줄 수 있다고 믿었다. 그는 예술가를 위한 주택을 조직해 런던의 소호 지역에 예술가들의 협력을 위한 아지트 시스템을 시작했다. 그는 플럭서스의 작품들이 인생과 예술의 경계를 허물 수 있으리라 생각했다. 가령 오노 요코의 작품 〈옷 자르기〉(1966)에서는 관중이 가위를 들고서 배우의 옷을 조각조각 잘라내는 퍼포먼스가 포함된다. 머추너스의 책 만들기 정신에서는 벤저민 프랭클린의 총체적 에너지의 분위기가 느껴진다. 만약 이 두 사람이 만나서 신규 간행물에 대해서 논의한다면 무언가 폭발적인 작품이 생겨날 것이다.

머추너스는 평생 질병에 시달렸다. 한 친구의 회상에 따르면 "산더미 같은 약에 매달려 목숨을 부지했으며", 그러다가 46세에 췌장암으로 죽었다. 그는 생애 마지막 순간까지 확고한 독신자였다. 싸구려 러시아산 생선 통조림을 먹는 등 아주 근검절약하며 살았고, 수입은 거의 다 플럭서스 프로젝트에 투자했다. 에멋 윌리엄스에 따르면 그는 "비극적 역할을 하는 궁중의 광대"였고, "반대파를 침묵시키는 독재자의 기질"을 갖고 있었다. 무엇보다도 그는 일을 만들어냈다. 전에는 없던 것을 존재하게 했다. 그는 예술을 "비평가, 딜레탕트[애호가], 전문가뿐만 아니라 모든 사람이 향유해야 한다"고 생각했다. 그리고 누구나 플럭서스 예술가가 될 수 있다고 보았다. 그가 죽기 한 해 전인 1977년, 시애틀에서 인터뷰어가 그에게 물었다. "조지, 플럭서스가 뭡니까?" 우리는 이 인터뷰처럼 귀 기울여 면밀히 들으면서 어떤 안정적인 정의定義을 얻어내려 한다. 언젠가는 우리가 그의 의도가 무엇이었는지 정확히 이해할 수 있기를 기대하면서 말이다. 그러나 우리가 들을 수 있는 소리라고는 기이하고 웅웅거리고 휘파람 같은 소음뿐이다.

인쇄는 플럭서스에서 핵심적이었다. 머추너스는 포스터, 뉴스레터, 전단, 그리고 《cc V TRE》라는 플럭서스 신문을 인쇄했다. 그는 책의 형태에 대해서도 실험을 했다. 낯익은 것을 낯선 것으로 만들기 위해 그 한계를 실험하고 거의 파열점까지 밀어붙였다. 머추너스는 1964년에 뉴욕에서 《앤솔러지 1》을 편집했다. 그것은 나무 상자인데 책을 발송하는 상자라는 이중적 역할도 한다. 그 안에는 세 개의 금속 볼트와 너트로 제본한 책이 한 권 들어 있는데, 그 책의 페이지는 마닐라삼 봉투의 형태로 되어 있다. 봉투마다 다른 예술가들이 만들어낸 다른 물품이 들어 있다. 가령 조 존스가 '좋아하는 이야기'를 쓸 때 사용한 타자기 리본, 기다란 두루마리에 적힌 에멋 윌리엄스의 단편소설, 금속 거울 형태의 오노 요코의 '자화상' 등이다. 《앤솔러지 1》은 전형적인 플럭서스다. 관람자가 그 작품에 적극 참여하기를 권장할 뿐만 아니라, 일상 속의 사물을 사용해 뭔가 비상한 것을 만들어내려는 협업 프로젝트다.

이런 것들이 《플럭스 종이 사건들》을 둘러싼 맥락이다. 일부러 어떤 페이지를 공백으로 남겨두는 책은 예전에도 있었다. 로런스 스턴의 유명한 코믹 소설 《트리스트럼 섄디》(1759~1767) 제6권에서 독자는 어느 오른쪽 빈 페이지에다 자신이 생각하는 아름다움의 얼굴을 그려보라는 요청을 받는다. 그렇게 스턴은 엉클 토비가 과부 워드맨에 대해 품고 있는 사랑의 강도를 전달하려 한다.

그러나 머추너스의 빈 페이지를 공백이라고 보는 것은 온당하지 않다. 왜냐하면 그 페이지들은 비록 단어는 인쇄되어 있지 않으나 각기 다른 방식으로 표시가 되어 있기 때문이다. 《플럭스 종이 사건들》은 어떤 페이지가 변모할 수 있는 일상적 방식의 기록이며, 변형되는 페이지들의 사례 연구를 모아놓은 책이다. 그런 변형은 아주 친숙하다. 우리는 일찍이 스테이플러로 찍은 것, 풀칠한 것, 접힌 것, 구겨진 것, 얼룩진 것, 이런 종이를 모두 보았기 때문이다. 이런 일상성을 통해《플럭스 종이 사건들》은 예술과 인생 사이의 간극을 메운다. 그러나 순서대로 모아놓으면 그 책은 이상해진다. 이 책의 '의미'가 무엇인지 말하기가 어렵다. 순서가 있기는 하지만 분명한 서사나 이야기는 없다. 어쩌면 이런 관점에서 이 책을 바라보는 것 자체가 잘못된 일일 것이다. 인쇄된 텍스트를 읽을 때처럼 의미를 발견하거나 결론을 내리거나 뭔가 끄집어내려는 것 말이다. 그 대신에 우리는 그 페이지들을 일련의 사건 혹은 공연으로 생각해볼 수 있다. 그 책을 공연이 벌어지는 극장 혹은 전시 공간 같은 것으로 여기는 것이다. 책이라는 갤러리에 전시된 페이지. 여기에 페이지가 존재하는 한 가지 방식이 있다. 마치 갤러리를 거니는 것처럼, 예술 작품에 참여하는 것처럼 그 책의 페이지를 넘기는 것이다. 그리고 페이지가 존재하는 또다른 방식이 있다. 우리는 책이 작동하는 방식과, 우리가 손으로 페이지를 넘기는 방식을 잘 안다. 책 속에서 움직이는 방식은 시공간 속에서 벌어지는 과정이라는 것도 안다. 그런데 우리는 이 책을 읽고 있는 것일까? 여기에는 인쇄된 텍스트가 없지만, 우리는 마침내 그 페이지에 적응한다. 우리는 눈으로만이 아니라 손가락으로 면밀히 읽으면서 그 찢김, 접힘, 얼룩, 스테이플 따위를 주목한다. 보통 그냥 지나쳐버리는 것들인데 말이다.《플럭스 종이 사건들》을 읽을 때, 책을 읽는다는 행위는 자기의식적이고, 평소와 다르고, 심지어 경이롭기까지 하다. 뭔가를 새롭게 보는 듯한 느낌, 인쇄된 책의 역사가 500년이 넘었음에도 처음 맞닥뜨리는 듯한 순간이다.

유수프 하산

"진 만들기는 아주 반항적인 행동이라고
할 수 있습니다"

블랙매스는 2019년경 뉴욕에서 유수프 하산이 설립한 출판사인데, 예술가 친구들인 콰메 소렐, 데빈 B. 존슨, 제이컵 메이슨-매클린 등의 도움을 받았다. 블랙매스는 특색 있는 개인적 작품들을 담은 진을 출판한다. 또한 현대 출판업에서 흑인 예술가·작가·제책업자를 무시하는 경향을 시정하기 위해 더 큰 프로젝트에도 집중하고 있다. 블랙매스의 발간물은 대개 문서보관소에서 나온 사진과, 아프리카계 미국인의 문화에 대해 명상하는 시와 산문이 혼합되어 있다. 많은 경우 제록스로 복사해 스테이플러로 철하는데 어떤 때는 실을 사용해 철하기도 한다. 주로 세로 29센티미터에 가로 21센티미터 판형에 평균 16쪽 분량이다. 발행 부수는 10~30부다. 각 작품의 발행 부수를 정하는 문제는 비용이라는 현실적인 문제와 관련된다. "우리는 좀 묵은 종이를 벼룩시장에서 다량 사들였습니다." 나와 인터뷰했을 때 하산이 답했다. "발행 부수는 우리가 종이를 얼마나 확보하고 있느냐에 달렸습니다. 때로는 스무 부를 발행할 정도로 종이가 충분한 때도 있었죠." 재정 상황에 따라 반응한다는 얘기는 하산이 말한 블랙매스 출판사의 '긴급성'과도 연결된다. 이 출판사는 속도를 중시하며 새로운 작품을 향해 재빨리 나아간다. 재즈는 많은 진을 관통하는 소재다. 주제로서의 재즈와 책 만들기의 모델로서의 재즈 사이에는 연관이 있다. 그 음악은 즉흥적 만들기, 변화, 흐름, 지금 이 순간의 예술적 기술과 같은 잠재력을 제공하는 것이다.

우리는 같은 것을 계속 인쇄할 만한 시간적 여유가 없습니다. 우리가 너무나 신속하게 정보와 상호작용하고 또 신속하게 그것을 배포하기 때문입니다. (…) 우리는 다음번 화제, 다음번 주제를 향해 지속적으로 나아갑니다. (…) [발행 부수는] 어떤 특정한 순간의 긴급성에 따라 결정됩니다. (…) 그런 정보를 얻을 수 있는 순간에 가까이 다가가게 되면 그때 발행 부수를 결정합니다.

하산은 1960년대와 1970년대의 블랙 아트 운동과 관련 예술가들로부터 영감을 얻었다. 그 예술가들은 "전단, 간단한 자료, 시와 진, 입으로 하는 말을 사용했습니다. (…) 나는 그들의 그런 행위에 깊은 흥미를 느꼈습니다." 래리 폴 닐과 아미리 바라카(일명 르로이 존스) 같은 작가들이 특히 깊은 영감을 주었는데, 블랙매스 출판사라는 이름도 바라카의 희곡 《블랙 매스》(1966)에서 따온 것이다. 하산이 볼 때 진 출판의 가장 큰 매력은 '여과되지 않음'이다. 즉 진의 저자가 곧 편집자·제작자·배포자이고, 그에 따라 제책의 전 과정이 단호하고 신속하다. 하산은 "진으로 내 작업과 내가 하고 있는 일을 기록하고 싶은" 마음이 블랙매스 출판사를 시작한 동기라고 밝혔다. 그는 그 저작물을 동료들에게 배포하다가 곧 더 큰 프로젝트로 확장해갔다. "나는 전 세계의 흑인들이 서로 더 가깝게 협력하기를 원했습니다. 진과 자가 출판이라는 렌즈를 통해서 서로 정보를 교환할 수 있기를 바랐습니다."

블랙매스 출판사를 파악하는 가장 좋은 방법은 거기서 나온 책을 직접 살펴보는 것이다. 분량이 짧고 기동성 높은 이 진들은 독자에게 재빨리 다가가고, 직접적이고 경제적인 에너지를 갖고 있으며, 흑인 예술가를 대변하려는 더 큰 프로젝트와 연계되어 있다. 《아프리카 도자기 만들기와 굽기》(2021)는 다소 긴 80쪽의 사철본이고 열 부를 제작했다. 아프리카 도자기에 대한 시각적 기록인 이 책의 도자기 이미지와 텍스트는 여러 민족과 지역을 연결한다(부르키나파소의 카세나인, 부르키나파소의 렐라인, 나이지리아의 요루바인 등). 건축에 대한 연구도 있다. 소렐의《아샨티인의 전통적 건물》(2022)은 가나의 건물 사진들을 보여주는 세로 14센티미터의 작은 책이다. 하산의《아마자 리 메러디스》(2022)는 건축가 메러디스(1895~1984)의 사진과 더불어 그 생애와 업적에 대한 짧은 글을 담은 8쪽짜리 책이다.

《나는 로프를 가져와, 던지고, 묶고, 재갈을 물리고, 안장을 채운 다음, 출발 총성이 울린 지 9분 만에 머스탱 말에 올라탔다》(2022)는 16쪽짜리 책인데, 아프리카계 미국인 카우보이들을 연구한 것이다. 이 제목은 남북전쟁 후 노예에서 카우보이로 변신한 냇러브의 자서전《냇러브의 생애와 모험》(1907)에서 인용한 것이다. 진은 사진, 시, 노래 가사, 짧은 역사적 인용 문장 등이 혼합되어 있다. 역사적 의미를 가진 사진을 수록하면서도 관련한 설명 글을 붙이지 않는 것이 블랙매스 간행물의 주된 특징이다. 우리는 그것을《주트슈트와 두 편의 선정된 시》(2020)에서도 볼 수 있다. 주트슈트는 1940년대와 1950년대에 시카고의 할렘과 기타 지역에 살던 아프리카계 미국인 남자들이 즐겨 입던 옷으로, 이 진은 그 옷에 대한 사진, 무늬 드로잉, 그리고 산문체 역사를 담고 있다.

콰메 소렐의《데이비드 해먼스의 작품 15점》(2022)은 화가 데이비드 해먼스(1943~)의 작품을 찍은 사진을 소개하는데, 15개 작품 중 하나의 사본이 제본되지 않은 채 들어가 있다.《와서 나를 잡아가라》(2021)는 인종차별적 폭력을 포착한 흑백사진집으로, 백인 경찰관에게 거세게 반발

블랙매스 출판사의 《나는 로프를 가져와, 던지고, 묶고, 재갈을 물리고, 안장을 채운 다음, 출발 총성이 울린 지 9분 만에 머스탱 말에 올라탔다》(2022).

하는 흑인 여성이 주인공이다. 《불량 인생》(2021)은 스티븐 로런스 살인 사건에 대한 영국 경찰의 수사가 공식 종료되었을 때 조사 현장을 떠나는 백인 용의자들의 모습을 담은 사진집이다.

하산은 음악을 인쇄물 형식으로 전달하는 방식에 대해서도 관심이 있다. 《재즈 시》(2019)는 더블베이스 연주자 에드나 스미스를 비롯한 사진들, 그리고 궨덜린 브룩스의 시 〈우리는 정말 세련됐어〉, 마이클 S. 하퍼의 시 〈친애하는 존, 친애하는 콜트레인〉 등을 소개한다. 소렐의 《재즈 용어》(2022)는 카펠라cappella에서 우드셰드woodshed까지 다양한 재즈

블랙매스 출판사의 《불량 인생》(2012).

용어를 소개한다. 《내 곁에 가까이 있어줘》(2021)는 흑인 음악가 사진과 시를 병치하는데, 이러한 병치 기법은 블랙매스의 주요한 특징이고 '점들을 연결하는' 방식이다.

> 나는 미국인 래퍼인 빅 L[1974~1999]에게서 큰 영감을 받았어요. 내 생각에 그는 시인입니다. 나는 그를 아주 위대한 시인인 아미리 바라카와 아주 가까이에 놓습니다. 그리고 빅 L의 노래 가사와 아미리 바라카의 시를 나란히 배치합니다. 그러면 서로 대화를 나누게 되죠.

2023년에 발간된 일련의 진은 하산이 말한 이른바 '음악의 시학'을 검토한다. 이 진들은 마빈 게이, 제임스 브라운, 사드, 길 스콧-헤론, 커티스 메이필드, 아레사 프랭클린 등의 이미지와 노래 가사에 집중한다.

가장 멋진 블랙매스 간행물이면서 하산이 아주 좋아하는 작품이기도 한 소렐의 《나이지리아 도자기》(2022)는 나이지리아 도자기의 카탈로그를 복사한 것이다. 그 카탈로그는 원래 1970년에 실비아 리스-로스가 집필·편집하고, 나이지리아의 이바단대학 출판부에서 출간한 것이었다. 리스-로스의 책에는 도자기, 특히 나이지리아 전역의 가정에서 일상적으로 사용하는 도자기의 이미지와 관련 글이 담겨 있다. 도자기는 주로 나이지리아 조스 박물관의 소장품을 기준으로 한 것이다. 램프, 향로, 취사용 그릇, 주둥이가 여럿인 항아리 등이다. 이 책의 원서는 구하기가 아주 어렵다. 이 책은 어느 모로 보나 귀중한 것임에 틀림없지만 유통되지 않기 때문에 잘 읽히지도 않는다. 소렐은 화가 시몬 리의 스튜디오에서 일하다가 이 리스-로스의 책을 보게 되었다. 그는 그 책을 빌려다가 제록스로 복사했고, 그 결과가 블랙매스의 《나이지리아 도자기》다. 리스-로스의 책은 일부 안내 글이 삭제된 채로 복사되어 사철되고 "블랙매스 출판사 / 사서함 311277 / 자메이카, 뉴욕 11431"이라는 간기가 찍힌 다음 세상에 내보내졌다. 하산은 이 책의 재출판에 대해, 그리고 유통되지 않는 책에서 유통되는 제록스 진으로 형태를 바꾼 것에 대해 이렇게 말한다.

책의 생명은 여전히 거기에 있지만, 독자가 이제 얻는 것은 손쉬운 접근성입니다. 여기서 중요한 것은 긴급성입니다. 전에는 이 책을 구해볼 수 없었기 때문에 이런 진의 형태로 재빨리 출판하는 것이 중요해요. 소렐은 보편적인 형식으로 그 일을 해냈죠. 이제 모든 사람이 진이라는 렌즈를 통해 이 정보를 얻을 수 있게 되었습니다. 동일한 정보를 전달하지만 단지 진이라는 형태로 전달된다는 것만 달라요. 이것은 내가 아주 좋아하는 책 중 하나예요. 이런 방식으로, 이런 형식으로 재출간된 것 자체가 무척 아름답습니다.

블랙매스 간행물의 비격식성─재빨리 인쇄해 스테이플러나 실로 묶고 신속하게 배포하는─은 인쇄 팸플릿 간행물의 오랜 역사를 회상하게 한다. 《나이지리아 도자기》가 나오기 417년 전에 《런던의 방탕아》(1605)라는 희곡이 나왔다. 런던에서 너새니얼 버터가 발간한 것인데 거들먹거리는 도시를 풍자한 코미디다. 속표지에 극작가가 윌리엄 셰익스피어라고 엉터리로 적혀 있다. 다음 쪽의 이미지는 세월이 흘러 너덜너덜해진 맨 마지막 페이지다. 칼로 찔러 간단하게 꿰맨 오른쪽 끝부분을 주목하라. 하나의 실이 세 군데를 관통해 텍스트 전체를 묶고 있다. 정교한 제본의 흔적도 표지도 없다. 17세기 초 희곡 발행자들은 재빠른 출판의 잠재력을 알아보고서 주로 이런 형태로 출간했다. 오늘날의 블랙매스 편집자들과 마찬가지로 신속함, 근검절약, 가벼움, 그리고 독자에게 얼른 전달되기를 바라는 욕구를 읽을 수 있다.

《나이지리아 도자기》를 재출간한 논리와 유사한 책으로 《유럽은 어떻게 아프리카를 미개발 국가로 전락시켰는가. 월터 로드니 1973: 제6장 아프리카를 미개발 국가로 남겨두는 제도로서의 식민주의》(2021)를 들 수 있다. 월터 로드니의 저작은 유럽의 식민 국가들이 아프리카를 착취한 과정을 서술한 것인데, 그 책의 제6장을 복사해 16쪽짜리 진으로 만든 것이다. 제6장에서 로드니가 펼친 주장은 이러하다. 아프리카 덕분에

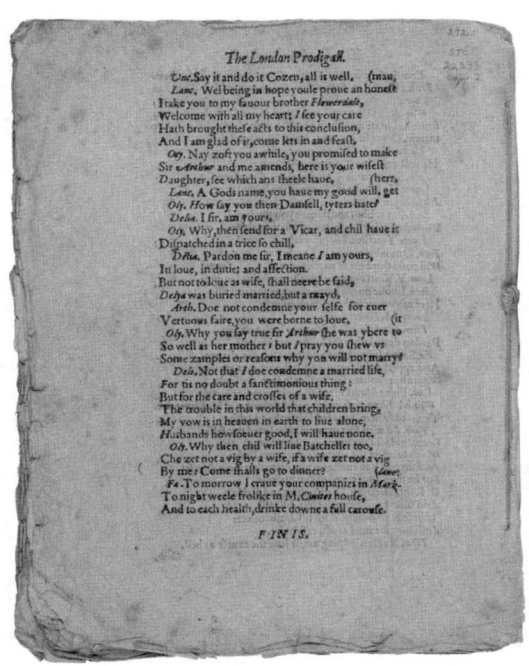

《런던의 방탕아》(1605).

유럽은 빠른 속도로 발전했고 그와 반비례해 아프리카는 미개발 국가로 전락했으며, 노예제와 식민주의는 본질적으로 국제 자본주의와 밀접한 관련이 있다. 블랙매스의 책은 진 출판의 목적이 발췌와 전파라는 것을 보여준다. 중요한 텍스트를 세상에 재빨리 전파하려는 것이다. 하산은 이 출판을 설명하기 위해 다시 '긴급성'이라는 단어를 사용한다.

그 장의 깊이와 긴급성은 달라지지 않았습니다. 전하려던 메시지를 고스란히 간직하고 있지요. 그러나 이 글은 또한 여전히 이 두꺼운 양장본의 일부로만 존재했습니다. 그러다 그 장은 이제 컴퓨터 용지로 복사되었고 진으로 옮겨졌습니다. (…) 나는 이 내용을 재빨리 세상에 전파하고 싶었습니다. 아시다시피 그 책은 1970년대에 나왔습니다. 이제야 그것을 재출간한 것입니다.

이러한 진의 물리성은 하산에게 중요하다. 값싼 종이, 쪽수를 매기지 않은 복사된 페이지, 스테이플러, 실로 묶은 제본, 스탬프로 찍은 간기와 같은 물성은 물론, 손으로 만져볼 수 있는 물체라는 더욱 근원적인 물리성 말이다. 하산은 말한다. "온라인은 분명 존재합니다. 그것은 오늘날의 키워드이고 지금 현재 벌어지고 있는 현상입니다." 그러나 블랙매스가 중요하게 여기는 것은 가촉성이다. "손으로 만지고 잡는 특별한 방식으로 상호작용하는 것." 하산이 볼 때, "진 만들기 과정은 손으로 직접 하는 실천입니다. 우리는 생산의 모든 측면에 관여합니다. (…) 모든 것을 손으로 합니다. 그럼으로써 우리는 서로 연결됩니다." 그는 이렇게 덧붙였다. "진의 핵심은 물질적으로 체험하게 하는 것입니다. 작금의 온라인 현상 때문에 그런 상호작용을 희석하고 싶지 않습니다." 블랙매스의 "실천은 직접 경험하는 물리적 대상에 뿌리를 박고 있습니다. (…) 그것은 하나의 프로젝트이고 여전히 진행 중입니다."

맺음말

뉴욕에서 문학을 가르치는 친구가 내게 말한 것은 역사가 피터 레이크가 그에게 말한 것이고 그것은 정치사상사가 J. G. A. 포콕이 그에게 말한 것이고 그것은 콘래드 러셀이 그에게 말한 것이고 그것은 버트런드 러셀이 그에게 말한 것이고 그것은 존 러셀이 그에게 말한 것이고 그것은 그의 아버지인 제6대 베드퍼드 공작이 그에게 말한 것인데 나폴레옹 전쟁 기간이던 19세기 초반에 (소) 윌리엄 피트가 의회에서 특유의 새된 목소리와 어조로 연설했다는 얘기였고, 그걸 말하면서 베드퍼드 공작은 그 어조를 흉내냈고 아들 존 러셀도 흉내냈고 버트런드 러셀도 흉내냈고 콘래드 러셀도 흉내냈으나 J. G. A. 포콕은 흉내내질 못해서 피터 레이크는 그 어조를 듣지 못했다. 그러나 포콕에 이르기까지 일련의 사람들은 실제 윌리엄 피트의 목소리를 간접적으로나마 들은 셈이다.

아무튼 나는 내 친구로부터 그런 식으로 얘기를 들었다. 이와 같은 세대 간 뛰어넘기의 또다른 버전도 있다. 캐나다에 사는 은퇴한 친구는 이제는 작고한 그녀의 헝가리인 친구 도러시가 해준 얘기를 기억한다. 도

《지고한 교황님의 교회법 서한》(안트베르펜, 1570).

책배에 표시된 소유자 이름.

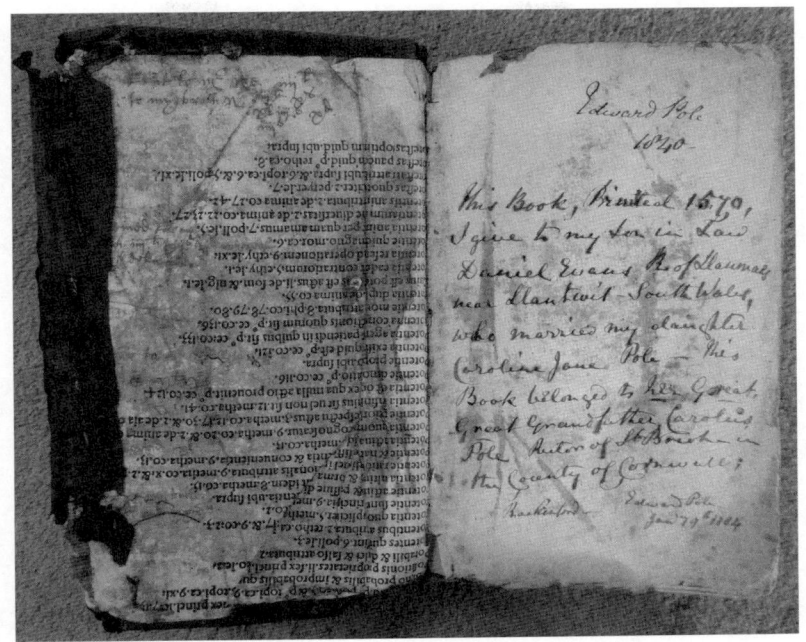

소유권에 대한 기록.

러시의 어머니가 네 살 때 어머니와 공원을 걷고 있었는데 오스트리아-헝가리제국의 황제 프란츠 요제프가 마차에서 고개를 내밀어 인사를 했다는 것이다. 호르헤 루이스 보르헤스는 이런 글을 썼다. "결국, 그리스도를 본 마지막 두 눈이 감기는 날이 있었다."

이런 시간적 가교 역할은 책이 하는 여러 가지 일 중 하나다. 책은 과거로, 과거로, 과거로 소급해 올라간다. 그렇게 책은 우리를 과거의 독자들 및 제책업자들과 연결한다.

여기 제시한 이미지는 1570년 안트베르펜에서 발간된 《지고한 교황님의 교회법 서한》의 여러 부분이다. 교회법 서한은 교회법에 대한 결정을 알리는 편지인데, 과거에 법학도들 사이에서 아주 인기가 높았다. 책 배에는 카롤루스Carolus(찰스Charles) 폴Pole이라고 소유자의 이름이 적혀 있다. 그리고 여러 세기에 걸쳐서 이 책을 소유한 일련의 인사들에 대한 정보가 손글씨로 추가되어 있다.

그다음 이미지의 오른쪽 면에는 위에 '에드워드 폴Edward Pole 1840'이라고 되어 있고, 그 아래에 같은 손글씨로 적힌 기록이 이어지며 마지막에 1884년 1월이라는 시기가 적혀 있다.

1570년에 인쇄된 이 책을 사위 대니얼 에번스에게 준다. 그는 란트위트 사우스웨일스의 란메이스에서 목사로 일하고 있고 내 딸 캐롤라인 제인 폴과 결혼했다. 이 책은 최초에 선대인 카롤루스 폴의 소유였는데 콘월 카운티의 세인트브로크의 목사였다.

이러한 기록이 보여주는 것은 이 책이 시간을 경과하며 여러 사람의 손을 거쳐왔다는 사실이다. 이 책은 1570년에 안트베르펜에서 출간되었고 여러 사람을 거쳐 찰스 폴(1712년 옥스퍼드대학의 뉴칼리지를 졸업했다)이 소유하게 되었다. 시간이 좀 흘러서 후손인 에드워드 폴(1805~1890)의 소유로 넘어갔고, 이어 그의 딸인 캐롤라인 제인 폴과 대니얼 에번스가 소유했는데 이 부부는 란트위트 메이저라는 시장 도시 근처인 글러모건의 란메이스라는 작은 마을에 살았다. 1998년 날짜가 찍힌, 책 속에 삽입된 메모장은 이 책이 그 집안에서 계속 대물림되고 있다는 것을 보여준다.

이 책은 세대와 세대를 이어주는 사물이면서, 계속 이동해온 이력이 축적된 역사의 기록이다. 이런 일련의 이름이 암시하는 것은 어떤 단일한 소유자가 존재하지 않는다는 것이다. 책은 한 사람의 손아귀(그것이 제아무리 힘센 것이라 할지라도)에서 벗어나 계속 이동하며 다음 세대를 맞이한다. 이런 의미에서 책은 언제나 우리를 초월하고, 우리가 할 수 있는 것이라고는 그저 우리의 손가락 사이로 그 책이 스쳐지나는 것을 잠시 느껴보는 일이다.

책이 이처럼 오래 지속하는 이유 중 하나는 그것이 단지 독자에게 텍스트를 직선적으로 전달하는 데 그치지 않는다는 것이다. 책은 메신저이기는 하지만 그 역할만 수행하는 것은 아니다. 책은 그 자체로 경이로운 사물이며 그 아름다움과 복잡성은 독자가 읽는 책을 더욱 풍요롭게 만든다. 도브스 출판사의 《햄릿》 시작 부분에 달필 에드워드 존슨이 손으로 쓴 저 멋진 W를 자세히 들여다보라. 혹은 《실낙원》에서 아주 시원하고 완벽한 공간을 갖추어 배열된 존 배스커빌의 활자를 보라. 이런 활자는 책 전체의 의미에 기여하는 예술 작품이다. 뉴옥스퍼드 거리에 있던 무디도서관에서 찰스 디킨스의 세 권짜리 장편소설 《위대한 유산》을 대여해 읽는 것과, 그 소설이 처음 잡지에 연재되어 세상에 나왔을 때 '새로운 연재물'로서 읽는 것은 상당히 다른 체험이다. 잡지 《1년 내내》는 "약 8개월에 걸쳐 매주 연재"된다고 선전했다. 이와 비슷하게, 블랙매스 출판사의 제록스 진(이를테면 절판된 《나이지리아 도자기》를 재빨리 복사하여 만든 진)은 물질적 텍스트의 존재감을 느끼게 해준다. 가볍고, 휴대성 좋고, 간단하게 철한 팸플릿의 개방적인 위력을 느끼는 것이다.

이런 물질적 특징이 모두 의심할 여지 없이 아름다운 것은 아니다. 윌리엄 와일드구스가 셰익스피어의 퍼스트 폴리오를 제본할 때 보강재로 사용한 키케로 책의 찢어진 지면을 보라. 그러나 그 지면은 책 만드는 과정의 한순간을 보존한다. 그 시점에서 와일드구스는 제본해야 할 책이 산더미처럼 많았고 영어로 쓰인 그 희곡은 그런 무더기 중 하나였을 뿐이다. 이러한 순간에 책은 그들 나름의 이야기를 전해준다. 1506년의 한 책은 이렇게 외친다. "태양의 간판을 내건 플리트 거리에서 윈킨 드워드가 인쇄함." (나로서는 감탄사가 생략된 듯 느껴진다.) 물질적 책의 이야기는 알고리즘이 아니라 사람들이 만들어낸 이야기다. 복잡한 삶을 살고, 이상과 재주를 갖고 있고, 자원이 무한하지 않으며, 다른 할 일도 많은 개인들 말이다. 물질적 책이 해주는 한 가지 일은, 세상 속의 물질이라는 그 중량감을 통해 그 책을 만든 제작자들에 대해 뭔가 말해주는 것이다. 일정한 정서적 진폭으로, 그 물질적 형태 속에서 가끔은 분명하게 읽어낼 수 있는 방식으로, 어떤 특정한 책 제작자의 삶의 의미 혹은 버팀목에 대해서 전달한다. 프랑스에서 아워스 출판사가 찍어낸 책은 낸시 커나드의 속도를 간직한다. 벤저민 프랭클린의 값싸게 인쇄된 비도서 출판물은 그의 지칠 줄 모르는 정력에 힘입어 북아메리카 전역으로 퍼져나갔다. 재개발 사업에 대한 역사적 망각 증세에 대한 로라 그레이스 포드의 비판은 오려 붙이고 복사한 《야만적 메시아》로 실현되었다. 독자들이 오늘날 어디에서나 볼 수 있는 밀리언셀러도 디자이너, 편집자, 예술가의 생산물이다. 책은 그것을 만들어낸 배려, 조급함, 도전, 분노, 사랑 속에서 존재한다. 책은 어떤 사람이 어떤 특정한 순간에 살아서 어떤 특정한 위험을 감행했기 때문에 그런 형태로 존재한다. 《위대한 유산》의 모든 판본은 "내 아버지의 성은 피립이고 나의 세례명은 필립이다"로 시작하지만, 그 물질적 성격은 다 다르다. 그 차이(그것을 개성, 부차적인 것, 의미, 혹은 그 무엇이라 부르든)가 곧 책 제작자라는 존재를 드러내는 것이다.

이 책《북메이커》는 물질적 형태가 있는 책의 이야기라 디지털 기술은 이 책의 주제가 아니다. 물론 디지털 기술은 글을 가지고 경이로운 일을 할 수 있는 능력이 있다. 제작하기 쉽고, 보급이 폭넓으며, 특수한 효과를 일으킬 수도 있다. 런던의 비주얼에디션스 같은 출판사는 온라인 문학 작품의 한계를 실험하고 있다.《위대한 유산》을 잡지의 연재물로 읽기 싫다면, 혹은 무디도서관의 세 권짜리 거질로 읽기 싫다면, 온라인에 들어가서 원하는 판본을 골라잡을 수 있다. 학술적 버전, 초기 인쇄본의 디지털 복제본, 전자책(무료, 저가, 고가 등 다양하다), 텍스트가 계속 이어지는 방식, 심지어 독자가 전개를 선택하는 상호작용 버전도 있다.

매체의 역사에 관심이 있는 사람이라면, 이 모든 것은《애스펀》을 개봉하는 순간만큼이나 아주 매력적이고 생생한 체험일 것이다. 그러나 이것이 무언가의 종말은 아니다. 책의 종말은 더더욱 아니다. 왜냐하면 물리적 책과 디지털 텍스트는 그 성격이 다르기 때문이다. 인쇄와 디지털은 서로 적대적인 관계일 필요가 없다. "책은 지속될 것인가?" "책은 죽었는가?" "인터넷이 책을 죽일 것인가?" 따위의 질문은 잘못된 것이다. 구텐베르크 이후 5세기 반 동안 책이라는 형태는 새로운 인물, 사상, 상황, 기술 등에 지속적으로 적응해왔고, 텍스트의 물리적 매체라는 정체성을 굳건히 유지했다. 그 역사의 극적인 순간들에서 우리는 새로움을 본다. 가령 샬럿 서덜랜드와 알렉산더 서덜랜드가 별쇄로 제작한 책이나 메리와 애나 콜레트가 파괴한 뒤 재창조하는 아주 경건한 책은 주목할 만한 사례다. 그러나 책 이야기에서 유사성과 차별성은 이 책 전반을 관통하는 반복적인 주제였다.

월트 휘트먼(1819~1892)은 이 책에 별도의 등장인물로 나오지 않았다. 이제 책이 종착점에 다가가는 이 마지막 순간에 그를 여기에 소환하자. 휘트먼은 뉴욕 롱아일랜드에서 인쇄공이자 문선공으로 일했다. 그의 시집《풀잎》(초판은 1855년에 자비로 출간되었다)이 그에게 명성과 칭송을 가져다주기 훨씬 전에 말이다. 다음은 그가 쓴〈활자〉라는 시다. 전체 6행밖에 되지 않는데, 그 주제가 이 작은 사물들의 잠재력이기 때문이다.

이 잠재적인 광산—이 드러나지 않은 목소리들—열정적 힘,
분노, 주장, 혹은 칭송, 혹은 웃긴 조롱, 혹은 경건한 기도.
(단지 농파레유, 브레비어, 부르주아, 롱프리머에 그치지 않는다.)
이 대양의 파도는 분노와 죽음으로 일깨워질 수 있고
눈부신 햇빛을 받으며 잔잔하게 잠들 수도 있다.
저 잠들어 있는 창백한 쇳조각 안에서.

휘트먼은 다양한 활자를 정연하게 열거하는 것으로 넌지시 기술적 자부심을 드러내며 자신의 인쇄소 경험을 보여준다. 농파레유는 6포인트, 브레비어는 8포인트, 부르주아는 9포인트, 롱프리머는 10포인트 활자다. 그러나 이 시는 활자 분류에 관한 것이 아니다. 이 금속 활자들에 고유한 명칭을 부여하면서 휘트먼이 제시하려는 것은 그 활자의 잠재력이다. 광범한 잠재력, 생각과 사상에 구체성을 부여하는 잠재력. 휘트먼은 다른 글에서 이렇게 썼다. "활자는 그 어떤 것도 거부하지 않는다." 활자

는 가능성을 상징한다. 휘트먼이 말한 "열정적 힘"은 "저 잠들어 있는 창백한 쇳조각 안"에 숨어 있다. 깔끔한 활자―우리는 이 '활자'의 범주를 제책에 사용되는 모든 물질로 확장할 수 있다―는 잠재력 그 자체이며, 아직 "드러나지 않은 목소리들"을 세상으로 이끌어내는 길이다.

감사의 말

이 책을 집필하는 과정에서 도움을 준 다음 분들에게 감사드린다. 캐롤라인 아처, 크레이그 앳킨슨, 메리 체임벌린, 고故 스티븐 콜클라프, 데니스 덩컨, 로라 그레이스 포드, 알렉산드라 프랭클린, 로버트 그린, 유수프 하산, 요르크 헨스겐, 벤 히긴스, 클로이 휴스턴, 리처드 로런스, 재커리 레서, 조 매덕스, 사이먼 모리스, 로즈 노딘, 줄리 파크, 질 파팅턴, 데이비드 피어슨, 세라 파이크, 로라 리브스, 에마 스미스, 스티븐 타보르, 시오브한 템플턴, 톰 템플턴, 휘트니 트리티엔, 세라 휠, 애비게일 윌리엄스, 스튜어트 윌리엄스, 피터 윌리스. 나의 친구이자 문학 대리인인 엘리너 번은 특히 이 책이 세상의 빛을 볼 수 있게 옆에서 적극 지지해주었다. 바너비 스미스, 질 스미스, 엘리앤 글레이저, 에즈라 글레이저, 애나 글레이저-스미스에게도 깊은 감사를 드린다.

옮긴이의 말
책 제작자 18인의 독특한 인생 이야기

최근에 디지털 출판이 활성화되면서 '종이책이 과연 얼마나 버틸 수 있을까' 하는 질문이 많이 나온다. 여기에 대해 이 책 《북메이커》의 저자는 전자 화면은 뒤에서 빛을 쏘는 반사적이고 수동적인 매체이고 또 전원에 의지하고 있을 뿐, 종이처럼 주름, 구조, 질감, 냄새 등 물성이 전혀 없다는 점을 강조하면서 종이책은 앞으로도 오랫동안 사라지지 않고 우리 곁에 있을 것이라고 말한다. 그가 이렇게 믿는 것은 구텐베르크 이후 500년 넘게 종이책은 다양한 환경 변화에 적응하면서 매번 새로운 모습으로 계속 발전해왔기 때문이다. 그리하여 이 책의 마지막 장은 책이 어떻게 현대적 변용을 시도하며 디지털 환경에 적응하고 있는지 상세히 설명한다.

저자는 이러한 책의 역사에 더해 책의 끈질긴 내구성을 증명하기 위해 책을 만들면서 인생의 대부분을 보낸 책 제작자 18인을 소개한다. 《북메이커》는 책의 역사와 개인의 인생사라는 이원 구조를 가지면서도 서로 긴밀하게 상호 보완의 관계를 유지한다.

우리가 다른 사람의 생애에 관한 글을 읽을 때면 이런 염려부터 들곤

한다. 당사자가 쓴 자서전이면 자기 자랑만 지루하게 늘어놓은 책이 아닐까, 남이 쓴 전기이면 근거가 부족한 얘기를 가지고 성인전을 기술해놓은 게 아닐까. 전기 작가들은 중립적 관점에서 주인공을 있는 그대로 서술한다고 주장하지만, 결국 글 쓴 사람의 편견과 취향이 들어가 정작 주인공의 모습은 온데간데없고 전기 작가의 엉뚱한 모습만 보기 일쑤다. 그러나 이 책은 그런 염려를 원천 차단한다. 책 만드는 과정의 서술이 중간에 끼어들어 그런 일방적인 이야기의 전개를 견제하기 때문이다. 가령 런던의 교외인 케임브리지셔의 리틀기딩 마을에서 책을 만드는 두 여성의 이야기에, 기존의 텍스트를 오려내어 풀로 붙이는 제책 과정을 함께 서술함으로써 이야기가 너무 인간적 관심사로 흘러가지 않게 하는 것이다.

나아가 이 책은 책 만들기에 초점을 맞춘 채 보편적 인간의 모습을 보여준다. 어느 분야에서 종사하든 보통 사람은 성장-좌절-극복-성취-입증의 5단계를 거쳐 자신의 인생을 완성한다. 여기에 소개된 제본업자 윌리엄 와일드구스, 아름다운 활자를 제작한 존 배스커빌, 종이 제작자 니콜라-루이 로베르, 책 대여업자 찰스 무디 등은 인생의 모진 풍상을 견뎌내고 일가를 이룬 사람들이다. 아니, 그런 간난신고 때문에 오히려 그들의 사업이 더 빛나 보인다. 저자는 개인적 발전의 단계에 입각해 그들의 일생을 서술하면서도 18인의 인생 이야기가 곧 책 만들기의 발전과 잘 연결되도록 전체적 얼개를 짜놓고 있다. 그리하여 그들의 전기를 읽어나가는 과정은 자연스럽게 책을 만드는 과정이 된다.

예전부터 인생은 일기일회一期一會라고 하여 우연한 계기로 딱 한 번 만나는 인연을 아주 소중하게 여겼다. 여기에 소개된 18인은 책 만들기를 자신의 최고 인연이라 생각하며 평생을 보낸 사람들이다. 그들은 책 만들기 과정의 어느 한 부분에 집중하면서 그런 사소한 것이 우주적인 것과 소통한다는 각성에 이르기까지 한다. 그러니까 한 가지 일에 대한 집중이 인생의 지루함과 죽음의 두려움을 극복하게 해주고 더 높은 인생의 지혜로 나아가게 해준다는 것이다. 그들은 저마다 다른 제스처를 보이며 인생은 결국 자기가 가장 좋아하는 일을 열심히 하는 것이라는 결론에 도달한다. 책 제작자 18인은 동일한 문을 통과해 인생에 들어왔으나 자기만의 보람을 얻어 인생을 졸업해나간다.

18인의 집념은 허황한가 하면 강렬하다. 그 치열한 삶의 현장은 슬프면서도 찬란하다. 외로우면서도 웅장하고, 비장하면서도 해학적이다. 그 삶은 지혜로우면서도 순진무구하고 어리석은 것 같으면서도 심오하다. 그들의 인상적이면서도 때로 괴팍한 삶 중에서 낸시 커나드와 머추너스, 두 사람의 삶을 잠시 살펴보자. 버지니아 울프는 소규모 출판사를 본국도 아닌 프랑스 파리로 건너가서 운영한 낸시 커나드에 대해 이렇게 말한다. "그녀는 모든 것을, 정말 모든 것을 다 말할 수 있다는 태도로 말한다. 그림자도 은밀한 곳도 없다. 햇빛 속의 도마뱀처럼 살지만 바로 그래서 본능적으로 그늘을 그리워한다." 낸시의 별명은 '점박이 왕잠자리'인데 그 이미지가 울프의 이 문장을 잘 보충한다. 이런 기질을 가진 낸시 커나드는 우연한 계기로 인쇄업에 진출해 놀라운 에피파니(혹은 일기일회)를 발견한다. 이거야말로 하루종일 해도 지겹지 않은 일이구나. 책을 인쇄하기 위해 활자를 뽑아드는 것은, 그녀가 일찍이 느껴보지 못한 생의 환희를 안겨주었다.

옛 활판 인쇄에서 활자를 뽑아드는 사람을 가리켜 문선공이라고 했는데, 이 문선공과 저자와 독자는 말하자면 삼위일체를 이룬다. 문선공이 활자 보관 상자에서 활자를 꺼내와 조판하는 과정, 저자가 머릿속의 생각과 개념을 문장으로 만드는 과정, 그리고 독자가 자신이 읽는 문장에서 마음에 드는 단어나 문구를 뽑아드는 과정. 이는 모두 다른 듯하지만 실은 하나라는 것이다. 낸시 커나드가 인쇄와 출판에 깊은 흥미를 느낀 것은 이런 삼위일체의 메커니즘에 깊이 매혹되었기 때문이다. 글자는 실재와 상상에 더해 거대한 상징의 세계로 우리를 초대한다. "여기는 바다입니다"라는 문장을 찍어내기 위해 활자를 고르는 것은 곧 내 눈앞에 파도 소리를 창출하는 것이나 마찬가지다. 커나드는 이 상징을 통해 다시 역순으로 상상과 실재의 세계로 돌아온다. 그녀는 자신이 만들어낸 책이 세상을 변화시킬 것이라고 믿어 의심치 않았다. 그녀의 책들은 그 과정을 생생하게 증언한다.

또다른 사례인 20세기의 인물 조지 머추너스는 1964년에 《플럭스 종이 사건들》이라는 16쪽짜리 책을 출간했다. 텍스트가 전혀 없는 페이지로 구성된 책이다. 하지만 그 안에서 여러 사건이 벌어지고 있다. 각 페이지의 종이는 구겨졌거나, 얼룩이 묻었거나, 풀칠되어 있거나, 찢어졌거나, 스테이플러로 찍혔거나, 클립이 끼워져 있거나, 작은 구멍이 나 있거나, 펀치로 동그란 구멍이 났거나, 절반쯤 접혀 있다. 이 각양각색의 종이 제스처는 대체 무엇을 말하고 있는가?

우리의 인생이 거의 완성되어가면 그것은 하나의 책, 더 범위를 좁히면 한 장의 종이로 환원된다. 완성된 책은 사람에 따라서 사전, 신문, 그림책, 혹은 아무것도 없는 공책이 될 수도 있다. 자기 인생을 회고할 때 아름다운 풍경이 떠오르는 사람은 그림책 제작자이고, 인생의 여러 사건에 뜻풀이를 다는 사람은 사전 제작자이고, 잡다한 지식을 배열하는 사람은 신문 제작자다. 인생, 지나고 보면 아무것도 없어, 하고 말하는 사람은 공책 제작자다. 이것은 우리의 인생이 어느 한 단어, 어느 한 지점, 어느 한 제스처로 환원될 수 있음을 보여준다. 그리하여 종이와 사람은 물질적 관점에서는 전혀 무관하지만 종이의 제스처는 곧 그 사람의 한평생 전체에 대한 요약이 된다. 그 상관성을 머추너스는 종이의 찢어진 상태, 접힌 상태, 구멍 난 상태 등 비언어적 몸짓으로 보여준다. 이처럼 《플럭스 종이 사건들》은 참으로 기발하면서도 발칙하고, 순진하면서도 노련하고, 현명하면서도 영악한 책이다.

《불운한 사람들》(1969)이라는 제목의 장편소설도 흥미롭다. 이 소설은 기승전결의 순서에 입각해 단단히 묶어놓은 단행본이 아니라, 제본되지 않은 27가지 부분으로 구성되어 있다. 저자 B. S. 존슨은 어떤 스포츠 기자의 축구 경기 보고서와, 암으로 죽은 친구에 대한 오싹한 기억을 이 소설 속에다 뒤죽박죽으로 섞어놓는다. 그러면서 존슨은 독자들에게 읽을 때마다 27가지 부분의 순서를 임의로 다시 설정해 읽어보라고 권한다. 그러면 읽을 때마다 다른 이야기가 생겨나는데, 이것은 인생의 가지 못한 길을 상기시키지 않는가?

아니, 이미 걸어온 길이라고 할지라도 우리가 그것을 어떻게 회상하느냐에 따라 그 풍경이 매번 달라진다. 존슨의 비주류 소설의 전통처럼, 에드 루샤의 사진집 《26개 주유소》도 비전통적인 방식으로 우리 인생을 회고한다. 이 책은 루샤의 집과 그 부모의 집 사이에 있는 옛 국도에 들어선 26개 주유소를 찍은 흑백사진집이다. 여러 번 다닌 길이지만 오전과 오후가 다르고, 바쁜 마음과 한가한 마음으로 바라볼 때 다르고, 길을 그냥 길로 보지 않고 상징의 길로 보면 그 의미가 더욱 복잡해진다. 루샤는 이 사진들이 다큐멘터리 이상의 특성을 가지고 있지 않다고 했으나, 책에 소개된 사진을 들여다볼수록 새로운 의미가 솟구친다. 이렇게 볼 때, 존슨이나 루샤의 책들은 디지털 문화 속에서도 종이책이 그 모습을 바꿔가며 살아남을 가능성을 보여준다.

　대체로 전기는 중반을 넘어가면 다소 지루해지는 경향이 있는데, 이 책은 뒤로 갈수록 책 만들기의 범위가 넓어져서 끝부분에 이르면 벌써 끝나는 건가 하는 아쉬운 생각마저 든다. 독서나 책 만들기에 별 관심이 없는 사람도 흥미롭게 읽을 만하다. 책의 역사를 얘기하면서 인생 이야기까지 소개하기란 정말 어려운데, 서로 어울리지 않는 두 가지 주제를 능수능란하게 엮었다가 풀었다가 다시 접었다가 펴면서 이어붙이는 서술 솜씨가 참으로 절묘하다.

이종인

참고문헌

이 참고문헌은 모든 관련 자료를 망라한 것은 아니지만 각 장을 집필하는 데 도움이 된 주요한 자료를 제시한 것이다.

1. 윈킨 드워드

윈킨의 경력을 다룬 가독성 높은 책은 여러 가지가 있다. James Moran, *Wynkyn de Worde: Father of Fleet Street* (London: Wynkyn de Worde Society, 1976), and Henry R. Plomer, *Wynkyn de Worde and his Contemporaries from the Death of Caxton to 1535* (London: Grafton and Co., 1925). 이 책들에 대해 수정해야 할 점을 아주 예리하게 분석한 다음 자료도 참조하라. Peter W. M. Blayney, *The Stationers' Company and the Printers of London, 1501-1557* (Oxford: Oxford University Press, 2013). 영국 인쇄업의 국제주의에 대해서는 다음 자료가 유익하다. David Rundle's 'English books and the continent', Chapter 13 of Daniel Wakelin and Alexandra Gillespie (eds), *The Production of Books in England 135-1500* (Cambridge: Cambridge University Press, 2011). 아랍어 글자를 인쇄하기 위한 드워드의 개척자적 실험은 다음 자료를 참조하라. Geoffrey Roper in 'Arabic Printing and Publishing in England before 1820', in *Bulletin (British Society for Middle Eastern Studies)* Vol. 12, No. 1 (1985), 12-32. 유력자의 후원과 마거릿 보퍼트에 대해서는 다음 자료를 참조하라. Susan Powell, 'Lady Margaret Beaufort and her books', *The Library*, 6th ser., 20 (1998), 197-240. 여성과 인쇄에 대해서는 다음 자료를 참조하라. *Women's Labour and the History of the Book in Early Modern England*, edited by Valerie Wayne (London: Arden, Bloomsbury, 2020), 특히 chapters by Alan Farmer and Sarah Neville. Helen Smith, '*Grossly Material Things*': *Women and Book Production in Early Modern England*

(Oxford: Oxford University Press, 2012)는 드워드 이후의 시대에서 여성들과 도서 출판업을 살펴본 획기적인 연구서다. 1553년의 것을 포함하여 재고목록에 대해서는 다음 자료를 참조하라. Tamara Atkin's 'Reading Late-Medieval Piety in Early Modern England' in *Medieval and Early Modern Religious Culture: Essays Honouring Vincent Gillespie on his 65th Birthday*, edited by Laura Ashe and Ralph Hannah (Suffolk: Boydell and Brewer, 2019), 209-41. 드워드의 마케팅 재능을 알아보려 할 때 다음은 좋은 출발점이 될 수 있다. A. S. G. Edwards and C. M. Meale, 'The marketing of printed books in late medieval English', *The Library*, 6th ser., 15 (1993), 95-124. 목판화를 반복적으로 사용한 것은 다음 자료를 참조하라. Seth Lerer, 'The Wiles of a Woodcut: Wynkyn De Worde and the Early Tudor Reader', in *The Huntington Library Quarterly* 59.4 (1997), 381-403. 기도서 삭제는 다음 자료에 논의되어 있다. Eamon Duffy, *Marking the Hours: English People and their Prayers, 1240-1570* (NewHaven: Yale University Press, 2006). 마저리 켐프의 인쇄본은 다음을 참조하라. Sue Ellen Holbrook, 'Margery Kempe and Wynkyn de Worde' in *The Medieval Mystical Tradition in England* (Cambridge: D. S. Brewer, 1987), edited by Marion Glasscoe, 27-46. 표제지에 대해서 나는 다음 자료에 의존했다. Whitney Trettien's chapter in *Book Parts*, edited by Dennis Duncan and Adam Smyth (Oxford: Oxford University Press, 2019), Chapter 4. 드워드의 유언은 다음 자료에서 다루어졌다. M. C. Erler, 'Wynkyn de Worde's will: legatees and bequests', *The Library*, 6th ser., 10 (1988), 107-21. 유명한 출산 허리띠는 다음 자료에서 자세히 다루어져 있다. Joseph J. Gwara and Mary Morse, 'A Birth Girdle Printed by Wynkyn de Worde', in *The Library* 13.1 (March 2012), 33-62.

2. 윌리엄 와일드구스

와일드구스의 1623년 제본에 대한 탁월하고 자세한 서술은 다음을 보라. Andrew Honey and Arthur Green, '"Met by chance"—a group of ten books bound for the Bodleian Library in February 1624 by William Wildgoose of Oxford'. 이 자료는 온라인에서도 구해볼 수 있는데 나의 집필에 아주 유용했다. 데이비드 피어슨은 근대 초기의 영국 책 제본에 관한 중요한 권위자다. 특히 그의 다음 책들을 참조하라. *Oxford Bookbinding 1500-1640* (Oxford: Oxford Bibliographical Society, 2000), and *English Bookbinding Styles 1450-1800* (New Castle: Oak Knoll Press, 2014). 스트릭랜드 깁슨(1906년에 터벗 폴리오의 정체를 밝힌 사람)의 책 세 권은 이 분야의 연구에 핵심적이

다. *Early Oxford Bindings* (Oxford: Oxford University Press, 1903); *Abstracts from the wills and testamentary documents of binders printers and stationers of Oxford from 1493 to 1638* (Oxford: Oxford University Press, 1907); *Some Oxford Libraries* (Oxford, 1914). 또한 다음도 참조하라. Mirjam M. Foot, *Bookbinders at Work: Their Roles and Methods* (London and New Castle: British Library and Oak Knoll Press, 2006).

존 돈의 다채로운 인생은 다음 자료에 묘사되어 있다. Graham Pollard, 'John Dorne as an Oxford bookbinder', in Pearson, *Oxford Bookbinding*, 201-10. 돈의 업무일지는 다음 자료를 참조하라. Falconer Madan, 'The daily ledger of John Dorne, 1520', *Collectanea*, edited by C. R. L. Fletcher, OHS, 1st ser. (1885), 71-177. 보들리도서관에 들어온 퍼스트 폴리오의 생애는 다음 자료에 서술되어 있다. Falconer Madan and Gladwyn Turbutt, *The Original Bodleian Copy of the First Folio of Shakespeare (The Turbutt Shakespeare)* (Oxford: Clarendon Press, 1905), and in Emma Smith, *Shakespeare's First Folio: Four Centuries of an Iconic Book* (Oxford: Oxford University Press, 2016). 보들리도서관(혹은 와일드구스, 혹은 터벗 — 이중 아무거나 선택해도 된다) 퍼스트 폴리오의 디지털 사본은 다음을 참조하라. https://firstfolio.bodleian.ox.ac.uk. 피프스의 서지학적 세계는 다음 자료에 면밀하게 분석되어 있다. Kate Loveman, *Samuel Pepys and His Books* (Oxford: Oxford University Press, 2015).

3. 메리 콜레트와 애나 콜레트

나는 리틀기딩의 오려 붙이기 작업에 대해서 다음 자료에서 논의했다. Adam Smyth, *Material Texts in Early Modern England* (2018), and John Gibson in '"Rend and teare in peeces": Textual Fragmentation in Seventeenth-Century England', in *The Seventeenth Century* 19 (2004), 36-52. 텍스트를 오려내는 것에 대해 좀더 폭넓게 알아보기 위해서는 다음을 참조하라. *Journal of Medieval and Early Modern Studies* 45.3 (September 2015), special edition on 'Renaissance Collage: Towards a New History of Reading', edited by Juliet Fleming, William Sherman and Adam Smyth. 리틀기딩의 하모니 성경에 대해서는 지난 15년 동안 다수의 중요한 논문이 집필되었다. Joyce Ransome, 'Monotessaron: The Harmonies of Little Gidding,' in *The Seventeenth Century* 20 (2005), 22-52, and 'George Herbert, Nicholas Ferrar, and the "Pious Works" of Little Gidding', *George Herbert Journal*, 31 (2007-2008),

1-19; Paul Dyck, '"A New Kind of Printing": Cutting and Pasting a Book for a King at Little Gidding', in *The Library: The Transactions of the Bibliographical Society* 9 (2008), 306-33, and '"So Rare A Use": Hands and Minds on the Gospels at Little Gidding', in *George Herbert Journal* 27 (2006), 67-81. 이미지의 사용에 대해서는 다음을 보라. George Henderson, 'Bible illustration in the Age of Laud', in *Transactions of the Cambridge Bibliographical Society* 8 (1982), 173-204. 최근에 나온 다음의 두 훌륭한 책도 필수적이다. Michael Gaudio, *The Bible and the Printed Image in Early Modern England: Little Gidding and the Pursuit of Scriptural Harmony* (Abingdon: Routledge, 2017), on the Colletts' use of images, and Whitney Trettien, *Cut/Copy/Paste* (University of Minnesota, forthcoming)(이 책은 책의 수정 작업이라는 더 큰 맥락에서 리틀기딩을 논하고 있다). 토머스 리틀턴의 《토지 보유권》의 여백은 다음에서 논의되었다. Caroline Duroselle-Melish in *The Collation* (https://collation.folger.edu/2015/11/extravagantly-large-paper).

4. 존 배스커빌과 세라 이브스

배스커빌의 생애를 다룬 가장 유익한 책은 다음을 꼽을 수 있다. *John Baskerville: Art and Industry of the Enlightenment*, edited by Caroline Archer-Parre and Malcolm Dick (Liverpool: Liverpool University Press, 2017). 나는 다양한 각도에서 배스커빌을 조명한 이 자세한 연구서로부터 큰 혜택을 보았다. 이보다 좀더 오래되었지만 그래도 중요한 연구서가 여럿 있는데 다음을 참조하라. William Bennett, *John Baskerville, the Birmingham printer: his press, relations, and friends*, 2 vols. (Birmingham: City of Birmingham School of Printing, 1937-9), and Josiah H. Benton, *John Baskerville, Type-Founder and Printer, 1706-1775* (Boston, 1914, and Cambridge: Cambridge University Press, 2014). 캐롤라인 아처-파레 또한 최근에 배스커빌에 대해 일련의 뛰어난 논문을 집필했다. 'Inhuming and Exhuming: John Baskerville's Death, Burial and Post-Mortem Life', in *Midland History* 47:3 (2022), 1-19; 'Places, Spaces and the Printing Press: Trade Interactions in Birmingham', in *Midland History*, 45:2(2020), 145-60; and, with Ann-Marie Carey and Keith Adcock, 'The Baskerville Punches: Revelations of Craftsmanship', in *Midland History* 42:2 (2020), 176-89. Philip Gaskell의 *A bibliography of John Baskerville* (Cambridge: Cambridge University Press, 1959)은 배스커빌의 책들을 다소 거칠게 묘사하는데 해변에서 부담 없이 읽을 만한 책은 아니다. 그래도 전문가들에게는 필독서다. 비어트리스 워드(때때로 폴 보존이

라는 필명으로 글을 썼다)는 모노타이프라는 활자에 대해 중요하고 매력적인 논문들을 집필했다. 이 논문 덕분에 배스커빌이 생생하게 살아난다. 'The Baskerville types: a critique', *Monotype Recorder*, 26 (221) (1927), 3-30, and *The Crystal Goblet: Sixteen essays on typography*, edited by Henry Jacob (London: Sylvan Press, 1955). 배스커빌 펀치의 역사에 대해서는 John Dreyfus, 'The Baskerville punches, 1750-1950', in *The Library*, 5th ser., 5 (1950), 26-48. 좀더 폭넓은 관점의 활자에 대해서는 타이포에 관해 영향력 있는 짧은 에세이 시리즈인 Stanley Morison's *A Tally of Types*, edited by Brooke Crutchley (Cambridge: Cambridge University Press, 1973)가 있다. 또한 다음을 참조하라. Simon Garfield's fun and sprightly *Just My Type: A Book about Fonts* (New York, NY: Gotham Books, 2011).

5. 벤저민 프랭클린

프랭클린의 자서전은 많은 판본이 나와 있다. Joyce E. Chaplin의 편집본(New York: Norton, 2012)은 유용한 맥락적 자료를 담고 있다. 프랭클린의 인쇄에 대한 가장 좋은 자료는 C. William Miller, *Benjamin Franklin's Philadelphia Printing 1728-1766: A Descriptive Bibliography* (Philadelphia: American Philosophical Society, 1974)이며, Peter Stallybrass and James N. Green, *Benjamin Franklin: Writer and Printer* (New Castle, Delaware: Oak Knoll Press & Library Company of Philadelphia & The British Library, 2006) 또한 중요하다. 가장 좋은 전기는 J. A. Leo Lemay, *The Life of Benjamin Franklin*, vol. 1 (Philadelphia: University of Philadelphia Press, 2005)이며, Chapter 2 of Edwin S. Gaustad's *Benjamin Franklin* (Oxford: Oxford University Press, 2006)은 프랭클린의 인쇄공 경력을 매력적으로 서술한다. 하청 인쇄에 대해서는 다음과 같은 좋은 자료가 있다. Ralph Frasca, *Benjamin Franklin's Printing Network: Disseminating Virtue in Early America* (University of Missouri Press, 2006). 다음 자료들은 인쇄에 관한 설명이 훌륭하다. Peter Stallybrass, '"Little Jobs": Broadsides and the Printing Revolution', in Sabrina Baron Alcorn, Eric N. Lindquist, and Eleanor F. Shevlin (eds), *Agent of Change: Print Culture Studies after Elizabeth L. Eisenstein* (Amherst: University of Massachusetts Press, 2007) and Georgia B. Barnhill, 'Benjamin Franklin's Job Printing', in *Ephemera News or The Ephemera Journal* 8 (1998), 10-15. 프랭클린의 런던 시절은 다음 자료에 잘 분석되어 있고 참고문헌도 제시되어 있다. Hazel Wilkinson, 'Benjamin Franklin's London Printing 1725-26', in *PBSA* 110:2 (2016), 139-180. 프랭클린이 자신의 신문을 통해 노예무역에 종사한 사

실을 보여주는 가장 좋은 최근의 자료로는 다음이 있다. Jordan E. Taylor, 'Enquire of the Printer: Newspaper Advertising and the Moral Economy of the North American Slave Trade, 1704-1807', in *Early American Studies*, 18/3 (Summer 2020), 287-323.

6. 니콜라-루이 로베르

가장 좋은 입문서로 다음을 꼽을 수 있다. 다소 오래되었지만 그래도 광범위하게 그의 생애를 멋지게 서술하고 있다. Dard Hunter, *Papermaking: The History and Technique of an Ancient Craft* (New York: Dover, 1943). Jonathan Bloom, *Paper before Print: The History and Impact of Paper in the Islamic World* (New Haven: Yale University Press, 2001)는 이슬람 맥락에 대해 뛰어난 서술을 하고 있다. Lothar Muller, *White Magic: The Age of Paper*, translated by Jessica Spengler (London: Polity, 2014)는 문학적·철학적 사항을 강조하면서 종이의 역사를 서술한다. *The British Paper Industry 1495-1820: A Study in Industrial Growth* (Oxford: Clarendon Press, 1958)는 경제사가가 가내 수공업을 자세히 서술한 책인데 수치와 통계가 많이 나온다. Ian Sansom, *Paper: An Elegy* (London: Fourth Estate, 2012)는 앞의 책과 정반대다. 장난기 넘치고, 선별적이며, 상상력이 풍부하고 문학적이다. Caroline Fowler, *The Art of Paper: From the Holy Land to the Americas* (New Haven and London: Yale University Press, 2019)는 예술사에 초점을 맞춘다. Jonathan Senchyne's *The Intimacy of Paper in Early and Nineteenth- Century American Literature* (Amherst: University of Massachusetts Press, 2020)는 독자와 종이의 관계를 고찰하면서 종이 연구를 물질적 텍스트라는 최근의 폭넓은 작업 속에 위치시킨다. Mandy Haggith, *Paper Trails: From Tree to Trash-the True Cost of Paper* (London: Virgin Books, 2008)는 종이 사용의 환경적 결과를 예리하게 분석한다. R. H. Clapperton, *The Paper-Making Machine: Its Invention, Evolution and Development* (Oxford: Pergamon Press, 1967)는 제지 기계의 발달 상황을 연대별로 정리한다. 미국의 제지소에 대해 자세히 알고 싶다면 다음 자료를 참조하라. John Bidwell, *American Paper Mills, 1690-1832: A Directory of the Paper Trade with Notes on Products, Watermarks, Distribution Methods, and Manufacturing Techniques* (New Hampshire: Dartmouth College Press, 2012). 카이로 게니자의 이야기는 19세기 중반과 20세기 초의 참여자들에 대한 전기에 초점을 맞추어 서술된다. Adina Hoffman and Peter Cole, *Sacred Trash: The Lost and Found World of the Cairo Geniza* (New York: Random House, 2011).

7. 샬럿 서덜랜드와 알렉산더 서덜랜드

별쇄에 관한 연구서는 그리 폭넓지 못한 편이다. 그러나 다음 자료는 예술사가의 관점에서 이 주제의 결정적 역사를 제시한다. Lucy Peltz's superb *Facing the Text: Extra-illustration, Print Culture, and Society in Britain, 1769-1840* (Pasadena: Huntington Library, Art Collections, and Botanical Gardens, 2017). 이보다 짧지만 뛰어난 논의도 있는데 별쇄를 책의 역사와 관련짓는 더 넓은 맥락을 중시한다. 특히 다음 두 논문을 보라. Luisa Cale — 'Extra- Illustration and Ephemera: Altered Books and the Alternative Forms of the Fugitive Page', in *Eighteenth-Century Life* 44.2 (April 2020), 111-35, and 'Dickens Extra-Illustrated: Heads and Scenes in Monthly Parts (The Case of *Nicholas Nickleby*),' in the *Yearbook of English Studies* 40 (2010), 8-32. 다음도 참조하라. Jason Scott-Warren, 'Reading on the Threshold', in *Thinking on Thresholds: The Poetics of Transitive Spaces*, edited by Subha Mukherji (London: Anthem Press, 2012), 157-172. 입문서로는 다음을 참조하라. Robert A. Shaddy, 'Grangerizing,' in *The Book Collector* 49 no. 4 (Winter 2000), 535-46, and Robert R. Wark, 'The Gentle Pastime of Extra-Illustrating Books', in *Huntington Library Quarterly* 56.2 (Spring 1993), 151-65.

8. 찰스 에드워드 무디

찰스 E. 무디 컬렉션 1816~1897(무디 및 무디도서관과 관련된 서류 포함)은 일리노이대학 어바나-샴페인의 희귀도서 수고본 부서에 보관되어 있다. 이 자료는 디지털화되어 무료로 제공되고 있다. 무디도서관과 세 권짜리 두꺼운 책의 관계는 무디에 관한 가장 훌륭한 자료인 다음을 참조하라. Guinevere L. Griest's *Mudie's Circulating Library and the Victorian Novel* (Bloomington and London: Indiana University Press, 1970). 뛰어난 역사적 서술로는 다음과 같은 자료가 있다. Stephen Colclough, 'New Innovations in Audience Control: The Select Library and Sensation', in *Reading and the Victorians,* edited by Juliet John and Matthew Bradley (Abingdon: Routledge, 2015), Chapter 2; Simon Eliot, 'Circulating libraries in the Victorian age and after', in *The Cambridge History of Libraries in Britain and Ireland*, 125-46; and Daniel Allington, David A. Brewer, Stephen Colclough, Sian Echard, and Zachary Lesser, *The Book in Britain: A Historical Introduction* (Chichester: Wiley Blackwell, 2019). 연구 과목으로서의 영문학의 제도적 역사에 대해서는 다음을 보라. D. J. Palmer, *The Rise of English Studies* (London and New York: Oxford University Press). 무

디와 독서 대중에 대해서는 다음을 보라. Peter Katz, 'Redefining the Republic of Letters: The Literary Public and Mudie's Circulating Library', in *Journal of Victorian Culture*, 22.3 (2017), 399-417. 호르헤 루이스 보르헤스의 〈바벨의 도서관〉은 다음을 참조하라. Borges, *Labyrinths: Selected Stories and Other Writings*, edited by Donald A. Yates and James E. Irby (New York: New Directions, 1964), 54-5. Andrew Pettegree and Arthur Der Weduwen, *The Library: A Fragile History* (London: Profile, 2021)는 하나의 제도로서 몇 세기 동안 이어져온 도서관의 역사를 서술한다.

9. 토머스 코브던-샌더슨

Marianne Tidcombe, *The Doves Press* (London: British Library and Oak Knoll Press, 2002)는 도브스 출판사에 대해 훌륭하게 개관하고, 이 출판사의 여러 측면에 대해 풍성한 다큐멘터리 증언을 제공한다. 코브던-샌더슨의 일기는 두 권짜리 단행본으로 나와 있는데 매력적이면서도 때로는 강박적인 일인칭 관점을 제시한다. *The Journals of Thomas James Cobden-Sanderson* (London: Richard Cobden-Sanderson, 1926), two volumes. 다른 관련 간행물들도 있다. 나는 탁월한 다음 자료가 특히 유익했다. Colin Franklin, *Obsession and Confession of a Book Life* (London: Oak Knoll Press, 2012). 그의 다음 책도 참조하라. *Emery Walker: Some Light on His Theories of Printing and on his Relations with William Morris and Cobden-Sanderson* (Cambridge: Privately Printed, 1973). 개인 출판사 운동은 다음 자료를 보라. Roderick Cave, *The Private Press* (New York and London: R. R. Bowker, 1983). Alan Crawford, *Oxford Dictionary of National Biography*의 코브던-샌더스 관련 항목은 이례적일 정도로 뛰어나다. 다소 다른 어조를 취하지만 그래도 도브스 출판사의 《햄릿》을 이해하는 데 유익한 자료는 다음을 꼽을 수 있다. Sujata Iyengar, 'Intermediating the Book Beautiful: Shakespeare at the Doves Press', in *Shakespeare Quarterly*, 67:4 (2016), 481-502.

10. 낸시 커나드

낸시 커나드의 흥미로운 회고록은 그녀 자신은 인정하지 않겠지만 오늘날 그녀의 인생-참고문헌 목록으로 불린다. *These were the hours: Memories of my Hours Press, Réanville and Paris, 1928-1931*, edited by Hugh Ford (Carbondale; Edwardsville: Southern Illinois University Press, 1969). Hugh Ford (ed.), *Nancy Cunard: brave poet, indomitable rebel, 1896-1965* (Philadelphia: Chilton Book Company, 1968)

는 친구와 동료가 커나드를 회고한 글을 한데 모은 것이다. Hugh Ford, *Published in Paris: A Literary Chronicle of Paris in the 1920s and 1930s* (New York: Collier Books, 1975)는 커나드의 출판사를 1930년대경의 소규모 독립 출판의 맥락 속에 위치시킨다. Henry Crowder의 회고록 *As wonderful as all that?* (California: Wild Trees Press, 1987)은 다른 관점을 제시한다. 크라우더의 생애와 《헨리-음악》, 그의 음악 등에 대해서는 다음을 참조하라. Anthony Barnett, *Listening for Henry Crowder: A Monograph on His Almost Lost Music* (Lewes: Allardyce Book, 2007).

커나드의 전기 중 핵심적인 것은 다음과 같다. Anne Chisholm, *Nancy Cunard* (London: Sidgwick and Jackson, 1979), and Lois G. Gordon, *Nancy Cunard: Heiress, Muse, Political Idealist* (New York: Columbia University Press, 2007). 다음도 참조하라. Kris Somerville, 'Remembering the Hours: Nancy Cunard's Expatriate Press', in the *Missouri Review*, Volume 33, Number 4, Winter 2010, 67-78. 다음은 커나드 출판사에 대한 뛰어난 연구서인데 특히 초현실주의와의 연계를 깊이 파고든다. Mercedes Aguirre, 'Publishing the Avant-Garde: Nancy Cunard's Hours Press', in *Publishing Modernist Fiction and Poetry*, edited by Lise Jaillant (Edinburgh: Edinburgh University Press, 2019), 135-53. 커나드의 시에 대해서는 그녀의 다음 책을 보라. *Selected Poems*, edited by Sandeep Parmar (Manchester: Carcanet Press, 2016), reviewed by Patrick McGuinness, 'Their Mad Gallopade', *London Review of Books* 40.2 (25 January 2018). 울프의 호가스 출판사는 다음 자료에서 깊이 있게 연구되어 있다. Helen Southworth (ed.), *Leonard and Virginia Woolf: The Hogarth Press and the Networks of Modernism* (Edinburgh University Press: Edinburgh, 2010).

11. 로라 그레이스 포드, 크레이그 앳킨슨, 필리스 존슨, 조지 머추너스, 유수프 하산
《애스펀》은 제1호부터 제10호까지 모두 디지털화되어 온라인에서 무료로 검색할 수 있다. *Ubu Web* (www.ubu.com/aspen/aspen1). 진에 대한 최근의 저서로는 다음을 꼽을 수 있다. Gavin Hogg and Hamish Ironside, *We Peaked at Paper: An Oral History of British Zines* (London: Boatwhistle Books, 2022). Jane Radway는 진에 대해 몇몇 예리한 논문을 집필했다. 'Zines then and now: what are they? What do you do with them? How do they work?', in A. Lang (ed.), *From codex to hypertext* (Amherst: University of Massachusetts Press, 2012), 27-47, and 'Girl Zine Networks, Underground Itineraries, and Riot Grrrl History: Making Sense of the Struggle for New Social Forms in the 1990s and Beyond', in *Journal of American Studies*, 50(1)

(2016), 1-31. 진의 펑크 역사라는 관점에서 유익한 자료는 다음을 참조하라. Kevin Dunn and May Summer Farnsworth, '"We Are the Revolution": Riot Grrrl Press, Girl Empowerment, and DIY Self-Publishing', in *Women's Studies: An Interdisciplinary Journal* March 2012, 41(2) 136-57. 전통적인 진 연구의 백인 중심성에 대해서는 다음을 참조하라. Melanie Ramdarshan Bold, 'Why diverse zines matter: a case study of the People of Color Zines project', in *Publishing Research Quarterly* 33 (2017), 215-28. 플럭서스에 대해서는 다음 책을 포함해 뛰어난 입문서가 많다. Jacquelyn Baas (ed.), *Fluxus and the Essential Questions of Life* (Chicago: University of Chicago Press, 2012). 머추너스의 여러 면모에 대해서는 다음을 참조하라. Emmett Williams and Ann Noel, *Mr. Fluxus: A collective portrait of George Maciunas 1931-1978* (London: Thames and Hudson, 1997).

도판·인용 출처

도판

13쪽 Margaret Cavendish's *Poems, and Phancies* (1664), p. 183. Bodleian Library Douce C subt. 17. The Bodleian Libraries, University of Oxford.

22쪽 *A Lytyll Treatyse Called the Booke of Curtesye* (1492). Bodleian Library Douce Fragm. E. 4. The Bodleian Libraries, University of Oxford.

31쪽 *Legenda aurea* (1507), 마지막 페이지. Folger Shakespeare Library.

34쪽 *Grande danse macabre des hommes et des femmes* (1499), f. 7r. Princeton University Library.

42, 45쪽 *The Ship of Fools* (1517), sigs. A1v. Aii, O4. Bodleian Library B subst. 254. The Bodleian Libraries, University of Oxford.

49쪽 John Fisher, *This sermon folowynge* (1509 or 1510), 표제지. Folger Shakespeare Library.

64쪽 *The Descrypcyon of Englonde* (1502), Society of Antiquaries, Main Library Cab. Lib. C. Photograph by the author. Society of Antiquaries of London이 재가공 수록 허가함.

71쪽 'Deliured to William Wildgoose These books following to be bound 17 Febre. 1623'. Bodleian Library Records e. 528, fol. 45r. The Bodleian Libraries, University of Oxford.

89쪽 Francisco Sanchez de Las Brozas, *In Ecclesiasten commentarium cum concordia Vulgatæ editionis, et Hebraici textus* (1619). Bodleian Library BB 12(1) Th. Bodleian Libraries, University of Oxford.

90쪽 1 Hans Sachs, *Eygentliche Beschreibung aller Stande auff Erden* (1568), f.

	22r. Beinecke Rare Book and Manuscript Library.
90쪽 2	Christoph Weigels, *Standebuch* (1698). Wikipedia.
99쪽	Shakespeare's First Folio, Bodleian Library Bodleian Arch. G c.7. The Bodleian Libraries, University of Oxford.
107쪽	Wildgoose's signature in Bodleian Day Book, Bodleian Library Records e. 528, fol. 45r. The Bodleian Libraries, University of Oxford.
114쪽 1	*The Whole Law of God*, 표지와 표제지. Royal Collection Trust / © His Majesty King Charles III 2023.
114쪽 2	Genesis, chapter 1, from *The Whole Law of God*. Royal Collection Trust / © His Majesty King Charles III 2023.
121-2쪽	Gospel Harmony (1635), British Library C.23.e.4, columns 37-38. © British Library Board.
130쪽	'The Last Judgement', after Marten de Vos of Antwerp. Ferrar Papers (prints) 213. Pepys Library, Magdalene College, Cambridge가 수록 허락함.
141쪽	John Gibson's commonplace book, BL Additional MS 37719, ff. 190v, 163. © British Library Board.
144쪽	Harmony for Charles I (1635), BL C.23.e.4 © British Library Board.
158쪽	Baskerville's *Publii Virgilii Maronis Bucolica, Georgica, et Æneis* (1757). Beinecke Rare Book and Manuscript Library.
164쪽	John Baskerville, *A Specimen*, four type sizes, Beinecke Rare Book and Manuscript Library.
165쪽	*Historia naturale di Caio Plinio Secondo* (Venice, 1476), sig. 1r. Bodleian Library Arch. G b.6, sig. 1r. Photo: © Bodleian Libraries, University of Oxford.
166-7쪽	John Baskerville, *A Specimen*, 이탤릭체 'Q'와 소문자 'g'. Beinecke Rare Book and Manuscript Library.
168쪽	Reproduction of Baskerville's slate made by the Library of Birmingham. Caroline Archer 촬영.
173쪽	*Universal Magazine* (June 1750), reproduced in John Findlay McRae, *Two Centuries of Typefounding: Annals of the Letter Foundry Established by William Caslon* (London: George W. Jones, 1920).
201쪽	Franklin's Philadelphia lottery papers (1748). Beinecke Rare Book and

	Manuscript Library.
213쪽	*Poor Richard, 1737. An almanack for the year of Christ 1737* (1736). Beinecke Rare Book and Manuscript Library.
223쪽	Giuseppe Arcimboldo, 'The Librarian' (1566?). Skokloster Castle/SHM (PDM).
240쪽	Hans Sachs, *Eygentliche Beschreibung aller Stände auff Erden* (1568), f. 25r. Beinecke Rare Book and Manuscript Library.
246쪽	Denis Diderot and Jean le Rond d'Alembert, *Encyclopedie, ou dictionnaire raisonne des sciences, des arts et des metiers* (1751-66). Folger Shakespeare Library.
253쪽 1	Peter Brueghel the Younger's 'The Village Lawyer' (c.1620), Museum of Fine Arts Ghent.
253쪽 2	John Orlando Parry, 'A London Street Scene' (1835). 사진: 12/Getty Images.
262쪽	James Granger, *Biographical History of England* (1769), RB283000 v4 p84a. The Huntington Library, Art Collections, and Botanical Gardens.
266쪽	James Granger, print of engraving by Samuel Freeman (1803). Folger Shakespeare Library.
271쪽	Edward Hyde, Earl of Clarendon, *The history of the Rebellion and Civil Wars in England begun in the year 1641* (1702-04), opening to page 108. Yale Center for British Art, Paul Mellon Collection.
276쪽	Carrie and Sophie Lawrence, sisters extra-illustrating in their workshop in New York City, circa 1902, *The Book-lover: a magazine of book lore*, Z1007_B712에 수록된 것. The Huntington Library, Art Collections, and Botanical Gardens.
282쪽	Irving Brown's Grangerised book, New York, 1886, RB108765_v2_p54. The Huntington Library, Art Collections, and Botanical Gardens.
283쪽	RB49000 vol58 p10557r2. The Huntington Library, Art Collections, Botanical Gardens.
293쪽	*Holy Bible* by Adam Broomberg and Oliver Chanarin published by MACK, 2013. ⓒAdam Broomberg and Oliver Chanarin 2013, MACK 제공.
298쪽	Mudie's Great Hall inauguration guest list, 17 December 1860. Rare Book and Manuscript Library, University of Illinois at Urbana-Champaign

	Library.
299쪽	'Mr. Mudie's New Hall', *Illustrated London News*. Wellcome Collection.
327쪽	Florence Nightingale to Charles E. Mudie, 20 November 1867. Rare Book and Manuscript Library, University of Illinois at Urbana-Champaign Library.
337쪽	The Hammersmith Socialist Society (1892). © National Portrait Gallery, London.
343쪽	William Morris, *The works of Geoffrey Chaucer, now newly imprinted* (1896), Beinecke Rare Book and Manuscript Library.
344쪽	Page proofs for the Kelmscott *Chaucer* (1896), p. 63, with Morris's autograph corrections and notes. Beinecke Rare Book and Manuscript Library.
346쪽	*Paradise Lost* (Doves Press, 1902). Lady Margaret Hall, Oxford.
347쪽	Punch and matrix, Theodore Low De Vinne, *The Invention of Printing* (New York: F. Hart & Co., 1876), p. 55에 수록된 것.
349쪽 1	William Morris, *News from Nowhere, or, An epoch of rest: Being Some Chapters from a Utopian Romance* (1892), 목판화. Yale Center for British Art, Paul Mellon Collection.
349쪽 2	*The tragicall historie of Hamlet, Prince of Denmarke* (Doves Press, 1909), pp. 80-81. Folger Shakespeare Library.
355쪽	*Paradise Lost* Book 4 (Doves Press, 1902). Lady Margaret Hall, Oxford.
357쪽	Gutenberg's *Biblia Latina*, 42 lines (Mainz, 1454). Beinecke Rare Book and Manuscript Library.
363쪽	Bible (Doves Press, 1902-4). Trinity College, Oxford. President and Fellows of Trinity College, Oxford가 수록 허가함.
372쪽	*The tragicall historie of Hamlet, Prince of Denmarke* (Doves Press, 1909). Lady Margaret Hall, Oxford.
378쪽	Robert Green이 Thames에서 복원한 Doves Press type. 사진: Matthew Williams-Ellis for Malcolm Russell's *Mudlark'd* (2022), © Thames & Hudson Ltd.
386쪽	Samuel Beckett, *Whoroscope* (1930). Bodleian Library Johnson d. 2052. The Bodleian Libraries, University of Oxford.

393쪽   Nancy Cunard, Barbara Ker-Seymer 촬영. Tate Archive.
406쪽   Nancy Cunard printing. Getty Images.
412쪽   Cunard and Henry Crowder in the Hours Press, 15 rue Guenegaud, Paris, 1930. Keystone France/Getty Images.
422-3쪽 *Savage Messiah* issue 1, 7. Laura Grace Ford가 재가공 수록 허가함.
433쪽   Cafe Royal's *Shipbuilding on Tyneside 1975-76*, by Chris Killip. Craig Atkinson이 재가공 수록 허가함.
437쪽   Cafe Royal's *Notting Hill Sound Systems*, by Brian David Stevens. Craig Atkinson이 재가공 수록 허가함.
440쪽   *Aspen* number 4, opened up. 저자 촬영.
453쪽   BlackMass's *"I roped, threw, tied, bridled, saddled..."* (2022). Yusuf Hassan이 재가공 수록 허가함.
454쪽   BlackMass's *Trife Life* (2021). Yusuf Hassan이 재가공 수록 허가함.
457쪽   *The London Prodigall* (1605), sig. G4v. Folger Shakespeare Library Shelfmark STC 22333 Copy 2. Folger Shakespeare Library.
460-1쪽 *Epistolae decretales summorum pontificum* (Antwerp, 1570). David Pearson이 복사해 제공해주고, 재가공 수록 허가함.

인용

7쪽   From Tom Phillips, 'Henri Matisse: The Cut-Outs', in *Times Literary Supplement*, 23 May 2014

118, 147-8쪽   Lines from T. S. Eliot's 'Little Gidding', from *Four Quartets* by T. S. Eliot. Copyright © 1936 by Houghton Mifflin Harcourt Publishing Company, renewed 1964 by T. S. Eliot. Copyright © 1940, 1941, 1942 by T. S. Eliot, renewed 1968, 1969, 1970 by Esme Valerie Eliot. Used by permission of Faber and Faber Ltd (UK) and HarperCollins Publishers (US).

297, 313-4쪽   From Jorge Luis Borges, 'The Library of Babel' (1941), translated by Andrew Hurley, published by Penguin Classics. © Maria Kodama, 1998. Translation © Penguin Putnam Inc., 1998. Reprinted by permission of Penguin Books Limited (UK), Viking Books / Penguin Random House LLC (US).

찾아보기

작품명

《가난한 리처드》(Poor Richard) 211-4, 216

〈가짜 왕자〉(The Sham Prince) 255

《개인적 신앙에 대한 지침서》(Manual of Private Devotion) 138, 143

《거지의 기쁨》(The Beggar's Delight) 46

《격언》(Adages) 76

《격언, 혹은 예수회 교리에서 선별한 주제》(Aphorismes, or, Certaine Selected Points of the Doctrine of the Jesuits) 140

《결혼한 사람과 혼자 된 사람 (…) 이혼 법정 이야기》(Wedded and Winnowed (…) A Tale for the Divorce Court) 316

〈구어 문학의 학문적 연구〉(the Academical Study of a Vernacular Literature) 307

《국가》(Republic) 193

《궁중 음식》(The Bowge of courte) 38

《그 자신의 시대사》(History of his Own Time) 270, 276, 278, 289

《그레인저, 그레인저 작업, 그레인저 작업자》(Granger, Grangerizing, and Grangerizers) 286, 292

《그레인저 씨에게 보낸 편지들》(Letters to Mr. Granger) 286

《그리넘 보통 여자들의 평화 캠프 1983~1984》(Greenham Common Women's Peace Camp 1983-1984) 433

《그리스도를 본받기》(Imitatio Christi) 41

《그토록 경이로운》(As Wonderful As All That?) 409

《금강경》 24

《기쁨을 주는 선생님》(The Pleasing Instructor) 214

《꿀벌의 우화》(The Fable of the Bees) 192

《나는 로프를 가져와, 던지고, 묶고, 재갈을 물리고, 안장을 채운 다음, 출발 총성이 울린 지 9분 만에 머스탱 말에 올라탔다》(I roped, threw, tied, bridled, saddled and mounted my mustang in exactly nine minutes from the crack of the gun) 452

《나이지리아 도자기》(Nigerian Pottery) 455-6, 463

《나중에 온 이 사람에게도》(Unto This Last) 351

《남자들과 여자들의 음울한 춤》(Grande danse macabre des hommes et des femmes) 34

《내 곁에 가까이 있어줘》(Stay Close to Me) 454

《냇러브의 생애와 모험》(The Life and Adventures of Nat Love) 452

《네 복음서의 복음 내용 비교》(Concordia Euangelica in quatuor Euangelistas) 135

《네브래스카 스테이트 저널》(Nebraska State Journal) 441

〈네 사중주〉(Four Quartets) 146-7

《노수부의 노래》(The Ancient Mariner) 310

《노팅힐 음향 시스템》(Notting Hill Sound Systems) 437

《논문과 논평》(Essays and Reviews) 316

《논어》 206

《농경시》(Eclogues) 76

《뉴욕 타임스》(New York Times) 441

《뉴잉글랜드 커런트》(New-England Courant) 189, 203, 210

《니그로》(Negro) 388, 409, 415

《다언어 성경》(Biblia Polyglotta) 196

《다져진 길, 그리고 그 길을 걸어간 사람들》(Beaten Paths, and those who trod them) 325

《달빛 아래》(Sublunary) 394-5

〈당신께 내 마음을 바칩니다〉(I lift my heart to thee) 318

《대大카토》(Cato Major) 199

《대마 씨앗에 대한 찬양》(The Praise of Hemp-Seed) 242

《대법전 혹은 폴리아테나이 제2권, 야누스 그루테루스》(Florilegii Magni, seu Polyantheae tomus secundus Jani Gruteri) 79

《대여 도서관 사용 설명서: 소규모 혹은 대규모 도서관을 개업하여 운영하는 요령》(The Use of Circulating Libraries Considered; with instructions for opening and conducting a library, either upon a large or small plan) 323, 325

《대화》(Colloquies) 76

《데이비드 해먼스의 작품 15점》(Fifteen Works by David Hammons) 452

《데일리 텔레그래프》(Daily Telegraph) 362
《데카메론》(Decameron) 206
《덴마크 왕자 햄릿의 비극》(The Tragedie of Hamlet, Prince of Denmarke) 368
《덴마크 왕자 햄릿의 비극적 역사》(The Tragicall Historie of Hamlet Prince of Denmarke) 349, 368
《델라니 부인과 프랜시스 해밀턴 부인이 주고받은 편지》(Letters from Mrs Delany to Mrs Frances Hamilton) 278
《델리아》(Delia) 224
《도버 항구 1989~1990》(Port of Dover 1989-1990) 432
《도브스 출판사가 인쇄하고 발간한 도서 목록 1900~1916》(Catalogue Raisonne of Books Printed & Published by the Doves Press 1900-1916) 375
《두 이야기》(Two Stories) 399
《디스차지》(Discharge) 426
《라틴어 성경》(Biblia Latina) 357
〈랩소디 인 블루〉(Rhapsody in Blue) 409
〈런던 거리 풍경〉(A London Street Scene) 253-4
《런던 매거진》(London Magazine) 250
《런던 소사이어티》(London Society) 308
《런던의 대大연대기》(Great Chronicle of London) 140
《런던의 방탕아》(The London Prodigall) 456-7
《런던 이스트 엔드》(London East End) 432
《런던 저널》(London Journal) 206
《레킹 볼》(Wrecking Ball) 426
《레프트 리뷰》(Left Review) 388
《로미오와 줄리엣》(Romeo and Juliet) 99
《로빈슨 크루소》(Robinson Crusoe) 249
《루크레티아의 능욕》(The Rape of Lucrece) 368
《리시다스》(Lycidas) 377
《리터러리 가제트》(Literary Gazette) 301-2, 316-7, 320
〈리틀기딩〉(Little Gidding) 118, 147
《리틀 리뷰》(Little Review) 415, 442

찾아보기 495

《마르셀라》(Marcella) 330

〈마을의 법률가〉(The Village Lawyer) 253

《마저리 켐프의 책》(The Book of Margery Kempe) 51-2

《마차 여행》(A Cruise Upon Wheels) 324

《말괄량이 길들이기》(The Taming of the Shrew) 125

《말들》(Words) 410

《말하는 소나무》(The Talking Pine) 411

《매를 길들이고 사냥하고 천렵하는 책》(The boke of hawkynge, and huntynge, and fysshynge) 37

《맥베스》(Macbeth) 100

《맥시멈 로큰롤》(Maximum rocknroll) 426

《맨체스터 가디언》(Manchester Guardian) 179, 316

《메달의 지식에 관한 입문서》(An Introduction to the Knowledge of Medals) 175

《명상의 소논문》(A Shorte Treatyse of Contemplacyon) 51-2

《명예와 기사도의 극장》(The theater of honour and knight-hood) 79, 87

《모닝 크로니클》(Morning Chronicle) 303

《모든 예술과 과학의 보편적 교재: 그리고 펜실베이니아 가제트》(Universal Instructor in all Arts and Sciences: and Pennsylvania Gazette) 203

《몰타의 유대인》(The Jew of Malta) 211

《무디도서관 회람: 월간 현대 문학 보고서》(Mudie's Library Circular: A Monthly Register of Current Literature) 324

《무슨 의미인가, 진은 무엇인가》(Whatcha Mean, What's a Zine?) 427

《무언극 배우의 아내》(A Mummer's Wife) 315

《미디어는 마사지다》(The Medium is the Massage) 441

《미리엄 메이: 실생활의 로맨스》(Miriam May: A Romance of Real Life) 316

《바다에 면한 사우스엔드 1972》(Southend on Sea 1972) 433

《바람과 조수에 맞서서》(Against Wind and Tide) 324

《바베이도스 가제트》(Barbados Gazette) 204

〈바벨의 도서관〉(The Library of Babel) 297, 313

《바보들의 배》(Narrenschiff; The Ship of Fools) 41-2, 45

《바터세이 1985》(Vatersay 1985) 432

《박물지》(Natural History) 76, 163, 165, 345

《반란과 내전의 역사》→《1641년 시작된 반란과 내전의 역사》

《발전 중인 잉글랜드 1970~1990》(England 1970-1990 On the Move) 432

《방글라데시 홍수 1999》(Bangladesh Floods 1999) 432

《백과사전, 혹은 예술과 과학에 대한 보편 사전》(Cyclopaedia; or, an Universal Dictionary of Arts and Sciences) 203

《백과전서》(Encyclopédie) 196, 238, 245-6

《버턴의 신사 잡지 겸 아메리카 월간 리뷰》(Burton's Gentleman's Magazine and Ameri-can Monthly Review) 249

《범법자들》(Outlaws) 394-5

《법학 대大축약본》(La Graunde Abridgement de le ley) 57

《베르길리우스의 전원시, 농경시, 그리고 아이네이스》(Publii Virgilii Maronis Bucolica, Georgica, et Æneis) 158

《벤저민 프랭클린의 필라델피아 인쇄 1728~1766》(Benjamin Franklin's Philadelphia Printing 1728-1766) 218

〈벼룩〉(The Flea) 136

《변혁을 주도한 인쇄기》(The Printing Press as an Agent of Change) 139

《보스턴 뉴스레터》(Boston News-Letter) 187, 209

《복락원》(Paradise Regained) 160

《복수자의 비극》(The Revenger's Tragedy) 272

《복음서 하모니》(Gospel Harmony) 121-2

《부동산과 말을 위한 치료약》(Proprytees & Medicynes of Hors) 26

《부로 가는 길》(The Way to Wealth) 214

〈분열된 국가〉(The Disunited State) 207

《불가타판과 히브리어 텍스트의 상호 일치에 대한 교회의 논평》(In Ecclesiasten com-mentarium, cum concordia Vulgatae editionis, et Hebraici textus) 79, 106

《불량 인생》(Trife Life) 453-4

《불운한 사람들》(The Unfortunates) 443, 474

《불타는 세계》(Blazing World) 12

《브로드게이트 재개발 사업》(The Broadgate Development) 432

《블랙 매스》(Black Mass) 451

찾아보기 497

《블랙우즈》(Blackwood's) 250

〈비난과 암시〉(imputations & insinuations) 268

《비너스와 아도니스》(Venus and Adonis) 368

《비운의 주드》(Jude the Obscure) 137

〈비키니 킬〉(Bikini Kill) 426

《빅토리아 시대에 5년간 모험하며 내가 발견한 것, 멜버른의 길과 황금 광산에서, 그리고 아라라트산과 플레전트 유역의 석영 광산과 대규모 인력의 유입에 관하여》(Victoria as I found it during five years of adventure, In Melbourne on the roads and the gold fields; with an account of quartz mining and the great rush to Mount Ararat and Pleasant Creek) 326

《사랑의 이미지》(The Image of Love) 50, 57

〈사랑하는 작가 윌리엄 셰익스피어 씨의 영전에〉(To the Memory of My Beloved the Author, Mr. William Shakespeare) 103

《사물의 성질에 대하여》(De Proprietatibus Rerum) 40

〈사서〉(The Librarian) 223

《사제 생활의 풍경》(Scenes of Clerical Life) 329

〈사회주의자 찬양〉(Chants for Socialists) 340

《상상된 공동체》(Imagined Communities) 205

《새롭게 인쇄된 제프리 초서 작품집》(The works of Geoffrey Chaucer, now newly imprinted) 196, 342-3

《서덜랜드 컬렉션 카탈로그, 전2권》(Catalogue of the Sutherland Collection in two volumes) 261, 276

《서머싯카운티의 역사와 유물》(History and antiquities of the county of Somerset) 265

《서정시집》(Works) 175

《서치 앤드 디스트로이》(Search and Destroy) 426

《선교를 위한 남아프리카 여행과 탐구》(Missionary Travels and Researches in South Africa) 326

《선량함에 대한 안내서 혹은 기독교적 생활론》(A guide to godlynesse or a Treatise of a Christian life) 78-9, 106

《성경》(Holy Bible, 애덤 브룸버그와 올리버 차나린의) 292-4

〈성 마태의 영감〉(Inspiration of St Matthew) 145

《성 어슐라의 생애》(Lyf of Saynt Vrsula) 25

《세비야의 이발사》(Le Barbier de Seville) 154

〈세상을 개선하는 방법(당신은 상황을 더 악화시킬 뿐이다)〉(How to Improve the World (You Will Only Make Matters Worse)) 441

《세상의 모든 직업에 관한 특징적 묘사》(Eygentliche Beschreibung aller Stande auff Erden) 90, 240

《소네트》(Sonnets) 368

《소호 1990》(Soho 1990) 433

《수도원의 설교와 권고: 종교적 인간과 세속의 이익》(Sermones et exhortationes monasticae: religiosis personis necessariae, & saecularibus proficuae) 79

《스나크 사냥》(The Hunting of the Snark) 410

《스니핑 글루》(Sniffin' Glue) 426-7

《스위스에 대한 예감》(Anticipations of Switzerland) 255

《스툴티페라 나비스》(Stultifera Navis) → 《바보들의 배》

《스펙테이터》(Spectator) 193, 206

《시, 그리고 상상》(Poems, and Phancies) 12-3

《시집》(Poems) 410

《시카고 트리뷴》(Chicago Tribune) 286

《신념》(Credo) 367

《신들의 의회》(The Assembly of Gods) 45

《신의 원숭이들》(The Apes of God) 396

《신학과 도덕적 차원에서 사물과 언어의 차이점》(Diffinitiones rerum et verborum, quae tractantur de sacra theologia, & de rebus moralibus) 79

《실낙원》(Paradise Lost) 160-1, 174, 219, 346, 351-7, 463

《실레네의 성 조지》(St. George at Silene) 410

《심벨린》(Cymbeline) 100

〈15세기 영국 제본공들의 이름〉(The names of some English fifteenth-century binders) 83

《쓰기, 삽화, 활자》(Writing & Illuminating & Lettering) 352-3, 372

《cc V TRE》 448

《아그리콜라》(Agricola) 350

〈아내〉(A Wife) 271

《아랍어, 칼데아어, 히브리어의 장점과 유용성에 대한 논문》(Oratio de laudibus & utilitate trium linguarum: Arabicae, Chaldaicae & Hebraicae) 55

《아르카디아》(Arcadia) 277

《아리스토텔레스의 생성과 부패에 관한 소논문, 리옹의 수도사 에메 메그레 저작》 (Questiones Fratris Amadei Meigret Lugdunensis Ordinis Predicatorum in libros De generatione et corruptione Aristotelis) 79

《아리스토텔레스의 형이상학에 나타난 보편성에 관한 논평》(Commentariorum in universam Aristotelis Metaphysicam) 79

《아마자 리 메러디스》(Amaza Lee Meredith) 452

《아메리칸 위클리 머큐리》(American Weekly Mercury) 203-5

《아메리칸 홈 매거진》(American Home Magazine) 441

《아샨티인의 전통적 건물》(A study on Asante traditional buildings) 452

《아서의 죽음》(Morte d'Arthur) 377

《아일랜드 서부에 내버려진 모리스 마이너》(Abandoned Morris Minors of the West of Ireland) 437

《아테네움》(Athenaeum) 315

《아틀라스》(Atlas) 303

《아프리카 도자기 만들기와 굽기》(African Pottery Forming and Firing) 451

《안토니와 클레오파트라》(Antony and Cleopatra) 367

《애드버타이징 에이지》(Advertising Age) 441

《애빙던의 장원 관리인의 웃긴 농담》(A mery Jest of the Mylner of Abyngdon) 38

《애스펀》(Aspen) 439-44, 465

《앤솔러지 1》(Anthology 1) 448

《야만적 메시아》(Savage Messiah) 16, 421-6, 428-9, 431, 464

《어리석은 페로닉》(Peronnik the Fool) 408, 410

《어형론》(Accidence) 37

《에고이스트》(Egoist) 442

《에브리맨》(Everyman) 383

《에세이》(Essays) 351

《에스터 워터스》(Esther Waters) 408

《에이콘 바실리케》(Eikon Basilike) 124

《여러 성직자들의 다양한 글에서 (…) 가려 뽑은 올바르고 유익한 논문》(A ryght profytable treatyse (…) of many dyuers wrytynges of holy men) 58

《여성 가정교사 구함》(Wanted, a Governess) 255

《여행》(Travels) 26

〈10시간-플럭스 시계〉(10-Hour Flux Clock) 446

《열 편 이상의 시》(Ten Poems More) 410

《영국 시라는 예술》(Arte of English Poesy) 362

《영국사》(History of England) 304

《영국에 대한 서술》(The Descrypcyon of Englonde) 63-4

《영어 성경》(The English Bible) 358, 361, 363

《영웅전》(Lives) 189

《영혼에 관하여》(De Anima) 74

《예의서라고 불리는 소논문》(A Lytyll Treatyse Called the Booke of Curtesye) 21-2

《옐로 북》(yellow book) 392

《옥스퍼드 영어 사전》(Oxford English Dictionary) 369

《올해를 위한 간결하고 편리한 연감》(Briefe and Easie Almanack for this Yeare) 139

〈옷 자르기〉(Cut Piece) 447

《와서 나를 잡아가라》(Come and Get me) 452

《완덕의 계단》(Scala Perfeccionis) 39

〈왕들의 경배〉(The adoration of the kings) 132

《왕실과 귀족 저술가들》(Royal and Noble Authors) 278

《왕이며 예언자인 다윗의 유익한 말씀》(The Fruytfull Saynges of Dauyd the Kynge & Prophete) 62

《외설을 다시 생각하다》(The Revaluation of Obscenity) 411

〈우리는 정말 세련됐어〉(We Real Cool) 453

《우리들의 시대에》(In Our Time) 403

《우리의 축복받은 성처녀의 기적》(The myracles of oure blessyd lady) 32

《우먼스 웨어 데일리》(Women's Wear Daily) 441

《우수의 해부》(Anatomy of Melancholy) 140

《웨이벌리》(Waverley) 310

《위대한 미국 소설》(The Great American Novel) 403

《위대한 유산》(Great Expectations) 463-5

《위클리 메일》(Weekly Mail) 303

《윌리엄 셰익스피어 씨의 희극, 사극, 비극》(Mr. William Shakespeares Comedies, Histories, & Tragedies) 78-9, 106, 196

《유니버설 매거진》(Universal Magazine) 171-3

《유대인의 고질적인 완고함에 반대하며》(Against the Inveterate Obduracy of the Jews) 237

《유럽은 어떻게 아프리카를 미개발 국가로 전락시켰는가. 월터 로드니 1973: 제6장 아프리카를 미개발 국가로 남겨두는 제도로서의 식민주의》(Nigerian Pottery's logic of reproduction with BlackMass's How Europe Underdeveloped Africa. Walter Rodney 1973: Chapter six. Colonialism as a system for underdeveloping Africa) 456

〈유리잔, 인쇄는 보이지 않는 것이 되어야 한다〉(The Crystal Goblet, or Printing Should be Invisible) 365

〈유머러스한 연인들〉(The Humorous Lovers) 12

《유아실의 문학, 혹은 도덕 대여》(Literature at Nurse, or Circulating Morals) 315

〈유익한 일과 무익한 노역〉(Useful Work v. Useless Toil) 340

〈유일한 시인에서 빛나는 창녀까지(헨리 크라우더의 노래를 위해)〉(From the Only Poet to a Shining Whore (For Henry Crowder to Sing)') 413

《율리시즈》(Ulysses) 399, 442

《의무론》(De Officiis) 26, 76

《이상적인 책》(Ideal Book) 364

《이상적인 책 혹은 아름다운 책: 서체, 인쇄, 삽화, 그리고 하나의 전체로서의 아름다운 책에 관한 소논문》(The Ideal Book or Book Beautiful: A Tract on Calligraphy, Printing and Illustration & on the Book Beautiful as a Whole) 351, 364

《26개 주유소》(Twentysix Gasoline Stations) 434, 436, 474

〈이어진 그의 설교〉(This sermon folowynge) 49

《인간 오성론》(Essay Concerning Human Understanding) 257

《인쇄술에 대한 기계적 훈련》(Mechanick Exercises on the Whole Art of Printing)

152, 171

《1년 내내》(All the Year Round) 463

《일러스트레이티드 런던 뉴스》(Illustrated London News) 297, 299, 310, 329, 332

《일리아스》(Iliad) 377, 384

《자연 종교 개요》(Religion of Nature Delineated) 191

《자연스러운 손글씨 제2부, (…) 여러 가지 멋진 필기체와 디자인 (…) 온전한 손글씨 길잡이 책》(The second part of Natural Writing (…) Several Delightful Fancies & Designs (…) Making a Complete Body of Penmanship) 168

《자유와 필연, 쾌락과 고통에 대한 논증》(Dissertation on Liberty and Necessity, Pleasure and Pain) 191

《작고한 갤러웨이 주교 윌리엄 쿠퍼의 저작》(The workes of Mr William Cowper late Bishop of Galloway) 79, 106

《잔 드 에노》(Jeanne de Henaut) 399

〈잠자리에 드는 그의 연인에게〉(To His Mistress Going to Bed) 224

〈잠재적으로 위험한 가전제품〉(Potentially Dangerous Electrical Household Appliance) 446

《재즈 시》(Jazz Poems) 453

《재즈 용어》(Jazz Glossary) 453

〈저자의 죽음〉(The Death of the Author) 442

《저작》(Workes) 101, 196

〈적도〉(Equatorial Way) 413

《전기로 보는 영국사》(Biographical History of England) 261-2, 264, 286-7

〈전통과 개인의 재능〉(Tradition and the Individual Talent) 18

《젊은 예술가의 초상》(A Portrait of the Artist as a Young Man) 442

〈J. 앨프리드 프루프록의 연가〉(The Love Song of J. Alfred Prufrock) 442

〈제임스 1세와 앤 왕비〉(James I and Queen Anne) 269

《제책소》(Ständebuch) 90

《존 왕》(King John) 100

《존재하지 않는 곳의 소식 혹은 안식의 시대: 유토피아 로맨스에서 나온 몇 챕터》(News from Nowhere, or, An epoch of rest: Being Some Chapters from a Utopian Romance) 349

《종의 기원》(Origin of Species) 316
《주트슈트와 두 편의 선정된 시》(The Zoot Suit & two Selected Poems) 452
《줄리어스 시저》(Julius Caesar) 99, 367
《지고한 교황님의 교회법 서한》(Epistolae decretales summorum pontificum) 460
〈지금 그녀가 저기 누워 있다〉(Now Lies She There) 412
《지식인, 에스파냐 전쟁에 대해 입장을 밝히다》(Authors Take Sides on the Spanish War) 388
《지폐의 성격과 필요에 대한 탐구》(A Modest Inquiry into the Nature and Necessity of a Paper Currency) 202
《진지함의 중요성》(The Importance of Being Earnest) 328
《찬송가와 영혼의 노래》(Hymns and Spiritual Songs) 219
《책 제본공의 작업 상황》(The Bookbinders Case Unfolded) 87
〈책〉(헨리 본) 94
《책마니아 개괄》(The Anatomy of Bibliomania) 281
《책마니아: 혹은 책에 미친다는 것》(Bibliomania: or Book Madness) 280
《처녀들의 학교》(L'Ecole des Filles) 83
《천 개의 고원》(A Thousand Plateaus) 429
《천로역정》(Pilgrim's Progress) 189, 229
《1641년 시작된 반란과 내전의 역사》(The history of the Rebellion and Civil Wars in England begun in the year 1641) 270, 272, 274, 276, 278, 289
《1861년의 등산》(Mountaineering in 1861) 324
〈총체적 도서관〉(La Biblioteca Total) 313
〈최후의 심판〉(The Last Judgement) 129
《축복받은 성녀인 세니스의 성 캐서린의 생애》(The Lyf of Saint Katherin of Senis the Blessid Virgin) 65
〈친애하는 존, 친애하는 콜트레인〉(Dear John, Dear Coltrane) 453
《카디프 1969~1977》(Cardiff 1969-1977) 432
《카밋》(Comet) 426
《칸토스》(Cantos) 396, 416
《칸토 초고 16편》(A Draft of XVI Cantos) 403
《칸토 초고 30편》(A Draft of XXX Cantos) 410

《캔터베리 이야기》(Canterbury Tales) 28, 37, 46

《컨트리 리빙》(Cuntry Living) 427

《케닐워스》(Kenilworth) 328

《켄티시 타운 1975》(Kentish Town 1975) 433

《코리올라누스》(Coriolanus) 367-8

《쾌락의 오락》(Pastime of Pleasure) 46

《쿼털리 리뷰》(Quarterly Review) 268

《퀘이커의 역사》(History of the Quakers) 194

《큐 왕립식물원》(Kew Gardens) 400

《크라이티리언》(Criterion) 146

《크러프츠 1974》(Crufts 1974) 433

《클러터벅 선장의 샴페인》(Captain Clutterbuck's Champagne) 324

《키 작고 뚱뚱한 햄프셔 방앗간 주인》(The Hampshire Miller, Short and Thick) 46

《타인사이드의 조선업 1975~1976》(Shipbuilding on Tyneside 1975-1976) 433

《타임 매거진》(Time Magazine) 441

《타임스》(The Times) 234, 251, 285, 333

《타임스 리터러리 서플리먼트》(Times Literary Supplement) 361

《태틀러》(Tatler) 206

《템페스트》(The Tempest) 100, 377

《토지 보유권》(Tenures) 142

《트랜스애틀랜틱 리뷰》(Transatlantic Review) 404

《트로이의 역사에 대한 회상》(The Recuyell of the Historyes of Troye) 348

《트로일러스와 크리세이드》(Troilus and Criseyde) 46

《트리스트럼 샌디》(Tristram Shandy) 448

《특별 배분지: 뉴캐슬 어폰 타인 1992》(Allotments: Newcastle upon Tyne 1992) 436

《T. J. 코브던-샌더슨의 일기》(Journals of T. J. Cobden-Sanderson) 178

《파리》(Paris) 399

《파우스트》(Faust) 351

《파커의 천문력 표》(Parker's Ephemeris) 140

《패럴랙스》(Parallax) 395-6, 399

《패멀라, 혹은 보상받은 미덕》(Pamela; or, Virtue Rewarded) 199-200

《팬들과 클럽 회원들 1978~1995》(Fans and Clubbers 1978-1995) 433

《퍼블리셔스 서큘러》(Publishers' Circular) 330

《페니 매거진》(Penny Magazine) 250

《펜실베이니아 가제트》(Pennsylvania Gazette) 185, 203-11, 217, 220, 227

《펠릭스 홀트》(Felix Holt) 309, 328

《포스트펑크 시절 1987~1990》(The Post-Punk Years 1987-1990) 436

《포에트리》(Poetry) 442

《폴리크로니콘》(Polychronicon) 63

《풀잎》(Leaves of Grass) 466

《플럭스 종이 사건들》(Flux Paper Events) 445, 448-9, 473-4

《피가로의 결혼》(Le Mariage de Figaro) 154

《피나케스》(Pinakes) 312

《피렌체 사람들의 역사》(Historia del Popolo Fiorentino) 345

〈피아노 액티비티스〉(Piano Activities) 446

《하느님의 온전한 율법》(The Whole Law of God) 113-5

《하루》(One Day) 409-10

《햄릿》(Hamlet) 272, 367-70, 372, 374, 379, 463

《햄프턴의 베비스 경》(Sir Bevis of Hampton) 38

《헨리 4세 1부》(Henry IV part I) 100

《헨리 4세 2부》(Henry IV part II) 225

《헨리-음악》(Henry-Music) 413

《현대의 연인》(A Modern Lover) 315

《호가스 출판사의 한 소년》(A Boy at the Hogarth Press) 401

《호로스코프》(Whoroscope) 385-6, 409

《활자 디자인》(Design With Type) 151

《활자 매뉴얼》(Manuel typographique) 156

〈활자〉(A Font of Type) 466

《황금 전설》(Legenda aurea) 31

《황무지》(The Waste Land) 385, 394-5, 399

《흩어진 낙엽들》(Stray Leaves) 318

《희극》(Comoediae) 178

인명

갬블, 존 234, 250-1
구텐베르크, 요하네스 15-7, 24-6, 28, 152, 196-8, 239, 242, 347, 356-7, 402, 424, 465
그리핀, 앤 60
그린, 로버트 377-8
깁슨, 존 141
나이팅게일, 플로렌스 301, 326-7
노트, 윌리엄 84-5
니컬슨, 에드워드 106
다우네임, 존 78-9
더글러스, 노먼 390, 409-10
던, 존 136, 224
데 보스, 마르텐 129-31
돈, 존 74-7
둘리틀, 힐다(H.D.) 384, 404, 442
드워드, 윈킨 14-5, 21-66
라스텔, 존 57, 60
레비, 모리스 405, 408
로런스, 소피 275-6
로런스, 캐리 275-6
로베르, 니콜라-루이 233-58
루드, 테오도릭 27, 73
리코, 주자나 179
마틴, 리처드 157
매던, 폴코너 69, 76-7, 104-5
매컬먼, 로버트 404
맨드빌 26-7
머추너스, 조지 445-9
메러디스, 휴 194-5, 204, 392

메이플토프트, 로버트 135
모건, 루이즈 383, 385
모리스, 윌리엄 16, 196, 337-45, 347-8, 361, 364, 366, 371, 389-90, 397, 417
모리슨, 스탠리 158, 178
목슨, 조지프 152, 171
무디, 아서 330, 332
무디, 찰스 헨리 332
무디, 찰스 에드워드 297-33
무어, 조지 315, 329, 331, 384, 406, 408, 410-1
반스, 로저 70, 81, 85-6, 91
배그퍼드, 존 53
버드, 빌 403-5, 416
버로스, 윌리엄 430, 442
베르누이, 장 71, 87, 97, 105
베스커빌, 존 151-82
베케트, 사뮈엘 383, 385-8, 396, 409-10, 413, 423, 442
벨드너, 요한 28
보들리, 토머스 101-2
보르헤스, 호르헤 루이스 297, 313-4, 461
보퍼트, 마거릿 38-9, 41, 62
볼턴, 매슈 169-70
볼테르 154, 156, 160
브래드퍼드, 앤드루 191, 200, 203-4, 220-1
브로들리, 알렉산더 메이릭 285-8, 292
브룸버그, 애덤 292-4
빌링즐리, 리처드 70, 72, 95
서덜랜드, 샬럿 263-294

서덜랜드, 알렉산더 263-294
셀던, 존 44, 87
셰익스피어, 윌리엄 78-9, 98-9, 101-4,
　　136, 142, 193, 197, 225, 272, 280,
　　307, 351, 367-9, 371-2, 377, 390,
　　456, 463
스미스, 헨리 321
스콧, A. J. 306-7
아라공, 루이 405, 408, 410
액턴, 해럴드 388, 393, 410-1, 413
앳킨슨, 크레이그 431-9
에라스뮈스 55, 76
엘리엇, T. S. 18, 118, 145-7, 385, 394-5,
　　398-9, 442
엘리엇, 조지 298, 302, 309, 329
올딩턴, 리처드 383-5, 392, 412-3
와일드구스, 윌리엄 69-107
요코, 오노 445, 448
우드노스, 아서 135
워드, 비어트리스 157, 166-7, 178, 365
워커, 에머리 339, 345, 358, 365, 373-4,
　　378-9
윌슨, 윌리엄 12
이브스, 세라 172-9
젠슨, 니콜라스 16, 153, 163, 165, 345-7,
　　361, 374
존스턴, 에드워드 351-3, 362, 372, 428
존슨, B. S. 443
존슨, 벤 101, 103, 196, 362
존슨, 필리스 439-44
차나린, 올리버 292-4

찰스 1세 73, 98-9, 111-2, 118, 120, 124,
　　126, 128, 133, 143-4, 146-8, 270,
　　274
채륜 236, 239
처치야드, 발타자르 74
캐번디시, 마거릿 11-3, 83
캐비, 크리스토퍼 81
캑스턴, 윌리엄 23, 25, 28, 30, 32-3, 39,
　　41, 51, 55, 57-8, 198, 239, 348
커나드, 낸시 383-418
케네디, 리처드 401
코브던-샌더슨, 토머스 337-79
코커렐, 시드니 345, 374
콜레트, 메리 119-47
콜레트, 애나 119-47
콜리어츠, 에이드리언 130
쿠퍼, 윌리엄 78-9
크라우더, 헨리 409, 412-4
크래쇼, 리처드 118, 123, 147
크로스비, 커레스 404
크로스비, 해리 404
크롬웰, 올리버 112, 299
키머, 새뮤얼 190-1, 194, 201, 203-5, 216
탱기, 리처드 112
터벗, 글래드윈 모리스 레벨 69, 104-6
테이트, 존 41, 239
트리헌, 윌리엄 298, 300
틴들, 윌리엄 359-60
파운드, 에즈라 146, 388-9, 394, 396, 403,
　　410, 416
파월, 윌리엄 36

페라, 니컬러스 116-47
페라, 존 113, 117, 118, 127-8, 132-3
포드, 로라 그레이스 421-31
푸르니에, 피에르-시몽 156, 166
프랭클린, 벤저민 185-229
프랭클린, 콜린 339-40, 344
프린스, 에드워드 346, 348
플리니우스(大) 76, 163, 165, 345
디도, 피에르-프랑수아 245, 250
피프스, 새뮤얼 12, 83-4, 87, 100-1, 129
핀슨, 리처드 32, 38-9, 44, 57
하산, 유수프 450-8
하크스, 가브랜드 74, 81-2
핸디, 존 151
허버트, 조지 118, 128, 133, 146-7
허턴, 윌리엄 155-6, 159, 167, 176
헨리 8세 28, 54, 62, 64, 117, 140, 265
휘트먼, 월트 466-7

출판사명

논서치(Nonesuch Press) 348, 390
대니얼(Daniel) 342
도브스(Doves Press) 16, 339-79, 389, 397, 428, 463
로어링포크(Roaring Fork Press) 439
룽가르노(Lungarno Press) 390
버소(Verso) 424, 430
블랙매스(BlackMass Publishing) 14, 450-8, 463
블랙선(Black Sun Press) 404
비주얼에디션스(Visual Editions) 465
빌리지(Village Press) 417
샌디프 파르마르 앤드 카르카네트(Sandeep Parmar and Carcanet Press) 396
셰익스피어헤드(Shakespeare Head Press) 417
스리마운틴스(Three Mountains Press) 403-4
스미스엘더앤컴퍼니(Smith, Elder & Co.) 330
스트로베리힐(Strawberry Hill) 342, 390
시징(Seizin Press) 390
아리에스(Aries Press) 417
아워스(Hours Press) 383-90, 396, 408-417, 464
아퀼라(Aquila Press) 390
에디시옹 GLM(Editions GLM) 418
에식스하우스(Essex House Press) 417
옥스퍼드대학 358
울리훼일(Woolly Whale Press) 417
이바단대학 455
채프먼앤홀(Chapman and Hall) 325
케임브리지대학 178, 358
켈름스콧(Kelmscott Press) 16, 196-7, 339-45, 348-9, 361, 389, 397, 403, 417
플럭서스에디션스(Fluxus Editions) 445
플레인에디션스(Plain Editions) 390
하코트브레이스(Harcourt Brace) 400
헤리티(Herity Press) 417
호가스(Hogarth Press) 395-401, 411
하이네만(Heinemann) 400

활자 크기

농파레유(6포인트) 153, 407, 466
브레비어(8포인트) 153, 218, 466
부르주아(9포인트) 153, 446, 466
롱프리머(10포인트) 153, 206, 217-8, 466
스몰파이카(11포인트) 217-8
파이카(12포인트) 153, 206, 216-8
잉글리시(14포인트) 153, 190, 206, 216-8
그레이트프리머(18포인트) 157, 178, 217-8
파라곤(20포인트) 218
더블파이카(22포인트) 216-7
더블잉글리시(28포인트) 217
더블그레이트프리머(36포인트) 153
4라인파이카(48포인트) 153
5라인파이카(60포인트) 154

기타

간기 22-3, 30, 32, 39, 40, 47-50, 62, 95, 140, 200, 219, 346, 353, 365-6, 432, 455, 458
두오데키모(12절판) 175
라이브러리 유한회사 320
라이엇걸 426-7
로열 펜타투크 115
루나 소사이어티 169-70
리틀기딩 111, 116-20, 123, 127-39, 145-8, 151, 275, 421, 471
매트릭스 55, 152, 171, 216, 346-7, 375, 377
면벌부 140, 197-8, 424
모노타이프 177-8
무디도서관 297-309, 314-7, 320-33, 465
미시즈 이브스 179
민주적 다중체 435-6
밴더롤 46
보들리도서관 11-2, 15, 38, 43-4, 69-73, 76-81, 87-8, 92-107, 268, 278, 289-90, 304, 312
브로드사이드 발라드 46, 142, 198
비블리오폴라 71-2
사이언수도원 57, 62-3
산세리프 351
세리프 163, 179
알렉산드리아도서관 311-2
연감 17, 76-7, 102, 139-40, 196, 211-2, 217, 219
옥타보(8절판) 97, 160, 175
인큐내뷸러 47, 359
인키피트 47-50
자멜반트 92, 142
재즈 409, 413, 450, 453
저패닝 155, 171, 175-7
준토 185, 207
출산 허리띠 52-4
카페 로열 북스 431, 434, 436-7
콰르토(4절판) 43-4, 51, 97, 157, 160, 262, 352, 359, 368
팔림프세스트 256

퍼스트 폴리오 78, 98-106, 368, 463
펀치 151-4, 171, 178, 216, 346-8, 375, 377, 445, 473
포어드리니어 233-4, 251
폴리오(2절판) 11, 44, 97-8, 119, 137, 142, 162, 194, 196, 205, 225, 262, 359

표제지 23, 47-50, 114, 140, 162, 194, 212, 287, 342-3, 371, 399
플리트 거리 21, 30-2, 39-40, 50-1, 57-9, 65, 464
해머스미스 다리 375-6
해머스미스 사회주의자 모임 337, 340, 366

북메이커
책 제작자 18인의 생애로 읽는 책의 500년 변천사

1판 1쇄 2025년 7월 10일

지은이 | 애덤 스미스
옮긴이 | 이종인

펴낸이 | 류종필
편집 | 이정우, 노민정, 권준, 이은진
경영지원 | 홍정민
교정 | 오효순
표지 디자인 | 석운디자인
본문 디자인 | 박애영

펴낸곳 | (주)도서출판 책과함께
　　　　주소 (04022) 서울시 마포구 동교로 70 소와소빌딩 2층
　　　　전화 (02) 335-1982
　　　　팩스 (02) 335-1316
　　　　전자우편 prpub@daum.net
　　　　블로그 blog.naver.com/prpub
　　　　등록 2003년 4월 3일 제2003-000392호

ISBN 979-11-94263-46-3 03900